위구르
제노사이드

The War on The Uyghurs
: China's Campaign
against Xinjiang's Muslims

숀 R. 로버츠 지음

장성준 옮김

위구르
제노사이드

:위구르족을 말살시키려는 중국의 식민 정책

산처럼

『위구르 제노사이드』에 대한 찬사

이 책은 세계 각국의 정책 입안자들에게 경종을 울릴 것이다. 동투르키스탄의 오래지 않은 과거에 대한 저자의 날카롭고도 상세한 분석과 현재 상황에 대한 생생한 설명을 통해서, 누구든지 현재 벌어지고 있는 이 인도주의적 비극의 전체적 실상을 충분히 파악할 수 있을 것이다. 저자는 이해하기 쉽게 이 사태의 배경을 설명해주고 중국이 내세우는 핑계가 옳지 않음을 밝히는 한편, 현재 벌어지고 있는 탄압의 실상을 우리 눈앞에 펼쳐 보여준다. 어느 누구도 외면할 수 없을 만큼, 분명하게.

　– 벤 에머슨 • 전 유엔 인권 및 카운터테러리즘 특별조사위원

저자는 중국이 위구르족에게 가하고 있는 탄압의 실상을 바깥세상에 알리고자 하는 모든 이에게 크나큰 기여를 했다. 이 책은 2001년 '테러와의 전쟁'이라는 명분을 내건 미국의 전쟁이 어떻게 위구르족을 대상으로 한 대규모 구금과 박해, 그리고 감시로 귀결되었는지 설명해준다. 또한 저자는 위구르족을 대상으로 하는 중국의 국가적 캠페인이 겨냥하고 있는 것이 다름 아닌 위구르족의 정체성 자체를 파괴하는 것이라는 오싹한 진실을 우리에게 알려주고 있다. 위구르 전문가인 저자가 들려주는 그간 몰랐던 수많은 사실은 읽는 이들의 분노를 자아내게 한다.

　– 새뮤얼 모인 • 예일대학교 역사학 교수 및 로스쿨 법학교수, 『충분하지 않다: 불평등한 세계를 넘어서는 인권』 저자

이 책은 중국과 관련해 가장 논란이 되는 거대한 이슈들 중 하나인,

중국 당국이 '재교육 캠프'라고 주장하며 100만 명이 넘는 위구르족을 가두어 놓은 디스토피아적 네트워크의 전말에 대해 설명하고 있다. 위구르어로 30여 년간 위구르족과 직접 소통하며 연구해왔던 저자가 전문가적 지식을 총동원하여 위구르족이란 어떤 사람들이고 이들이 어떻게 테러리스트로 낙인찍히게 되었는지 설명해준다. 이 책의 출간은 더없이 시의적절하다.

　— 바버라 데믹 • 『LA 타임스』 전 베이징 지국장, 『부러울 것 없어라*Nothing to Envy*』 저자

중국공산당이 위구르족에게 자행하고 있는 '문화대혁명'을 이해하는 데 필요한 역사적 배경을 파악할 수 있는 대단히 흥미로운 책이다. 위구르족의 언어로 직접 그들과 소통할 수 있다는 점에서 여타 전문가들과 차별화되는 저자는 중국은 독립을 주장하는 반反식민 운동이 아니라 국제테러리즘 세력과 싸우는 것이라는 중국 쪽 주장을 제대로 검증하지 못하는 국제테러리즘 전문가들의 통념에 이의를 제기한다.

　— 린지 힐섬 • 영국 '채널 4' 저널리스트, 『극한에 처하여: 종군기자 마리 콜빈의 생애*In Extremis: the Life of War Correspondent Marie Colvin*』 저자

내가 처음으로 위구르족을 만난 곳은 관타나모 수용소다. 이곳에 갇힌 이들의 죄는 단지 중국의 억압을 피해 가장 가까운 국경을 넘어 아프가니스탄으로 들어갔다는 것이었다. 위구르족들이 겪고 있는 비극을 세

세한 부분까지 명징하게 밝혀내고 있는 저자의 주장대로, 이 책을 통해 확인할 수 있는 것은 미국이 주도한 '테러와의 전쟁'이 세계 각지의 폭압적인 정권들에 이전보다 훨씬 더 악랄하게 굴어도 되는 허가증을 준 것 같은 결과를 가져왔다는 슬픈 진실이다.

　― 클리브 스태퍼드 스미스 • 인권변호사, 인권단체 '채리티 리프리브Charity Reprieve' 설립자

　정교하고 섬세하며 의미심장한 논의다. 저자는 '테러와의 전쟁'이 세계 각지의 권위주의 정권들이 국내의 소수자를 억압하는 도구로 전락하는 과정에 대해 통찰력 있는 시각을 제시하고 있다.

　― 마이클 클라크 • 오스트레일리아국립대학교 아시아태평양대학 부교수, 『신장, 그리고 중앙아시아에서의 중국의 흥기: 역사적 고찰Xinjiang and China's Rise in Central Asia: A History』 저자

　전 지구적 차원에서의 지정학적 이슈인 위구르족에 대한 중국의 자의적인 대규모 구금 사태를 종합적으로 조명한 역작이다. 이에 대해 알거나 연구하고자 하는 이들이라면 반드시 참고해야 할 책이다.

　― 맥스 오이트만 • 『황금 단지 만들기: 청 제국, 그리고 티베트에서의 환생 정치 Forging the Golden Urn: The Qing Empire and the Politics of Reincarnation in Tibet』 저자

　신장 지역을 국제테러리즘의 온상으로 엮어버리면서 중국이 위구르족

에게 자행한 폭압적 조치들을 어떻게 정당화했는지, 그 방식과 과정을 세세하게 밝혀냈다. 위구르 문제에 대한 중국의 접근 방식을 비판하는 동시에 고발하는 이 책은 정신이 번쩍 들게 하면서 많은 생각을 하게 한다.

　　－ 케리 브라운 • 킹스칼리지 런던 중국학 교수, 라우 중국연구소 소장

　　위구르족들의 목소리를 바깥세상에 전달하고 이들에게 벌어지고 있는 비극적 상황에 주목하도록 하는 이 책은 충격적이면서도 읽는 이의 공감을 자아내는 동시에 심도 깊은 정보를 제공한다. 전문가만이 가능한 상세한 설명을 통해 저자는 오늘날 벌어지고 있는 여러 비극적인 사건 중에서도 최악일 위구르 사태를 기록으로 남기고 있다. 중국 정부가 신장 지역에서 전략적으로 자행하고 있는 각종 잔학 행위의 실상, 위구르족들이 처한 위태로운 상황, 그리고 이와 같은 참상이 "결코 다시는 없도록" 하겠다는 국제사회의 다짐이 실패했음을 보여주는 중요한 증거 등을 드러낸 것이 저자가 이 책을 저술함으로써 궁극적으로 기여한 부분이다.

　　－ 런던정치경제대학교 서평

　　지난 수십 년간 지속된 중국의 정착형 식민 지배와 이에 대한 위구르족들의 저항 사이에 있었던 상호작용을 분석했다. 이 연구는 다른 어디에 내놓은 연구 성과보다도 풍성하다. 시의적절하게 나온 정말로 필요한 책.

　　－ 라이언 툼 • 『위구르의 역사, 그 성스러운 여정*The Sacred Routes of Uyghur History*』 저자

위구르 제노사이드
위구르족을 말살시키려는 중국의 식민 정책

지은이 숀 R. 로버츠
옮긴이 장성준
펴낸이 윤양미
펴낸곳 도서출판 산처럼

등 록 2002년 1월 10일 제1-2979
주 소 서울시 종로구 사직로8길 34 경희궁의 아침 3단지 오피스텔 412호
전 화 02) 725-7414
팩 스 02) 725-7404
이메일 sanbooks@hanmail.net
홈페이지 www.sanbooks.com

제1판 제1쇄 2023년 7월 20일

값 30,000원
ISBN 979-11-91400-11-3 93340

* 잘못된 책은 바꾸어드립니다.

항상 힘이 되어주는
나의 가족, 부인 애셀과 딸 에이딘에게
이 책을 바칩니다.

| **일러두기** |

1. 이 책은 Sean R. Roberts의 *The War on The Uyghurs: China's Campaign against Xinjiang's Muslims* (Manchester University Press, 2020)를 번역한 것이다.
2. 인명 및 지명 표기는 국립국어원의 외래어표기법에 따른다.
3. 위구르 인명과 지명은 위구르어로 읽었으며, 괄호 안에 중국식 지명을 한자와 함께 밝혔다. 단, 우루무치(위구르어 표기 우룸치), 루커친(위구르어 표기 룩쿤)과 같이 중국 지명으로 통용되는 경우는 예외로 했다.
4. 저자의 주는 본문 뒤에 미주로 정리했고, 독자의 이해를 돕기 위해 옮긴이가 작성한 주는 각주로 처리했다.

위구르 제노사이드

위구르족을 말살시키려는중국의 식민 정책

차례

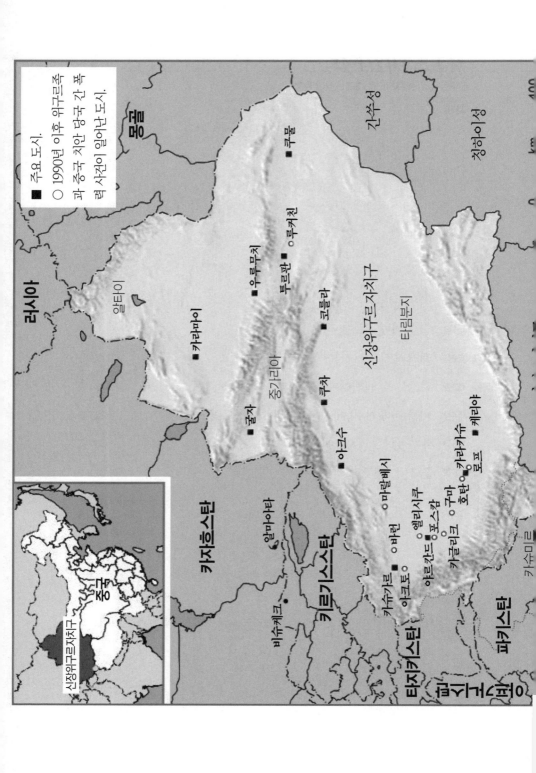

러시아

몽골

알타이

카라마이

굴자

중가리아

쿠얼러

우루무치 ○투르판

○쿠처 ○우루무치

간쑤성

칭하이성

쿠처

신장위구르자치구

아크수

타림분지

허티안

케리야

카자흐스탄

키르기스스탄

타지키스탄

파키스탄

인도

알마아타

비슈케크

카슈가르

아크토

마랄베시

엘리시구

바런

○예켄
○아르칸드

○포스캄

○카르기르크
○구마
호탄 카라카슈
로푸

카슈미르

동투르키스탄(신장위구르자치구)*의 위구르족에 대한 중국공산당 정권의 무자비한 탄압은 최근 2년 사이에 국제사회에 점점 더 그 민낯이 드러나고 있다. 오랜 역사를 지닌 위구르족 공동체는 한족漢族이 전통적으로 거주했던 본토本土를 기반으로 하는 권위주의적인 통일적 다민족국가 중국의 적으로 낙인찍혔으며, 위구르족은 소위 '재교육' 명목으로 집단수용소에 구금되는 집단적 처벌의 대상으로 전락하게 되었다. 이 디스토피아적인 감옥국가에서 100만~300만 명에 달하는 위구르족이 스러져갔다. 중국 정부는 이들 집단수용소가 동투르키스탄의 무슬림 주민에게서 나타나는 극단주의를 근절하기 위해 마련된, 위구르족들의 자발적인 재교육 시설이라 주장하고 있

---

* 중국과 구별되는 이 지역의 성격과 독립성을 강조하기 위해 신장위구르자치구 대신에 1949년 중국에 합병당하기 전의 국호인 동투르키스탄을 사용하고 있다.

다. 하지만 이러한 시설들은 위구르족의 민족문화적 정체성을 제거하고 독립적인 민족 집단으로서 이들의 존재를 실질적으로 지워버리기 위한, 훨씬 더 거대한 전략의 일부에 불과하다.

유엔의 인권 및 카운터테러리즘 특별조사위원United Nations Special Rapporteur on Human Rights and Counter-Terrorism으로 6년 동안 활동하면서, 나는 폭력적 극단주의의 확산을 방지하고 대중적인 호소력을 지닌 극단주의적 주장에 대응하기 위해 여러 국가가 이용하는 다양한 수단들을 조사할 기회가 있었다. 유럽의 스웨덴부터 중동의 사우디아라비아까지 여러 국가의 다양한 프로그램들을 살펴보았지만, 단지 민족적 정체성이나 종교만을 이유로 특정 집단 전체를 대상으로 전면적인 공격을 가하거나 무고한 주민들을 대량으로 감금하는 내용의 프로그램은 찾아볼 수 없었다. 지금 중국 신장新疆 지역에서 벌어지고 있는 일들은 어떻게 보더라도 정당한 혹은 적법한 대對테러* 활동이라 할 수 없다. 오히려, 이러한 부류의 집단적 처벌은 그 자체가 인권에 대한 대대적인 침해다. 어떤 공동체 전체에 심각한 정신적 상처를 가하는 대테러 전략은 결코 성공적일 수가 없다. 그러한 전략은 언제나 역효과를 낳으며, 그 대상이 되는 집단의 불만과 원한을 야기함으로써 더욱 극단적인 이념으로 빠져들게 할 뿐이다.

중국공산당은 자국이 저지르고 있는 문화적 민족 말살cultural genocide**의 실상을 은폐하기 위해 '반공포주의反恐怖主義'***라는 용어를 사용하고 있다. 집단수용소로 보내진 이들은 수용자의 의지를

---

* 카운터테러리즘(Counter-Terrorism)은 '대테러', '대테러 활동' 혹은 '대테러 정책' 등으로 옮겼다.

파괴하려고 설계된 각종 지시와 통제 아래에 놓이게 되는데, 이는 고전적인 세뇌 방식의 첫 번째 단계다. 개인의 자율성이 완벽하게 제거되는 것이다. 어디에 앉을 것인가부터 언제 말을 해도 되는지까지, 일상생활의 사소한 부분마저 모두 악의적이고 빈틈없는 감시를 받으며 통제된다. 어떠한 일탈 행위도 강력한 처벌로 다스려진다. 자신들의 고유 언어 사용과 종교적 생활의 영위, 또는 어떤 방식으로든 문화적 정체성을 드러내는 행위는 금지된다. 이들은 외부 세계와의 연결이 끊긴 채 구금되어 몇 개월 혹은 몇 년이 지나서야 겨우 석방해도 '괜찮은 정도'가 된다. 그나마 '괜찮은 정도'가 되었다고 인정받을 수 있는 희박한 기회라도 얻고자 한다면, 이 지역을 지배하는 정통성이 중국의 한족에게 있다는 신념을 받아들였으며 독립된 민족으로서의 정체성을 버렸음을 증명해야 한다.

집단수용소는 위구르족들을 탄압하는 데 동원되고 있는 국가기구

** 라파엘 렘킨(Raphael Lemkin)이 처음 제시한 '제노사이드'는 물리적 학살은 물론 "특정한 민족 집단의 정치·사회적 제도, 문화, 언어, 민족적 정서, 종교, 그리고 경제적 생존 양식", 다시 말해서 대상 집단의 문화적 특수성과 삶의 방식을 이루는 본질적인 토대를 체계적으로 제거하는 것이다. 이 책 전반에서 다루고 있지만, 현재 중국의 위구르 정책은 위구르족의 문화와 정체성 파괴는 물론 타지역 근로를 구실로 실행되는 사실상의 강제 이주, 위구르 지역으로의 한족 정착민 유입 및 위구르족과 타민족의 통혼 장려 등 위구르족이라는 민족 집단의 정체성과 혈통 자체를 소멸시키는 정책까지 포괄하고 있다. 따라서 점진적이지만 위구르족이라는 민족 집단을 소멸시키려는 방향성을 가진다는 점에서 '민족 말살'이라 할 수 있다. 그러나 독일 국가사회주의당의 유대인 학살과 같은 물리적인 대량 학살을 공공연히 벌이는 것은 아니므로, '문화적'이라는 수식어를 붙여서 '제노사이드'라는 용어에서 풍기는 선정성이나 불필요한 오해(물리적인 대량 학살을 의미한다는)를 줄이려고 한 것으로 보인다. 이 책에서는 '문화적 민족 말살'로 옮겼다.
*** '카운터테러리즘'을 중국어로 옮긴 것이다.

의 일부에 불과하다. 이들을 대상으로 고문, 실종, 강제 불임시술 및 장기적출臟器摘出이 이루어지고 있다는 신빙성 있는 보도가 광범위하게 나오고 있다. 이 책이 발간되고 있는 지금도 전통적인 위구르 묘지와 그 외의 문화유산들이 파괴되고 있다. 이와 같은 현상들이 바로 '문화적 민족 말살', 다시 말해 특정한 종족적·문화적 또는 종교적 집단의 독자적인 정체성을 파괴하는 정책의 전형적인 특징이다.

지금까지 중국은 그러한 행위를 금지하는 국제사회의 여러 조치를 효과적으로 회피해왔다. 회원국이 기본적인 인권에 대한 법적 규칙과 인도주의 법률을 시행하도록 의무를 지우는 국제사회의 인권 조약들이 있는데도 중국이 그러한 행태를 지속하고 있는 것은 중국이 그러한 조약들 중 어느 것에도 가입하지 않고 있기 때문이기도 하다. 하지만 중국이 자행하고 있는 이와 같은 행위들은 '인도에 반한 죄'에 해당한다. 위구르족을 대상으로 하는 중국의 각종 조치들은 법적으로 주민들에 대한 광범위하고도 체계적인 공격을 구성하는 요소가 되며, 인종 말살적 범죄를 실행하고 있음을 보여주기 때문이다. 따라서 국제사회의 긴급한 조치가 절대적으로 필요하다. 최근 들어 몇몇 주요 서방국가가 유엔 차원에서 위구르족에 대한 중국의 탄압을 규탄한 바 있다. 미국 국무부 역시 중국과의 대화에서 이 문제를 의제로 제기하고 있으며, 소위 '매그니츠키법Magnitsky legislation'* 을 통해 위구르족 탄압에 연루된 중국 관리들에게 제재 조치를 취하기 위해 노력하고 있다. 영국을 포함하여, 매그니츠키법과 같은 취지의 법을 제정한 다른 국가들도 서둘러서 미국과 보조를 맞출 필요가 있다.

중국이 위구르족을 겨냥하여 체계적으로 수행하는 '전쟁'을 다루고 있는 이 책은 중국이 그러한 비인도적 잔학 행위를 저지르는 배경이 무엇인지 이해하고자 하는 이들에게 꼭 필요한 자료를 제공한다. 이 책은 위구르 민족주의의 역사를 추적하는 동시에, 중국공산당이 자신들이 저지르고 있는 잔학 행위를 정당화하기 위해 꾸며낸 여러 '신화'가 근거 없는 주장이거나 자신들만의 믿음에 불과하다는 것을 다양한 증거들을 통해 객관적으로 검토하고 있다. 이 책은 세계 각국의 정책 입안자들에게 경종을 울릴 것이다. 동투르키스탄의 오래지 않은 과거에 대한 저자의 날카롭고도 상세한 분석과 현재 상황에 대한 생생한 설명을 통해서, 누구든지 현재 벌어지고 있는 이 인도주의적 비극의 전체적 실상을 충분히 파악할 수 있을 것이다. 저자는 이해하기 쉽게 이 사태의 배경을 설명해주고 중국이 내세우는 핑계가 옳지 않음을 밝히는 한편, 현재 벌어지고 있는 탄압의 실상을 우리 눈앞에 펼쳐 보여준다. 어느 누구도 외면할 수 없을 만큼, 분명하게.

벤 에머슨

영국 칙선勅選변호사**

전 유엔 인권 및 카운터테러리즘 특별조사위원

전 유고슬라비아 및 르완다 국제형사재판소 판사

---

* 러시아의 조세 변호사 세르게이 매그니츠키 살해에 연루된 러시아 관리들을 제재 혹은 처벌하기 위해 미국에서 2012년에 제정되었다. 인권 침해나 중대한 부패 범죄에 연루된 외국 관리들의 미국 입국을 금지하고 미국 내 자산을 동결하는 한편, 관련국의 최혜국 무역 대우를 취소하는 조치 등을 내용으로 한다. 이후 영국과 캐나다, 유럽연합(EU)에서도 유사한 법안을 제정했다.
** 영국의 군주가 임명하는 최고 등급의 공판 변호사다.

중국은 2017년 이래 신장위구르자치구新疆維吾爾自治區의 위구르족 및 다른 튀르크계 민족들을 겨냥한 억압적이고 폭력적인 조치들을 적극적으로 시행하고 있다. 그리고 중국의 그러한 조치는 근대 식민주의 시대 세계 각지의 토착 민족들에게는 너무나 익숙해진, '말살과 대체erasure and replacement'의 과정을 통해 민족의 집단 정체성과 연대 의식을 파괴하려는 것으로 보인다. 현재 이 지역에서 벌어지고 있는 것과 유사하게 19세기에서 20세기 초까지 정착형 식민 지배를 위해 토착 민족들의 문화를 파괴하는 작업이 세계 곳곳에서 이루어졌고, 이는 문화적 민족 말살과 구조적 인종차별이라는 유산을 남겼다. 제2세 세계대전이 끝난 이후 탈식민지화와 인권 보호를 위해 기울여온 국제사회의 노력을 생각한다면, 그리고 그러한 노력이 특히 세계 각지의 토착 민족들과 소수민족들을 대상으로 이루어졌던 것을 감안한다면 21세기에 들어서도 지난 세기의 비극적인 과정이 재연되고 있는 것은 시대착오적이라고 할 수밖에 없다.

이런 일들이 어떻게, 그리고 왜 발생하는지 이 책에서 설명하고자 한다. 주민들을 통제하는 데 첨단 기술을 이용하는 것은 21세기 중국에서 특히 두드러지는 현상이며, 특정한 민족 혹은 인종적 정체성 자체를 테러리스트 혐의로 간주하는 '테러와의 전쟁Global War on Terror'을 명분 삼아 중국은 국제사회의 책임 추궁을 차단하는 한편 거리낌 없이 하나의 민족 집단 구성원 전체를 한 세기 전 식민 지배 국가들을 떠올리게 하는 방식으로 취급했다.

안타깝지만, 2020년에 이 책이 발간되고 2년이 지난 현재에도 이 책에 담긴 내용과 논의들은 여전히 현재 진행형이다. 그사이에 중국 내의 위구르족 및 다른 튀르크계 민족들이 처한 상황에 일부 변화가 있기는 했지만, 이들은 중국이 지금도 국제사회의 요구를 외면하며 추진하고 있는 '말살과 대체' 정책의 대상인 것이다. 미국, 캐나다, 유럽연합의 몇몇 국가가 작금의 위구르 사태에 일정 역할을 한 중국의 몇몇 관료와 기업에게 제재를 가하기는 했지만 이러한 조치 중 어떤 것도 중국의 정책에 본질적으로 영향을 주지는 못하고 있다. 설혹 영향을 주었다 하더라도, 영국과 네덜란드, 캐나다, 리투아니아 등에서 위구르 문제를 중국의 제노사이드(민족 말살)로 규정하는 결의안을 채택한 2021년 봄 이후 중국 내 위구르족과 튀르크계 소수민족들이 처한 상황은 이 책이 처음 인쇄되던 결의안 채택 1년 전과 비교해서도 훨씬 더 악화되었다.

이와 같은 맥락에서, 이 「한국어판 머리말」에서는 중국 내의 위구르족 및 다른 소수민족들이 처한 운명과 관련하여 올바른 정보와 허위 정보가 뒤엉켜 점점 더 정치적 난제가 되어가고 있는 위구르 문제를 독자들이 방향을 잡고 이해하는 데 도움이 될 수 있도록 이 책이 처음 출간된 이후 지금까지 진행되어온 최신 상황 몇 가지를 보완했다. 여기서 소개하는 최근의 진행 상황이 이 지역에서 벌어지고 있는 인도적 차원의 위기가 해결될 것인지에 대한 명확한 해답을 주는 것은 아니지만, 중국이 자행하고 있는 일들에 대한 책임을 묻기 위한 투쟁의 근거 기반이 어떻게 변하고 있는지에 대해서는 개략적으로나마 알 수 있게 해준다. 글로벌 팬데믹으로 전 세계가 몸살을 앓고 있는 동안 위구르 지역에서 진행되던 상황에 대해 (1) 중국이 2017년 이후 위구르족 및 다른 소수민족들에게 취한 조치와 관련한 새로운 증거, (2) 위구르 지역 토착 민족들을 겨냥한 중국의 국가적 캠페인의 일상화, (3) 현 상황에 얽힌 복잡한 지정학적 맥락 등 세 가지 범주로 나눠서 설명하고자 한다.

새로운 증거들

위구르 지역의 위구르족 및 다른 튀르크계 민족들에 대한 처우와 관련하여 2020년 봄 이후 입수되는 증거의 대부분은 이미 알려진 중국의 억압적 정책과 조치에 대해 더욱 구체적인 부분까지 전해준다. 입수되는 정보의 대부분은 팬데믹 이전인 2017~2019년 사이의 상황에 대한 것으로, 2020년 이후 상황에 대해서는 많은 부분이 알려지지 않았다. 그럼에도 이들 정보는 위구르 지역 토착 민족들을 평정平定하고 그들 상호 간 연대 의식과 문화를 파괴하며, 토착 민족들이 이 지역에 대해 가지는 연고緣故의식을 단절하고 주민 구성에서 이들의 비중을 줄이기 위한 중국의 국가적 캠페인이 체계적으로 이루어지고 있다는 주장을 더욱 확고하게 뒷받침하고 있다.

2020년 이후 입수된 집단수용소 수용자 가족들의 증언과 범죄 통계 자료 연구 결과, 그리고 외부로 유출된 중국 쪽 정부 문건은 2017~2019년 사이에 이 지역에서 집단수용소에 감금된 이들 중 상당수가 '재교육 캠프'보다는 바로 감옥으로 보내졌음을 보여주고 있다.[1] 이 기간 중에 위구르 지역에서 체포된 이들의 수는 급증하여 2016~2017년 사이에 체포된 이들의 일곱 배가 넘게 증가했는데, 그 안에서도 위구르족이 다수를 차지하는 많은 지역에서는 이보다 훨씬 더 높게 증가했다.[2] 2020년 들어 체포된 이들의 수는 2017년도의 수준으로 돌아왔지만, 2020년 이전에 정치범으로 유죄판결받은 이들은 동종의 죄에 대한 통상적인 형량보다 무거운 처벌을 받고 수감 중이다.[3] 이러한 체포와 투옥으로 위구르족과 다른 토착 민족 공동체에서 학자와 예술가 및 종교 지도자같이 민족문화의 생산과 전승을 책임지는 유력 인사는 물론이고 심지어 공산당 간부마저 수십만 명이 문자 그대로 '제거'되었다.

이에 더하여 2020년 이후로는, 2017년 이래 '재교육' 캠프에 구금된 100만 명이 넘을 것으로 추정되는 위구르족 및 다른 소수민족들이 겪은 일들이 더욱 많이 알려지게 되었다. 최근 국제사면위원회 Amnesty International에 구금된 전력이 있는 60명 이상의 진술을 포함해, 목격자들의 증언이 모아지면서 재교육 캠프에서의 경험이 더욱 확실하게 드러나고 있다.[4] 이러한 정보는, 다른 무엇보다도 수용소에 구금된 이들과 수용소 밖의 가족들이 일탈의 대가로 통상 어떠한 처벌을 받는지, 그리고 이에 더하여 그러한 구금 시스템이 수용소 자체를 넘어서 사회에까지 미치는 공포와 순응의 분위기를 어떻게 만들어내는지 보여준다.[5] 새롭게 추가되는 목격자들의 증언도 재교육 캠프 안에 고문과 성폭행이 만연해 있음을 더욱 확고하게 입증하고 있으며, 더 나아가서 2017년 이후 중국이 위구르 지역의 토착 민족의 인간성을 말살하는 방식을 보여주고 있다.[6] 위구르 지역에서 이들 재교육 캠프에 구금되어 있는 주민들의 규모는 확실치 않지만, 석방된 이들 중 많은 이가 합숙시설에 거주하며 노동력을 제공하는 프로그램으로 보내지거나 아예 감옥으로 보내지고 있다는 증거가 점점 쌓이고 있다.

이와 같은 정보들은 위구르족에 대한 중국의 국가적 캠페인의 잔혹성을 더욱 생생하게 드러내며, 중국 당국의 의도 및 이를 위한 정책과 각종 조치를 추진하는 경과, 그리고 이를 실행하는 지휘 계통을 파악하는 데 도움이 된다. 예를 들어, 최근 공개된 중국 정부의 공식 문건에 따르면 위구르 지역을 안정시킨다는 명목으로 중국공산당이 위구르 지역 토착 민족들을 대상으로 대규모 구금 및 감시, 그리고 강제적인 흡수·통합assimilation* 계획을 실행하기 시작한 시

---

* 저자는 assimilation과 integration을 구분하여 사용한다. '위구르족의 정체성과 그 문화의 독자성이나 특수성을 유지한 상태에서 중국의 일부로 받아들이는' 의미로는 integration(통합)을, '위구르족의 정체성과 그 문화의 독자성이나 특수성을 없애고 한족 중심의 중국 문화로 흡수'하는 의미로는 assimilation을 사용하고 있다. assimilation은 '동화'로 번역되며 언론과 학술서에서도 '소수민족 동화 정책'이라고 하지만, 중국의 위구르 정책에서 '동화'의 방향은 위구르족이 그 정체성을 상실하고 중국으로 흡수되어 중국화되는 일방적 흐름이 주류를 이루는 것으로 보인다. 이 책에서는 assimilation이 강제적·반강제적 각종 정책을 통해 위구르족들을 중국으로 '흡수(소화)'하는 성격이 특히 부각되는 부분에서는 '흡수·통합', 그 외의 부분에서는 '동화'로 옮겼다.

점은 2017년 봄이다.[7] 외부로 유출된 다른 문건은, 신장위구르자치구의 당 관료들이 처음으로 실행하긴 했지만, 이 계획은 중국공산당 중앙당 특히 시진핑習近平의 지시에 따른 것이며 2014년에 그 대강이 이미 나와 있었다는 필자의 추측을 뒷받침하고 있다.[8] 또한 새롭게 나온 증거들은 중국이 이러한 계획의 하나로 특히 위구르족이 주민의 다수인 남부 지역에서 위구르족의 비중을 의도적으로 줄이려 하고 있다는 점을 시사하고 있다. 이 책의 마지막 장에서 제시했지만, 위구르족과 다른 토착 민족들을 중국 전역에 산재한 합숙 공장으로 보내는 강제적인 합숙 노동 프로그램은 이 지역에서 부분적인 '인종 청소ethnic cleansing'가 이루어지는 결과를 가져오기도 했지만, 이 책을 저술하던 당시에만 해도 이것(인종 청소)이 노동 프로그램이 의도한 것인지는 분명치 않았다.

2021년 봄 중국공산당에 제출하기 위해 작성되었다가 실수로 온라인으로 유출되어 BBC 기자들이 발견한 내부 회람용 정책 보고서에서는 위구르족의 노동력을 겨냥한 중국 본토로의 강제 이주 프로그램이 '(지역 내) 위구르족의 밀도를 줄이는' 효율적인 수단이라 높이 평가되어 있다.[9] 2021년 여름에는 다른 연구자들도 다른 정책 보고서와 학술 논문에서 찾아낸 증거들을 종합해보았는데, 그 결과 역시 강제적인 노동 이주뿐만 아니라 강제적인 산아제한을 포함하는 '위구르족 밀도 낮추기' 프로젝트가 늦어도 2017년부터는 이 지역에 대한 국가정책의 중요 목적이었음을 시사하고 있었다.[10] 중국의 정책 당국과 연구자들은 이를 위구르 지역 주민 구성의 민족 간 균형의 '최적화'라 표현하며 '테러리즘'과 맞서 싸우기 위한 수단으로 정당화하지만, 위구르 지역에 대한 정착형 식민 지배 및 문화적 민족 말살을 위한 수단이기도 한 것이다.

2017년에 시행된 중국의 국가정책 및 관련 조치와 마찬가지로, 지역 주민의 민족 간 균형의 '최적화'는 이미 2014년에 선택 가능한 정책 옵션 중 하나로 논의되고 있었다. 이러한 점은 법 집행 분야 전문가로 주목받는 산둥경찰학원山東警察學院 소속의 연구자 두 명이 위구르 지역에서의 '대테러 정책'을 분석한 2014년도 논문에서 분명하게 나타난다. 이 논문에서 저자들은, "장기적인 대테러 전략의 관점에서 본다면, 특정 지역의 인구를 효과적으로 조절할 수 있는 개입 수단을 채택하고 … 소수민족 주민들의 자질을 향상시키며 … 한족 주민과 능력 있는 한족들을 지역 내에 유지하며 한족 주민들의 비중을 늘리기 위한 우대정책을 채택해야 한다"고 주장한다.[11]

신장사회과학원新疆社會科學院 사회학연구소장 리샤오샤李曉霞와 신장개발연구센터新疆開發研究中心의 특별연구원이 내놓은 2017년도 보고서에서 분명히 드러나듯이, 2017년에 이르러서는 그와 같은 아이디어가 이미 국가정책에 반영이 되어 있었다. 리샤오샤는 특정 지역에서 위구르족 주민이 다수인 현상이 "하나의 민족 집단이 하나의 (특정) 지역을 소유한다는 관점을 강화시키며, (따라서) 국가적 정체성 및 중화민족으로서의 자각을 약화시킨다"고 주장한다.[12] 이에, 그녀는 "소수민족 주민들의 출생률을 통제하고 지역 주민의 민족 구성을 조절하는 것이 신장 지역의 장기적인 평화와 안정을 달성하는 데에 중요한 방법으로 간주되고 있음"을 지적하며 산아제한을 그 해결방안으로 제시한다.[13]

정부가 무엇을 해야 할 것인지 담담하고도 임상적으로 처방하는 그녀의 논문은 이어서, 이후 중국 정부가 착수한 민족 말살적 조치들을 제안하고 있다. 논문이 출간되고 나서 얼마 후 지방정부는 주민의 대다수가 위구르족인 이 지역 내 여러 현縣을 대상으로 체계적인 산아제한 프로그램을 개시했다.[14] 이 프로그램으로 위구르족이 다수를 차지하는 지역들에서 불임 및 피임기구 삽입 시술이 상당히 증가했다. 그 결과, 2015년에서 2018년 사이에 위구르 남부 지역에서도 위구르족이 다수를 차지하는 네 개 현에서 출생률이 72.9퍼센트로 떨어졌고 이러한 추세는 2019년에도 계속된 것으로 보인다.[15] 위구르족의 출생률을, 특히 위구르 남부 지역에서 감소시키는 정책적 선택에는 환경적 측면의 우려도 일부 작용했던 것으로 보인다. 취약하고도 건조한 이 지역의 환경에서는 기존의 주민 규모보다 더 많은 인구를 부양할 수 없으므로 한족을 유입시키는 것만으로는 민족 간의 인구 균형을 변화시킬 수 없다는 점을 중국 정부는 잘 알고 있었으며, 따라서 한족의 유입을 늘리는 동시에 위구르족의 수를 물리적으로 줄여나가야 할 필요성이 있었던 것이다.[16]

투옥과 수용소 강제 구금, 그리고 위구르족 출생률을 감소시키는 프로그램에 대한 이 새로운 증거들은 중국이 위구르 지역의 토착 민족을 겨냥한 문화적 민족 말살을 적극적으로 실행하고 있다는, 이 책 마지막 장에서 제시하는 주장을 더욱 뒷받침하는 것이다. 실제로 위구르족 출산율이 극적으로 감소하는 현상과 관련한 새로운 정보는 중국의 조치가 유엔이 규정하는 '제노사이드'에 해당한다는 점을 시사하고 있는데, 이는 영국의 법률 전문가들이 구성한 독립적인 조사위원회와 몇몇 국가가 이전에 제기했던 주장이기도 하다.

위구르 지역의 토착 민족에 대한 국가적 캠페인의 일상화

위구르 지역의 토착 민족들에 대해 문화적 민족 말살을 자행하고 있다는 증거들이 외부에서 축적되자 중국은 이 지역에 아무 문제가 없다는 점을 대외적으로 주장하기 위한 대대적인 캠페인에 착수했다. 코로나 바이러스 감염증-19 확산세가 꺾이면서 이 지역에 해외 언론인의 방문이 재개되었는데, 중국은 이 팬데믹이 세계를 휘저은 기간 동안 외국인들의 방문에 맞추어 위구르 지역의 상황을 정상화한 것이다.

2021년 봄 다시 돌아온 서구의 언론인들은, 그 이유는 모르겠지만, 중국이 그 직전 4년 동안 시행했던 억압적인 정책의 흔적들을 지우는 것 같다는 인상을 받았다. 도처에 깔려 있던 감시 시스템이 철거되어 눈에 덜 띄었고 거리에는 젊은 남성들을 포함한 위구르족이 더 많이 돌아다니고 있었으며, 몇몇 집단수용소가 다른 목적으로 개조 중이거나 폐쇄되었다는 표지판도 눈에 띄었다고 언급했다.[17] 하지만 어디에나 있는 감시의 눈길과 대규모 경찰 병력, 그리고 공포로 인해 부자연스럽게 변하고 긴장된 모습을 보이는 주민들과 지역 분위기도 언론인들의 눈에 들어온 풍경이었다.[18] 이들이 보도한 기사에 따르면, 중국이 국가적 캠페인 덕분에 이 지역이 발전하고 있다는 인상을 심어주기 원한다는 점과 이 캠페인이 아직도 활발하게 진행 중이라는 점 모두 분명해 보였다.

또한 이들 언론인은 밀착하여 예의 주시하는 감시자들의 눈길 아래에 당국이 고도로 엄선한 것들만을 보도할 수 있었기 때문에 실제 벌어지고 있는 일들을 명확히 보여주는 대신 파편화된 정보 몇 조각만 제공함으로써 더 많은 질문을 불러내는 결과를 가져왔다. 몇몇 기자는 라마단Ramadan* 기간이 끝났음을 기념하는 행사를 취재했지만, 이 행사는 정부 당국이 기획한 티가 역력했다.[19] 이미 파괴된 것으로 알려진 순례객들의 성소聖所를 방문하려 했던 다른 기자들은 감시자들로부터 저지당했다.[20] 하지만 이 지역을 방문한 거의 모든 언론인은 지역의 외관과 주민들의 모습이 달라졌음을 이구동성으로 지적했다. 그동안 외부에서는 철거되었다고 추정했던 다수의 모스크(이슬람 사원)가 파괴되었음을 확인했는데, 한 곳은 철거되어 그 터에 힐튼호텔이 들어섰으며 다른 곳들은 다른 용도로 개조되었고, 심지어 공공화장실로 바뀐 곳도 있었다.[21] 위구르족 전통 묘지와 역사적 기념물들이 파괴된 것도 보았다.[22] 위험을 무릅쓰고 거리에서 위구르족과 대화를 시도한 기자의 대부분이 실제로 마주한 것은 주민들의 두려움에 찬 모습과 중국공산당에 충성한다는, 묻지도 않은 충성 선서뿐이었다.[23] 한마디로, 2021년 봄 해외 언론인들이 마주친 위구르 지역과 그 주민들은 모두 불과 5년 전 보았던 모습과 전혀 달랐다. 그들이 본 것은 중국공산당이 '정상적'이라 간주했지만 방문한 기자들에게는 기괴하리만큼 부자연스럽게 느껴진 복제품이었던 것이다.

중국이 여전히 '재교육 캠프'에 주민들을 억류하고 있는지, 수용된 인원이 어느 정도인지는 2021년 봄 이 지역을 방문한 해외 언론인들의 보도를 통해서도 답을 구할 수 없는 중요한 질문들 중 하나다.

---

* 천사 가브리엘이 무함마드에게 코란을 가르친 신성한 달로, 무슬림은 이 기간 동안 일출에서 일몰까지 금식하고, 매일 다섯 번씩 기도드린다.

2022년 봄 유엔 인권최고대표High Commissioner for Human Rights 미첼 바첼레트가 이 지역을 방문하여 직업학교로 개조된 집단수용소 한 곳을 둘러보기는 했지만 여전히 풀리지 않는 문제다. 하지만 중국 당국의 이러한 공개 조치는 감옥으로 보내질 수 있다는 공포감과 임무에 투철한 경찰 기구, 합숙 노동 프로그램과 기숙학교, 그리고 위구르족 및 다른 토착 민족들을 평정하고 점진적으로 흡수·통합하기 위한 고유문화 말살 작업 등을 통해 위구르 지역과 그 주민들을 통제할 수 있으므로 이제는 더 이상 집단수용소를 운영할 필요가 없다는 자신감이 반영된 것일 수 있다. 집단수용소를 폐쇄하고 정화淨化하여 유엔 조사관들에게 보여줌으로써 그동안 벌어졌던 일들에 대한 국제사회의 비판을 어느 정도 누그러뜨릴 수 있을지도 모른다. 하지만 중국이 지금까지 위구르 지역을 외부에 제대로 개방한 적은 없었기에, 만약 국제적인 조사를 위해 개방을 한다면 중국이 이 지역에서 벌였던 국가적 캠페인의 전모를 은폐하는 것은 거의 불가능할 것이다.

지정학적 맥락의 복잡성

2020년 이래로 중국의 인권 침해 및 이를 은폐하려는 각종 시도에 대한 증거가 쌓여가는 가운데, 신장위구르자치구 토착 민족들의 운명도 지정학이라는 올가미에 점점 더 얽혀들고 있다. 수백만 명이 인도주의적 위기에 처한 것으로 간주되어야 할 긴급한 문제로 국제사회의 주목을 받아야 할 사안이 국제사회를 정치적으로 분열시키는 이슈로 전락했다는 점에서 이는 비극이다.

이러한 비극이 일어난 것은 미국과 중국 모두 이 이슈를 국제정치적으로 무기화했기 때문이다. 위구르 지역의 토착 민족들에 대한 중국의 처우를 가장 목소리 높여 비판하며 현재의 상황을 처음으로 제노사이드로 규정한 미국은 인권 침해를 이유로 신장위구르자치구의 중국 관료들을 최초로 제재한 국가이기도 하며, 동시에 다른 국가들도 이에 동참하도록 독려하고 있다. 이 이슈에 미국이 이처럼 적극적으로 나서는 데에는 전적으로 지정학적인 고려만이 작용한 것은 아니지만 미국이 중국을 가장 중대한 외부의 적이라 선언한 시점과 맞물렸으므로, 다수의 강경파 정치인이 위구르족의 운명을 단지 중국을 비난하는 수단으로 전락하는 결과가 되었다. 이에 중국은, 미국의 비난은 국제사회에서 중국의 평판을 떨어뜨리고 중국을 겨냥한 새로운 '냉전Cold War'을 정당화하기 위해 미 중앙정보국CIA에서 주도하는 '군-산-언-학 복합체Military-Industrial-Media-Academic Complex'가 날조한 것이라 주장하며 이 문제에 대한 허위 정보를 퍼뜨리는 기회로 활용하고 있다.[24]

외국인을 겨냥한 관영 매체와 해외의 소셜 미디어를 모두 활용한 중국의 이 허위 정보 전파 공작은 대체로 많은 국가에서 성과를 거두었다.[25] 특히, 지켜낸 것보다 파괴한 인권이 더 많았던 지난 20년 동안의 '테러와의 전쟁' 덕분에 많은 국가가 인권의 보호자라는 미국에 대한 신뢰를 거두어들였으므로, 이들 국가에게 중국의 공작은 지금 위구르 지역에서 일어나고 있는 일들을 외면해도 되는 이유가 되었다.

그 결과, 적어도 이 「한국어판 머리말」을 쓰고 있는 지금도 위구르 지역의 위기 상황은 국제사회의 이러한 동향 때문에 조금도 수그러들지 않은 채 계속되고 있다. 지금까지 중국은 자국의 투자로 혜택을 받은 다른 국가들의 지지를 결집함으로써, 위구르 문제로 인하여 유엔 차원에서 어떠한 중대한 조치를 취하더라도 이를 막아낼 수 있는 방어막으로 삼아왔기 때문이다.[26] 또한 중국의 허위 정보 전파 공작은 위구르 문제를 잘 모르는 이들과 미국을 불신하는 이들에게 이 문제와 관련하여 국제사회에서 공분이 일어나는 것을 방지하는 데 딱 적절한 정도만큼만 의심의 씨앗을 심어주고 있다.

인권 운동가들이 가장 실망하는 부분은 아마도 보편적 인권 보호의 임무를 맡은 유엔 기구들이 위구르 지역에서 벌어지고 있는 일들에 대해 침묵해온 행태일 것이다. 유엔 인권최고대표사무소 OHCHR(Office of the United Nations High Commissioner for Human Rights)는 이 지역에서 대대적으로 벌어지고 있는 잔학 행위에 대해 아직까지 어떠한 규탄 성명이나 보고서도 내놓은 적이 없다. 2022년 5월 유엔 인권최고대표 미첼 바첼레트가 중국의 초청으로 이 지역을 방문하자 이 문제에 대해 함구해왔던 그간의 입장에 변화가 있을 것으로 기대한 이들이 있었지만, 그녀의 방문은 결국 중국의 조치에 대해 암묵적인 지지만 더하는 결과를 가져왔다. 방문 기간 중 내놓은 성명에서 바첼레트는 이 지역에서 대대적으로 자행되고 있는 잔학 행위를 테러리즘에 대응하기 위한 우선적이고도 가장 중요한 노력이라 지칭하면서, 자국이 저지른 일들을 합리화하는 데 중국이 빈번하게 내세우는 주장을 인정해준 것이다. 실제로, 그녀가 발표한 성명에서 이 지역에 대한 정책과 관련하여 중국 정부에 권고한 사항은 "대테러와 탈극단화 정책을 재검토하여 국제적인 인권 기준을 완전하게 준수하도록, 특히 자의적이고 차별적인 방식으로 적용되지 않도록 할 것to undertake a review of all counter terrorism and deradicalization policies to ensure they fully comply with international human rights standards, and in particular that they are not applied in an arbitrary and discriminatory way"이 유일했다.[27]

여러 측면에서 볼 때, 바첼레트 유엔 인권최고대표의 실망스러운 방문 결과에는 국제경제에서 중국이 중요한 역할을 하고 있는 현 상황을 유지해야 하므로 위구르 문제를 언급하는 것이 불편할 수밖에 없는 대다수 국가들과 국제기구의 전반적인 입장이 반영되어 있다. 중국 내에서 위구르족과 다른 소수민족들에게 엄연히 벌어지고 있는 일이 있는데도, 세계와 중국 간의 경제·금융·재정적 연계는 계속 확대되고 있으며 전 세계적인 규모로 추진되는 사업들이 '일상as usual'이 되고 있다. 동시에, 명분 없는 러시아의 우크라이나 침공으로 인해 2022년 2월 이전에는 어느 정도 있었던 위구르족의 운명에 대한 국제사회의 관심은 다른 쪽으로 쏠리고 세계경제의 중국에 대한 의존도는 더욱 높아지게 되었다. 하지만 여기서 필자가 말하자 하는 것은 러시아가 우크라이나에서 벌이고 있는 일들이 중국이 위구르 지역에서 저지르는 일들과 별개의 것이 아니라는 점이다. 이 두 국가가 지금 하고 있는 일들은 모두 필자가 이 책의 결론에서 미래에 불안한 그림자를 드리우는 세계적 차원의 병폐라 지적한 현상의 일부이며*, 포퓰리즘적 민족주의, 관용의 가치에 대한 무시, 그리고 갈수

---

* 프라이버시에 대한 침해, 인권에 대한 침해, 다양성에 대한 불관용과 편협한 민족주의 대두를 '현재 나타나고 있는 전 세계적 차원에서의 세 가지 추세'로 범주화한 것으로, 이 책의 결론 부분 중 맺음말에서 상세히 설명한다.

록 점점 더 '감시 자본주의surveillance capitalism'*가 추동하는 세계경제는 그러한 병폐적 현상이 발생하도록 불을 댕기는 연료가 되고 있다. 이에 더하여, 각국의 포퓰리즘적 민족주의자들이 다른 국가에서 벌어지는 잔학 행위들을 복제하며 학습하고 있다는 증언이나 전언(傳言)도 나오고 있다. 예를 들어, 러시아가 생포한 우크라이나인들 중에서 우크라이나군을 색출하기 위해 만들고 있는 '여과 수용소filtration camp'가 위구르족 및 다른 소수민족들을 수용하기 위해 설치한 중국의 '재교육 캠프'와 상당히 유사해 보이는 것은 단순한 우연의 일치를 넘어서는 것이다.²⁸

위구르 문제는 앞서 언급한 세계적 차원의 병폐와 연관되는 것이므로 바이든 행정부가 이 문제를 '규범에 기반한 국제 질서'에 대한 모욕이라 보는 시각은 정확한 것이다. 그러나 냉전이 종식되면서 확립된 현재의 국제 질서는 중국이 위구르족에 대한 공격을 본격화하기 전, 미국이 '국제 규칙global rules'을 무시하고 '테러와의 전쟁'을 주도하면서부터 이미 상당 부분 훼손되었다는 점까지는 인정하지 않고 있다. 중국 내의 위구르족과 다른 소수민족들에게 벌어지고 있는 일들은 권위주의적이면서도 기존 국제 질서의 역학 구도를 타파하려는 시진핑 치하 중국의 모습만을 보여주는 것이 아니다. 국제사회에서 보편적으로 적용되는 규범을 허물어내려는, 앞서 언급한 국제적 병폐라 볼 수 있는 현상도 반영되어 있는 것이다. 이러한 맥락에서, 중국 내 위구르족의 운명과 관련한 문제에서 국제사회의 계속되는

---

* 개인의 데이터를 상품화하는 경제 시스템, 또는 인간의 행동이 만드는 데이터를 기업이 직접 수집해 수익을 창출하는 자본주의다.

침묵은 흡사 제노사이드 같은 범죄도 강대국이 자행할 경우에는 용인될 수 있는 것으로 간주되던 19세기의 위험한 선례가 21세기에 재현되도록 해주는 셈이다.

여기서 필자가 말하고자 하는 바는 위구르 지역에 대한 정책을 바꾸라는 국제사회의 압박이 중국에 영향을 주지 못하고 있다는 것이 아니다. 미국 정부가 합숙 노동 프로그램을 '강제노동'으로 규정하면서 이들 프로그램을 통해 생산된 수많은 물품이 미국으로 들어오면 그대로 압수되었고, 전 세계적인 공급망에 포함된 이들 노동 프로그램에서 이득을 취하는 기업들을 보이콧하고 이들 기업에 투자하지 말 것을 투자기관에 요구하는 시민사회의 실천적 행동에 힘이 실리게 되었다.[29] 위구르 지역에는 알려진 것과 같은 억압이 없다는 점을 국제사회가 믿도록 중국이 노력하는 것은 그러한 활동은 물론, 그 활동이 국제사회에서 자국의 평판과 경제에 미칠 수 있는 영향에 대해 우려하고 있음을 보여주는 증거다. 이러한 외부의 압력이 중국 내의 영향력 있는 경제·산업 부문으로 하여금 위구르 문제에 대한 현재와 같은 접근 방식이 국익에 최선이 아님을 확신케 함으로써 긍정적인 방향으로 상황이 바뀔 수 있는 여건이 조성되면 좋겠으나, 시진핑의 절대 권력이 강화되고 있는 상황에서는 기대하기 어려울 것이다.

역사에 어떤 섭리 같은 것이 있다면, 위구르 지역의 토착 민족들에게 가해졌던 불의에 대해서는 결국 상응하는 응보應報가 있게 될 것이다. 하지만 문제는 그들의 삶이 완전히 파괴되는 사태를 막을 수 있도록 적시에 이루어질 수 있는지 여부다. 이를 위해서 중요한 것은, 현재의 지정학적 상황이 어떻든, 지금 중국에서 위구르족에게 일어나고 있는 일들에 대해 눈감지 말고 상황을 개선하기 위한 실천적 행동을 지속적이고도 활발하게 이어나가는 것이다. 동시에, 언젠가 국제사회가 이 문제에 주목할 때 내놓을 수 있는 증거를 확보하고 이를 통해 정의를 구현할 수 있도록, 이 비극에 대해 철저하고도 객관적으로 기록하는 작업을 계속해 나가는 것이 반드시 필요하다.[30]

숀 R. 로버츠

버지니아주 알링턴

2022년 6월 4일

| 서장 |

　신장위구르자치구의 위구르족 동료들이 사라지기 시작하면서 그
지역과 위구르족을 연구하는 세계 각지의 연구자들이 무언가가 심각
하게 잘못되어가고 있음을 인지한 것은 2017년 후반이었다. 유학 중
인 위구르족 학생 다수가 같은 시기에 중국으로 소환되었고, 해외에
서 망명 중인 위구르족들은 중국 내의 친척들과 연락이 차단되었다.[1]
이는 얼마 전 신장위구르자치구 당서기로 임명된 천취안궈陳全國*가
이 지역을 조지 오웰이 소설 『1984년』에서 묘사한 것과 같은 감시
국가로 개조해 나가면서, 서구의 연구자와 언론이 이 지역에 대한 중
국의 치안 대책이 유례없이 강화되는 상황을 보고하던 때와 시기적
으로 일치했다.[2] 천취안궈는 이전에 근무했던 티베트에서도 이와 유

---

* 티베트자치구 당서기(2011~2016)를 거쳐 2016년에 신장위구르자치구 당서기
로 부임했고, 2021년 12월 25일 교체되었다. 후임 당서기는 기술 관료 출신으로 광
둥성(廣東省) 성장(省長)을 역임한 마싱루이(馬興瑞)다.

사한 치안 강화 정책安全化을 실시한 바 있지만 신장위구르자치구에서는 이에 더하여 강력한 전자 감시 시스템을 새로이 도입했는데, 이 전자 감시 시스템에는 위구르족 개인의 중국에 대한 '충성심'을 평가하는 데 이용할 수 있는 풍습, 상호관계, 종교적 특성 및 다른 특성들에 관한 광범위한 데이터베이스가 포함되어 있었다.[3]

이러한 조치들은 지난 수십 년 동안 위구르족의 충성도에 대한 의심, 그 의심으로 인해 각종 치안 대책이 가중되던 이 지역에 대한 중국의 억압적 정책이 더욱 강화되고 있음을 보여주는 대표적 사례인 듯했다. 하지만 억압의 강도를 높이는 이 새로운 흐름을 모르지 않았음에도, 중국이 위구르족과 다른 소수민족 무슬림을 구금하기 위해 이 지역 전역에 초법적으로 대규모 집단수용소들을 설치했다는 2017년 말에 나온 충격적인 폭로는 예상치 못한 것이었다.[4] 2018년에는 이들 집단수용소에 구금된 위구르족과 다른 소수민족 무슬림의 규모가 대략 100만 명으로 추산되었는데, 200만 명에 근접할 수 있다고 보는 이들도 있었다.[5] 이들 집단수용소에서 민족적·종교적 특성에 따라 위구르족과 다른 튀르크계 민족 집단을 대상으로 벌어지고 있는 프로파일링, 혹은 분석 작업은 국제사회가 앞으로 또 다른 인종 말살을 목도하게 되는 것이 아닌가 하는 두려움을 불러일으키고 있다.

신장위구르자치구의 위구르족에게 벌어지고 있는 일들을 '민족 말살genocide'이라는 용어로 표현하는 것은 이 용어를 어떤 의미로 사용하건 논쟁의 여지가 있겠지만, 시간이 흐를수록 중국이 위구르족을 겨냥한 '문화적 민족 말살'을 자행하고 있다는 점은 분명해지고 있다. 실제로 중국은 우리가 알고 있는 위구르족의 정체성을 파괴하려고 국가적 차원에서 노력을 기울여왔다. 중국 정부의 위구르족 정체성 파괴 활동은 위구르족의 정체성을 구성하는 문화적 산물과 관습, 종교적 신앙 및 사회적 자본social capital*을 공격하는 다양한 정책들이 결합되어 이루어지며, 이와 동시에 위구르족이 자신의 고향으로 여기는 신장 지역을 개조하고 있다. 위구르족 전체 인구 중 상당수가 정해진 기간이나 적법한 절차 없이 구금되어 있는 집단수용소는 이 정책 결합체의 중심을 이룬다.

　감옥 같은 환경의 집단수용소에서 수용자들은 강제로 중국어를 배우고, 남은 시간에는 이슬람 및 이슬람과 관련된 위구르족의 문화적 관습을 위험한 이념으로 낙인찍는 내용이 대부분인 중국공산당의 선전물을 학습한다.[6] 이들은 무심코라도 모국어를 말하거나 서로 대화하는 것이 금지당하고 있다고 전해지고 있으며, 가혹한 고문은 물론 정체불명의 약물을 강제로 투여하고 있음을 주장하는 수용소 경험자들의 거듭된 증언도 다수 보도되고 있다.[7] '테러리스트', '극단주의' 및 '분열주의' 혐의를 근거로 취하는 조치라 하지만 실제로는 집단수용소로 보내도록 정해진 할당량이 있으며 대개는 자의적으로 처분이 내려지고 있어서, 이는 위구르족과 다른 무슬림 소수민족들의 각계각층 사람들이 집단수용소에 구금되는 결과로 이어진다.[8]

　독일 나치의 강제수용소나 스탈린 치하 소련의 강제노동수용소 Gulag에 비견되는 이들 집단수용소는 2017년 이후 위구르족에 대한 중국의 억압이라는 거센 파도에서도 가장 이목을 끄는 부분이지만,

---

* 사람들의 상호작용에 영향을 미침으로써 사람들 사이에 협력을 가능하게 하는 무형의 자산으로, 구성원들 사이에 공유하는 제도·규범·네트워크·신뢰 등을 지칭한다.

이들 시설도 사실은 신장위구르자치구 내의 모든 위구르족에게 드리워진 거대한 통제·억압 체제의 일부분에 불과할 뿐이다. 대개는 당국이 자의적으로 내리는 집단수용소 구금 처분은 언제든지 구금될 수 있다는 두려움이 지역 주민 전체에 만연하게 했다. 아직 구금되지 않은 위구르족들은 매일 저녁 자신을 수용소로 끌고 가려는 기관원의 방문을 기다리는 신세가 되었고, 이에 대해 언급한 것이 적발되면 그대로 수용소행이 될 가능성이 높으므로 가장 가까운 친구나 가족들과도 집단수용소에 대해 이야기하기를 두려워한다고 전해진다.[9] 또한 동료나 이웃이 지극히 개인적인 원한 때문에 중국 당국이 '3대 악三股勢力'이자 국가 및 사회를 내부에서 가장 심각하게 위협하는 요인이라 낙인찍은 '테러리스트恐怖分子', '극단주의자極端分子', 혹은 '분리주의자分離主義者' 부류라고 자신을 당국에 신고할지 모른다는 두려움 때문에 위구르족 공동체 안에서도 불신이 자라나고 있다.

광범위하게 분포해 있는 감시 시스템은 이와 같은 두려움을 증폭시키는데, 이 감시 시스템은 대규모 집단수용소 정책을 시행하기 전에 설치된 것이었고 사실상 이 지역 내 모든 위구르족의 활동과 상호작용 및 사상을 파악하는 데 이용된다. 이 감시 시스템은 수많은 검문소와 어디에나 있는 경찰서, 그리고 안면인식 프로그램이 장착된 엄청난 규모의 CCTV 네트워크를 통해 공공장소에서 우선적으로 작동되고 있지만, 공공장소를 넘어서 위구르족 사적인 생활 내부에도 침투해 있다.[10] 위구르족의 스마트폰에 강제로 설치된 스파이웨어를 통해 중국 당국은 그들이 어디에 있는지 추적하고, 대화를 감시하며, 접하는 어떤 매체든 관찰할 수 있다. 위구르족들은 당국이 직장과 거주지에서 끊임없이 실시하는 공산당에 대한 충성도 평가를 받아야 한다.[11] 마지막으로, 100만 명 이상의 당 간부가 지정받은 위구르족 가정에서 동거하면서 그 가정의 실내 인테리어, 사적인 대화, 개인적 습관과 정신적 특성에서 '3대 악'의 징후가 나타날 위험성에 대해 보고하는 임무를 수행해왔다는 점은 아마도 이 대규모 감시 시스템과 관련하여 현실에서 일어나고 있는 일이라 믿기가 가장 어려운 부분일 것이다.[12] 이렇게 수집된 모든 데이터는 데이터베이스로 통합되는데, 위구르족 개개인에 대한 자료를 수록한 이 방대한 데이터베이스는 치안기관에 제공되어 그들의 운명, 다시 말해서 집단수용소에 보낼지, 바로 감옥에 투옥할지, 아니면 당분간 지금처럼 생활하도록 놓아둘 것인지 결정하는 데 이용된다.[13]

이와 같은 감시, 정치적 세뇌 및 구금의 네트워크는 사회적 자본이라는 공동체의 연계성을 파괴하고 고유의 언어를 사용하지 못하게 하며 국가에 위협이 된다고 간주되는 문화적 관습을 해체함으로써 위구르족의 정체성을 파괴하는 데 이용된다. 동시에 그 네트워크는, 관광상품용으로 '멸균된' 상태로 포장된 것을 제외하고는 위구르 고유문화의 징표들을 없애버리기 위해, 위구르족을 한족으로 흡수·통합하고 신장 지역의 외관을 변형시키는 다른 정책들에 순응하도록 강제하는 강력한 힘이 되고 있다. 위구르어는 공공장소에서 갈수록 사라져가고, 신장위구르자치구 전역에서 모스크와 무슬림 묘지를 없애는 캠페인이 벌어지고 있으며, 주변의 위구르 전통 가옥들은 철거되고 있다.[14] 집단수용소나 감옥으로 끌려가지 않은 위구르족과 다른 무슬림 소수민족들, 특히 도심 밖의 지역에 거주하는 많은 이들은 감시 시스템 아래에서 일하거나 가족과 지역공동체로부터 격리된 새로운 대규모 공장의 노동 연대에 참가하도록 내몰리고 있다.[15]

이에 더하여 중국은 위구르족과 한족의 결혼도 권장하는데, 그들의 자녀들은 기숙학교로 보내져 중국어와 중국 문화를 배우면서 부모로부터 물려받은 위구르 문화를 보고 들으며 사회화할 기회를 박탈당한다.[16] 한족과의 통혼通婚을 제안받고서 거절하는 위구르족은 필연적으로 당국의 의심을 받고 구금이나 투옥해야 할 대상으로 검토될 것이다.

위구르족의 정체성을 파괴하기 위한 중국의 '전쟁'은 정교하게 고안된 문화적 민족 말살의 형태로 나타나는데, 이 책의 마지막 장에서 그 구체적인 내용을 다루겠지만 최소한 그 규모와 잔학성이 어느 정도인지에 대해서는 미리 소개할 필요가 있다. 이러한 폭압적인 국가 캠페인이 어떻게 진화해왔는지, 왜 계속되고 있는지, 그리고 중국인들과 국제사회에서 어떤 식으로 정당화되고 있는지 설명하는 것이 이 책을 쓴 목적이다. 중국이 벌이고 있는 이 '전쟁'의 목적은 오랜 기간 중국의 지배에 반대하여 저항해온 신장 지역과 그 주민들 모두를 완전히 흡수·통합하여 중국 스스로 상정하는 현대적인 중국이라는 미래상에 집어넣으려는 것이다. 이러한 의미에서, 중국의 대對위구르 정책은 지난 300여 년 동안 세계 각지에서 강대국들이 실행했던 '정착형 식민 지배 프로젝트settler colonial projects'를 연상시킨다. 과거의 프로젝트들도 토착 주민의 공동체와 저항 의지를 파괴하고 이들 상당수를 격리하거나 말살하는 한편, 남은 이들은 강제로 흡수·통합하면서 주변부로 밀어내는 것을 목적으로 하는 것이었기 때문이다.

중국은 위구르족과 그들의 고토에 대해서 짧지 않은 식민 지배의 역사를 가지고 있다. 18세기 중반 이래 위구르 지역은 명목상 중국의 일부가 되었으나, 그 영토와 주민을 근대적*인 중국인의 나라 modern Chinese polity로 통합시키려 했던 청淸 제국과 그 뒤를 이은 중화민국의 노력은 그다지 성공적이지 못했다. 1949년 대륙을 장악한 현재의 중국(중화인민공화국)은 더 강력하게 그 목표를 추진하여 위구르 지역의 주민 구성에 현격한 변화를 가하는 한편 위구르족에 대해서도 소수민족으로서의 예외를 허용하지 않고 국가정책을 시행했으나, 1990년경에도 이 신장위구르자치구는 중국의 정치와 경제에서 여전히 주변부로 남아 있었으며 주민들은 중국이 이끄는 사회로의 흡수·통합에 저항하고 있었다. 오늘날 벌어지고 있는 문화적 민족 말살 캠페인은 중국이 경제개혁의 일환으로 이 지역에 대한 개발 사업을 처음으로 시도했던 1990년대에서 그 연원을 찾을 수 있다. 당시 중국은 소련과 맞닿아 있는 지리적 위치가 수출 중심 경제의 성장에 유리한 자산이 될 수 있다고 인식했다. 지역개발과 각종 인센티브 제공을 통해 이 지역과 주민들의 흡수·통합을 유도하려는 노력을 거의 30년 동안 기울여왔으나, 결국 중국은 이 지역을 자국이 생각하는 국가·사회의 미래상에 집어넣으려는 노력에 위구르족들이 여전히 저항하고 있음을 인식하게 되었다. 시진핑의 권위주의적 태도와 그가 제시한 통일된 하나의 중국이라는 미래상으로 대표되는 오늘날의 중국이 강제적인 흡수·통합과 문화적 민족 말살이라는 전술에 의존하게 된 것은 이와 같은 맥락에서 이해할 수 있다.

과도한 문화적 민족 말살이 '근대화'나 '개발'이라는 명분으로 정

---

* 중국사에서 근대는 만주족의 청 제국 건국 및 중국 본토 정복부터 1949년 중국공산당의 중국 대륙 석권과 중화인민공화국 수립까지 약 300년 동안을 가리킨다.

당화될 수 없으며 다시는 반복되지 말아야 한다는 점이 국제 규범으로서 일반화된 것은 20세기 말의 일로, 오늘날 위구르족이 겪고 있는 운명은 19세기와 20세기 전반에 북아메리카와 남아메리카 선주민Native Americans과 오스트레일리아와 뉴질랜드 원주민Aboriginals 등 세계 도처의 토착 주민들도 경험했던 것이다. 그러한 비극을 종식시키는 데 매번 성공한 것은 아니지만, 유엔은 제노사이드, 원주민의 권리rights of Indigenous Peoples 및 소수민족의 권리rights of ethnic minorities에 관한 각종 협약과 선언을 내놓으며 그러한 행위는 용납될 수 없는 것으로 규정하고 공식적으로 규탄해왔다. 그럼에도 우리는 21세기인 오늘날, 한때 전 세계에서 민주화를 추진하는 동력으로 작용하리라 기대했던 최신 정보통신기술을 이용하여 문화적 민족 말살이 다시 벌어지는 상황을 목도하고 있다.

이 책을 통해 말하고자 하는 바의 핵심은 21세기 들어 다시금 문화적 민족 말살이 자행되는 데는 '테러와의 전쟁'이라는 시대적 배경이 커다란 역할을 했다는 것이다. 앞으로 더 상세히 다루겠지만, 이 '테러와의 전쟁'은 '테러리스트'라는 라벨이 인종, 종교 혹은 특정 민족이라는 프로필을 근거로 특정 집단에 속하는 이들 전부의 인권을 노골적으로 부정하는 행태를 정당화하여 손쉽게 인종 말살 전략으로 악용될 수 있게 했다. '테러와의 전쟁'에서 '테러리스트'라는 라벨은 '실존하는 위협 요인'이라는 낙인으로, 그러한 낙인이 찍힌 이들에게 가하는 잔학 행위를 정당화하기 때문이다. 더욱이 '테러리스트'라는 개념은 이를 구성하는 요소가 무엇인지 명확하게 정해지지 않은 채 대중 안에 숨어 있는 위협 요인을 지칭하는 용어로 사용되고 있어, 어떤 무슬림 집단에서든 '테러리스트로서의 위협'이 식별되면 그가 속한 집단 성원 전체의 인권을 부정하고 인종 말살적 행위까지도 바로 정당화될 수가 있는 것이다.

따라서 중국이 신장위구르자치구의 대규모 집단수용소 및 관련된 억압적 정책의 존재를 처음부터 부정하면서 자국의 모든 조치는 이슬람 '극단주의' 이념을 고수하여 중국 사회에 심대한 '테러 위협'을 가하는 이들에게 적용될 뿐이라고 주장한 것은 놀라운 일이 아니다.[17] 이러한 맥락에서, 중국은 자국의 정책이 위구르 문화를 파괴하려는 것이 아니라, 그 문화를 오염시키고 있는 '극단주의'를 근절하려는 것이라 주장하고 있다. 또한 위구르족의 처우에 대한 국제사회의 비판에 대해서는, 2001년 이래 서구 국가들이 '테러리스트' 용의자들에게 했던 처우와 별반 다를 것이 없다고 반박한다. 중국은 이러한 논리를 내부적으로도 널리 퍼뜨려 정부 관료들을 포함한 대부분의 국민이 지금 신장위구르자치구 내에서 벌어지고 있는 일들은 위구르족을 강제로 흡수·통합하고 그들의 땅을 식민지화하려는 것이 아니라 실제로 존재하는 '테러리즘 위협terrorist threat'에 대응하기 위한 적절한 조치라 믿도록 하고 있다.

이러한 맥락에서, 이 책에서는 '테러와의 전쟁'이 중국과 위구르족 사이의 식민 지배적 관계의 역사와 만나면서 오늘날 위구르 지역에서 볼 수 있는 전례 없는 억압적 상황이 어떻게 조성되었는지 설명할 것이다. 그리고 그러한 상황에 대한 책임이 중국은 물론 국제사회 모두에 있음도 설명할 것이다. 현재 위구르족에게 가해지고 있는 억압적 조치들은 의심의 여지 없이 중국이 주도하고 있으며 그에 대한 책임은 중국에 있다. 하지만 중국이 어떤 제재나 처벌 없이 그런 억압적 조치를 할 수 있도록 한 것, 최소한 무자비하고도 민족 말살적인 본능을 거리낌 없이 표출하도록 한 것은 '테러리스트'가 무엇인지 제대로 규정하지도 않은 채 무작정 맞서 싸워야 한다는 강박에 빠져 있던 국제사회의 책임이다.

위구르족은 어떤 사람들인가

공식적으로 '신장위구르자치구'로 되어 있지만 스스로는 '동투르키스탄'으로 지칭하는, 중국 서북부 지역에 주로 거주하는 위구르족은 대부분이 무슬림이며 튀르크어군語群에 속하는 민족이다. 그들이 고향으로 여기는 이 지역에는 1,130만 명 이상이 거주하고 있다.[18] 해외에는 50만 명 정도가 있는 것으로 추산되는데, 특히 카자흐스탄과 키르기스스탄 및 튀르키예(옛 명칭 터키)에 많이 살고 있다. 문화적으로나 언어적으로, 그리고 역사적으로 위구르족은 중국의 한족보다는 소련을 구성했던 중앙아시아의 여러 민족과 훨씬 더 긴밀하게 연결되어 있다. 중앙아시아라는 거대한 문화권에서 정착 생활을 해왔다는 점에서 위구르족은 유목 민족인 카자흐인, 키르기스인, 투르크멘과 차별화되고, 위구르족과 마찬가지로 정착 농경과 상업 및 도시 생활의 오랜 역사를 가지고 있는 우즈베크인과는 언어적으로 거의 대부분 소통이 가능하다.[19]

이슬람교는 위구르족의 역사에서 오랜 전통을 가지고 있으며 오늘날 대부분의 위구르족은 무슬림이다. 위구르 지역의 이슬람교는 수니파 중에서 하나피 학파Hanafi School*에 속한다고 하지만, 신비주의적인 수피즘 전통의 오랜 역사와 지역 토착의 종교적 관습의 영향으로 실제로는 매우 다채로운 요소들이 혼재되어 있다.[20] 위구르족도 무슬림으로서 오랜 기간 메카로의 성지순례Haj를 이어왔지만, 이슬람의 중심인 중동 지역과 지리적으로 멀리 떨어진 이 지역은 항상 무슬림 세계와 범세계적 이슬람 운동의 주변부에 머물러 있었다. 오늘날 이 지역의 많은 위구르족은 종교는 없으나 다양한 무슬림적 관습을 문화적 전통의 일부로 받아들이고 있다. 이슬람교는 위구르족으로서의 정체성을 발전시키는 데 중요한 역할을 해왔고, 근대에는 자신들보다 우세한 중국의 한족으로부터 스스로를 차별화하는 수단이 되었다.

오늘날 위구르족은 대개 자신의 혈통을 8~9세기 이 지역을 지배했던 고대 위구르 제국에서 찾고 있지만, 대부분의 소수민족 집단들과 마찬가지로, 실제로는 역사적으로 여러 시기에 이 지역에 거주했던 다양한 민족 집단들이 융합한 결과물이다.[21] 위구르족이라는 민족 집단은 여러 민족 집단 중에서도 특히 6세기에 처음 이 지역에 들어온 여러 튀르크계 민족과 이 지역에 최초로 거주한 것으로 추정되는 인도유럽계 민족들이 결합하여 발전해온 것이다.[22] 그 결과, 위구르족의 외모는 유럽과 아시아 전역의 여러 민족과 연결시킬 수 있을 만큼 다채롭다. 역사적 결과물인 유전적 다양성은 대부분의 위구르족들이 중국의 한족인 양 섞여 지내는 데 어려움을 겪게 되는 원

---

* 이슬람교의 창시자 무함마드 사후 그의 후계자 선정을 두고 이슬람교는 수니파와 시아파로 갈라졌다. 수니파는 이슬람법의 적용·해석 방식에 따라 크게 하나피파, 말리키파, 샤피이파, 한발파 등 네 개의 학파로 나뉜다. 그중 하나피파가 가장 영향력이 크며, 튀르키예, 시리아, 요르단, 이라크, 이집트를 비롯하여 중앙아시아 및 남아시아에 널리 퍼져 있다.

인이자, 중국이 이들을 한족으로 완전히 흡수하는 데 걸림돌로 작용한다. 신체적으로 한족과 명백히 구별되는 가장 큰 소수민족 집단이 위구르족이라는 사실은 두 민족의 관계가 인종적 관점에서 선명하게 규정지어지도록 했다. 이러한 점은 근대 중국에서 위구르족의 위치를 자리매김하는 데에도 영향을 주었으며, 사회의 안정성을 유지하기 위해서 필요한 동질성의 측면에서 그들이 '타자'로 인식되는 이유가 되었던 것이 분명하다.

20세기가 될 때까지도 통합된 위구르 민족이라는 개념은 발전하지 않았지만, 10~13세기 동안 점진적으로 진행되어온 위구르 지역의 이슬람화와 튀르크화는 이 지역의 통일된 문화를 발전시키고 위구르족이라는 근대적 정체성의 기초를 다지는 데 커다란 영향을 미쳤다. 18세기 중엽 청 제국이 이 지역을 점령할 즈음에는 이러한 통일된 문화가 주민들 사이에 분명하게 자리 잡고 있었다. 아직 '위구르'라는 민족명을 쓰지 않았으나 거주 지역, 관습, 언어, 종교, 그리고 구전口傳으로 이어받은 전통까지 공유하며 하나의 집단으로 결합되어 있었던 것이다.[23] 이러한 의미에서, 오늘날의 위구르족은 자신들의 고향으로 생각하는 그 지역의 토착 민족으로 규정되어야 한다. 유엔은 다른 민족 혹은 다른 문화권 세력이 정복, 점령 혹은 정착하기 전부터 그 지역에 거주해왔던 이들을 '토착 민족Indigenous People'이라 간주한다.[24] 하지만 중국은 위구르족이 그 지역의 토착 민족이 아니며 위구르 지역은 역사적으로 중국의 일부였다고 강변하고 있어, 위구르족과 중국 사이의 긴장감을 격화시키고 있다.[25]

위구르족과 중국 간의 긴장은 위구르 지역과 관련한 폭발력 있는 하나의 질문에서 출발한다. 이 지역은 누구의 땅이며, 이 지역을 다스리고 발전시키는 권능은 누구에게 주어져야 하는가? 양쪽이 이 지역을 부르는 상반된 명칭은 이 질문에 대한 위구르족과 중국의 상반된 입장을 가장 생생하게 보여주는 징표일 것이다. 중국은 청 제국이 이 지역을 정복한 후 붙인 명칭이자, 이 지역이 근대국가로서의 중국에 처음으로 합병된 1880년대 이래로 공식적으로 써왔던 '신장新疆(새로운 강역)'이 합법적인 명칭이라 주장한다. 하지만 대부분의 위구르족들은 식민지적 색채가 농후한 그 명칭을 일상 대화에서는 의식적으로 사용하지 않는다. 일부 위구르족이 선호하는 '셰르키 투르키스탄Shärqi Turkistan'*이라는 명칭은 튀르크계 민족으로서 위구르족의 고유한 특성을 강조하는 한편, 단명하긴 했지만 이 지역에서 1930년대와 1940년대 두 차례 독립국가로 존재했던 역사를 상기하는 의도가 반영된 것이다. 중국이 '극단주의'로 간주하여 사용을 금지하는 '동투르키스탄' 명칭과 중국이 사용하는 '신장'이라는 명칭을 피하기 위해 '위구르 디야리Uyghur Diyari'** 또는 '위구르 지역Uyghur Region'이라는 용어를 사용하기도 한다.[26]

국가 주권이라는 정치적 문제에 대해 특정한 일방의 입장을 취한다는 오해를 받지 않기 위해 이 책에서 필자는 대개의 경우 이 지역을 '신장'이나 '동투르키스탄'으로 지칭하지 않았다. 과거 존재했던 위구르족 국가나 이 지역의 위구르 민족주의적 특성에 대해 언급하는 경우를 제외하고는, '위구르 지역'이나 '위구르 고토故土(Uyghur homeland)'라는 용어를 사용했다. 이 지역을 '위구르 고토'로 인정하

---

* şark는 튀르키예어로 '동쪽'을 뜻한다. 결국 '셰르키 투르키스탄'은 '동투르키스탄'을 의미한다.
** diyar는 튀르키예어로 '나라', '국가'를 뜻한다.

는 것이 중국 정부의 눈에는 특정한 정치적 입장을 취하는 것으로 보일 수 있겠지만, 이 용어는 위구르족과 이 지역 사이에 존재하는 역사적 관련성을 객관적으로 기술하는 것일 뿐이다. 위구르 고토라는 용어는 이 지역이 독립된 국가여야 하는가, 아니면 중국의 일부여야 하는가 하는 정치적 질문에 대한 특정한 입장을 반영하는 것이 아니다.

이 지역의 합법적인 명칭에 대한 논쟁은 위구르족과 근대 이후 중국과의 껄끄러운 관계와 그러한 관계를 특징짓는, 당장에라도 폭발할 것 같은 양자 간 갈등의 역사를 상징적으로 보여준다. 때로는 저강도의 저항으로 표출되고 때로는 전면적인 폭력 사태로 발전하기도 하는 등 양자 간 갈등의 수위는 역사적으로 변동이 있었으나, 청 제국이 위구르족의 고토를 정복한 이후에는 어느 정도의 갈등이 항상 있었다. 하지만 2001년 9·11 테러가 일어난 지 얼마 후 중국의 지배에 반대하는 위구르족들의 저항을 국제적 '테러리즘 위협'으로 규정한 중국의 결정은 위구르족과 중국의 관계를 근본적으로 변화시켰으며, 결국에는 폭발 직전인 양자 간의 오랜 갈등 관계를 가까운 미래에는 해결을 기대할 수 없는 정도로 악화시켰다는 것이 이 책에서 주장하고자 하는 핵심이다.

중국이 위구르족들의 저항을 어렵지 않게 '테러와의 전쟁'으로 엮을 수 있었던 여러 이유 중 하나는 이 '테러와의 전쟁'에서 '적'이 무엇인지 분명치 않았기 때문이다. '테러리즘'이라는 용어에 대해서는 보편적으로 통용되는 개념 정의가 없으며, 주로 국가나 사회에 무력을 동원해 저항하는 비국가 행위자들non-state actors*에게 부정적 인상을 덮어씌우기 위한 정치적 라벨 혹은 낙인이다. 하지만 이 책에서 필자의 분석은 위구르족이 중국과 세계에 **실제로** '테러리즘 위협'이 되는지 여부에도 일부 의존하기 때문에, '테러리즘 위협'으로 간주해 야 할 것과 그렇지 않다고 볼 것을 명확히 하기 위해 '테러리즘'의 개 념을 잠정적으로라도 정의(이하 '잠정적 정의')하는 것이 대단히 중요 하다. 본격적인 논의에 앞서 이 '잠정적 정의'를 먼저 정할 것인데, 그 과정에서 이 책은 비국가 행위자들이 저지르는 정치적 목적의 폭력 행위를 정당한 것legitimate과 정당하지 않은 것illegitimate으로 구분하 는 기준으로는 무력 분쟁 시 국가에 적용되는 국제적 규제나 규칙과 동일한 기준을 적용한다.

테러리즘이란 무엇인가

'테러리즘'을 역사적으로 분석한 월터 라쿼Walter Laqueur는 이 개 념과 관련하여 국제적 공감대를 형성하기 위한 어떠한 시도도 "끝 없는 논란으로 이어질 것"이기 때문에 '테러리즘'이라는 현상을 정의 하는 것은 불가능하다고 했다.[27] 이러한 주장에는 '테러리즘'은 오랫 동안 무력 투쟁의 정당하지 못한 혹은 불법적인 형태로 받아들여졌 던 점, 그리고 국제사회의 행위자들은 자신이 지원하는 비국가 전투 원은 보호하되 자신에 반대하는 세력은 비난하기 위한 방식으로 '테 러리즘'이라는 낙인을 더 자유롭고 선택적으로 이용하려고 '테러리

---

* 소규모 집단, 다국적기업, 개인, 비정부기구(NGO), 국제조직 등 국제 관계에서 국 가를 제외한 행위 주체들을 가리킨다.

즘' 개념을 일부러 애매하게 두려고 하는 사정이 내포되어 있다. "누군가에게는 테러리스트이지만, 다른 이에게는 자유의 투사다"라는,[28] 북아일랜드에서의 '소요 사태'를 다룬 소설의 한 구절은 어떤 행위를 '테러리즘'으로 규정하는 행위가 지니는 정치적 조작의 성격에 대한 뛰어난 통찰을 보여준다.

'테러와의 전쟁'은 역사적으로 누군가를 '테러리스트'라 낙인찍는 정치적 재량 행위에 적용되던 계산 방식을 근본적으로 바꾸어버렸다. '테러와의 전쟁' 이전에는, 대개의 경우 어느 한 강대국이 '테러리스트'로 간주하는 이들이더라도 다른 강대국에게서는 '자유의 투사'로 인정받고 의지할 수 있었다. 하지만 2001년 9·11 테러 이후에는, 정치적 동기로 인해 자의적으로 어떤 집단을 '테러리스트'라 낙인찍는 행태가 '테러와의 전쟁'이 시작된 이후에도 변함이 없기는 하지만, 누가 '테러리스트'이며 (따라서) 이 새로운 전 세계적 차원의 전쟁에서 누구를 적으로 간주할 것인지에 대해 국제사회에서 합의를 하기 위한 단합된 노력이 있었다. 그 단합된 노력이라는 것이 노골적일 만큼 정치적이긴 했지만 말이다. 그러한 정치적 '흥정'을 통해 많은 국가가 자국과 분쟁 중이던 무슬림 비국가 행위자들을 지구촌 공동의 적으로 규정하는 새로운 리스트에 올리려 시도했다. 2002년 아프가니스탄에 근거지를 둔 소규모 위구르족 단체들로부터 '테러리즘 위협'을 받고 있다고 국제적으로 공인받으며 중국도 그러한 시도에 성공한 국가가 되었다. 중국에 대한 그러한 국제적 공인은 정치적 동기에 따른 것이며 부당하다는 것이 이 책에서 주장하는 바이지만, 그러한 주장을 하기 위해서는 지금까지 국제사회가 시도해왔으나 실패했던 작업 하나가 선행되어야 한다. '테러리즘'이라는 현상을 개념 정의하는, 최소한 이 책에서 잠정적으로라도 사용할 수 있는 정의를 내리는 것이다.

이 책에서는 '테러와의 전쟁'을 비판적 시각에서 분석하지만, 그 비판적 시각이 '테러리즘'이 실제로 세계의 걱정거리가 된다는 점을 무시하려는 것은 아니다. 9·11 테러는 끔찍한 사건이자 인류에 대한 범죄로 간주되어야 하며, 이러한 점은 최근 몇 년 동안 미국에서 일어난 정치적 동기에 의한 총기 난사 사건을 포함하여 2004년 러시아의 베슬란 초등학교 인질 사건, 2008년 인도의 뭄바이 테러, 2011년 노르웨이의 우토야 총기 난사, 2014년 나이지리아의 감보루와 은갈라 테러, 2014년 중국의 쿤밍昆明 기차역 테러, 2015년 프랑스의 파리 테러, 2019년 뉴질랜드의 크라이스트처치 총기 난사 사건 및 수백여 건의 유사 사건에서도 마찬가지다.

이러한 폭력 행위 모두 누구에게든 경멸을 받아 마땅한 이유는 그 동기가 되는 이념이나 정치적 목적 때문이 아니고 (물론 그 이념이나 목적 자체가 비난받을 만한 경우도 많겠지만) 범행을 저지른 이들이나 이들이 속한 집단의 정체성 때문도 아니다. 이러한 범죄적 행위가 모든 이로부터 비난의 대상이 되는 부분은, 범행을 저지르는 이들이 자신의 정치적 불만과 직접적인 관계가 없는 무고한 민간인들을 의도적으로 노렸다는 점이다. 필자 개인적인 견해이지만, '테러리즘'의 객관적인 개념을 어떤 방식으로 정의하고 '테러 행위'를 어떻게 규탄을 하더라도 정치적 분쟁에 기인한 폭력으로부터 무고한 이들을 보호하기 위해서는 이 점을 핵심으로 다루어야 한다. 그 갈등의 본질이 어떠하건 상관없이 말이다.

이와 같은 입장은, 본질적으로 비국가 행위자들의 책임을 정치적 성격의 무력 분쟁에 관여하는 국가들과 동일한 기준에서 지우고자 하는 것이다. 무력 분쟁에서 일방의 입장에 동의할지 또는 않을지 여부는 개인의 가치관과 그 분쟁에 걸려 있는 이익에 좌우되는, 순수하게 정치적인 문제다. 그러나 국제체제는 폭력을 동반하는 정치적 분쟁이 국제사회 현실의 한 부분임을 인식하고 있으며, 어떤 집단이 자신의 권리를 자각하고 다른 집단의 억압이나 정복으로부터 스스로를 지키는 데 긴요한 역할도 종종 수행해왔다. 국제사회가 교전규칙交戰規則과 이를 강제하는 제도를 만든 것도 바로 그러한 이유에서다. 전시戰時에 교전 중인 전투원 혹은 부대가 의도적으로 민간인을 군사행동의 목표물로 삼으면 안된다는 규정도 교전규칙에 포함된다. 그러한 행위를 저지르는 국가 행위자의 경우 전범戰犯으로 간주되고, 비국가 행위자들의 경우도 당연히 '테러리스트'라는 낙인이 찍히게 될 것이다.

이는 급진적이거나 과격한 것이 아니다. '테러와의 전쟁'이 보다 합리적이고 승리할 수 있는 것이 되도록 하고 정치적 갈등에 따른 폭력으로부터 무고한 민간인들을 보호하는 수단으로 삼기 위해 이스라엘의 저명한 대테러 전문가 보아즈 가노르Boaz Ganor가 2002년에 제안했던 내용으로, 다음과 같다.

테러에 대한 정확하고 객관적인 개념 정의는 국가 간 재래식 전쟁에서 허용되는 행위가 무엇인가에 관하여 합의된 국제법과 원칙들에 기초해야 가능하다. 이들 국제법은 제네바협약*과 헤이그협약**에서 제시된 것으로, 이들 협약은 전시에 적군을 의도적으로 살상하는 것은 필요악이므로 허용되지만 의도적으로 민간인을 목표물로 삼는 것은 절대적으로 금지된다는 기본 원칙에 기초하고 있다. 따라서 이들 협약은 군사적으로 적을 공격하는 군인과 민간인을 의도적으로 공격하는 전범을 구분하고 있다.[29]

가노르가 지적하는 바와 같이, 전시에 국가에 적용되는 것과 동일한 원칙이 정치적 분쟁에 개입하는 비국가 행위자에게도 확대되어야 한다. 비국가 행위자가 의도적으로 민간인을 겨냥하여 정치적 동기의 폭력 행위를 저지르면 '테러리스트'로 보아야 하고, 군과 경찰 및 국가기구를 대상으로 한다면 게릴라전으로 이해해야 하는 것이다. 게릴라전의 경우 국가가 무력을 동원하여 국제적으로 인정된 교전규칙에 따라 대응하는 것이 타당하지만, 게릴라전에 참여한 이들을 '테러리스트'로 뭉뚱그려 비난해도 되는 것은 아니다.

가노르의 구분은 무고한 민간인을 보호하고 무장 저항에 참가하는 비국가 행위자의 권리도 인정하는 것이다. 어쨌든, 모든 비국가 행위자에게서 그러한 권리를 부인한다면 우리가 누리는 근대적인 세계 체제도 근대적인 국정 운영 형태로서의 민주주의도 존재할 수 없을 것이기 때문이다. 제2차 세계대전 이후 식민 국가들이 독립할 수 있

---

* 제네바협약은 전쟁으로 인한 희생자의 보호를 위해 1864~1949년 제네바에서 체결된 네 개의 국제조약으로, '적십자조약'이라고도 한다. '전지(戰地)에 있는 군대의 부상자 및 병자의 상태 개선에 관한 조약', '해상에 있는 군대의 부상자·병자·난선자의 상태 개선에 관한 조약', '포로의 대우에 관한 조약', '전시의 민간인 보호에 관한 조약'으로 구성되어 있다.
** 헤이그협약은 '헤이그 육상전 조약', '육상전의 법 및 관습에 관한 협약', '1864년 8월 22일 자 제네바협약의 여러 원칙을 해전에 적용하기 위한 협약'으로 구성되어 있다.

었던 반反식민 해방운동도 없었을 것이며, 군주정을 오늘날 근대국가의 형태로 대체한 혁명도 없었을 것이다. 객관적이면서도 행동적 측면에 근거를 두고 있는 가노르의 구분은 정치적 주관성에 오염되어 있는 '테러리스트 vs 자유의 투사'라는 흑백논리적 구분의 문제점을 해결하는 것이기도 하다.

이 책에서는 가노르가 제안한 '테러리즘'의 개념을 사용하는데, 그에 따르면 '테러 행위' 여부를 판별하는 기준은 폭력성과 정치적 동기, 그리고 민간인을 대상으로 삼는 의도성이다.[30] 이 책에서 잠정적 정의로 활용하기 위해서 필자는, 그가 제시한 기준은 테러 행위란 사전에 계획된 것이며 대개는 (반드시 그렇지는 않지만) 대중들에게 공포를 불러일으키는 수단으로써 행해지는 것이라는 점을 암시하고 있다는 점을 덧붙이고자 한다. 더불어 그러한 '테러 행위'를 실행하는 이는 '테러리스트'로서 책임을 져야 하며, 전범의 경우와 마찬가지로 객관적 검토와 구체적 증거에 기반한 엄격한 처벌을 받아야 할 것이다.

이렇게 도출된 잠정적 정의에는 '민간인civilian'이라는 개념을 구성하는 요소가 무엇인가에 대한 엄격한 해석이 필요하다. 예를 들어, 미국 국무부는 '테러리즘'을 "국가보다 하위인 집단subnational groups이나 은밀히 활동하는 인원clandestine agents이 전투원이 아닌 목표물noncombatant targets을 대상으로 실행하는, 사전에 계획된premeditated 정치적 동기에 따른 폭력 행위politically motivated violence"로 정의하고 있는데,[31] 이 책의 잠정적 정의와 상이한 점이 있다. 가노르의 지적대로, 재래식 전쟁에서는 용인되며 실제 사용되는 전술이라 하더라도 전투에 적극적으로 관여하지 않고 있는 상황에서 비국가 행위자가 기습을 가한다면 이를 '테러리즘'으로 간주하는 미 국무부의 개념 정의는 군 인력과 안보기관 및 국가 시설물을 국가 간 전쟁 시 보호하는 것과는 다른 방식으로 보호하는 데 중점을 두고 있다.

이 책에서 사용하는 잠정적 정의에 따른다면 위구르족들이 주체가 된 폭력 행위의 사례들 중에 명백하게 '테러리즘'으로 규정할 수 있을 만한 것은 1990년대까지 올라가더라도 극히 적으며, 특히 2013년까지는 더욱 그렇다. 이들이 저질렀다고 하는 폭력 행위들을 '테러리즘'으로 간주할 만큼 구체적으로 확인된 정황들이 충분치 않으므로 그들을 테러리스트로 볼 것인지에 대해서도 확정적으로 단언하기 어렵다. 이는 '테러리즘의 위협'이 현실적으로 발생할 위험성이 위구르족에게 있다는 2000년대 초 중국의 주장과 그러한 주장을 공식적으로 수용한 국제사회의 결정이 정당한지에 대한 의문으로 연결된다.

필자는 '테러리즘'이라는 개념에서 무의미한 주관적 성격을 제거하기 위해 '잠정적 정의'를 제시했다. 하지만 이 용어가 주관적, 대개는 중국이 위구르족들의 저항에 부정적 인상을 씌우고 심지어는 위구르족 전체의 인간성을 말살하기 위한 수단으로 사용되고 있음을 상기시키기 위해 이 책에서는 '테러리즘'이라는 용어에 계속 인용부호(' ')를 붙여서 사용한다. 또한 어떤 행위가 보편적으로 '테러리즘'이라 비난받을 만한 것인지 객관적으로 판정하기 위해 잠정적 정의를 참조할 경우에는 이 잠정적 정의를 사용하고 있음을 명시적으로 언급했다. '테러리즘'과 함께, 중국이 지칭하는 소위 '3대 악'을 구성하는 '극단주의'와 '분리주의'를 언급할 때에도 마찬가지로 인용부호(' ')를 사용했다. 하지만 '극단주의'와 '분리주의'라는 용어는 그 자체에 주관적이고 정치적인 성격이 덧씌워져 있으므로 객관적으로 기술하는 용어로서는 쓸모가 없으며 앞서 제시한 잠정적 정의를 더 객관적으로 만드는 데도 적절하지 못하다는 것이 개인적인 생각이다.

'테러리즘', '극단주의', 그리고 '분리주의'. 이들 세 개 용어에 주관적 성격이 있음을 이렇게 명시적으로 지적하는 것이 별로 중요하지 않은 학술적 논점에 불과한 것으로 보일 수도 있겠지만, 용어 자체에 내재된 주관적 성격을 정확히 이해하는 것이 지극히 중요한 이유는 이들 용어가 어디서나 쓰이게 되면서 점점 더 강력한 힘을 얻게 되었기 때문이다. 그 결과, 우리 모두가 알고 있다고 생각하지만 명확히는 규정할 수 없는 그런 적과 싸운다는 명분으로 특정 집단을 겨냥하여 다양한 방식으로 인권을 부정하거나 무자비한 폭력을 가하는 국가가 늘어나는 현실에 세계가 점점 더 둔감해지고 있다. '테러리스트'라는 낙인이 그렇게 규정된 이들의 인간성을 궁극적으로 말살해버리는 데 봉사하고 있다. 이 용어가 가진 인간성을 말살하는 힘은 중국이 '대테러 정책'이라는 명목으로 자행하는 위구르족에 대한 문화적 민족 말살을 정당화하는 방식에서 특히 두드러지게 나타난다.

'테러리스트'라는 낙인찍기를 통한 인간성 말살

'테러와의 전쟁'이 시작된 지 얼마 되지도 않은 시점부터 현대전에서는 선례를 찾을 수 없는 방식으로 '테러리스트'의 인간성을 말살하는 작업이 효과적으로 이루어졌는데, 9·11 테러라는 끔찍한 사건이 있었다는 점을 감안한다면 놀라운 일은 아니다. 인간성 말살 dehumanization이라는 표현은 이 전쟁을 수사적修辭的으로 표현한 산물産物이라기보다는, 이 전쟁이 수행되어온 방식이 만들어낸 것이자 이 전쟁이 겨냥하는 대상에 관한 것이다. '테러와의 전쟁'은 어떤 기득권을 두고 다른 국가와 벌이는 전쟁이 아니라, 비이성적이고 고정된 형태가 없는 부류와의 충돌이었다. 이런 유형의 부류에게는 국경이 의미가 없으며 이들은 필요한 병력을 어디서든 구할 수 있다. 따라서 '테러와의 전쟁'을 시작할 당시 미국은 이 전쟁은 합리성을 가진 적과의 싸움이 아니라 사회 자체로부터 병력을 끌어모을 수 있는 실존하는 위협으로부터 사회를 보호하기 위한 것이므로, 국가 간의 분쟁을 규율하는 규칙은 적용할 필요가 없다고 보았다. 그런데 철학자 슬라보예 지젝Slavoj Žižek도 언급한 바 있듯이, 분쟁과 관련하여 새롭게 대두한 사고방식 중 하나인 이러한 시각은 9·11 테러 이전부터 힘을 얻고 있었다. 그는 "특정한 규칙―포로에 대한 처우, 특정 무기의 금지 등―의 규율을 받는 주권국가 간의 분쟁이라는 낡은 의미의 전쟁은 더 이상 우리가 겪고 있는 것이 아니다"라 하고 있다.[32] 그가 언급한 '새로운' 분쟁은 일정한 규칙이 적용되는 국가 대 국가의 전쟁이 아니고, 기존의 전쟁에 적용되는 규칙이 거의 적용되지 않으며 '보편적인 질서의 지배에 범죄적 수준으로 저항하는 **불법적인 전투원**unlawful combatants'으로 간주되는 악당의 무리들rouge population이 가하는 위협을 감소시키기 위한 활동으로 상정된다.[33] 그의 논리에 따른다면, 국가는 그러한 위협을 가하는 무리들을 박멸eradication, 평정pacification 또는 격리quarantining함으로써 평화와 질서를 가져오는 선량한 역할을 수행하는 것이다. 그런데 이러한 새로운 분쟁 유형의 전형인 '테러와의 전쟁'에서 불법적이고 정당성 없는 적으로 제시된 '테러리스트'는 어떤 정치적 동기를 가진 전투원도, 더 볼 것 없는 범죄자도 아니다. '테러와의 전쟁'에서 적으로 규정된 '테러리스트'는 문명화된 삶이 보장되는 영역에 속하지 못한 이들로, 문명화된 삶을 향유하는 이들은 부여받는 권리를 받지 못하는 이들이다. 그들은 문명화된 세계에 위해를 가하는 생물학적 위협 요인biological threat으로 묘사되며, 그들의 이념은 다른 이들에게 질병처럼 확산되기 전에 무슨 수단을 동원하더라도 박멸하거나 완전히 격리해야 하는 그런 존재로 그려진다.

이러한 의미에서, 미셸 푸코Michel Foucault가 제시한 '생명정치biopolitics'라는 개념은 '테러와의 전쟁'이라는 개념 이면에 깔려 있는 논리를 이해하는 데 각별히 도움이 된다. 그는 국가가 자신의 모든 활동을 '사회의 건강함health of society을 보장'한다는 프레임에 맞추도록 기능하는 현대 정치의 레짐*을 '생명정치'라 개념화했는데, 어떤 사회의 건강을 위협하는 내부적·외부적 요인으로부터 그 사회를 보호하는 것도 이에 포함된다. 그에 따르면 생명정치 레짐에서 가정하는 사회는 살아 있는 유기체로, 사회의 건강은 그 사회 내부에서 생산적인 행위자들을 육성하면서 생산성 없는 혹은 생산성을 저해하는 행위자라는 잠재적 감염원은 배제하는 데 달려 있다. 따라서 이

---

* 레짐(regime)은 정권이나 체제를 의미한다. 하지만 행정학이나 정치학에서는 '인간의 행태나 인간 사이의 상호관계를 일정한 방향으로 결정하는 틀이 되는 가치, 규범 혹은 규칙들의 총합'을, 국제정치학에서는 '국제 관계의 특정한 쟁점 영역을 둘러싸고 행위자의 기대가 수렴되는 명시적이거나 묵시적인 원칙, 규범, 규칙 및 정책 결정 절차의 총체'를 지칭한다.

생산성 없는 혹은 저해하는 부류들로부터 사회를 보호해야 하는 국가가 사회의 건강함을 유지하기 위해서 이들은 '제거banished, 배제excluded, 억압repressed'의 대상이 되는 것이다.[34] 이러한 논리는 푸코가 생명정치 레짐에서 발생하는 전쟁의 목적을 설명하는 다음 부분에서 분명하게 드러난다. "없애버려야 할 적이란, 그 용어가 가지는 정치적 의미에서의 상대방 혹은 반대자를 말하는 것이 아니다. 여기서의 적이란 모든 이를to the population and for the population 위협하는 내부적·외부적 요인으로 ⋯ 다시 말해서, (이러한 적을) 죽이는 것 혹은 죽여야 한다는 지상명령imperative은 정치적 반대자를 물리치는 정도가 아니라 어떤 생물이나 인종species or race ⋯ 생물학적 위협biological threat을 제거하는 수준이 되어야 (제대로 이행한 것으로) 용납될 수 있는 것이다."[35]

이러한 개념을 '테러와의 전쟁'에 적용하면 이 전쟁에서 적으로 지목된 '테러리스트'의 인간성이 어떤 방식으로 말살되었는지 이해할 수 있다. 적이 아니라 위협 요인이라는 프레임을 씌움으로써, 그들의 정치적 목적이나 경험했던 억압의 역사를 고려 사항에서 아예 배제하고 그들을 다루었다. 그들은 마치 암덩어리처럼 단지 죽음과 파괴를 선동하는 이성을 잃은 존재로 묘사되었다. 그 결과, 그들에게는 '건강한' 사회 안에서 존재하는 이들에게 주어지는 권리들이 부정된다. 이러한 이유로, 지젝은 '테러와의 전쟁'에서 '테러리스트'라 규정된 이들은 고대 로마에서 종교 및 정치 공동체로부터 추방되어 로마법의 보호를 받지 못하게 된 이들을 지칭하는 호모 사케르homo sacer*의 현대적 버전 혹은 동의어가 되었다고 주장한다.[36]

'테러와의 전쟁'이 적으로 지목한 '테러리스트'가 현대판 호모 사케르가 되어버린 것으로 가장 분명하게 드러난 최초의 사건은 미국 정부가 테러리스트 혐의가 있는 이들을 법적 절차 없이 관타나모 수용소에 억류하기로 결정한 것인데, 이곳에 구금된 인원들은 '전쟁 포로'나 '범죄자' 신분이 아닌 상태에서 법의 보호를 받지 못한 채 무기한 격리되었다.[37] 그러나 법의 보호를 받을 자격이 없고 다른 이들이나 국가안보에 대한 위협 또는 전염성 있는 생물학적 위협 요인으로 발전하는 것을 막기 위해 격리하거나 박멸해야 하는 위험한 존재들이 거주하는 통제 불가능한 공간이라는 초국가적 공간을 구축하기 위해 '테러리즘'이라는 서사敍事**를 이용하는 것은 미국에 국한된 것이 아니고, 실로 전 세계적인 현상이다.[38] 이것은 위구르 지역에 대규모 집단수용소를 건설하고 질병을 치료하듯 위구르 문화를 근절하려 하는 중국의 논리이기도 한 것이다.

'테러와의 전쟁'에서 적으로 지목된 이들은 내부에 실제로 존재하는 위협 요인으로 간주될 뿐만 아니라, 그 문화적 특성도 프로파일링된다. 그들은 모두 무슬림이다. 그들로부터 야기되는 위협은 가설적으로는 어떤 무슬림이든 전염시킬 수 있는 이슬람의 특정한 '극단주의적' 성향에서 나오는 것으로 간주된다. '테러와의 전쟁'을 시작할 당시 미국과 서방국가들은 '좋은' 혹은 '온건한' 무슬림과 '나쁜' 혹은 '극단주의적' 무슬림으로 구분함으로써 무슬림으로부터의 위협에

---

* '성스러운' 혹은 '저주받은' 인간이라는 의미다. 고대 로마에서 사케르(sacer)는 일반 사회와 따로 떨어져 있음을 의미하며, '성스럽다'는 의미와 '저주받았다'는 의미를 동시에 가지고 있다.
** 어떤 사건이나 현상의 전개, 혹은 관계를 개연성 있게 설명해 전달하고자 하는 이야기다. 이 책에서는 주로 '무슬림이나 위구르족 집단이 테러리즘 위협을 야기한다'는 것이다.

대응하고자 했다. 그러나 시간이 지나면서 어떤 무슬림이라도 이슬람의 '극단주의적' 성향을 전파할 수 있는 잠재적 매개체로서의 특성을 가진다는 분석이 누적되면서, 이러한 '극단주의적' 성향으로부터 사회를 보호하기 위해서는 모든 무슬림을 사회에서 몰아내야 한다는 이슬람포비아Islamophobia의 목소리가 높아지게 되었다. '테러 단체'와 무관한 무슬림들에게 가해진 미국과 유럽에서의 혐오 범죄 급증은 물론, 트럼프 전 미국 대통령이 내놓았던 '무슬림 여행 금지 행정명령'*에서도 이러한 논리가 분명하게 드러난다.³⁹ 무슬림이 사회에서 소수자인 중국과 인도를 포함한 다른 많은 국가에서도 무슬림을 몰아내자는 이슬람포비아적 여론이 국가정책과 대중들의 담론에서 두드러지게 되었다. 여기서 필자가 말하고자 하는 바는, 문화적으로 이슬람 안에 존재하는 '극단주의적' 성향이라 특징지어진 위협 요인을 박멸 혹은 격리해야 한다는 '테러와의 전쟁'의 생명정치적 논리가 궁극적으로는 인종 말살적 성향을 품은 공격적인 이슬람포비아를 조장한다는 점이다. 미얀마에서 로힝야족을 축출하는 과정과, 이 책에서 다루는 더 중요한 사안인, 중국이 자행하고 있는 위구르족에 대한 대규모 구금 및 위구르족의 문화와 정체성 전반을 말살하기 위한 국가적 차원의 전면전에서 이러한 점이 분명하게 드러나고 있다.

'테러와의 전쟁' 시대에 '테러리스트'라는 낙인이 가할 수 있는 정신적 외상의 영향은 이러한 맥락에서 이해할 수 있다. 그 낙인이 찍히는 즉시 그 집단은 세계 전체를 위협하는 생물학적 위협 요인으

---

* 트럼프 대통령이 2017년 1월 취임 직후부터 9월까지 세 차례에 걸쳐 서명한 행정명령으로, 이란·예멘·리비아·소말리아·시리아 등 이슬람 국가와 함께 북한·베네수엘라 등 7개국 국민의 미국 입국을 제한하는 것이다.

로, 단지 사회에서 주변화되는 정도가 아니라 제거되거나 격리해야 마땅한 대상으로 규정되어버리는 것이다. 이러한 이유로, 위구르족에게 '테러리스트'의 혐의가 있다는 2002년 국제사회의 공인은 2017년 이후 위구르 지역에서 문화적 민족 말살이 어떻게 펼쳐지는지 설명하는 데 결정적인 지점이 된다. '테러와의 전쟁'에 내재된 생명정치의 논리는 중국이 위구르족과 그들의 정체성에 대한 전면적 공세를 가하기 시작한 주된 이유가 아니지만, 중국이 비인도적인 방식으로 이를 실행하는 데 영향을 주고 정당화하는 구실이 되는 것은 틀림없다.

이 책의 구성

이 책에서는 지역적 현상과 전 지구적 현상을 함께 분석한다. 한편으로는 9·11 테러 이후 전 세계적으로 통용되는 이슬람 '테러리즘'의 위협이라는 서사가 위구르족이 오늘날과 같은 상황이 되는 데 어떻게 일부라도 조장했는가를 검토한다. 다른 한편으로는, 중국이 근대 중국과 위구르족의 국지적이지만 짧지 않았던 식민 지배의 역사를 다루는 수단으로 이러한 서사를 어떻게 이용해왔는가를 분석한다. 국지적 차원의 분석과 세계적 차원의 분석이 이 책 전체에 걸쳐서 교차하는데, 제1~2장은 현재 중국 내부의 위구르족들이 처해 있는 비참한 상황을 지역적 맥락과 국제 관계적 맥락에서 설명한다.

제1장은 2001년까지 위구르와 근대 이후 중국의 관계를 장기 지속longue duree*적 관점에서 살펴보면서 현재 위구르 지역의 상황을

지역적 맥락에서 설명하는데, 양자 관계의 식민 지배적 속성이 부각된다. 제2장에서는 '테러와의 전쟁'이라는 세계적 현상 및 이 현상이 위구르족과 중국의 양자 관계에 미치는 영향으로 논의의 초점을 이동한다. 제3장은 2013년까지의 기간을 대상으로 하여, 위구르족이 '테러리즘 위협'을 야기한다는 기존의 서사와 상이한, 필자의 연구에 기초한 대안적인 서사를 제시한다. 위구르의 지하디스트jihadist 단체들이 중국 사회에 가한다는 위협이라는 것은 실상 2013년까지는 존재하지도 않았으며, 그 이후에도 미미한 수준에 머물렀다는 것이 그 요지다.

제4~6장에서는 2001년 이후 위구르 지역에서 이루어지고 있는 개발의 실태를 다루는데, 한족 정착민 유입을 통한 식민지화와 위구르족에게 '테러리즘 위협'이 존재한다는 서사가 만나면서 위구르족과 중국의 관계에서 긴장도가 점점 더 높아지는 현실에 대해 설명한다. 식민지화와 '테러리즘 위협'의 낙인이 결합하면서 점점 더 많은 위구르족이 위험하고 궁극적으로 중국 사회를 위협하는, 실존하는 위협 요인으로 간주되었다. 이러한 논리는 결국 우리가 오늘날 목격하고 있는 국가 주도의 문화적 민족 말살 전략으로 귀결되었다.

---

* 페르낭 브로델(Fernand Braudel)은 역사에서의 시간을 상대적인 개념으로 이해하여, (1) 복잡다단하고 흐름이 빠른 '단기 지속'의 '사건사', (2) 개별 사건보다 변화가 느리고 장기적인 문명·국가·경제·사회 같은 거시적인 주제에 초점을 맞춘 '중기 지속'의 '국면사', (3) 인간의 의식적 활동의 산물인 사건사와 국면사의 심층에서 인간을 둘러싼 주변 환경과 연관되는 '장기 지속'의 '구조사'로 나누어 설명한다. 구조사에서 다루는 '인간을 둘러싼 주변 환경'은 인간의 시간 밖에 존재하는 지리적 여건을 포함하는데, 장기 지속이란 지리적 요인이 역사에 장기적이고 지속적인 영향을 미친다는 점을 강조하는 시각이다.

제4장에서는, 위구르족이 '테러리즘 위협'의 근원이라는 주장이 2002년 국제적으로 공인되었음에도, '테러와의 전쟁' 첫 10년 중 위구르 지역에서 위구르족이 사전에 계획하여 실행한 정치적 목적의 폭력 사태는 있었더라도 극소수에 불과했다는 것을 설명한다. 따라서 위구르족에 대한 2000년대 초 중국의 정책은, '대테러 정책(혹은 활동)'이라는 프레임 아래 더 공세적이고 정책 집행자들에게 더 많은 면책이 허용되었음에도, 1990년대에 실시하던 정책과 크게 다르지 않았다는 점을 보여준다.

2013~2016년의 상황을 다루는 제5장에서는, 위구르족의 저항에 대한 억압을 정당화하기 위해 내세웠던, 위구르족이 중대한 '테러리즘 위협'을 야기한다는 중국의 음모론적 주장이 국제사회를 풍미했던 '테러와의 전쟁' 첫 10년의 기간 동안에 결국은 중국과 해외의 위구르족들이 무장투쟁에 가담하게 되는 자기실현적 예언self-fulfilling prophecy으로 귀결되는 과정을 보여준다. 위구르족들의 본격적인 무장투쟁 가담은 2009년 우루무치烏魯木齊 폭동 이후 중국 당국이 위구르족 자체를 '위험한' 집단으로 간주하여 감시의 수위를 높이면서 시작되었지만, 위구르족들이 주도한 2013~2014년 베이징北京·쿤밍·우루무치에서의 폭력 사태도 점점 더 실제 '테러' 공격과 흡사해지면서 그러한 자기실현적 과정이 강화되었다.

제6장은 2013~2016년 사이에 발생한 사건들이 2017년 중국이 시작한 문화적 민족 말살 캠페인의 기반을 다지는 데에 어떻게 이용되었는지를 설명한다. 이 문화적 민족 말살 캠페인의 강력함과 일상생활의 사소한 부분까지 침투해들어가는 특성을 보여주는 구체적인 사례들을 제시함으로써, 체계적이고 폭력적으로 진행되는 이 캠페인의

목적이 우리가 알고 있는 위구르족의 정체성을 제거하려는 것임을 실증할 것이다. 특히 대규모 구금 시스템과 도처에 깔려 있는 감시 시스템을 포함하여, 이 캠페인을 추동하며 위구르 지역의 외관은 물론 위구르족의 생활방식 및 문화까지 개조하는 다양한 정책들이 이 국가적 캠페인이라는 거대한 복합체를 구성하고 있음을 설명한다.

결론에서는 다음의 세 가지 핵심적 질문에 대한 답을 구하면서 현재 위구르 지역에서 벌어지고 있는 문화적 민족 말살이 미래에 어떠한 결과를 가져올 것인지 전망한다. 첫 번째, 현재 진행 중인 위기 상황이 어떻게 마무리될 것인가? 두 번째, 이 위기 상황이 '테러와의 전쟁'의 향후 전개에 어떤 영향을 미치게 될 것인가? 그리고 현재 위구르 지역에서 벌어지고 있는 문화적 민족 말살을 중단시키기 위해 무엇을 할 수 있는가? 이들 질문에 대한 필자의 생각에 이어서, 위구르족에게 가해지고 있는 문화적 민족 말살이 향후 21세기 세계가 흘러갈 방향과 관련하여 우리에게 던지는 함의가 무엇인지 살펴보며 논의를 마무리한다.

제1장

식민 지배,
1759~2001년

 '테러와의 전쟁'에서 '테러리스트'라는 낙인이 찍히는 것이 치명적인 이유 중 하나는, 그러한 라벨이 붙은 이들에 대해서 그들이 품고 있는 불만이나 원한에는 정당성이 없으며 그들이 저지르는 행위는 극단적이고 편협한 이슬람 교리의 해석에 기초한 불합리한 이념에 따른 것이라는 시각이 별다른 저항 없이 받아들여지기 때문이다. 위구르족의 사례에서도 마찬가지로 그 낙인으로 인해 그들이 역사적으로 근대 이후 중국에 대해 원한을 품고 있었다는 점이 고려되지 않았는데, 이 역사적 원한 관계는 오늘날 그들과 중국의 갈등을 이해하는 데에 이슬람 '극단주의' 또는 '테러리즘' 서사보다 훨씬 더 중요한 요인이다. 따라서, 오늘날 위구르족과 중국 간 긴장 관계의 이면에 엄연히 존재하지만 '테러리즘'에 초점을 맞추면 잘 드러나지 않는 양자의 역사적 원한 관계를 설명하기 위해 제1장에서는 위구르족과 중국의 역사적 관계를 개략적으로 살펴본다. 시기적으로는 18세기

수탉을 안고 마오쩌둥 동상 옆을 지나쳐 가고 있는 사람. 카슈가르, 1990년 1월.

청 제국의 위구르 지역 정복부터 2001년 '테러와의 전쟁' 발발 직전까지의 기간을 대상으로 한다. 이를 통해, 항상 그래왔으며 지금도 계속 이어지고 있는 양자 관계의 식민 지배적 속성을 이해할 수 있을 것이다.

양자 관계를 식민 지배적 관점으로 기술하는 것과 관련하여 학계에서는 다소 논란이 있다. 위구르 지역의 청 제국 지배에 대해서는 가장 저명한 학자 중 한 명인 제임스 밀워드James Millward의 경우 식민 지배라는 현상은 당시 유럽 강대국들이 전 세계적으로 하고 있던 지배자로서의 역할과 분리하는 것이 너무나 어렵고 한족은 유럽 열강들이 자신들을 식민 통치 방식으로 통제하려 한다고 보았다고 지적하며, 최근까지도 식민 지배라는 라벨을 붙이는 데 신중한 입장이다.[1] 중화민국 시기* 이 지역에 대한 중국의 지배를 연구했던 저스틴 제이콥스Justin Jacobs도 근대 중국과 위구르족의 관계를 논할 때 식민주의라는 담론을 사용하는 것은 그 용어로 인해 정치적으로 연상되는 것들이 광범위하고 휘발성이 높아서 문제가 된다고 지적했다.[2] 하지만 밀워드와 제이콥스 모두 식민주의라는 용어를 붙이건 그렇지 않건, 이 지역에 대한 중국의 지배가 제국주의적 정복과 지배의 유산임은 인정하고 있다.

위구르족과 위구르 지역을 연구하는 후대 연구자들 중 일부는 근대 중국의 위구르 지배를 묘사하며 식민주의라는 용어를 사용하는데 보다 적극적인 입장을 취하고 있다.[3] 근대 중국의 위구르 지배가 '고전적 의미'의 식민 지배나 유럽식 식민지 지배의 '직접적 복제물'은 아닐 수 있어도, 유럽의 식민지 지배와 중국의 위구르 정복 및 지배 사이에 존재하는 유사성은 부정할 수 없다는 것이다. 청 제국의 특성에 대해서 주저하지 않고 식민 지배적이라 지적하는 맥스 오이트만Max Oidtmann의 저서 같은 최근의 연구 성과에서도 이러한 논조가 드러나고 있다.[4]

이러한 주장에서 더 나아가서, 디비에시 어낸드Dibyesh Anand는 최근 논문에서 오늘날의 중국은 위구르 지역의 통치에 있어서 '식민 지배적 민족국가colonizing nation-state'가 되었다고 명확하게 지적한다.[5] 티베트와 위구르에 대한 중국의 지배는 지역과 주민을 식민 지배하는 분명한 사례이며, 그 사실을 학술적으로 얼버무리는 것은 이러한 지배 형태가 계속 유지되는 데 기여할 뿐이라는 것이 그의 주장이다.[6] 여기에 더하여, 그는 식민 지배는 지난 과거 위구르족 및 그 지역과 근대 중국의 관계에서 한 부분을 차지하며, 오늘날에도 다양한

---

* 중화민국 수립(1912)부터 국공내전 종식(1949)까지 기간이다.

방식으로 지속 및 강화되고 있는 지배의 과정이라 지적하고 있다.

　제1장에서는 근대 중국과 위구르의 관계는 항상 식민 지배적이었고, 그것이 오늘날에도 양자 관계의 성격을 가장 잘 나타낸다는 어낸드의 관점에서 설명하고자 한다. 양자 관계를 식민 지배라는 틀에서 분석함으로써, 파르타 차터지Partha Chatterjee가 제시했던 '차별을 통한 식민 통치rule of colonial difference'*와 어낸드가 언급한 '가부장적 통제'의 특성이 위구르족과 중국의 관계에서 현저하게 나타나는 점을 설명할 수 있다.[7] 다시 말해서, 근대 이후 중국을 통치한 국가들은 위구르족 및 다른 튀르크계 주민들이 근본적으로 한족과 다르며, 한족과 동등할 수 없거나 스스로를 가장 잘 보살피는 방법마저도 모르는 열등한 종족이라 명확하게 구분하는 입장이었다. 그 결과, 위구르족을 흡수하려는 중국의 시도는 피지배민을 자신들과 동등한 존재로 결코 인정하지 않으면서도 그들을 '교화教化'시키고 자신들과 더 비슷하게 만들려고 노력하는, 식민 지배 국가들이 처했던 고전적인 딜레마를 피하지 못했던 것이다. 여기서 필자가 주장하고자 하는 것은, 위구르족에 대한 이러한 태도는 이들을 지배했던 근대 이후 중국의 모든 국가에게서 뚜렷하게 드러나는 특징이라는 것이다.

　이 장에서의 논의가 근대 중국과 위구르족의 관계의 성격이 근본적으로 식민 지배적이라는 틀에서 이루어지고 있지만, 이 특정한 식민 지배적 관계에는 비교적 독특한 측면이 몇 가지 있음도 부정할

---

* 근대 제국들이 식민지를 지배하는 과정에서 보편성을 강조하는 동시에 위계적 질서를 지향하는 속성이나 지배 구조를 지칭한다. 예를 들어, 피지배민도 '교화'되면 동등한 권리와 혜택을 누릴 수 있다고 역설하면서도 실제로는 동등한 정치적 권리를 허용하지 않고 각종 법과 제도 등을 통해 열등한 지위를 강요하는 것이다.

수 없다. 첫 번째, 가장 두드러지는 점은 21세기에도 여전히 식민 지배가 지속되고 있다는 것이다. 과거 세계 도처에서 이루어졌던 대부분의 정복 및 식민 지배 사례에서 식민 지배 국가들은 결국 피지배민의 요구를 수용하여 독립국가로 만들어주거나, 최소한 식민 지배 권한의 일부라도 포기하여 그들을 그 지역의 토착 주민으로 인정하고 권리를 신장해주었다. 하지만 중국과 위구르족의 식민 지배 관계에서는 이와 같은 탈식민지화 조치 중 어떤 것도 이루어지지 않았다. 근대 중국의 역사를 보면 일시적이나마 중국이 위구르족의 요구 사항을 수용할지 검토하려 했던 몇몇 시기가 있었고, 그러한 과정이 탈식민지화의 기회로 연결되었을 수도 있었다. 하지만 위구르족이 그 지역의 토착 주민이며 지역에 대한 주권이나 자치를 위한 특별한 권리를 부여받을 자격이 있음을 인정받지 못하면서 그러한 기회는 번번이 좌절되었다. 결국, 근대 이후 중국이 위구르족과 그 지역에 대한 식민 지배적 관계를 청산할 수 없었던 것은 중국이 이 지역을 정복하여 복속했음은 물론 위구르족이 이 지역의 토착 주민임을 인정하지 않았던 사실에서 그 이유를 찾을 수 있다.

두 번째, 위구르 지역은 지리적으로 중국에 근접한 식민지라는 점이다. 그러한 입지에 처한 식민지는 지배 국가와의 관계에서 볼 때 일반적으로 두 개의 상이한 유형, 지배 국가와 어느 정도 분리되어 있는 변경 식민지frontier colony 혹은 지배 국가의 통치 조직으로 흡수되어 지배 국가의 주민들이 거주하는 정착형 식민지settler colony 중 하나의 형태로 존재하게 된다. 근대 중국의 역사에서 위구르 지역의 대부분, 최소한 위구르 지역의 중심부인 남부의 타림분지는 토착 주민이 인구학적으로 더 우세한 (다수를 차지하는) 변경 식민지로 건설되었고, 중국은 우루무치를 포함한 북부에서 한족의 우세함을 유지하면서 위구르 지역 전체에 대한 통치력을 유지하고 자원을 확보하는 전략을 구사해왔다. 1949년 중화인민공화국이 수립되면서 위구르 지역과 주민 전체를 거대한 '사회주의 민족국가socialist nation-state'로 흡수하려 했지만, 첫 30년 동안에는 중국공산당의 통치가 이러한 목표를 달성하는 데 효과가 없었으며 그러한 사정은 특히 위구르 남부 지역의 타림분지에서 더욱 심각했다.

중화인민공화국은 한족 주민들을 이 지역에 대규모로 이주시킴으로써 1960년대에 이미 이 지역의 인구학적 구성에 급격한 변화를 주어 1980년대까지는 주민의 민족 구성이 실질적으로 변화했는데, 이주해 들어온 한족의 대부분은 위구르 지역의 북부 또는 신장생산건설병단新疆生産建設兵團* 안에 거주했다. 타림분지 대부분의 지역에는 위구르족이 압도적으로 많이 거주하며, 이들 중 위구르족을 한족이 지배하는 문화에 동화시키는 정책이나 중국어 교육을 환영하는 이들은 거의 없었다. 그때까지도 중국이 이 지역을 완전히 통합할 수 없었던 이유는 중화인민공화국 수립 이후 30년 동안 겪었던 정치적·경제적 혼란 등 여러 가지를 들 수 있겠지만, 이 지역을 변방이자 특히 소련과 마주 보는 완충지대로 보았던 중앙정부의 시각도 작용했다.

이러한 상황은 위구르 지역이 단순히 자원을 확보하는 차원을 넘어서 경제적 잠재력을 지니고 있음을 처음으로 인식하게 된 개혁개

---

* 1954년 마오쩌둥(毛澤東)이 변방에 주둔하던 인민해방군에게 지역개발도 주도하라고 지시하면서 '생산건설병단'이라는 군사-생산 복합 조직이 각지에 조직되었다. 생산건설병단은 1975년에 폐지되었으나, 유일하게 신장위구르자치구에는 지금도 남아 있으며, '병단(兵團)'이라고도 한다.

방의 시대가 되고 나서야 변화하기 시작했다. 개혁개방 이후 시기의 대부분을 놓고 본다면, 중국의 지배는 변화하는 공산주의 중국이라는 더 큰 정치·경제 시스템으로 이 지역과 주민들을 완전하게 흡수하기 위해 국가적 노력을 기울여온 과정이라 할 수 있다. 토착 주민의 요구를 수용한 첫 시기인 1980년대에는 부분적 탈식민지화를 통해 통합으로 가는 길을 닦을 수 있었으나 이후 10년 동안에는 강제로 위구르 지역과 주민들을 통일된 중화인민공화국의 일부로 흡수·통합하려는 움직임이 점차 강화되었다. 이는 이 지역을 변경 식민지로 바라보던 중앙정부의 시각이 점차 정착형 식민지로 간주하는 방향으로 변화했음을 의미한다. 그러한 국가적 노력의 많은 부분은 위구르 지역의 중심부, 이전에는 대부분 한족 문화의 영향을 받지 않았던 타림분지 남부의 오아시스 일대에 집중되었다.

정착형 식민지 연구의 개척자 중 하나인 로렌초 베라치니Lorenzo Veracini에 따르면, 다른 유형의 식민 지배 방식들은 흡사 살아 있는 다른 세포 안에 기생하는 바이러스처럼 식민 지배하는 지역뿐만 아니라 피지배민도 착취하는 것이 일반적이지만 정착형 식민 지배 방식은 숙주가 살아 있지 않아도 그 표면에서 살아갈 수 있는 박테리아처럼 터를 잡을 땅만 있으면 번성할 수 있다고 한다.[8] 따라서, 정착형 식민 지배자들은 토착 주민의 밀도가 낮은 식민지를 더 선호하는 경향이 있으며 "마주치게 되는 토착 민족은 이전시키거나 제거하는" 성향을 가진다고 그는 지적한다.[9] 위구르 지역, 특히 남부 오아시스 일대의 위구르족 밀집도를 본다면 더욱 강력한 정착형 식민 지배를 하려는 중국의 정책 전환이 순탄하게 달성되었다고 볼 수 없는데, 이 밀집도가 아마도 그러한 전환의 과정이 느리면서도 갈등으로 점철되었던 숨은 이유가 될 것이다.

　근대 중국이 위구르족 및 위구르 지역과 맺어온 관계를 식민 지배적 관계라 지칭할 수 있을지 제3자가 학술적으로 토의하는 것보다는 위구르족 자신이 그렇게 보는지를 논하는 것이 여러모로 더 적절할 것이다. 위구르족에게서 민족이라는 개념은, 특히 20세기에 들어서, 근대 중국과의 관계에서 처해 있던 식민지적 상황을 인식하면서 형성·발전하게 되었다. 그 결과, 위구르 민족주의자들의 역사 서술은 필연적으로 중국의 지배에 대한 민족적 저항을 반反식민 민족해방 투쟁의 일부라는 틀에서 바라보게 되었다.

　근대 이후 중국을 지배한 국가들과 위구르족이 각각 신장과 동투르키스탄으로 불러 왔던 지역을 두고 발생하는 갈등을 양쪽은 각자의 주권에 있어서 제로섬zero-sum 게임이라는 명제로 간주해왔으나, 이 분쟁의 유일한 결론이 제로섬 게임은 아니다. 식민지에서 독립한 많은 국가의 사례처럼 중국이 위구르족에게 그 지역 토착 주민으로서의 지위와 지역 안에서의 특별한 권리를 인정해주는 상황을 생각해볼 수 있는데, 그러한 상황이라면 위구르족과 그 지역은 중국이라는 국가 사회에 비교적 조화롭게 통합될 수도 있을 것이다. 이번 장에서는 중국이 위구르 지역을 통치하면서 그러한 피지배민의 요구를 수용하는 방향으로 움직이는 듯한 모습을 볼 수 있는 몇몇 역사적 계기에 대해서도 설명할 것이다. 하지만 그러한 각각의 역사적 기회에서 중국의 이러한 움직임은 일시적이었으며, 결국은 차별을 통한 가부장적 식민 통치를 더욱 반영하는 방향으로 회귀하고 말았다. 그리고 안타깝지만, 오늘날에는 중국이 위구르족을 통치하는 방식의 극단적인 성격으로 인해서 위구르족과 근대 이후의 중국이 식민 지

배적 관계를 탈피하기 위해서 통과해야 할 관문이 결국에는 닫히고
말았다.

청 제국의 정복과 지배:
위구르족은 어떻게 근대 중국으로 편입되었나

중국은 위구르 지역이 고대부터 중국의 일부였다고 주장하는 데
많은 노력을 쏟고 있지만, 이는 사실을 완전히 호도하는 것이다.[10] 오
늘날 공식적으로 '신장위구르자치구'로 지칭되는 이 지역은 중국에
서 흥기했던 역대 제국들과 서로 영향을 주고받았던 오랜 역사가 있
지만, 중앙아시아에 존재했던 여러 제국과 마찬가지로 유구한 상호
교류의 역사가 있을 뿐 아니라 때로는 스스로 제국을 세워 그 중
심으로 군림했던 시기도 있었다. 이 지역은 청 제국에게 정복당한
1750년대가 되어서야 실제로 거대한 중국의 일부가 되었으며, 직할
행정 체제인 성省으로 개편되는 19세기 말에야 완전하게 중국의 영
토로 편입되었다.

다른 지역들에 비해서는 비교적 늦은 시기이지만 위구르 지역이
중국에 편입된 것은 이 지역을 정복한 최초의 제국주의 강대국인
청 제국이, 같은 시기 다른 제국들과 마찬가지로, 훗날 '중화민족中
華民族*의 국가Chinese nation-state'를 형성하는 기반이 된 근대국가로
의 이행 과정을 차근차근 거치던 가운데 일어난 사건이었다. 하지만
이 지역을 정복한 초기 청 제국의 지배 방식은 과거에 이 지역을 다
스렸던 국가들의 그것과 다를 것이 거의 없었는데, 특히 직전까지 이

지역을 직접 지배했던 중가르**의 통치 관행을 많이 차용했다. 청 제국은 그때까지 중가르 제국의 중심이었고 오늘날에는 중가리아로 알려진 이 지역의 북부에 제국의 전초기지를 건설했다.[11] 타림분지 남부의 오아시스 일대를 점령하고 나서도 처음에는 중가르 제국이 하던 대로 토착 주민들의 엘리트 집단을 통해 간접적으로 지배했다.[12]

---

* 중화민족은 20세기 초 량치차오(梁啓超)와 쑨원(孫文) 등 근대 정치가들이 서양 열강의 반(半)식민 지배 상태에서 벗어나기 위한 정치 운동을 추진하며 사용한 용어인데, 1949년 중화인민공화국(중국)이 수립되면서 소수민족 정책과 관련하여 다시 주목받게 되었다. 중국은 공식적으로 한족과 55개 소수민족으로 구성된 다민족 국가다. 전체 인구에서 소수민족이 차지하는 비율은 낮은 편인데 이들이 거주하는 지역은 광대하다는 불균형이 있어서, 소수민족의 통합 문제는 건국 당시부터 중요한 정치적 과제였다. 특히, 덩샤오핑(鄧小平)의 개혁개방 정책으로 자본주의 시장경제가 도입되면서 빈부 격차와 지역 격차 등의 문제가 발생하는 한편, 지정학적 중요성과 자원의 보고로서 소수민족이 주민 다수를 차지하던 변강(邊疆) 지역의 중요성이 높아지고 티베트와 위구르 지역 등지에서 분리 독립을 요구하는 목소리가 높아지면서 중국공산당의 사회주의 일당독재가 위협받게 되었다. 이에 중국은 소수민족 문제를 근본적으로 해결하기 위한 논리를 개발하여, 쑨원이 주창했던 '중화민족론'을 보완해 내놓았다. 그 대표적인 이론이 1988년 페이샤오퉁(費孝通)이 발표한 '중화민족다원일체구조론(中華民族的多元一體格局論)'인데, 그 핵심 요지는 다음과 같다. (1) 현재의 중국 영토 내 56개 민족이 일체화한 것이 '중화민족'으로, 대단히 복잡한 다원적 구조를 이루고 있다. 이 복잡한 구성원들을 하나의 중화민족으로 응집시키는 핵심 민족이 한족이다. (2) 중화민족은 자연 발생적인 민족 실체로서 수천년 전부터 서서히 형성되어왔는데, 19세기 이래 서구 열강에 공동으로 저항하는 과정에서 '자각적인 민족 실체'를 형성했다. 이것이 중국 정부의 공식적인 주장이며, 중국이 스스로를 '통일적 다민족국가'로 규정하는 이론적 근거가 된다. 중국이 내세우는 '중화민족'은 문화적·문화기술지적 개념이 아니라 소수민족들을 통합하려는 정치적 의도로 만들어진 정치적·관념적 개념으로, 국가 정체성으로까지 연결된다. 이와 같은 논리는 과거사를 현재의 정치적 입장에 맞추어 재단하는 이론적 근거로도 이용되어, 동북공정(東北工程) 등 역사 해석을 둘러싸고 주변 국가들과 갈등을 일으키는 원인이 되고 있다.

** 서몽골 지역 오이라트 부족을 중심으로 한 부족 연합체. 17세기~18세기에 걸쳐 이리(伊犁) 지역을 본거지로 하는 마지막 유목민 제국을 건설했다.

청 제국의 위구르 정복과 초기 지배 형태: 과거와의 연속성

청 제국은 위구르 지역을 정복하면서 이 지역을 지배하던 중가르 부족을 거의 대부분 몰살시켜버렸으며, 남부의 타림분지에서 발호하던 무슬림의 저항을 격퇴하기 위해 장기간 군사 활동을 하게 되었다. 청 제국은 1759년경에는 중가르를 대체하여 이 지역의 지배자로 군림했지만, 통치 방식에서는 많은 부분을 중가르의 것을 차용했다. 전초기지를 건설한 지역은 굴자(이닝伊寧) 인근에 있는 중가르 제국의 수도였던 지역과 대략 일치하며, 이 전초기지를 건설하고 유지하기 위해 남부의 타림분지에서 상당한 규모의 무슬림 주민들을 이주시켰던 중가르의 관행도 그대로 따랐다.[13] 오늘날 위구르족의 조상 대부분이 살고 있던 타림분지에 대해서도 마찬가지로, 일상적 사안들은 사실상 그 지역의 지도자들이 다스리는 무슬림 고유의 백Bäg(伯克) 체제에 의존하는 중가르의 간접 통치와 본질적으로 동일한 방식을 유지했다.

중가르의 통치 방식과 달랐던 것은 청 제국의 경우 이 지역을 지배한 첫 100년 동안 관료 체제를 활용하여 피지배민들에 대한 사항들을 파악하고 문서화하여 기록했다는 것이다. 이는 당시 유럽의 식민 제국들과 동일한 측면이 있긴 하지만, 이 점만으로는 유럽 국가들의 식민지 경영처럼 이 지역이 실질적으로 청 제국의 식민지가 되었다고 해석할 수는 없다. 청 제국이 이 지역에서 실제로 운영·유지했던 것은 군대와 행정 인력이 주둔하는 전초기지에 불과했고, 대부분 몽골족과 만주족으로 구성된 이들 군과 관료 집단의 규모는 이 지역의 인구에서 소수였다. 이러한 이유로, 역사학자 라이언 툼Rian Thum은 이 시기 위구르 지역의 지위에 대해서 제국과 일체화된 불가결한

부분이라기보다는 "만주족 군대가 지배하는 속령이나 보호령" 정도로 평가하고 있다.[14]

청 제국에서 위구르 지역이 차지하는 위상의 모호한 성격은 19세기 초반 들어 더욱 심해지게 되었다. 이 지역을 지배하는 데 필요한 재정적 압박이 가중되자, 1820년에 들어 청 제국의 조정은 타림분지에 대한 통제력을 유지하는 데 재원을 계속 투입할 것인지에 대한 여부를 논의하기 시작했다.[15] 그 결과, 1860년대 들어 처음에는 간쑤성甘肅省에서, 나중에는 타림분지와 중가리아에서 상당한 규모의 무슬림 반란이 잇달아 일어나자, 청 제국은 이 지역에 대한 통제력을 다시 확립하는 데 더 이상 재원을 투입하지 않고 결국에는 완전히 철수해버렸다.

위구르 민족주의자의 대부분은 당시 일어났던 일련의 봉기들을 민족해방 투쟁의 역사로 보는 경향이 있지만, 당시 봉기에 다양한 민족 집단들이 참가했던 점을 감안한다면 그러한 해석은 정당한 것으로 보기 어렵다. 또한 일련의 봉기 이후 탄생한 국가들 중에서 가장 거대한 국가를 이끌었던 야쿱 벡은 오늘날 우즈베키스탄의 페르가나 지역Ferghana Valley* 출신으로, 타림분지와는 연고가 없었다.[16] 마지막으로, 무슬림, 정착민, 유목민, 그리고 튀르크계 등 다양한 정체성을 가진 집단들이 거주했던 당시 이 지역에서는 근대적 위구르 민족이라는 개념이 존재하지도 않았다.

청 제국이 철수한 후 야쿱 벡은 이 지역의 대부분을 아우르는 일종의 통일국가 비슷한 것을 세우고자 했으나, 북부에는 이리 술탄국

---

* 우즈베크인들이 건국한 코칸드 칸국(Khoqand Khanate, 1710~1886)을 지칭한다.

Ili Sultanate으로 알려진 독립적인 준⫸국가체가 청 제국이 전초기지를 건설했던 굴자 주변을 이미 지배하고 있었다. 이 지역에서 세력의 공백이 발생했음을 감지한 러시아는 영국에 지원을 요청하려는 야쿱벡의 세력이 강해질 것을 우려하여 이리 술탄국을 점령해 자국령 이리 계곡으로 편입해버렸다.* 공식적으로는 청 제국이 이 지역에 복귀할 때까지 질서를 유지한다는 명분을 내세웠던 러시아의 지배 기간은 약 10년에 불과했지만, 청 제국의 지배보다 훨씬 더 식민주의적이었던 지배 기간 중 각종 조치들은 러시아가 영구적까지는 아니더라도 자국의 흔적을 이 지역에 남기기 위해 엄청난 노력을 기울였음을 보여준다.

청 제국의 국력이 계속 약화되는 와중에 청 제국의 조정에서는 위구르 지역에 다시 진출할 것인지를 두고 격렬한 논쟁이 벌어졌다.[17] 결국 재정복을 주장하는 세력이 승리하면서 1876년 청 제국은 위구르 북부 지역을 점령하기 위한 군사 원정을 감행하여, 1880년에는 러시아가 통제하는 이리 계곡 일부를 제외한 위구르 북부 지역 전역을 다시 장악했다. 1881년 상트페테르부르크 조약**에 따라 러시아는 점령하고 있던 지역의 대부분을 청 제국에 돌려주었다.[18]

그러나 굴자 지역을 10년 동안 점령하면서 러시아가 위구르 지역에 미쳤던 영향은 향후 장기간 지속적으로 파장을 불러일으켰다. 이 지역이 청 제국으로 귀속되면서 위구르 북부 지역의 무슬림 상당수

---

* 이리 사건(1871~1881)으로도 알려져 있다.
** 1881년 청 제국과 러시아가 중앙아시아 지역 국경을 획정한 조약으로, 이리조약(伊犁條約)이라고도 한다. 이 조약으로 청 제국은 이리 지역을 돌려받되 배상금을 지불하고, 몽골 및 신장 지역에서 러시아인의 상업 활동을 인정했다.

가 국경을 넘어 러시아가 통제하던 이리 계곡 일부 지역, 오늘날의 카자흐스탄에 재정착하는 기회를 얻게 되었다.[19] 이를 계기로 중국과의 접경 지역에 상당한 규모의 위구르족이 거주하게 되었고, 이들은 이후의 근현대 시기에 지역 정세에 영향을 미치는 집단이 되었다.

청 제국 말기 식민 지배와 신장성의 탄생

1881년 위구르 지역을 공식적으로 다시 차지한 청 제국은 이 지역의 행정 체제를 청 제국 전역의 통치 체제와 더 긴밀하게 통합시키기 위한 개혁에 신속하게 착수했다. 1884년 청 제국은 이전에도 비공식적으로 사용했던 '새로운 강역'이라는 뜻의 '신장성新疆省'을 이 지역의 공식 명칭으로 선포했다.[20] 이 조치는 청 제국 자체가 근대국가로서의 성격을 갖추는 동시에 점점 관료 집단 안에서 수적으로 만주족을 압도해가던 한족이 주도하는 방향으로 변화하던 시기에 이루어졌다. 이처럼 한족 중심의 중화 민족국가가 형성되는 토대를 다져가던 청 제국은 새롭게 탄생한 신장성의 강역과 주민을 흡수하려 했다. 이러한 과정에서 몇 군데를 제외한 대부분의 지역에서 백Bäg에 의존하는 기존의 간접 지배 체제는 철폐되고 관료제적 네트워크로 영토를 실질적으로 지배하는 방식으로 대체되었으며, 이 관료 체제는 대개 한족 행정 관료들이 운영했다. 예전에 백Bäg이었던 이들의 후손은 다수가 '서기clerk'로 채용되어 한족 행정 관료들과 토착 무슬림 주민들을 연결하는 역할을 맡도록 했지만, 조상들에 비하면 그 지위가 현저하게 격하되었다.[21]

이처럼 청 제국은 무슬림 주민들을 통치 체제의 주변부로 밀어냈지만 다른 한편으로는, 이들 중 일부, 최소한 엘리트 계층만이라도 흡수하기 위한 정책도 펼치기 시작했다. 이들 정책 중 가장 민감한 부분은 이미 만주족이 지배하는 청 제국에서 공통어lingua franca가 되어버린 한어漢語 교육기관들을 설립하는 것이었다. 위구르 지역 재정복을 기획했던 좌종당左宗棠(1812~1885)은 이와 관련하여 "이들의 특유한 습속을 변화시키고 우리 중국의 문화華風에 동화시키고자 한다면, 공공학교義塾를 설립하여 아이들이 글을 이해하여 (중국) 책을 읽으며 말을 듣고 이해할 수 있게 해야 한다"고 강조한 바 있다.[22] 이들 학교는 읽고 쓰는 법 외에도 제국의 사실상 통치 이념인 유학儒學 사상을 전파하는 기능도 담당했는데, 청 제국이 망하기 직전 몇 년 동안은 중국 본토에서처럼 서구의 과학 개념에 기초한 현대적 학제學制를 받아들이기도 했다. 하지만 유교적 교육 시스템과 현대식 교육 시스템 어느 것도 지역 주민들을 변화시키지 못했으며, 학생들에게서도 호응을 얻지 못했다.[23]

살펴본 바와 같이, 제국 자체가 만주족이 지배하는 국가에서 한족 국가로 변해가면서 청 제국 말기의 신장 지역 지배는 과거보다 훨씬 더 식민 지배적 형태를 띠게 되었다. 기존의 간접적인 통치 방식은 지배 국가에서 파견된 행정 관료들이 직접 통치하는 더 침습적侵襲的인 방식으로 대체되었고, 시행되는 정책에는 주민들을 한족 문화로 흡수하려는 의도가 들어 있었다. 그러나 여전히 위구르 지역은 '중화민족의 국가'라는 미래상에 쉽게 포섭될 수 있는 정착형 식민지보다는 청 제국과의 연계성이 희박한 변경의 식민지 상태에 머물러 있었다. 전반적으로, 주민들은 이 지역이 '신장성'이 되기 전부터 살아오던 삶의 방식을 이어가고 있었다. 대부분의 주민들이 자유롭게 종교 생활을 영위하고 자신들의 언어를 사용하며, 비공식적인 자신들만의 자치 방식을 견지하며 농업과 교역에 종사했다. 튀르크계 언어를 구사하며 러시아에 거주하는 다른 무슬림 집단들과도 관계를 유지하고 있었으며, 교역을 위해서 러시아에 드나들거나 종교 학습 혹은 순례 목적으로 더 먼 곳을 여행하는 일도 드물지 않았다. 또한 그들이 계속 이용하고 발전시켰던 고유한 교육 시스템은 청 제국이 이식한 교육 시스템과 함께 병존했다. 이들의 교육 시스템은 이슬람 성직자들과 연계하여 전통적인 이슬람 교육을 실시하는 네트워크와 근대적 방식sul-i-jadid에 기초하여 종교 외에도 문학, 역사, 수학, 과학 등 근대 학문 교육을 병행하는 더 근대적인 무슬림 학교라는 두 가지 유형을 모두 포함하는 것이었다.[24]

중화민국의 신장 지역 지배와 근대 위구르 민족주의의 부상

19세기 말부터 20세기 초에 세계를 휩쓸며 여러 제국을 몰락시켰던 혁명의 열정이 청 제국을 멸망시킨 것은 아니었다. 인구의 절대다수이자 중화中華인 한족이 오랑캐 왕조를 타도한 신해혁명辛亥革命은 실상 (다른 혁명 사례들처럼) 식민주의에 반대하는 것도, 러시아혁명처럼 시민적 권리가 박탈된 피억압 계급이 자극을 받아 나타난 결과물도 아니었다. 또한 청 제국을 대체한 중화민국은 티베트와 신장 지역처럼 별 볼 일 없는 식민지까지 포함하여 청 제국의 영토를 그대로 물려받았다. 이러한 의미에서, 청 제국의 멸망은 '제국empire에서 민족국가nation-state로'의 완전한 전환이 아니라 '민족 제국national empire'이라는 새로운 유형으로 변화한 것이라 할 수 있다.[25] 이는 러시아제국이 멸망한 후 소비에트연방으로 전환한 것과 비슷한 양상이지만, 소련과 달리 중화민국은 직전 왕조가 자행했던 난폭했던 식민 지배의 과거는 물론 이들 식민지 주민들의 자결권도 인정하지 않았다.

청 제국을 대체한 이 새로운 국가가 '제국의 모습'을 포기하지 않았음을 감안한다면, 1911년의 신해혁명이 처음에는 위구르 지역 무슬림 주민들의 생활에 거의 영향을 주지 못했다는 점은 그리 놀라운 일이 아니다. 어느 정도 시간이 지나 중화민국에서 파견된 한족 행정 관료들이 지역 주민들의 생활을 통제하려 좀 더 열성적으로 나서면서 그러한 상황은 차차 변했다. 그럼에도, 중화민국 시기 대부분에 걸쳐서 이 지역은 초기 중화 민족국가의 변방에 붙어 있는 부속물로 존재했다. 이 지역을 통치했던 한족 지방관과 중앙 권력의 관계는 모호했으며, 이 지역에 대한 중앙정부의 주요 목표는 이 지역을 근대화된 거대한 중국의 일부로 통합하는 것이 아니라 지역에 대한 통제력을 유지하는 정도에 불과했다. 하지만 이 시기는 위구르족이 민족으로서 자각하기 시작한 때이기도 한데, 이들의 민족의식은 대부분 반식민주의적 민족자결주의라는 근대적 개념에 더하여 스스로를 한족 지배자와 차별화하는 지역 무슬림들의 열망이 합해진 것이었다. 지역 무슬림 주민들의 이러한 민족적 자각은 이후 수십 년에 걸쳐서 발전해왔으며, 단명에 그치고 말았지만 각각 1930년대와 1940년대에 중국으로부터 독립을 추구했던 두 개의 준(準)국가체를 수립하는 원동력이 되었다.

청 제국 지배와 중화민국 초기 지배의 연속성,
그리고 근대 위구르 민족주의의 탄생

청 제국이 멸망한 후 최초로 신장 지역을 다스린 한족 지방관 양증신楊增新(1864~1928)은 1928년까지 이 지역을 통치했다. 대부분의 역사가들은, 그에 대해서 부하들의 충성심을 요구하며 이 지역을 자신의 개인적 영지로 만들었던 권위주의적 지배자라 평가한다.[26] 하지만 그는, 이 지역에 대한 청 제국의 초기 지배 방식에 따라서 중앙정부가 이 지역 무슬림 주민들의 생활에 직접적으로 개입하는 것을 제한함으로써 자신의 통치 방식을 구축하기도 했다. 그는 변경 지역에 대한 통제력을 유지해야 하는 자신의 임무를 완수하려 했지만, "(이 나라의) 한 부분을 내가 차지할 수 있고 (중앙)정부가 나머지를 가질 수 있다면, 이것이 가장 좋지 않겠는가?"[27]라고 한 데서 알 수 있듯이, 이 지역과 주민들을 새로운 중화민국으로 통합시키려는 노력은 거의 하지 않았다. 그가 이 지역을 지배하면서 특히 주의를 기울인 부분은 주민들의 폭동과 외세의 개입 가능성이었다. 소련이 신장 지역에 대해 모종의 계획을 가지고 있지 않을까 특히 우려했는데, 이는 중국에서 분리되어 공산국가로 독립한 몽골의 경우를 통해 소련이 그렇게 할 수 있는 역량이 있음이 드러났으며 토착 무슬림도 그러한 목적에 호응하여 가담할 수 있음을 그 자신이 잘 알고 있었기 때문이다. 소련이 대외적으로 내세웠던 반식민주의 민족해방이라는 레닌주의 이상에 영향을 받아 근대적 위구르 민족주의가 싹트고 있음을 감지하면서 그의 우려는 더욱 커졌다.

근대 위구르 민족주의의 형성은 외부에서 들어온 다양한 사조思潮의 영향을 받아 점진적으로 진행된 것이었고, 이들 사조의 어떤 것은 다른 것보다 더 많은 영향을 주기도 했다.[28] 전 세계적으로 진행되고 있던 이슬람 개혁 운동의 영향을 강하게 받던 청 제국 말에 이미 위구르족의 민족주의가 형성되기 시작했다고 보아도 틀리지 않겠지만, 그러한 움직임이 강력한 추진력을 얻은 것은 러시아에서 볼셰비키 혁명이 일어난 이후이자 1880년대에 굴자 지역을 떠나 러시아에 정착했던 무슬림들이 소련으로부터 '민족'의 지위를 인정받기 위한 운동을 추진하던 1920년대의 일이었다.

위구르 지역에 거주하거나 위구르 지역 출신으로 정착 생활을 하던 튀르크계 무슬림들을 서로 연결하는 집단적 정체성은 1920년대 이전부터 존재했는데, 이는 자신들을 지배하던 한족 및 만주족과의 외관상 차이점은 물론 생활공간, 역사, 관습, 언어, 그리고 구전으로 이어온 전통을 공유한다는 정서에 기반한 것이었다.[29] 하지만 아직은 그러한 집단적 정체성이 민족국가와 연결되는 개념인 근대적 민족주의의 형태로까지 발전하지는 않았으며, 이 지역에 존재했던 고대 튀르크계 제국을 지칭하는 '위구르'라는 명칭도 민족명으로 쓰이지 않았다. '위구르족'을 민족으로 인정받기 위한 운동을 추진한 것은 오늘날 카자흐스탄의 위구르계 볼셰비키 동조자들로, 소련 초기인 1920년대에 결국 '민족'으로 인정받게 되었다.[30] 양증신이 특히 우려했던 바는 새로이 생겨나고 있던 이 '민족'이라는 개념이 레닌의 반제국주의 혁명 이론에 근거를 두고 있으며 중국의 지배에 저항한 위구르족의 역사 서술에서 가장 중요한 부분을 차지하게 될 것이라는 점이었다.[31] 상황이 이렇게 전개됨에 따라 더욱 불안해진 양증신은 소련령 중앙아시아 지역에 영사관을 설치하여 관련 상황이 진행되어가는 추이는 물론이고 철 따라 신장 남부와 소련을 오가며 일하는 계절

노동자들의 동향을 추적하게 했다.[32]

그의 우려에도 불구하고 양중신이 통치하던 시기 신장 지역에서는 무슬림이 일으킨 심각한 반란은 없었다. 실제로 그가 나서서 진압한 무슬림 반란이 한 건 있기는 하지만, 이는 그의 통치나 중국의 지배에 반대하는 차원이 아니라 주민들에 대한 잔혹한 처우로 악명 높았던 쿠물(하미哈密) 지역 토후의 전횡에 반발하는 것이었다.[33] 전반적으로 본다면, 양중신은 극도로 혼란했던 시기에 큰 동요 없이 이 지역의 상황을 관리했다고 할 수 있다. 하지만 그러한 과정에서 다른 한족 관료 여럿을 적으로 돌렸으며, 결국은 자신이 주최한 만찬 연회에서 암살당하면서 권좌에서 축출되었다.[34]

중화민국의 가부장적 통제와 지역 주민의 저항

암살당한 양중신의 뒤를 이어 신장 지역의 지배자가 된 진슈런金樹仁(1879~1941)은 전임자의 정책을 대부분 이어받았지만, 무슬림 주민들의 불만이 야기할 수 있는 파장에 대응하는 데에는 전임자만큼 능숙하지 못했다. 양중신이 그랬던 것처럼 그도 자신에게 충성하면서 독직瀆職을 통해 함께 사익을 취하는 한족 관료 집단을 육성했지만, 전임자보다 더 탐욕스러웠던 탓에 독직으로 착취한 부富를 이 지역의 무슬림 엘리트들에게는 충분히 나누어주지 못했다.[35] 게다가 그는 전임자 시절보다 강력한 치안기관을 설치했으며, 지역 주민의 이동을 감시하려는 목적으로 지역 내 이동 시에도 여권 사용을 의무화하는 제도를 도입했다.[36] 이에 더하여 가축의 도축은 물론 농업 생산물에 대해서도 과중한 세금을 물리고 국가가 운영하는 토지 개간 사업을 장려하는 한편, 무슬림 주민들의 메카로의 성지순례를 금지했다.[37] 무슬림 주민들의 일상생활을 침해하는 이런 조치들은 결국 그에게 치명적인 결과를 가져왔는데, 단명에 그친 짧은 통치 기간 중에 진슈런이 경험한 무슬림 주민들의 저항은 심각한 수준이었다.

무슬림 주민들이 그의 통치에 저항하려는 조짐이 실제로 처음 관측된 곳은 1931년 쿠물 칸국Kumul Khanate이었다. 쿠물 칸국은 청 제국이 이 지역을 지배할 때부터 있었던 일종의 행정 단위로, 이곳의 무슬림 주민들은 세습 칸Khan이 다스리는 명목상 자치를 누려왔으며 진슈런의 전임자 양증신도 그 지위를 유지해주었다. 1912년 자신들의 칸에 저항하여 봉기를 일으켰을 당시에도 중국의 지배에 대한 이 지역 무슬림들의 선호도는 여전히 신장 지역 다른 어느 곳보다도 높았는데, 이는 이 지역의 주민들에게는 한족의 토지 소유를 제한할 수 있는 권리가 주어졌기 때문이다.[38] 1930년 양증신을 섬기던 칸이 사망하자 진슈런은 칸국을 없애고 그 지역에 대한 통제를 강화하기 위한 조치를 취했다. 그러나 사망한 칸의 후계자와 그의 아들이 궁정의 주요 인사들로부터 지원을 받아 저항하면서 폭동이 지역 전체로 번졌다.

진슈런은 무력을 동원해 폭동을 신속히 제압하고자 했으나 반란 세력은 지역 내 각계각층의 지지를 확보했고 반란은 쿠물 지역 너머로 확산되어, '1932년 말에는 신장 지역 전역이 불길에 휩싸이게' 되었다.[39] 이에 대응하여, 진슈런은 만주 지역에서 싸우던 퇴역군인들이 주축이 된 증원 병력을 이끌고 소련을 거쳐서 귀환했다. 그를 지원하는 새로운 부대의 지휘관인 성스차이盛世才(1897~1970)는 무자비한 장수였지만 원대한 정치적 야심가이기도 했다. 그는 무슬림 반란 진압을 지휘하는 동시에 진슈런을 축출하기 위한 쿠데타를 기획했다. 쿠데타의 성공으로 그는 신장 지역을 실질적으로 지배하게 되었고 결국에는 지방관(변방독판邊防督辦)까지 차지했다.

성스차이가 권력을 장악했을 당시 신장 지역은 모든 전선에서 지역 무슬림 주민이 반란을 일으키고 있던 때였다. 이에 그는 쿠물 반란을 최초로 기획했던 지도자 중 하나인 호자 니야즈 하지와 협정을 맺어, 신장 지역을 무슬림 정부가 다스리는 남부와 기존의 신장성 정부가 통치하는 북부로 분할했다.[40] 이 협정은 1933년 신장 남부 지역에 동투르키스탄 제1공화국(1933~1934)이 수립되는 토대가 되었다.

위구르 민족주의자들은 이 동투르키스탄 제1공화국을 최초의 근대 위구르 민족국가로 묘사하고 있지만, 역사가 데이비드 브로피David Brophy는 그러한 평가가 타당하지 않다고 주장한다.[41] 동투르키스탄 제1공화국 수립을 주도한 세력 중 몇몇은 소련에서 발전시킨 위구르 민족주의의 영향을 받았던 반면, 그 결실로 생겨난 이 국가는 주민들이 공유하고 있던 튀르크계 무슬림이라는 정체성에 기반하고 있었다. 하지만 이 동투르키스탄 제1공화국의 성격에 대해서, 다른 연구자들이 주장하듯이, 전적으로 신정국가神政國家라 규정하는 것도 민족국가적 성격을 강조하는 평가만큼이나 사실과 거리가 멀다.[42] 동투르키스탄 제1공화국 수립을 이끌었던 정치적 운동에는 자디드 운동Jadid movement*으로부터 감화를 받은 근대 무슬림 민족주의자, 레닌주의적 반제국주의 해방운동가 및 이슬람 전통주의자 등 당시 민

---

* '새로운 방법(Jadid)'에 따라 교육과 문화를 비롯해 무슬림 사회 전반에 대한 근대적 개혁을 추진하는 한편, 민족의식의 고취와 정치적 각성을 통해 러시아의 식민 지배를 벗어나고자 했던 중앙아시아 무슬림의 근대적 개혁·민족운동이다.

족자결주의를 내세우며 유행하던 다양한 이념의 영향을 받은 지역 지식인들이 폭넓게 참여했다고 보는 것이 오히려 사실에 가까울 것이다. 자신들의 고향에서 중국의 지배를 종식시키고 스스로 통치하는 국가를 세우고자 하는 열망이 사상적으로 이질적이었던 그들을 하나로 묶어준 것이다. 이와 같은 동기가 특히 눈에 띄게 나타났던 사례가 좀 더 종교적인 색채를 띠었던 호탄에서의 반란으로, 반란 세력은 한족 추방과 한어 사용 철폐 및 중국식 지명을 원래대로 돌릴 것을 요구했다.[43]

제대로 된 외부의 지원을 거의 받지 못한 동투르키스탄 제1공화국의 존속 기간은 매우 짧았다. 소련은 우루무치를 빼앗으려는 둥간東干(후이족回族)을 격퇴하기 위해 성스차이의 군대를 지원했는데, 패배한 둥간 병력들이 남쪽으로 내려가서 아직 취약했던 동투르키스탄 제1공화국의 근거지 카슈가르(카스喀什)를 쑥대밭으로 만들어버리는 바람에 1934년 3월에 동투르키스탄 제1공화국은 결국 붕괴하고 말았다.[44] 단명에 그치고 말았지만, 동투르키스탄 제1공화국의 유산은 오늘날까지 이 지역에서 계속되고 있는 민족운동에서 극히 중요한 의미를 가진다. 중화민국 시기 신장 지역에서 뒤이어 일어났던 민족운동의 발전에서는 물론이고 최근까지도 종교적 색채를 지닌 위구르 민족주의자들의 역사 서술에서도, 동투르키스탄 제1공화국은 중국의 지배뿐만 아니라 이교도의 지배에서 해방되기 위해 노력했던 역사적 경험으로서 가장 중요한 것이다.

성스차이의 통치와 신장 지역의 소비에트화

동투르키스탄 제1공화국 붕괴의 여파가 잦아들면서 성스차이가 신장 지역의 지배자로 부상했고, 소련이 그의 후견 세력이 되었다. 그는 명목상 난징南京의 국민당 정부(중화민국)를 대표했지만 내심으로는 소련에 더 충성했으며, 소련 공산당원이라는 설도 있었다.[45] 그가 정권을 장악할 당시만 해도 타림분지의 많은 부분이 동투르키스탄 제1공화국을 쓰러뜨린 둥간 세력의 통제 아래에 있었는데, 이들은 국민당 정부에 충성하는 세력이었다. 그는 소련의 후원을 등에 업고 신장 북부 지역에 강력한 정권을 수립할 수 있었고 결국 1937년에는 타림분지 일대에 대한 통제권을 다시 장악했다.

무슬림 주민들의 불만을 잠재우기 위해서, 그는 처음에는 레닌의 반제국주의 이상에 근거한 위구르족들의 요구를 정책적으로 수용하여 지방정부를 구성했다.[46] 새로운 정책들을 제시한 성스차이의 첫 행정부는 무슬림들의 관례나 관습을 인정한다는 대전제 아래에 지역사회에 개입하려 했지만, 볼셰비키 혁명 이후 소련령 중앙아시아 지역에서처럼 사회주의적 모더니즘 문화를 장려하기도 했다. 소련은 이를 지원하기 위해 고문단을 보내주었는데 이들 중 다수가 위구르계였으며, 소련에 동조하는 지역 내 위구르족이 성스차이 행정부에 참여하는 것이 증가하게 되었다.[47] 또한 거의 3만 명에 달하는 신장 지역 위구르족이 소련의 대학에 초청되어 마르크스-레닌주의 전반에 대해, 특히 소련의 민족 정책과 관련한 부분을 교육받았다.[48]

소련의 지원 아래에 성스차이가 창조해낸 신장 지역은 소련식 다민족국가와 비슷한 것이었다. 그는 호자 니야즈 하지를 포함하여 이미 붕괴해버린 동투르키스탄 제1공화국 지도부 다수를 정권의 일원으로 끌어들였으며, 소련의 코레니자치야коренизация(현지화) 정책*의 경험을 참조하여 행정부 내 무슬림 주민의 비중을 크게 증가시켰다.[49] 소련에서 파견된 고문들은 '위구르'를 민족 명칭으로 채택하도록 성스차이 정부를 압박했는데, 1935년 성스차이 정부는 이 지역에서 튀르크계 언어를 사용하는 가장 큰 주민 집단을 공식적으로 '위구르' 민족이라 인정했다.[50] 위구르족이 민족으로서 공식적인 인정을 받기까지는, 소련에서 파견된 위구르계 고문들의 지원 아래 위구르족 언어에 대한 대중적 관심을 높이는 캠페인은 물론 민족 역사와 문화의 발전을 설명하는 서사를 확립하려는 다양한 노력이 뒤따랐다.

이와 같은 타협적 정책은 필시 이 지역의 무슬림들, 특히 친소련 성향을 지닌 동조자들에게서 환영받았겠지만, 소련을 모방해 만든 비밀경찰 제도 같은 다른 정책들은 그러지 못했다. 전체적으로 본다면 성스차이 정부가 반대 세력을 탄압하는 강도는 전임 정권들에 비해 훨씬 심했는데, 스탈린의 악명 높은 내무인민위원회**와 직접적으로 연결된 보안기구를 이용했으며 이들 기관의 공격적 전술을 폭넓게 받아들였기 때문이다.

카슈가르 지역의 위구르족들 사이에서 이슬람 민족주의가 다시 고조되고 있었는데, 이는 새로운 봉기의 발생으로 이어질까 성스차이가 항상 우려하던 상황이었다. 강력한 진압에 나선 지방정부는 위구르족 지도자 몇몇을 추방하고 지역 신문사를 장악하는 한편, 소련

---

* 1920년대 소련 초기에 비러시아계 민족들을 대상으로 실시한 체제 통합 정책으로, 지방정부 행정 관료나 중앙정부 기술 관료 집단에 소수민족들을 참여시킴으로써 이들 소수민족이나 이들이 속한 자치공화국의 대표성을 높이려는 것이다.
** 1934~1946년까지 존속한 소련의 장관급 부서다. 내무부·정보기관·경찰을 통합한 기능을 수행했는데, 특히 스탈린의 대숙청과 독소전쟁 당시 방첩 업무까지 직접 실행했다. 1946년 이후 내무부와 국가보안위원회(KGB)로 분리되었다.

에서 교사들을 초빙하여 지역 학교들에 배치했다.[51] 이러한 억압 정책과 지역 엘리트 숙청은 1937년 카슈가르와 호탄에서 또 다른 봉기를 불러일으켰는데, 이는 동투르키스탄 제1공화국 지도부의 잔당 일부가 기획한 반란이었다.[52] 소련으로부터 육군과 공군을 지원받아 반란을 신속히 진압한 성스차이는 이를 기회로 정부 각 부문에서 대규모의 위구르족 축출 및 신장 지역 전역에서의 위구르 민족주의자 숙청을 향한 시동을 걸었다. 신장 지역 전역에서 벌어진 위구르족 대량학살은 당시 스탈린 치하의 소련에서 벌어지고 있던 '대숙청Great Purge'과 시기적으로 일치했으며, 트로츠키주의Trotskysm* 및 국외 제국주의자들과의 결탁이라는 혐의를 씌워 그러한 학살을 정당화한 것도 소련과 판박이였다.[53] 이로써 그는 위구르족 엘리트와 지식인들을 사실상 지워버렸으며, 완전히 새롭고 자신에게 충성을 바치는 지역 지식인과 관료 집단을 구성하려 했다.[54]

1937~1938년의 숙청 이후 소련의 영향력은 계속 증가했다. 1941년에는 성스차이가 스탈린에게 위구르 지역을 소련에 편입시키는 방안을 제안했다고도 한다.[55] 그러나 그로부터 1년 뒤, 그는 후견국(소련)과의 관계 청산을 모색하면서 기존의 친소親蘇 정책에서 극적인 변경을 가하기 시작했다. 1942년, 성스차이는 이 지역을 장악하여 소련에 편입시키려는 음모를 꾸미고 있다는 혐의를 씌워 지역 내 가장 유력한 공산당원과 소련 동조자 수백 명을 체포하라고 지시했다.[56] 그와 동시에 소련 문화를 보급하는 협회와 기구들을 폐쇄하고,

---

* 러시아혁명 후 레닌 및 스탈린의 일국(一國) 사회주의 건설에 반대했던 레프 트로츠키의 사상으로, 서구 다른 국가들의 사회주의 혁명 없이 러시아만의 사회주의 국가 건설은 불가능하므로 유럽 전체의 프롤레타리아 혁명을 지원해야 한다는 것이다.

소련 고문단과 함께 일했거나 소련에서 유학한 주민들도 공산당원들의 음모와 연루되어 있다는 혐의로 체포했다.[57]

상황이 이렇게 전개되면서 반소련 분자라는 혐의로 숙청당한 적이 있는 위구르족 주민들이 이번에는 친소련 분자로 몰려서 숙청당하게 되었고, 지역 무슬림 주민들은 성스차이에게서 등을 돌렸다. 배신감을 느낀 소련은 지역 무슬림들의 불만을 이용하여 성스차이를 쓰러뜨릴 기회를 포착했다. 러시아의 연구자 발레리 바민Valery Barmin에 따르면, 소련 공산당 정치국은 이러한 목적으로 양국 국경을 넘나드는 위구르족들의 저항운동을 조직화하는 방안을 1943년에 이미 논의하고 있었다고 한다.[58] 하지만 소련의 지원이 사라진 성스차이는 권력의 상당 부분을 잃은 상태였으며, 소련의 복수를 직접 당할 때까지 신장 지역에 머무르지도 못할 운명이었다. 1944년 모든 권력을 잃은 그는 본토로 소환되어 중앙정부의 장관 자리를 겨우 얻었다.

성스차이는 사라졌지만 위구르 지역에 대한 중화민국의 통제력을 잠식하려는 소련의 계획은 계속 진행되고 있었다. 1943~1944년 사이에 소련은 위구르족 주민들에게 한족이 그들과 그들의 땅을 식민 지배하고 있음을 상기시키며 반란을 선동하는 공작 활동을 확대했다.[59] 또한 국경을 넘으면 바로 접하는 북부 지역의 도시 굴자에서의 봉기를 지원하기 위해 무기와 군사 자문을 제공하는 방안을 그 지역 위구르족들과 협의하고 있었다.

동투르키스탄 제2공화국과 위구르 민족자결주의의 절정기

1944년 10월 당시 소련은 1870년대에 러시아제국이 잠시 지배했던 위구르 북부 지역에 있는 굴자 주변 세 개 지역에서 일어난 위구르족 봉기를 지원하고 있었다. 소련에서 보내준 무기와 군사고문단의 도움을 받은 이들 반란군은 11월 7일 굴자에 입성하여, 11월 12일에는 동투르키스탄 제2공화국 수립을 선포했다.[60] 독립한 국가의 강역을 위구르 지역 전역으로 확대하려는 열망으로 이들은 이듬해 내내 중국군과 전투를 벌여 1945년 9월경에는 성도省都 우루무치를 위협하기에 이르렀다.[61] 이 시점에서 소련은 바로 이 상황에 공개적으로 개입하여, 이들의 진군을 멈추게 하고 국민당 정부와의 평화협정을 중개하겠다고 제안했다. 이 평화협정에서 중화민국은 위구르 지역에 연립정부를 수립하는 데 동의하여 동투르키스탄 제2공화국 지도자들이 이 연립정부에 참여했으며 굴자 지역을 사실상 지배하게 되었다.

동투르키스탄 제2공화국은 나머지 1940년대 기간 동안 사실상의 자치de facto autonomous를 누리면서, 1930년대의 동투르키스탄 제1공화국보다 더 진일보한 근대적 독립국가의 지위를 강화했다. 소련의 지원 아래에 신문과 잡지 및 교과서를 발행했으며, 독자적인 국기國旗와 국가國歌는 물론이고 자체적인 화폐와 정규군, 교육제도까지 제정했다.[62] 동투르키스탄 제1공화국과 마찬가지로 이 반半독립국가는 다민족으로 구성된 정치체였지만, 지금까지도 많은 위구르족은 동투르키스탄 제2공화국을 세속주의世俗主義* 위구르 민족국가의 원형原形으로 간주하며, 위구르계 지도자들은 위구르 민족주의자들의 영웅으로 추앙받고 있다.

---

* 정교분리(政敎分離)의 원칙으로, 국가의 통치나 국가기구 등의 운영이 특정 종교나 종교적 믿음의 간섭에서 벗어나야 한다는 사상이다.

소련은 동투르키스탄 제2공화국을 계속 지원하면서 정책적·사상적으로 통제하려 했지만, 그렇다고 하여 동투르키스탄 제2공화국을 소련의 괴뢰국가였다고 보는 것은 정확하지 않다. 이 지역의 위구르족 다수가 동투르키스탄 제2공화국을 지원했던 것은 이를 반식민주의 민족해방운동의 첫걸음으로 보았기 때문이며, 지도자들도 소련의 이익보다 주민의 이익에 따라 독자적으로 행동하는 경우가 드물지 않았기 때문이다. 대중매체들은 빈번하게 소련의 사회주의와 관련된 주제들을 중점에 두고 발행되었지만, 1920년 이후로 소련에서는 더 이상 허용되지 않던 위구르 민족주의의 발전이나 이슬람이 사회생활에서 수행하는 역할과 관련된 이슈들도 다루었다.[63]

아마도 이 지역 무슬림들에 대한 동투르키스탄 제2공화국의 영향력을 인정한 것이겠지만, 중화민국도 새로운 연립정부에 참여하는 이 지역 무슬림들에게 힘을 실어주었다. 특히, 국민당 정부에 호의적이었던 가장 유력한 위구르족 지식인 이사 유수프 알프테킨, 무하마드 이민 부그라, 마수드 사브리를 연립정부의 주요 직위에 임명했다.[64] 또한 연립정부의 첫 번째 주석主席으로 부임한 국민당 정부의 장즈중張治中은 선출된 위원들로 하여금 지방의회를 구성하도록 하는 한편 정부의 모든 업무 단계에서 한어 옆에 위구르어를 병기倂記하라고 지시했다.[65]

1945년부터 1949년까지 존속한 신장 지역의 연립정부는 여러 측면에서 볼 때 근대 이후 오늘날까지의 역사에서 이 지역 무슬림 주민들의 요구를 가장 잘 받아준 정부였으며, 근대 중국과 위구르족이 식민 지배적 관계를 극복한 미래를 실현할 수 있으리라는 희망도 가능케 했다. 위구르족은 자신들의 고향을 통치하는 과정에 긴밀하게 참여했고, 한족과 동등한 중국 국민으로 자각했으며, 위구르족 정치가들은 상대적 유불리를 비교하며 독립을 할지 자치를 유지할지 토의했다.[66] 1947년 장즈중이 물러난 주석 자리를 연립정부에 참여한 위구르계 국민당 지도부 중 가장 유력한 이들 중 하나인 마수드 사브리가 이어받은 것은 이와 같은 상호 타협적 정책 기조를 보여주는 상징적인 사건이었다.

마수드 사브리는 연립정부의 위구르 민족주의자들에게 더 많은 권한을 부여했는데, 공식 매체에서 '신장' 대신 '투르키스탄'을 사용하는 경우가 많아졌고 튀르크계 민족 역사가 새로운 교육과정에 포함되면서 위구르어 교육이 확대되었으며 정부 부문에서 위구르어의 위상이 더욱 강화되었다.[67] 하지만 성스차이 치세에서 맛보았던 호시절이 오래가지 못했던 것처럼, 지역 무슬림들에게 힘을 실어주었던 이 시기도 얼마 못 가 곧 역풍을 맞을 운명이었다.

1949년 1월 중국공산당이 베이징을 점령하자 국민당 정부 지도부는 자신들의 시간이 얼마 남지 않았음을 깨닫게 되었다. 이에 이사 유수프 알프테킨과 무하마드 이민 부그라는 국외로 탈출하여, 카슈미르를 거쳐 최종적으로 튀르키예로 망명한 뒤 위구르 민족운동을 이끌었다.[68] 1949년 8월 소련은 중국공산당 대표단과 동투르키스탄 제2공화국 핵심 지도부의 회동을 주선했다. 이 회의에서 동투르키스탄 제2공화국은 인민해방군의 신장 지역 진입을 허용하고 중화인민공화국(중국)은 동투르키스탄 제2공화국 지도부 핵심 인사들을 베이징에서 개최될 예정인 중국인민정치협상회의 제1차 전체회의*에 초청하는 데 합의했다.[69] 카자흐스탄을 경유하여 베이징으로 향하던 다섯 명의 동투르키스탄 제2공화국 지도부는 8월 27일 시베

리아에서 항공기 사고로 전원이 사망했다.[70] 이로써 동투르키스탄 제
2공화국과 연립정부는 사라져버렸고, 이 지역은 인민해방군이 접수
하여 중국이 지배하게 되었다. 이제 국민당 정부와 동투르키스탄 제
2공화국에 충성하던 나머지 무슬림 지도자들에게는 중국공산당에
충성을 맹세하거나 국외로 탈출하거나 또는 제거되는 세 가지 선택
지가 놓여 있었다. 마수드 사브리는 떠나지 않고 남아서 저항하다가
1951년 처형당했다.

중국공산당의 지배와 민족자치 공약 파기, 1949~1980년

1949년 9월 위구르 지역의 국민당 세력이 중국공산당에 항복하
면서 손쉽게 진입했던 인민해방군 제1야전군은 같은 해 말에는 이
지역에 대한 공산당 정권의 지배 체제를 확립하는 데 주도적인 역할
을 했다. 이 지역에 들어온 처음 몇 년 동안 인민해방군은 변경 식
민지의 부속물로 남아 있던 이 지역을 군사적으로 정복했는데, 중화
민국이 지배하던 다른 지역들에 대한 임무와 다르지 않았다. 하지만
국민당 정권에서 공산당 정권으로 지배자가 바뀐 것은 국가와 사회
를 다루는 접근 방식이 근본적으로 달라졌음을 의미하는 것이며, 이

---

* 국공내전(國共內戰)의 승리가 확실해지던 1949년 6월, 공산당이 각 민주 당파와
인민 단체의 대표들에게 신중국(新中國) 건국을 준비하기 위한 회의를 제의하여 성
립되었으며, 1949년 9월에 제1차 전체회의가 소집되었다. 제1차 전체회의에서는
중앙 인민 정부를 수립하여 국명·국기·국가를 정하고 마오쩌둥을 주석으로 선출
하는 한편, 제1차 전국인민대표대회가 구성되어 중화인민공화국 헌법을 통과시킬
때(1954년 9월)까지 임시 헌법 역할을 했던 정협공동강령을 제정했다.

는 '변경 식민지'라는 위구르 지역의 위상에도 커다란 파장을 미치게 되었다. 마오쩌둥 사상은 사회에 존재하는 다양성 혹은 상이함을 '깨부수어 평평하게 만드는 것'을 옹호하는 것인데, 이것은 반제국주의적인 것으로도 받아들여졌다. 그 결과, 처음에 중국은 '소련의 민족 정책'으로 알려졌던 소련식 탈식민지화 정책을 적용하여 위구르 지역을 공산주의 국가 중국의 불가결한 일부로 통합하고자 했다. 이러한 방향성 아래에서 과거 국민당 정권과 동투르키스탄 제2공화국의 연립정부의 특징이었던 타협적 정책들이 부분적으로 확대되었고, 이 지역에서 탈식민의 새로운 현실이 전개될 것이라는 기대도 생겨났다. 하지만 1950년대 후반에 중국이 이 지역에 대해 더욱 흡수·통합적인 접근 방식을 취하면서 그러한 기대는 실현되지 못했으며, 흡수·통합적 정책 기조는 1960년대와 1970년에 걸쳐서 계속 강화되었다.

초창기의 타협 정책과 소련의 역할

초창기, 특히 1950년 '중소 우호 동맹 상호 원조 조약'이 체결된 이후 소련은 중국이 위구르족에 대한 타협적인 정책을 시행하는 데에 중요한 역할을 했다. 이 조약 체결로 신장 지역의 위구르족 및 다른 소수민족 주민들이 소련에서 계속 교육받을 수 있게 되었고, 소련 고문단과 산업 인력이 이 지역으로 다시 돌아오게 되었다. 초창기에 중국공산당이 다수의 위구르족과 비非한족 소수민족들, 특히 동투르키스탄 전직 관료들에게 이 지역의 통치를 위해서 중요한 역할을 수행해줄 것을 요청하며 참여를 권고하게 된 데에는 소련의 개입이 작용했던 것으로 보인다. 1949년 당시 이 지역의 주민 중 위구르족이 여전히 75퍼센트를 차지하는 반면에 한족의 비중은 6퍼센트에 불과했다는 점을 감안하더라도 소수민족의 국정 참여는 타당한 것이었다.[71] 다수의 위구르족과 다른 튀르크계 무슬림들이 중국공산당의 지배에 협조하며 중요한 역할을 수행하고 있던 중에는 국가가 운영하는 각종 학교와 대학에서 위구르어 강좌가 생겨나고 위구르어 출판물 발간도 확대되고 있었다.

중국이 자국 내에 소련을 구성하는 자잘한 사회주의 공화국들과 유사한 구조의 소수민족 자치구를 설치한 데에는 중국공산당에 대한 소련의 조언도 중요한 역할을 했을 것이다. 위구르 지역에는 1955년 신장위구르자치구가 설치되었다.[72] 신장위구르자치구의 설치는 이 지역에 대한 위구르족의 연고와 역사적 역할이 인정받았음을 의미하지만, 소련을 구성하는 공화국들에게는 명목적이나마 인정되었던 헌법상 권리, 다시 말해서 원할 경우 연방에서 탈퇴하여 독립할 수 있는 권리는 허용되지 않았다. 신장위구르자치구를 포함하여 중국 내 자치구의 경우 탈퇴할 권리는 허용된 적이 없으며, 대신 '이론적으로 자치는 가능'한 정도만 인정되었다. 탈퇴는 인정되지 않을 뿐만 아니라, 국가에 중대한 위협을 가하는 행위로 비난의 대상이 된다. 이러한 비난은 중국 내부에서 발생하는 모든 반식민주의 해방운동에 '친제국주의'라는 라벨을 붙이는 '이중언어double-speak'*적 술수를 통해 가해진다. 1951년 한 기관지의 사설은 그러한 언어적 술수를 잘 보여준다. "현시점에서 중화인민공화국으로부터 분리하여 독립하려는 민족운동은 그 어떤 것도 반동적反動的이다. 왜냐하면, 객관적으로 볼 때 그러한 시도는 다른 여러 민족의 이익을 침해하는 것이고 따라서 제국주의의 이익에 봉사하는 것이기 때문이다."[73]

이 지역에 사회주의 통치 체제를 확립하는 데 소련이 관여함으로써 1940년대 말 연립정부에서 시행했던 몇몇 타협적 정책이 확대되는 데 도움이 되었지만, 위구르족들의 사회생활을 개조하려는 노력을 기울이는 것에도 소련의 관여가 나름의 역할을 했을 것이다. 툼은 중화인민공화국이 소련의 지도 아래 전통적인 이슬람 법정을 불법화하고 이슬람 성직자들을 국가가 관리하는 시스템에 편입시켰으며 와크프Waqf** 제도로부터 토지를 몰수한 후 재분배하는 등 이 지역의 각종 종교적 제도들을 신속하게 해체했다고 지적한다.[74] 하지만 지주로부터 땅을 빌려 소작을 했던 위구르족 농민들에게 개인의 재산이라 할 만한 것을 지급하는 내용이 포함된 토지개혁이 동시에 이루어졌기 때문에, 대부분의 지역 주민들은 기존의 종교 제도를 급진적으로 해체하는 것에 저항하지 않았던 것으로 보인다.

중국-소련의 불화와 타협 정책의 종식

역설적이지만, 신장위구르자치구가 중국의 타협 정책을 향유하던 시절은 1955년 이 지역이 자치구로 선포된 지 얼마 지나지 않아 저물었다. 마오쩌둥과 흐루시초프 사이에 갈등이 증폭되면서 1955년

---

* 조지 오웰이 소설 『1984』에서 사용한 조어(造語)로, 핵심을 벗어나 사안의 본질을 흐리게 함으로써 가치 체계를 전도(顚倒)하고 논점을 회피하는 언어적 속임수를 말한다. 예를 들어, 전쟁 개시를 '평화 확보'나 '특별 군사작전', 적법 절차를 밟지 않은 감금을 '보호 조치'라 하거나 고문을 '정보 획득을 위한 특이한 방법 혹은 공격적 심문'이라 표현하는 것, 피의자가 자신에게 불리한 증거물을 무단 반출한 행위를 '(수사기관의 증거 조작에 대비하여) 증거를 지키기 위한 것'이라고 주장하는 경우 등이다.
** 이슬람권 국가에서 재단 운영이나 토지 신탁 등의 방식으로 모스크와 마드라사(종교학교) 및 성소(聖所)를 경제적으로 지원하는 제도.

에 이르러서는 이 지역에 대한 소련의 영향력이 쇠퇴하고 있었다. 중국은 소련의 영향력을 없애려는 조치에 신속히 착수하여 1957년까지는 소련으로부터 서적과 언론 매체의 수입을 완전히 금지했는데, 위구르어 서적도 수입 금지 대상이었다.[75] 또한 러시아 키릴문자로 위구르어를 표기하는 소련의 위구르 문자 개혁안과 이를 반영한 교과서를 1956년 초부터 공유했지만 이 사업도 곧 중단되고, 새로이 라틴문자로 위구르어를 표기하기로 결정하여 1960년까지 도입을 완료했다.[76]

위구르 지역에서 소련의 영향력을 서서히 몰아내던 와중인 1956년 중국은 '백화제방百花齊放' 운동을 개시했다. 인민 대중, 특히 당원들에게 당의 정책에 대한 공개적인 비판도 허용함으로써 국정 운영에 참여시킨다는 취지였으나, 결국은 비판 세력들을 공격하는 수단으로 변질되었다. 1957년 '반우파투쟁反右運動'이 이를 대체하면서, '백화제방' 운동 중 중국공산당이 보기에 사상적으로 부적절한 방향으로 국가와 당을 비판한 인사들이 처벌받게 된 것이다. 위구르 지역에서는 이 '반우파' 투쟁이 이 지역 무슬림 주민들 중에서 동투르키스탄 전직 관료들을 포함한 민족주의자들을 골라서 숙청하는 방식으로 나타났는데, 이들은 대중 앞에서 공개적으로 비판을 당하고 강제노동형에 처해졌다. 중국공산당의 한 당사黨史 전문가에 따르면 이 투쟁 기간 중 위구르 지역 무슬림 주민 중 간부급 인사 1,612명이 '지방 민족주의 분자地方民族主義分子'로 찍혔으며, 이들 중 대부분이 재교육 명목으로 강제노동수용소로 끌려갔다.[77] 이로써, 1950년대 초 소련의 영향으로 부분적으로나마 실시되던 타협적 정책 기조가 끝나가고 있다는 점이 명백해졌다.

다른 한편으로, 이 시기 중국은 더 많은 한족을 이 지역으로 이주시켜 지역 주민의 인구학적 구성에 변화를 주는 작업을 진행했다. 1954년 중국은 청 제국 시기에 이 지역에서 주둔하던 부대들이 농장을 운영하던 사례를 참조하여 신장생산건설병단을 설립했다.[78] 중국이 인민해방군 퇴역군인과 과거 국민당 정부를 위해 싸우다 항복했던 병력들을 농업 분야에 투입하여 사실상 이 지역의 정착민이자 지역 안보를 책임지는 민병民兵으로 전환시키는 작업을 신속하게 추진할 수 있도록 한 신장생산건설병단은 오늘날까지도 신장위구르자치구에 대한 중국의 정책에서 핵심적인 위치에 있다.[79] 군사적 점령 상태를 유지하는 동시에 이와는 별도로 정착과 경제적 착취를 지원하기 위한 목적으로 만들어졌던 이 신장생산건설병단은 여러 측면에서 이 지역에 대한 중국공산당의 식민 지배적 접근 방식을 대표하는 상징으로서 오랜 기간에 걸쳐 그 기능을 수행해오고 있다.

신장생산건설병단에서 일하기 위해 들어오는 이들 외에도, 1950년대 말에서 1960년대 초까지 추진된 대약진운동大躍進運動의 여파로 발생한 기근을 피해서 200만 명가량의 한족 주민이 이 지역으로 더 들어왔다.[80] 그러나 대약진운동이 위구르족과 그들의 고토에 미친 영향은 단순히 외부인의 유입이라는 측면을 훨씬 더 넘어서는 것이었다. 농업의 집산화 혹은 집단농장화를 요체로 하는 대약진운동은 그때까지 이어져왔던 이 지역 위구르족 대다수의 일상적인 생활양식을 파괴하는 각종 정책적 활동이 가장 집약된 형태로 발현되었다. 하지만 툼이 지적하는 바와 같이, 대약진운동은 "경제적으로 재앙적인 결과를 초래하고 수많은 기아의 참상을 야기했을 뿐만 아니라", 촌락의 생활방식을 개조한다면서 "위구르족의 사회구조를 해체한” 것이었다.[81] 공식적으로 종교와 관련된 제도는 1950년대 초에 이미 철폐되었으나, 대약진운동은 위구르족이 개인적으로 행하는 예배와 같은 신앙 활동마저 금지하는 각종 정책들의 첫걸음을 내딛게 하는 계기가 되었다.[82] 또한 사회주의의 성공을 위해서 '민족 간 융합'이 필요하다는 목소리가 높아져 국가적 슬로건이 되어가는 와중에 추진된 집단농장의 설치는 위구르족을 한족이 지배하는 중국 문화로 흡수하려는 노력을 전방위적으로 추진할 수 있는 기회가 되었다.[83]

중국이 강압적인 정책의 수위를 갈수록 높이자, 1950년 말에서 1960년 초반 사이에 많은 위구르족이 고향을 떠나는 방안을 모색했다. 소련으로 넘어간 이들이 가장 많았는데, 소련은 제2차 세계대전이 끝난 후 전쟁으로 감소한 인구를 증가시켜 재배치하는 정책의 일환으로 1950년대 초부터 자국으로 넘어오는 위구르족들을 받아들이고 있었다.[84] 고향을 떠나 소련으로 들어가는 위구르족의 수는 1950년대 말까지 눈에 띄게 증가했으며, 중국과 소련의 관계가 정면충돌로 가고 있음이 명백해지고 있던 1961년에 이르러서는 소련으로의 위구르족 유입이 극에 달했다. 1962년 봄 소련 당국은 중국을 떠나고자 하는 무슬림 주민들에게 신장위구르자치구와 닿아 있는 카자흐스탄 국경을 사실상 개방했는데, 지역의 중국공산당 당국도 이에 공모한 듯 굴자에서 소련 국경까지 이들을 실어나를 버스를 제공했다.[85] 1962년 5월 29일 소련 국경으로 가는 버스를 더 이상 운행하지 않겠다는 발표가 나오자 버스표를 사놓고 기다리고 있던 많은 위구르족은 국경이 폐쇄된 줄 알고 공황 상태에 빠져버렸다. 이에 항의 시위가 일어났고, 총기를 동원한 유혈 진압으로 수십 명이 사망했다고 전해진다.[86] 이런 소동이 벌어지자 약 6만 7천 명의 위구르족과 다수의 카자흐계 주민이 소련 국경으로 도망갔는데, 이들에게 소련 입국이 허용되기까지는 며칠이 더 걸렸다.[87] 이 사건이 마무리되고 얼마 되지 않은 1963년 양국 국경은 공식적으로 폐쇄되었고 모든 여행과 교역이 막히게 되었다.

이 위구르족들이 소련으로 들어감과 동시에 중국의 위구르 지역은 외부 세계로 통하는 문을 완전히 닫아걸었다. 주민들은 이제 중국을 떠날 수 없게 되었으며, 그때까지 러시아와 소련의 영향력이 유입되는 통로가 되었던 이리 계곡을 따라서는 신장생산건설병단이 운영하는 농장들이 들어서 소련과의 완충지대가 되었다.[88] 소련과의 관계가 절연되고 나서는 대약진운동이 재앙적인 수준으로 실패한 결과의 책임 소재를 두고 중국공산당 상층부에서 권력투쟁이 이어졌다. 당시 위구르 지역의 당서기였던 왕언마오王恩茂는 대규모 집단농장 방식을 포기하고 마오쩌둥의 라이벌들*이 제시한 새로운 실용주의적 경제정책을 따르려 했다. 하지만 중국공산당에 대한 지배력을 유지하기 위해 필사적인 노력을 기울이던 마오쩌둥이 1966년 문화대혁명을 일으켜 국가를 혼란 상태에 빠뜨리면서 변화를 향한 노력은 곧 종말을 맞을 운명이었다.

문화대혁명의 혼란기와 흡수·통합 정책

위구르 지역에서 진행된 문화대혁명을 다루는 대부분의 학술적 연구는 지역의 당 지도자로 오랜 기간 쌓아온 왕언마오의 권력에 도전하는 홍위병紅衛兵 집단 사이에서 벌어졌던 정치적 투쟁에 초점

---

* 덩샤오핑과 류샤오치(劉少奇)를 가리킨다.

을 맞추어져왔다.[89] 이러한 정치적 투쟁이 1966년 당시 중국공산당에 적을 두고 있던 위구르족 관료와 지식인 계층에게 영향을 미쳤지만, 이 시기 중화인민공화국 역사를 얼룩지게 했던 극도의 혼란이 나머지 대다수의 위구르족에게 미쳤던 여파는 제각각 다른 감이 있다. 그럼에도, 문화대혁명은 한족이 지배하는 사회주의 문화에 위구르족을 동화시키기 위해 전례 없이 강력한 수준의 국가적 노력을 기울이는 계기가 되었으며 이 지역에 한족 정착민이 기하급수적으로 증가하는 결과를 가져왔다.

문화대혁명에 동원된 청년들이 내세웠던 주장의 주요한 취지가 세 가지 '낡은 것들'을 타파하자는 것*이었다는 점을 감안한다면, 혁명의 열기에 취해 위구르 지역으로 몰려 들어갔던 많은 한족 청년이 이슬람과 위구르 전통문화 역시 공격 대상으로 삼았을 것이라는 점은 불을 보듯 뻔한 일이었다. 위구르 지역 전역에서 홍위병들이 모스크를 폐쇄하고 종교 서적을 불태우며 이슬람 성직자로 의심되는 이들을 체포했다는 보고서들이 1966년에 이미 나오고 있었다.[90] 또한 모든 위구르족에게 전통 복장을 금지하고 인민해방군 군복을 본떠 만든 옷을 입도록 강요했다는 일화나 이슬람을 의도적으로 모독하기 위해 모스크를 돼지우리로 이용하고 위구르족 여인들에게 중국식 머리 모양을 강요했던 사례들도, 공식문서 같은 증거는 없으나, 입

---

* 1966년 8월 18일 마오쩌둥이 중국 전역에서 천안문 광장으로 집결한 홍위병들을 격려하며 타파해야 한다고 지목한 것은 네 가지로, '파사구(破四舊)'라고 한다. 낡은 사상(舊思想), 낡은 문화(舊文化), 낡은 풍속(舊風俗), 낡은 관습(舊習慣)을 타파하여 진정한 사회주의 문화를 창조하자는 이 '파사구'는 문화대혁명 기간 내내 홍위병들이 내세운 명분이 되었다.

으로 전해지고 있다.[91] 그리고 그때까지 중국을 떠나지 않고 남아 있던 위구르의 세속주의적 엘리트 계층도 대부분 '재교육' 대상이 되어 강제노동수용소로 보내졌다.

하지만 위구르족을 흡수하기 위한 활동들이 어느 정도의 규모로 진행되었고 그 파급력이 얼마나 되었는지에 대해서는 분명하게 말하기 어려운 측면이 있다. 이는 당시 지방에서 권력이 행사되던 혼란스러운 양태에서 기인한다. 예를 들어, 문화대혁명이 한창이던 시기 학교들이 사실상 폐쇄되었다는 것은 이 혁명이 끝났을 시점에는 많은 위구르족이 중국어를 읽거나 말하지 못하는 상태였음을 의미하는 것이다. 1990년대에 필자와 인터뷰했던 위구르족들 중 한 명은 그 시기 굴자에 거주하던 10대 청소년이었는데, 그는 한창 진행 중이던 정치 투쟁과 거리의 난투극을 '한족들의 문제'라 지칭하며 당시 대부분의 시간을 가족들과 집 안에 머무르며 거기에 말려들지 않으려 애썼다고 회상했다. 많은 위구르족이 이와 같은 경험을 공유하고 있겠지만, 문화대혁명이 위구르족에 미친 영향을 주제로 최근 발표된 논문에 따르면, 위구르족 청년들을 끌어들이려는 홍위병들의 노력이 성과를 거두기도 했으며, 특히 교육을 받은 도시 지역 주민들이 이에 호응했다는 점도 분명하다.[92]

문화대혁명 당시 위구르족을 흡수·통합하려는 목적으로 취했던 조치들과 그 파장이 어느 정도였는지와 무관하게, 이 정치 캠페인으로 인한 혼란상은 그 시기를 겪어낸 모든 위구르족에게 각인되었다. 신장생산건설병단은 낙후된 지역 주민들을 근대적 사회주의자로 개조하는 과업에 헌신하기 위해 본토에서 들어온 홍위병들의 기지가 되었다.[93] 또다시 위구르족들이 자극을 받아 봉기를 일으킬까 우려한 우루무치의 지방정부 당국은 이 급진적인 청년 무리의 영향력이 도시를 넘어서 시골로까지 확산되는 것을 막기 위해 노력했다고 전해지지만, 결국 이 홍위병들은 위구르족의 전통과 종교적 신앙에 굴욕적인 박해를 가하는 데 다수의 위구르족을 동원했을 것이다.

이러한 맥락에서 본다면, 중국의 지배에 저항하는 위구르족들의 무력 투쟁이 이 시기에 다시 일어난 것은 놀라운 일이 아니었다. 위구르 지역에 소련식 사회주의 형태의 독립국가를 건설하기 위해 투쟁한다는 명분으로 스스로를 동투르키스탄인민혁명당ETPRP(Eastern Turkistan People's Revolutionary Party)이라 지칭하는 반군 집단이 나타난 때가 바로 이 시기인데, 이 조직의 결성에는 동투르키스탄 제2공화국의 경험과 소련의, (적어도 암묵적인) 지원이 작용했다.[94] 1968~1970년 동안 존속했다고 알려진 동투르키스탄인민혁명당은 카슈가르 인근 산기슭에서 인민해방군에 패퇴하기 전까지 군사적 공격을 여러 차례 감행했다고 한다.[95] 최근 중국 쪽 자료에 따르면, 동투르키스탄인민혁명당은 1970년 지방정부 당국이 이 조직과 관계된 혐의로 6천 명에 가까운 위구르족을 잡아들이면서 소멸되었다.[96]

문화대혁명은 이전에 중국이 이 지역을 지배하던 그 어떤 시기보다도 위구르족들의 삶에 커다란 변화를 가져왔다. 위구르의 문화와 종교 제도 상당 부분이 파괴되었고 일시적이지만 공식 문서에서 위구르어 사용이 금지되었다. 지역의 공동체와 사회적 자본도 붕괴되었으며 정규 교육을 제때 받지 못한 세대가 양산되었다. 또한 지역 주민들의 인구학적 구성에서도 중대한 변화가 있었다. 한족 인구는 1953년에서 1967년 사이에 이미 30만 명에서 179만 1천 명으로 여섯 배 가까이 증가했는데, 1982년에 이르러서는 528만 7천 명으로 폭증하여 지역에 거주하는 위구르족들과 거의 비슷해졌으며 그중 대부분이 신장위구르자치구 북부 지역에 밀집해 있거나 신장생산건설병단 안에서 격리된 채 생활하고 있다.[97] 하지만 이 시기 시행된 여러 급진적인 정책과 인구구성의 변화 및 일상생활에 대한 정책적 개입과 간섭에도 불구하고 이 지역을 진정한 중국 본토의 일부로 통합하려는 목적은 달성하지 못했다. 중국을 구성하는 나머지 지역들과의 물리적 거리와 식민지로서 차별받아온 역사적 유산은 위구르족을 동화시킨다는 급진적인 의도가 이들에게 먹히지 않게 하는 등, 문화대혁명이 위구르족들에 미치는 파급력을 제한하는 역할을 한 것으로 보인다. 파급력이 제한적이었던 것은 타림분지 남부의 오아시스 지역에 거주하던 위구르족 주민들의 경우에 특히 더욱 그러했다.

개혁개방기 위구르족과 신장위구르자치구, 1980~2001년: 타협과 개발, 그리고 정착형 식민 지배의 강화

문화대혁명이 끝나고 덩샤오핑이 중국의 지도자로 부상했을 당시만 해도 중국과 위구르족이 식민 지배적 관계에서 탈피할 수 있는 기회가 있었다. 그가 제시한 개혁 의제는 이 지역에 대한 중국의 태도, 그리고 국가 발전에 있어서 이 지역의 역할에 상당한 변화를 가져왔던 것이다. 그때까지 외부의 영향에서 스스로를 고립시키던 자세에서 벗어나 바깥 세계와 관계 맺기에 나섰는데, 특히 경제 부문에서 그러한 국정 기조의 전환이 두드러지게 나타났다. 이러한 상황에서 위구르 지역은 과거 완충지대로 기능하며 막아왔던 서쪽과 남

서쪽 국가들을 연결하는 교량 역할을 할 수 있는 지리적·전략적 중
요성이 잠재되어 있다고 평가되었다. 그 결과, 중국은 완충지대보다
는 중국과 인접 국가들을 연결해주는 교량으로서 위구르 지역과 주
민들을 점진적으로 통합해나가는 사업을 개시하게 되었다.[98] 이 시기
는 앞선 어느 때보다도 이 지역이 중국의 일부로 더 긴밀하게 통합되
어갔던 시기일 것이다. 근대 이후 처음으로 중국이 위구르 지역을 국
가와 사회에 통합시키려고 국가적 차원에서 역량과 자원을 집중했
는데, 부각되고 있던 이 지역의 지리적·전략적 중요성을 감안한다면
그렇게 할 만한 동기는 더욱 많이 찾을 수 있었을 것이다. 위구르족
을 이 지역의 토착 주민으로 인정하여 관계를 유지하거나 혹은 강압
적으로 주민들을 동화시키고 지역을 식민지화하는 등 위구르 지역
을 통합시키는 데 중국은 다양한 정책적 선택을 할 수 있었다. 처음
에는 유화적인 방향으로 시도해보았지만 오래지 않아서 강압적 동화
와 식민지화로 돌아섰다.

1980년대, 타협 정책의 마지막 시대

개혁개방 정책을 추진하던 초기에 중국이, 1950년대 초반 잠시 실
시했던 이후 처음으로, 표면적으로나마 위구르족의 요구를 포용하는
타협 정책들을 내놓으면서 이 지역 내에서는 중국과 위구르족이 식
민 지배적 관계에서 벗어나 궁극적으로 진정한 민족자치가 이루어질
것이라는 기대감이 생겨났다. 중국공산당 중앙위원회에서 가장 젊
은 개혁론자였던 후야오방胡耀邦의 강력한 주장으로, 중국 정부는 신
장위구르자치구의 문화적·경제적 개혁을 촉구하는 결의안을 채택하
고 지역 내 상당수의 한족 관료들과 신장생산건설병단 인원들이 본

토로 복귀하는 것을 허락했다.[99] 변형된 아랍문자로 위구르어를 표기하는 예전 방식으로 돌아가고 위구르어 출판물들이 폭발적으로 증가하는 한편 위구르족을 위한 학교와 대학 학부가 다시 열리고 모스크가 재건되면서 지역 주민들이 변화를 체감하는 데에는 오랜 시간이 걸리지 않았다. 이후 1981년과 1982년에 각각 중국공산당 중앙위원회 주석 및 총서기總書記*로 올라선 후야오방의 집권으로 위구르 지역 외에 다른 지역들에서도 막이 오른 자유의 시대는 이후 6년 동안 지속되었다.

1987년 후야오방이 실각하면서 타협 정책의 시대는 저물기 시작하여, 1989년 천안문사건天安門事件 이후에는 타협 정책을 주장하는 이들의 운신의 폭이 더욱 좁아졌다. 결국, 민족자치의 영역을 확대하거나 지역 내 위구르족의 비중을 높이는 정책은 시행되지 못한 채 개혁 조치는 중단되고 말았다. 하지만 1980년대는 위구르족에게 문화적 르네상스의 시기이자 이슬람이 그들의 생활에 다시 돌아온 시기였기에, 그들은 미래에 대한 기대를 품고 문화대혁명으로 인한 문화 파괴의 참상을 극복하려고 했다. 필자가 신장위구르자치구를 처음 방문했던 1990년 1월에만 해도 타협 정책이 펼쳐졌던 이전 몇 년 동안의 효과를 분명하게 확인할 수 있었다. 도시를 벗어난 시골 지역의 많은 위구르족 주민은 여전히 문화대혁명 당시 유행했던 인민해방군 스타일의 코트와 모자를 착용하고 있었지만 여기저기서 소규모 모스크들이 세워지고 있었고 종교적 신앙을 공개적으로 드러내는 모습도 흔하게 볼 수 있었으며, 이러한 양상은 남부 지역에서 특

---

* 당 기구 개편으로, '중앙서기처 총서기'로 직위명이 바뀌었다.

히 두드러졌다. 예전 방식대로 아랍문자로 표기한 위구르어 표지판을 도처에서 볼 수 있던 반면, 문화대혁명 시기에 보급되던 로마자 표기는 거의 찾아볼 수 없었다.

그리고 문화대혁명 시기 강제노동수용소나 감옥에 수감되어 있던 위구르족 지식인과 종교계 인사 상당수가 이미 석방되어 강의와 저술 활동을 하고 있었다. 이들 지식인 중에서 위구르족의 역사를 정식으로 편찬해보겠다고 나서는 이들은 거의 없었지만 자신들의 역사를 소재로 한 소설들은 많이 출간되었는데, 이들 소설 중 일부는 과거 동투르키스탄공화국을 다루었으며 위구르족이 이 지역에서 기원한 주인임을 주장하는 것들도 있었다.[100] 또한 감옥에서 풀려난 이슬람 학자들은 사설 종교학교를 다시 열어 당국의 감시를 받지 않고 자신들의 언어로 이슬람 교리를 전파했다.

1980년대를 거쳐서 오늘날까지 살아온 많은 위구르족은 이 시기를 위구르족의 '황금 시대Golden Period'로 부르며, 과거와는 다른 미래와 다른 중국을 맞을 것이라는 희망에 찼던 시기로 기억하고 있다. 돌이켜보건대, 이 시기의 타협적 정책 기조가 계속 유지되었다면 위구르족들은 1990년대에 들어서서는 더욱 중국 사회에 통합되어 있었을 것이다. 특히 신장위구르자치구가 위구르족의 고향임을 인정하고 민족자치를 위한 실질적인 제도들을 도입했었더라면 통합도는 더욱 높아져 있었을 것이다. 1980년대에 실시되었던 타협 정책들은 중국과 위구르족의 식민 지배적 관계를 타파할 수 있는 정책으로까지 나아가지는 못 했지만, 이들 정책이 위구르 지역의 주민들에게 허용해주었던 문화적 자유와 종교적 해방을 다시 빼앗는 것은 쉽지 않은 일이 될 것이었다.

1990년대, 정착형 식민 지배와 통합 사이에서

1980년대 중국이 타협 정책을 통해 위구르 지역과 그 주민들을 개혁개방으로 나아가던 중국에 통합시키려 노력했다고 한다면, 1990년대 중국이 통합을 위해 기울인 노력은 대부분 경제적 기회를 주는 형태로 이루어졌다. 덩샤오핑의 개혁개방에 따른 중국의 경제적 성장은 실제 위구르족들에게도 새로운 기회를 제공하여, 많은 이들이 사업을 시작하거나 교역을 위해 국외를 여행할 수 있었다. 하지만 이와 동시에 위구르어 출판과 음악에 대한 검열과 감시가 강화되고 종교적 자유는 심각하게 제한되면서 위구르족들에게 허용되는 정치적 공간은 조여들게 되었다. 자유를 제한하는 당국의 이러한 조치가 소련의 붕괴 및 중앙아시아의 신생국가 독립과 결합하면서, 1990년도 내내 민족자결을 요구하는 위구르족들의 목소리가 높아졌으며 이들의 요구는 때때로 폭력적인 형태로 분출되었다. 위구르족들의 저항은 이 지역을 개발하고 덩샤오핑이 구상하는 새로운 중국에 더 긴밀하게 통합시키려는 국가적 계획에 여러모로 먹구름을 드리우는 요인이었으므로 중국은 저항의 조짐이 나타나는 단계에서부터 이를 분쇄하기 위한 일련의 군사적 활동에 착수했다. 저항과 이에 상응하는 탄압의 상호작용은 1990년대 시작과 거의 동시에 바로 가시화되었다.

1990년 4월, 신장위구르자치구 남부 카슈가르 인근의 바런巴仁에서 대규모 소요 사태가 일어났다. 이 '바런 사건'의 구체적 진상은 아직도 명확히 밝혀지지 않고 있지만, 인민해방군과 무장 경찰 등 치안 병력이 지방정부 건물을 점거하고 있던 위구르족 시위자들을 체포하거나 살상하고 청사를 탈환하면서 사태가 마무리되기까지 거의 3일이 걸렸다. 이 사건을 다룬 몇몇 보도에 따르면, 사건이 일어나기 얼마 전부터 시행된 소수민족 가정에 대한 산아제한 방침에 항의하기 위해 모인 약 200명가량의 위구르족을 인민해방군이 무력으로 진압하면서 폭력 사태로 발전한 것이라 전해진다.[101] 한편으로 중국 쪽 공식 자료들을 포함한 다른 보도에 따르면, 이 사건은 스스로를 동투르키스탄이슬람당ETIP(East Turkistan Islamic Party)이라 칭하는 종교적 색채의 분리 독립운동 단체가 국가의 지배체제를 전복시키는 것을 목적으로 한 계획적인 시도였다.[102]

실체적 진실은 상반되는 여러 보도 사이의 어딘가에 있을 것이다. 한 무리의 신앙심 있는 위구르족 젊은이들이 이슬람 신앙을 파괴하려는 중국의 정책에 항의하면서 소요 사태가 촉발되었다는 신빙성 있는 증언들이 있다. 하지만 봉기를 이끈 자이딘 유수프가 동투르키스탄이슬람당을 실제로 만들었으며 중국의 지배로부터 위구르족을 해방시키기 위해 무장투쟁을 벌일 목적으로 무기들을 훔쳐 비축했다는 신빙성 있는 증거도 있다. 시위대가 중국 군경의 공격을 받았을 당시, 이 조직의 구성원들은 무력으로 저항할 준비가 되어 있었던 것이다.

바런 사건에서 민족자결주의와 이슬람 신앙이 결합하는 양상이 가시화되자 정부 내에서는 종교적으로 고무된 위구르족들이 중국의 지배에 대한 무력 저항을 조직화할 가능성을 우려하는 목소리가 높아졌다. 2년 뒤 우루무치 시내에서 버스 두 대가 폭발하는 사고가 일어나면서 이러한 우려는 증폭되었다.[103] 이 폭발 사고와 관련한 구체적인 사항 역시 거의 알려진 바가 없지만, 이 사건을 기획한 위구르족들이 바런 사건과 연루된 이들을 가르쳤던 바로 그 사설 종교학교의 이슬람 학자에게서 수학했다는 증거가 있었기 때문이다.

　1991년 12월 소련이 해체되면서 위구르족들이 중국의 지배에 저항할 것이라는 우려는 더욱 커졌다. 소련의 해체는 중국도 같은 운명을 맞을 수 있다는 두려움을 중국공산당 안팎에서 촉발시켰지만, 위구르 지역을 관할하는 간부들이 느끼는 두려움은 특히 심각했다. 중국과 소련의 국경은 1980년대 말에 개방되어, 1950년대에서 1960년대 초에 소련으로 건너간 위구르족들이 중국의 가족들과 재결합하는 것이 허용되던 상황이었다. 중국에서 건너간 많은 위구르족은 소련의 쇠락과 사회주의의 붕괴, 그리고 중앙아시아에서 민족국가들이 등장하는 모습을 지켜보았고, 비슷한 목적을 달성하기 위해 자신들의 고향에서 1940년대 이래로 중국과 싸웠던 위구르 민족주의자들에게 바깥세상의 변화상을 알려주었다. 이에 많은 위구르족이 독립국가를 세우겠다는 희망을 다시 품게 되었다. 1994년 신장위구르자치구에서 만났던 한 위구르족은 "이제 카자흐스탄과 키르기스스탄, 그리고 우즈베키스탄이 생겨났는데, 위구르스탄은 어디에 있나요?"라고 거리낌 없이 말하고 있었다. 주민들의 그러한 정서가 실제로 위구르족들을 조직적인 저항으로 이끌었다고 볼 증거는 없지만, 중국은 그럴 수 있다고 우려했다.

　그 결과, 바런 사건 뒤에 시작된 신장위구르자치구에서의 치안 강화 캠페인은 1991년 소련의 해체를 계기로 강화되었다. '분리주의' 및 '허가받지 않은 종교 활동'과의 전투를 명분으로 내세운 이 치안 강화 캠페인은 위구르족들의 민족주의 표출과 이슬람의 부흥을 겨냥한 것이었다. 1990~1995년 사이에 치안 당국은 민족주의자 또는 종교적 성향이 강하다는 혐의를 받는 위구르족 1,831명가량을 '분리주의 반혁명 조직, 불법조직, 반동조직黑帮'의 일원이라 주장하며 체포했다.[104] 또한 중국은 이슬람 성직자들을 대상으로 국가에 대한 충성도를 정기적으로 평가하는 엄격한 심사 체계를 고안하는 한편, 1980년대에 세워진 다수의 마을 단위 소규모 모스크를 폐쇄했다.[105]

중국에 반대하는 위구르족들과 그들의 종교에 대한 탄압은 바런 사건 및 소련의 붕괴에 대한 반작용으로 보였지만, 1996년 소위 '제7호 문건'이 외부에 노출되면서 위구르족의 종교와 민족자결 요구를 억압하는 중국의 전략은 상당히 체계적이라는 점이 분명해졌다. 중국공산당 고위급 회의에서 채택되었다는 결의문을 내용으로 하는 이 문건은 국가가 '분리주의'와 '허가받지 않은 종교 활동'이라 간주하는 것들을 제거하는 작업과 위구르 지역과 주민들을 더 확고하게 중국의 일부로 통합시키는 작업을 동시에 추진하는 전략을 보여주는 것이다. 이 문건은 한편으로는 경제건설과 개혁, 그리고 "신장 지역의 안정성을 유지하는 기반"으로서 중국의 "문호 개방 정책"에 대해 언급하며, 간부들에게 "경제발전과 인민들의 생활 수준을 향상시키는 데 박차를 가할 것"을 지시하고 있다.[106] 다른 한편으로, 중국의 지배에 반대하는 위구르족들은 미국이 주도하는 국제적인 반혁명 세력들의 지원을 받고 있다고 주장하며 이들에 대해서 공격적인 치안 강화 조치들을 실시하도록 지시하고 있다.[107]

위구르 지역에 주둔하는 군대와 치안기관을 늘리고 그 활동을 강화할 것을 요구하는 것 외에도, 이 문건은 종교적 색채의 독립운동과 최소한 부분적으로라도 연결되어 있다고 간주되는 '분리주의'의 확산을 제한해야 한다는 점도 지적하고 있다. 그리고 이를 위하여 종교 활동에 대한 강력한 규제를 지시했는데, 새로운 모스크 신축의 억제와 공인받지 않은 마드라사 및 '코란 연구 모임' 폐쇄 등이 이에 포함되어 있다.[108] 또한 위구르족은 물론 그들이 이용하는 대중매체에 대해서도 감시 수준을 높일 것을 요구했다. 특히 남부 지역에서는 '허가받지 않은 종교 활동'을 했거나 민족자결의 열망을 품고 있다고 의심되는 위구르족들의 '개인 정보 파일을 작성'할 필요성이 있다고 지적했다.[109]

'제7호 문건'에서 요구하는 광범위한 통제 조치들에도 불구하고, 혹은 부분적으로는 그 때문에, 1997년 2월 카자흐스탄과 닿아 있는 국경 인근의 굴자 북부 시가지에서 또 다른 대규모 소요 사태가 일어났다. 이 사건에 대해서도 서로 설명들이 엇갈리지만 종교 활동을 제한하는 데 항의하는 위구르족들의 시위에서 상황이 악화되기 시작했고, 치안 병력과 충돌하여 다수의 사상자가 발생하면서 통제 불가능하게 된 것으로 보인다.[110] 당국은 또다시 초강경으로 대응하여, 시가지 내에서는 통행을 금지하고 2주간 나머지 지역과의 교통을 차단했다.[111]

'굴자 사건'이 마무리된 지 채 3주도 되지 않아 우루무치에서 버스가 폭발하여 아홉 명이 사망하고 28명의 중상자가 발생했다.[112] 어떤 조직이 저지른 것인지 특정되지 않았고 참고할 만한 구체적인 사항들도 거의 없지만, 얼마 전에 사망한 덩샤오핑 추도식이 거행되는 날 발생했다는 것은 이 사건에 정치적 동기가 있음을 암시하는 것이었다. 굴자 및 우루무치의 폭력 사태는 1990년대 초반에 비해서 훨씬 더 강도 높은 탄압의 강풍이 위구르 지역 전체를 휩쓸게 되는 결과를 가져왔다.[113] 수많은 위구르족이 체포되었고 종교 활동에는 훨씬 더 강력한 제한이 가해져, 이제 18세 이상의 남성들만 국가가 인

가해준 모스크를 이용할 수 있었다. 이와 동시에, 중국은 자국의 위구르족들과 중앙아시아 국가에 거주하는 위구르족들의 연계를 차단하는 한편, 새로 출범한 상하이협력기구SCO(Shanghai Cooperation Organization)를 이용하여 중앙아시아 국가들에 거주하는 위구르족들이 정치적 행동에 나서지 못하도록 압력을 가했다.[114]

중국의 통치에 반대하는 이들에 대한 극심한 탄압과 국외에 거주하는 위구르족들과의 접촉을 차단하는 조치는 위구르 북부 지역의 도시에 거주하던 위구르족 청년들에게는 국가가 설정해준, 한족 중심의 중국 문화로 흡수·통합되는 경로를 따르도록 하는 새로운 계기로 작용했다.[115] 중국 문화에 동화되는 것에 저항하는 수단으로 이슬람에 빠져드는 이들도 있었으나, 다른 선택지가 없음을 보게 된 많은 위구르족 청년은 중국어 학교에서 공부하여 한족과의 차별을 극복할 수 있을 만한 경력을 추구하기로 결정했던 것이다.[116] 하지만 도시를 벗어난 시골, 특히 남부 지역에 거주하는 절대다수의 위구르족들에게는 지역 치안기관과의 갈등이 여전히 계속되고 있었을 뿐, 북부 지역 도시에서와 같은 통합의 기회는 거의 주어지지 않았다.

굴자 사건과 우루무치 폭발 사건을 계기로 한 중국의 탄압은 이후 3년 동안 계속 확대되었으며 지역 내 폭력 사건도 증가했다. 가드너 보빙던Gardner Bovingdon은 1997년 2월부터 2001년 초에 이르는 기간 동안 위구르 지역에서 일어난 약 38건의 사건을 분석했는데, 놀라운 점은 이들 사건의 대부분이 위구르족 탄압의 선봉에 서서 지역 내 '분리주의자들'을 찾는 데 광분했던 공안(경찰) 등 치안기관을 겨냥한 공격이라는 점이다.[117] 이에 해당하지 않은 소수의 예외적 사례는 대개 이슬람에 대한 당국의 규제를 옹호하는 데 얼굴마담으로 나섰던 지역의 종교 지도자들을 노린 암살 사건과 사제 폭탄을 이용한 폭발 사건이 몇 건으로, 이들 사건에 대한 구체적인 사항은 거의 알려져 있지 않다. 더욱 눈에 띄는 점은 2000년과 2001년에는 이 지역에서 폭력 사건이 사실상 사라졌다는 점이다.

돌이켜보면, 1990년대 중국은 위구르 지역과 주민들을 더 확고하게 통합시키려 했지만 국가의 통합 정책에 주민들이 적극적으로 호응하도록 유도하기 위해 이들의 요구를 수용하려는 노력은 없었다. 시장경제의 효과를 체감한 중국 정부는 경제의 자유화가 이 지역에서 갈등에 불을 지피고 있던 지난 200여 년 동안의 식민 지배 역사를 지워줄 것이라 여겼기 때문이다. 위구르족들도 '부자가 되는 것이 영광이 되는致富光榮' 새로운 중국의 일부가 되는 데 만족할 것으로 생각한 당시의 중국은 이들이 자신의 고향에 대해 가지고 있는 독특한 연고 의식과 문화적 뿌리를 전혀 감안하지 않고 이들을 한족 중심의 중국 문화로 흡수하려 했던 것으로 보인다. 이 시기 북부 지역의 도시에 거주하는 위구르족들은 실제로 부를 축적했으며, 이들 중 일부, 특히 우루무치의 위구르족들은 한족 중심의 중국 문화를 받아들임으로써 새로이 개혁개방의 길로 나아가는 중국에 통합되고자 했다. 하지만 그 외의 지역, 특히 경제적 기회가 미미했던 남부 지역에서 경제의 자유화는 지역의 식민지화, 더 노골적으로 말하자면 한족의 정착형 식민 지배를 촉진하기 위한 새로운 수단으로 간주되었다.

중국의 정책이 그런 식으로 받아들여진 데는 그럴만한 이유가 있었다. 문화대혁명이 끝나고 이 지역을 떠난 한족들의 빈자리를 새로운 이민자들이 유입되어 메워주면서, 2000년까지는 주민 구성에서 한족의 비율(40.6퍼센트)이 위구르족의 비율(45.2퍼센트)과 거의 비슷했다.[118] 문화대혁명 시기 이 지역에 들어온 한족들과 달리 새로운 이민자들은 지역개발과 자원 채취 및 소련에서 독립한 인접 국가들과의 교역에 따른 경제적 기회를 잡기 위해 자발적으로 들어온 이들로, 이 지역에 뿌리를 내리고 정착하기 위해 온 것이었다. 이들 새로운 이민자의 대부분은 북부 지역에 정착했는데, 1999년에 우루무치와 카슈가르를 연결하는 철도를 개통하는 등 중국은 위구르족이 주민의 대다수를 차지하는 남부 오아시스 지역으로 더 많은 한족 주민을 이주시키기 위한 정책 방안들을 모색했다.

과거 이 지역이 오랫동안 근대 중국의 변경 식민지로 존재해왔다면, 새로운 지역개발은 강화된 정착형 식민 지배로 가는 첫 단계라 할 것이며 그 안에서 위구르족은 결국 한족에게 압도 당할 수 있는 것이었다. 지역개발과 동시에 중국은 위구르족의 이슬람 신앙을 맹렬하게 공격함으로써 그들의 정체성과 문화의 일부분을 강제로 제거하려 했다.[119] 결론적으로 중국의 정책은 위구르족들에게 더 많은 자치를 허용할 것이라는 1980년대 약속에서 완전히 후퇴한 것이라는 점이 명백했고, 국가정책에 대한 어떠한 의문 제기도 '분리주의'로 고발당하는 근거가 될 정도로 위구르족에게 허용되는 정치적 담론의 공간은 거의 모두 사라져버렸다. 2000년대 들어 '서부대개발'이라는 국가적 규모의 대개발 계획을 발표하면서 이 정착형 식민 지배의 성격이 강화되고 있는데, 특히 남부 지역의 타림분지 오아시스 일대에서는 그러한 추세에 대한 위구르족 주민들의 저항이 점차 증가하고 있다.

변경 식민지에서 정착형 식민지로?

정복과 식민 지배의 역사에서 출발한 위구르족과 근대 중국의 순탄치 못한 관계는 오랜 기간 이어져온 것이다. 이 식민 지배라는 양자 관계의 연원 자체는, 위구르족과 중국의 관계를 식민지에서 독립한 세계 도처의 국가들에서 나타나는 주류 민족-소수민족 관계와 다를 게 없어 보인다. 하지만 독립국가가 된 다른 식민지들의 경우와 달리 중국은 위구르족과의 관계가 식민 지배에서 출발했다는 점을 제대로 인정한 적이 없어, 식민 지배적 양자 관계를 탈피하는 과정의 첫걸음도 떼지 못하고 있다는 점에서 위구르족과 근대 이후 중국의 관계는 다른 신생 독립국가들과는 다르다. 그 결과, 오늘날에도 위구르 지역은 많은 부분에서 중국의 식민지로 남아 있으며, 설혹 이 책을 보게 될 위구르족이 있더라도 그들 대부분에게는 필자의 이러한 소견이 놀랍지도 않을 것이다.

두 세기를 넘은 양자 관계의 역사에서 이 식민 지배적 관계는 지역과 주민을 통제하는 국가적 전략에 따라 변화를 겪어왔지만, 중국의 어떤 정책도 이 지역과 주민을 진정으로 통합시키는 방향으로 작용하지는 않았다. 근대 이후 중국, 특히 지금의 중화인민공화국은 오랜 기간 위구르 지역과 주민들의 흡수를 더욱 노골적으로 갈망해왔다. 하지만 이를 위한 노력은 본토와의 물리적 거리와 피지배민들에 대한 차별이 바탕에 깔려 있는 가부장적 태도, 그리고 이들을 통합시킬 국가적 역량 부족으로 인해 번번이 좌절되었다. 그 결과, 위구르 지역, 특히 위구르족이 주민의 대부분을 차지하는 남부 지역은 1990년대에 들어서도 중국 사회의 주변부, 흡사 변경 식민지와 같은 상태로 남아 있었다.

중국이라는 국가에서 차지하는 이 미미한 위상 덕분에 위구르족은 문화적 독자성을 유지하면서 중국의 일부로 흡수되는 운명을 피할 수 있었다. 1990년대 초반에만 해도 위구르족 사이에서는 중국어보다 위구르어가 훨씬 더 널리 통용되는 언어였고 아동들은 여전히 위구르어를 제1 언어로 가르치는 학교에서 교육받을 수 있었으며, 자신들의 문화 행사나 의식은 물론이고 심지어 이슬람 예배도 대체로 자유롭게 할 수 있었다. 아마도 문화적 측면에서 상대적으로 자유를 허용한 것이 위구르 지역을 점령하여 장기간 식민 지배하고 있음에도 위구르족들의 저항을 누그러뜨릴 수 있었을 것이다. 하지만 1990년대에 일어난 몇몇 사건은 비교적 안정되어 있던 이 균형 상태에 새로운 도전을 야기했다. 중국은 예전에 비해 훨씬 더 직접적으로 이 지역에 개입했으며, 국가 주도의 지역개발 사업을 통해 특히 북부 지역을 중국의 여느 지역들과 유사하게 개조했다. 동시에, 중국 정부는 '분리주의'와의 투쟁이라는 명목 아래에 위구르족들에게 허용하던 정치적·문화적·종교적 자유를 거두어들였다. 여러 측면에서 위구르 지역은 이 장에서 살펴보았던 과거 250여 년 중 어느 때보다도 더욱 중국에 흡수·통합되어가고 있었다. 그리고 이를 지켜보는 많은 위구르족은 자신들의 고향이 정착형 식민지화라는 새로운 단계에 들어가 있으며 이 새로운 단계로의 전환은 자신들을, 완전히 배제하는 정도까지는 아니더라도, 주변부로 몰아내려는 의도를 가진 것으로 받아들이고 있었다.

여기서 언급할 부분은 1990년대 말까지만 해도 위구르 지역을 평화로운 방식으로 통합시킬 수 있는 정책적 선택지가 중국에는 여전히 있었다는 점이다. 하지만 중국이 그러한 정책을 실행하기 위해서는 이전에 해본 적이 없는 무엇인가를 먼저 해야 했다. 중국이 이 지역을 식민 지배했던 과거의 역사와 위구르족이 이 지역의 토착 주민이었음을 인정하고, 이에 근거하여 이 지역의 미래와 발전에 있어서 위구르족에게 주도적인 역할을 부여하는 방향으로 타협을 이루는 것이 바로 그 선결 과제였다. 이번 장에서는 근대 중국과 위구르족의 관계에서 그러한 과정에 시동이 걸리려던 몇몇 시기에 대해 소개했지만, 그러한 기회들은 결국 모두 좌절되었고 종래는 역풍을 맞았다.

2000년대 초와 같이 위구르 지역과 그 주민들에 대한 타협적인 정책을 추진하는 대신에, 중국은 궁극적으로 위구르 민족 전체를 주변부로 밀어내고 인간성을 말살하는 결과를 가져올 전략을 선택했다. 미국이 주도하는 '테러와의 전쟁'을 이용하여, 이 지역의 위구르족 반대 세력 내부에 알카에다와 연결된 '테러리즘 위협'이 실제로 존재한다고 주장하는 것이 바로 그것이다. 이전 10년 동안 이 지역의 발전을 지켜본 이들에게는 중국의 그러한 정책적 결정이 갑작스러운 것으로 보였는데, 이는 위구르족들에게서 그러한 '테러리스트로서의 위험성'이 있다는 조짐을 거의 볼 수 없었기 때문이다. 1990년대에는 중국의 지배에 저항하는 위구르족들이 일으킨 심각한 사건들이 있었으며 그중 일부는 폭력 사태로 비화했지만, 이들의 저항이 알카에다와의 연결은 고사하고, 어떤 특정한 조직의 지휘 아래에 이루어졌다는 증거도 없었다. 게다가, 미스터리로 남아 있는 1992년과 1997년 우루무치에서의 버스 폭발 사건을 제외하면, 1990년대에 위구르족들이 자행했다는 사건들 중에서 필자가 이 책의 서장에서 제시한 '테러리즘'에 대한 잠정적 정의에 부합하는 사건도 없었다.

그럼에도, 중국은 9·11 테러가 일어난 직후인 2001년 10월 당시 미국이 주도하던 '테러와의 전쟁'이 겨냥한 글로벌 '테러리즘 위협'의 범주에 중국의 지배에 반대하는 위구르족들을 끼워 넣었고, 최소한 부분적으로나마 국제적으로 인정을 받는 데 성공했다. 중국의 결정과 그에 대한 국제사회의 공인은 중국이 이 지역의 토착 주민(위구르족)을 국가와 사회를 위협하는 실존적 요인으로 낙인찍어 이들을 더 주변부로 밀어내고 억압하는 행태를 정당화하는 데 이용되었고, 결국은 위구르 지역을 정착형 식민지화하는 중국의 계획을 더욱 수월하게 했다. 이로써 중국과 위구르족의 순탄치 못한 오랜 식민 지배 관계에서 또 다른 새로운 단계가 열렸을 뿐만 아니라 양자 관계가 근본적으로 변화되었고, 결국에는 평화적인 방법으로 식민 지배 관계에서 벗어나기 위한 어떠한 시도도 가까운 미래에는 상상할 수 없게 되어버렸다.

| 제2장 |

'테러리스트'가 되어버린
위구르족들

2000년대 초 위구르족들이 '테러리즘 위협'으로 간주되었던 이유는 그들이 어떠한 행위를 했기 때문이 아니었다. 중국이 정치적인 목적을 가지고 공작을 했고, 중국의 강력한 로비를 받은 미국이 이에 동의한 것이었다. 원래는 아프가니스탄의 위구르족 망명자들로 구성된 외부에 잘 알려지지 않은 소규모 조직 한 개를 '테러 단체'로 지정했는데, 그 파장이 세계 도처의, 특히 중국 내의 위구르족들에게 심각한 수준으로 미치게 된 것이었다. 중국이 영리하게 기회를 포착해 활용했다는 점에는 의문의 여지가 없지만, 미국이 주도하는 '테러와의 전쟁'에서 상정하는 적이 무엇인지 모호하다는 점도 이러한 사태가 벌어지게 된 원인이었다.

아프가니스탄에서 강연 중인 하산 마흐숨, 1998~2001년경.

'테러와의 전쟁'이 상정하는 모호한 적은
어떤 방식으로 식별되는가

본격적인 논의에 앞서 '테러와의 전쟁'에서 상정하는 적인 '테러리스트'라는 개념이 이 전쟁이 시작되는 바로 그 시점에도 명확하지 않았다는 점을 먼저 지적해둘 필요가 있는데, 그 모호성은 이 전쟁을 선포한 이들이 의도한 것일 가능성이 농후하다. 2001년 9월 20일, 9일 전에 일어난 9·11 테러에 대한 국가적 대응 방안을 의회와 국민에게 발표하는 자리에서 당시 미국 대통령 부시는 그 유명한 '테러와의 전쟁'을 선포했다. 이 전쟁은 9·11 테러를 실행한 주체로 식별된 알카에다를 시작으로, "지구상에 존재하는 모든 테러 단체를 찾아내고, 그 활동을 중단시키고 패배시킬 때까지는 끝나지 않을" 것이었다.[1] 이 모호한 적의 특징에 대해서, 그는 "테러리스트는 이슬람학자들은 배척하는 극단주의적 이슬람 분파를 신봉하며, … 군인과민간인, 여성과 아이를 구분하지 않고 기독교인과 유대인, 그리고 모든 미국인을 죽이라는 명령을 따른다"며 자신있게 설명했다.[2] 그가묘사한 이들 '테러리스트'는 사악하고 공포스러운 모습이지만 이들이 실제로 누구인지에 대해서는 제대로 밝히지 않고 추측만 무성한채 남겨두었는데, 이는 의도적인 것으로 보인다. 이 책이 발간되는 시점에도 이 전쟁은 끝나지 않고 여전히 우리와 함께하며, 이 전쟁에서의 적도 모호하면서도 악마화되어 있다. 적을 이처럼 애매하게 규정함으로써 이 '테러와의 전쟁'은 세계 각지에서 다양한 행위자들이 다양한 방식으로 수행할 수 있는, 끝을 정해 놓지 않아도 되는 전쟁이되었다. 하지만 여러 측면에서 볼 때 이 '테러와의 전쟁'은 전혀 전쟁이라 할 수 없으며, 자국이 가진 다양한 의제들을 밀어붙이려는 국가들이 정치적 도구로 활용할 만한 서사 혹은 핑곗거리에 불과하다.

'테러와의 전쟁'을 정치적 도구로 이용하는 선례를 남긴 것은 바로, 부시 대통령이 언급했던 모호한 '테러리스트들'과의 싸움보다 국제사회의 '깡패 국가들'과의 전쟁에 더 비중을 두는 방향으로 신속하게 선회했던 미국이었다. 미국의 아프가니스탄 공격은 최소한, 이공격이 정당하건 아니건, 9·11 테러를 지시했던 알카에다의 작전기지에 대한 공격이라는 점에서 9·11 테러와 직접적인 관계가 있었다. 하지만 2002년 1월 부시 대통령의 그 유명한 '악의 축Axis of evil' 연설은, 미국이 아프가니스탄처럼 '테러리스트'에게 지원과 도피처를제공하는 혐의가 있는 국가뿐만 아니라 국제사회의 동의나 규제 없이 '대량살상무기'를 생산함으로써 미래에 **그렇게 할지도 모르는** 국가들과도 전쟁을 벌이려 한다는 점을 명백히 하는 신호였다. 특히 부시 대통령은 "이들 국가와 테러리스트 동맹 세력이 세계의 평화를 위협하기 위해 (대량살상무기로) 무장하는 악의 축을 구성한다"**3**고 선언하며, 이란·이라크·북한 등이 모두 그런 무기들을 생산하고 있으며 이를 '테러리스트' 용의자들에게 제공**할 수도 있을** 것이라 언급했다. 그 시점 이후로 부시 행정부의 '테러와의 전쟁'은 '테러 단체'로 의심되는 세력들을 파괴하는 것보다 아프가니스탄과 이라크의 정권교체를 추진하는 쪽으로 무게추가 기울게 되었다.

미국이 '테러와의 전쟁'에서 처음부터 '적'의 개념을 모호하게 상정하여 테러와는 무관한 적들을 겨냥할 수 있도록 한 것은, 다른 국가들도 그렇게 할 수 있도록 선례를 만들어주었다는 점에서 이 책의 논의를 전개하는 데 가장 중요한 부분이다. 다른 국가들의 경우는 국외의 적을 겨냥한 미국과 달리, 그러한 조작이 대개는 내부의 적, 특히 무슬림을 공격하는 행위를 정당화하는 데 이용되었다. 내부의 적을 공격하는 행위에 정당성을 부여하는 데 '테러와의 전쟁'이 이용되는 것은 이 전쟁에서 적으로 지목된 대상들이 지니는 비정형성非定形性과 지리적으로 널리 산재되어 있다는 특성에서 기인하는 것으로, 국내 반대 세력들의 정당성이나 평판에 흠집을 낼 구실을 찾고자 하는 권위주의 정권들이 적으로 지목한 이들에게서 그러한 특성이 더욱 두드러진다. 또한 전 세계가 전장인 테러와의 전쟁에는 국제적 협력의 네트워크가 있는데, 이 전쟁에 참가하는 국가들은 자국 내부의 반대 세력들을 국제사회가 '테러리스트'로 낙인찍도록 하는 데 이 국제적 네트워크를 이용할 수 있는 것이다.

'테러리스트 명단'이 '테러와의 전쟁'에서 가지는 의미

전 세계적 차원의 대테러 협력 네트워크 안에서 자국 내부의 반대 세력을 '테러와의 전쟁'에서 상정하는 적으로 엮어 넣고자 하는 국가들에게 가장 중요한 수단 중 하나는 국제적으로 공인된 '테러리스트 명단'으로, 이 명단에 들어가는 집단은 국제사회에서 '테러리스트'라 공인되는 것이다. '테러와의 전쟁'과 관련하여 그러한 명단에 이름을 올리는 목적은 본질적으로, 어디에 있건 실제 목표나 행위가 무엇이건 상관없이 문제가 되는 집단이나 개인에 대한 폭력적인 제압을 정당화하는 일종의 '주홍 글씨'를 새기는 것이다. 많은 국가가 그러한 목적의 명단을 작성·관리하고 있지만, 특히 '테러와의 전쟁'과 관련하여 누구를 '테러리스트' 범주에 넣어야 할 것인지에 대해 국제사회에서 일반적으로 합의된 유일한 목록은 유엔안전보장이사회UNSC의 '통합 목록consolidated list'이다.

본래 이 명단은 1988년 주駐탄자니아 미국 대사를 겨냥한 폭탄 테러 공격에 연루된 알카에다와 탈레반을 제재하기 위한 목적으로 1999년 채택된 유엔 안보리 결의안 제1267호의 일부로 작성되었다.[4] 하지만 '테러와의 전쟁'이 선포된 이후 알카에다 및 탈레반과 관련된 것으로 의심되면 어떤 단체나 개인이든 집어넣으면서 이 명단의 위력이 현저하게 강해졌다. 이 명단이 새로운 전쟁에서 '테러리스트'를 식별하는 주요 수단으로 신속하게 자리 잡게 되었지만 어떤 조직이나 개인들을 여기에 포함시키느냐 하는 기준은 일종의 '연좌제連坐制'적 성격*을 지니는 것으로, 그 조직이나 개인들의 활동을 기준으로 포함 여부가 결정되는 것이 아니었다. 그 외에도, '테러와의 전쟁'을 주도하는 국가들이 목표로 삼는 '테러리스트'를 제시하는 미국과 유럽

연합의 명단들도 2001년 이후의 정세에서 강력한 영향력을 드러내게 되었다.

리 자비스Lee Jarvis와 팀 르그랑Tim Legrand이 주장하듯이, 이들 명단은 '서구 국가들이 구성한 대테러 체제의 방대한 측면'을 지탱하는 기초가 된다.[5] 처음에는 다양한 국제적 제재 조치를 가할 '테러리스트' 혐의자들을 가려내는 법적 수단을 제공하려고 작성되었으나, '테러와의 전쟁'에서 이들 명단은 명단에 올라온 이들에 대한 국가 주도의 폭력을 정당화하는 수단으로도 이용되었다. 암살, 사법 절차를 거치지 않은 구금 조치 및 국내법으로는 허용되지 않는 감시 등 명단에 오른 이들에게 논란 많은 초법적 조치를 가한 국가들이 그러한 방식으로 정치적 비난을 피해갔던 것이다. 자비스와 르그랑의 지적대로, 눈엣가시인 단체들을 이들 명단에 '테러리스트'로 올리는 행위는 '국가의 대테러 역량과 의지를 보여주는 가늠자'가 되었다.[6]

이러한 맥락에서 본다면, 미국이 '테러와의 전쟁'을 선포한 거의 직후에 중국이 위구르족 단체들을 국제적으로 인정받는 이들 명단에 올리려 했던 것은 놀라운 일이 아니었다. 중국이 저항하는 위구르족들을 폭력적으로 다루었던 것은 오래된 일이지만, 특히 그들의 저항이 민족자치에 대한 열망을 반영하고 있는 것으로 보일 경우 더욱 가혹하게 진압했다. 또한 중국의 폭력적 진압은 1990년대 전반에 걸쳐서 더욱 증가했으며, 그에 따라 중국에 대한 국제적 비난 역시 계속되고 있었다. 민족자결 혹은 자치에 대한 요구를 폭력적으로 진

---

* 특정 단체나 개인의 행위가 아니라, 해당 단체나 개인이 알카에다나 탈레반과 관계가 있는지 여부를 기준으로 판단한다는 의미다.

압하는 것에 대해 국제사회는 전반적으로 비판적인 입장이지만, '테러와의 전쟁'에서는 '테러리스트'를 폭력적으로 다루는 것이 용인될 뿐만 아니라 권장되기까지 했다. 따라서, 9·11 테러 이후 중국에게는 자국의 지배에 저항하는 위구르족들을 '테러리즘' 혐의로 엮어서 '테러와의 전쟁'이 상정한 비정형적이고 모호한 적의 범주에 포함시킬 강력한 동기가 있었던 것이다.

'테러리즘 위협'으로 낙인찍기

'테러와의 전쟁'이 개시된 지 얼마 되지 않은 시점에서는 위구르족을 이 전쟁이 겨냥하는 '테러리스트들'과 직접적으로 연결시키기 못했지만, 중국이 위구르족들의 독립 요구에 대한 우려를 알카에다와 연결된 국제적인 '테러리즘 위협'으로 '표지갈이re-brand'하기 위해 국가적 노력을 결집하면서 2001년 10월에는 상황이 바뀌기 시작했다. 위구르족들이 '테러와의 전쟁'이 상정하는 국제적 '테러리스트' 네트워크의 일부라는 주장을 갑자기 내놓은 것이 당시로서는 생뚱맞아 보이기도 했지만, 국내 반대 세력들의 대외적 평판에 흠집을 내기 위해 '테러리스트'나 '극단주의자' 같은 라벨을 붙이는 일이 흔했던 1990년대에 (소련에서 독립한) 유라시아 지역 상황을 지켜봤던 중국에게는 충분히 말이 되는 것이었다. 이러한 담론을 확산시키기 위한 다른 국가들과의 상호작용은 훗날 상하이협력기구로 발전하게 되는 '상하이 5개국' 그룹에 중국이 참여하면서 나타났다.

'상하이 5개국' 그룹: '위구르족 테러리즘 위협' 서사의 출발점

1996년 중국, 러시아, 카자흐스탄, 키르기스스탄 및 타지키스탄이 결성한 '상하이 5개국' 그룹은 소련에서 독립한 네 개 국가와 중국 사이의 국경 획정 및 외교 관계에서의 골치 아픈 현안들을 다루기 위한 협의체로 출발했다. 상하이上海에서 열린 첫 회의에서 참가국들은 연례회의를 가지는 데 합의하고, 이후 러시아(1997), 카자흐스탄(1998), 키르기스스탄(1999), 타지키스탄(2000)에서 매년 후속 회의를 개최했다. 회의에서 다루는 의제는 곧 국경 획정과 외교 관계의 영역을 벗어나서 점차 안보 문제를 집중적으로 논의하게 되었다.[7] 독립을 원하는 위구르 민족주의자들의 열망에 대한 중국의 우려는 회의를 거듭하면서 점점 더 이들 인접 국가의 양보를 받아내는 것이 중요해지게 했다. 특히 1997년 굴자 사건과 우루무치 버스 폭발 사건이 일어나면서 협의체의 중요성은 더욱 커졌다. 카자흐스탄과 키르기스스탄의 위구르 민족주의자 공동체들이 벌이는 활동에 대해 잘 알고 있던 중국 정부는 중앙아시아 일대에 소재한 이들 위구르족 망명자들이 독립을 요구하는 중국 내 위구르족들의 여론에 기름을 붓고 있다고 우려했다.

당시 중국이 위구르 문제에 골치를 썩이고 있었던 점을 감안한다면, 1998년 알마아타에서 개최된 연례회의에서 안보에 대한 우려가 주요 의제로 부상한 점과 훗날 '3대 악'으로 알려지게 되는 3대 위협 요인인 '분리주의, 종교적 극단주의, 그리고 국제테러리즘과의 투쟁'을 참가국이 공조해야 할 새로운 분야로 추가한 것은 놀라운 일이 아니었다.[8] 다시 상하이에서 연례회의를 개최한 2001년, 이들 국가는 상하이협력기구로 알려지게 되는 새로운 역내 안보협력기구의 창설을 선언했다. 이 새로운 기구가 가장 먼저 한 일들 중 하나는 '테러리즘, 분리주의 및 극단주의와의 투쟁을 위한 상하이협약Shanghai Convention on Combating Terrorism, Separatism and Extremism'을 만들어 비준하는 것으로, 이 협약은 9·11 테러가 일어나기 약 3개월 전인 2001년 6월에 채택되었다.[9]

'3대 악'이라는 용어의 위력은 이를 구성하는 각각의 요인 간의 구분을 흐릿하게 하면서 하나의 단일한 위협 요인으로서 정책적 대응을 할 수 있게 하는 데에 있었다. 중국의 입장에서는, 민족자결을 요구하는 위구르족과의 싸움에서 인접 국가들의 협력을 조직화하기 위해서 안보 위협의 이 삼위일체적 개념에 '분리주의'를 포함시키는 것이 무엇보다 중요했다. 장쩌민江澤民이 1998년 알마아타 연례회의에서 이 기구를 구성하는 5개국은 "참가국들의 국가적 통일성과 주권을 보호함에 있어서 상호 협력을 강화해야 한다"고 지적했는데 이는 위구르족들의 민족자결 요구에 맞서 싸우는 중국에 대한 국제적 협력을 에둘러 요구한 것이었다.[10] 이에 반해 '테러리즘'과 '극단주의'의 경우, 국내 반대 세력들의 국제적 평판에 부정적 영향을 주는 데 이들 용어를 편하게 이용해왔던 경험과 특히 아프가니스탄과의 지리적 근접성을 감안한다면, 아마도 소련에서 독립한 중앙아시아 국가들이 주도해서 포함시켰을 가능성이 크다고 할 수 있다. 하지만 가장 중요한 점은, 독립을 요구하는 세력이건 정치적 경쟁자에 불과하건, 자국 내부에 존재하는 반대 세력들을 '이슬람 테러'라는 국제적 안보 위협 요인으로 엮는 데 이 '3대 악'이라는 삼위일체적 개념을 상하이협력기구 6개 회원국* 모두 이용할 수 있게 되었다는 것이다.

'상하이 5개국' 그룹과 상하이협력기구를 통해 '테러리즘' 및 '극

단주의'와 관련하여 러시아 및 중앙아시아 국가들과의 논의에 참여
한 것이 '분리주의자'라는 프레임으로 위구르족을 위협 요인으로 내
세우는 중국 국내의 정책 방향에 즉각적인 변화를 주지는 않았지만,
중국은 저항하는 위구르족들과 관련된 사안을 대외적으로 공개하는
보고서에서 '테러리스트'와 '분리주의자'라는 용어를 혼용하기 시작
했다. 2001년 1월, 위구르 독립운동 단체로 의심되는 한 조직을 분
쇄한 사건에 대한 보고서에서 중국은 그 조직이 다수의 '테러리스
트적 활동'에 연루되어 있다고 주장했다.[11] 2001년 3월에도 이와 유
사하게, 당시 신장위구르자치구의 위구르족 최고위 중국공산당 간부
압둘라하트 압두리시트는 언론에 지역 내 위구르족 '분리주의자들'
이 '국제 테러리스트들'로부터 지원을 받는다고 언급했다.[12] 그 당시
까지만 해도 위구르족을 '테러리즘'과 연결시키는 발언은 중국 내에
서도 여전히 극히 적었고 '분리주의자'라는 더 포괄적인 용어를 이용
한 비난의 주변부를 차지하는 데 불과했지만, 위구르족 '테러리즘'이
라는 서사는 9·11 테러가 일어나기 전에 이미 위구르족들에게 혐의
를 씌우는 담론의 일부가 되어 있었던 것이다. 이처럼, 부시 미국 대
통령이 국제테러리즘에 대한 전 세계적 규모의 전쟁을 선포한 2001
년 말 중국은 위구르족들을 이 전쟁에 엮어 넣을 방법을 생각해두었
던 것이다.

'위구르족 테러리즘 위협' 서사를 공인받기 위한 중국의 공작

이전에는 위구르 '분리주의'라는 프레임을 씌웠던 단체 혹은 세력

---

* 2001년 우즈베키스탄이 추가되었다.

들에게 '테러리즘 위협'이라는 라벨을 붙이려는 중국의 의도가 엿보이기 시작한 것은 9·11 테러가 일어나고 5주가 지난 시점이었다. 2001년 10월 19일, 유럽에 근거지를 두고 있는 위구르족 지원 단체인 동투르키스탄국민회의East Turkistan National Congress가 유럽의회(유럽연합 입법부)에서 개최했던 회의와 관련한 질의에 답변을 하던 중국 외교부 대변인은 이 단체에 대해서 '테러리스트 조직'이라며 장황한 비난을 늘어놓았다. 이전까지 중국이 자국의 지배에 저항하던 위구르족들을 언급할 때 이용하던 '테러리즘'의 서사보다 훨씬 더 나아간 그의 발언은 다음과 같다.

동투르키스탄이라는 단체는 중국을 분열시키려는 목적을 지닌 테러리스트 조직이다. 국제 테러 단체들과 긴밀히 공모하여 중국과 그 인접 국가들에서 많은 사상자를 발생시킨 다수의 끔찍한 폭력적 테러 행위를 저질러왔다. 테러리즘에 대항하기 위한 국제적 협력이 강화되자, 이 단체는 분리주의 활동을 계속 수행하기 위해서 인권과 민주주의 및 소수자의 권리 보호를 명분으로 자신의 정체를 숨기려 하고 있다. 하지만 이와 같은 전술적 변화가 테러 단체라는 이 단체의 성격을 바꿀 수는 없다.[13]

'동투르키스탄의 테러리즘 위협'에 대한 중국 외교부 대변인의 설명은 구체적이지는 않지만 중국이 주장하는 바에 대한 전반적인 윤곽을 보여주고 있다. 그로부터 몇 주 후 중국 관료들이 외교부 대변인의 발언을 더 다듬어 내놓으면서 중국이 노골적으로 위구르족들을 '테러와의 전쟁'에 엮어 넣으려 한다는 점이 명백해졌다.

2001년 11월 11일 유엔 총회에 앞서 중국의 외교부장 탕자쉬안唐家璇은 열정적인 연설을 통해 국제적인 '테러리즘 위협'과의 전쟁에서 중국의 지원을 약속하는 한편, 자국의 지배에 저항하는 위구르족들은 그러한 위협 요인의 일부라는 프레임을 만들고 있음을 보여주었다. 이날 연설에서 그는 "중국 역시 테러리즘의 위협을 받고 있다. '동투르키스탄'을 내세우는 테러 단체는 국제 테러 단체들로부터 군사 훈련, 장비 및 재정적 지원을 받고 있다. '동투르키스탄'과의 전쟁 역시 테러리즘에 대한 국제적 전쟁의 중요한 측면이다"라고 주장했다.[14] 같은 해 초만 해도 위구르 독립을 위해 활동하는 세력이 국제 테러리스트들의 지원을 받고 있다는 정도로 막연하게 언급했었는데, 중국의 외교부장이 세간의 이목을 끄는 국제 행사에서 더욱 강한 비난을 한 것이다. 하지만 몇 주 전 외교부 대변인의 논평과 마찬가지로, 애매한 그의 연설 역시 구체적인 사항에 대해서는 듣는 이들의 상상에 맡겨두는 것이었다. 그들이 말하는 '동투르키스탄 테러 단체'가 정확히 어디를 지칭하는 것인가? 그리고 이 단체가 어떤 '국제 테러 단체들'로부터 재정적으로 도움을 받는다는 것인가?

이러한 질문에 답변이라도 하듯, 주駐유엔 중국대표부는 그로부터 2주 후 앞서 나왔던 중국 쪽 인사들의 발언과 관련해서 당국의 입장을 명확히 밝히기 위해 간략한 설명 자료 문건을 내놓았다.[15] 「'동투르키스탄' 조직들이 자행한 테러 활동, 그리고 오사마 빈 라덴 및 탈레반과 이들 조직의 관련성Terrorist Activities Perpetrated by 'Eastern Turkistan' Organizations and Their Links with Osama bin Laden and the Taliban」이라는 제목이 붙은 이 문건은 '테러와의 전쟁'에서 상정하는 적의 1순위인 오사마 빈 라덴과 직접 연계된 '테러리스트의 위협'에 중국도 직면해 있음이 분명하다고 주장하고 있었다. 이 문건에서 중국은 자국이 직면한 '테러리즘 위협'은 세계 전역에 40개 이상의 하부 조직을 거느린 '동투르키스탄'이라 불리는 단체로부터 야기된다고 주장한다.[16] 또한 이 단체를 구성하는 여러 조직 중 튀르키예, 중앙아시아, 파키스탄, 아프가니스탄, 그리고 스위스에 있는 여덟 개 조직은 명백하게 폭력을 옹호하는 정강政綱을 가지고 있다고 역설한다.[17] 이 문건에는 이들 조직 외에도 1990년대 중국 안팎에서 폭력적 활동을 하거나 폭력 사태를 일으킨 것으로 추정되는 다른 여러 단체도 언급되어 있다.[18]

당시 위구르족들이 정치적 목적으로 결성한 조직들에 대한 지식을 가진 외부의 관찰자들이 볼 때 중국의 이러한 주장은 터무니없는 것이었다. 위구르족이나 위구르 지역을 연구하는 세계 각국의 연구자들은 중국이 말하는 그러한 조직들에 대해 전혀 들어본 적이 없었고 그들에게 익숙한 명칭을 가진 조직들에게서는 '테러리즘 위협'을 감지하지 못했다. 소련으로부터 독립한 중앙아시아 국가들에서 활동하고 있다고 그 문건에서 중국이 열거한 단체들 중에서, 1990년대 초부터 카자흐스탄의 위구르족들을 연구해왔고 위구르 민족주의를 표방하는 단체들과 잘 알고 지내던 필자가 그나마 들어본 적이라도 있는 것은 몇 개에 불과했다. 예컨대, 필자는 이티팍Ittipaq*으로 알려진, 중앙아시아 지역의 세속주의적 위구르족 민족주의 단체들을 통솔하기 위해 구성된 위구르족 조직들의 연합체가 있음을 알고 있었다. 하지만 이티팍은 자체 보유한 자원이 거의 없고 내부적

---

* ittifak은 튀르키예어로 '(정치)동맹', 또는 '연합'을 의미한다

으로 분열이 만연해 있으며, 중국 내에서는 말할 것도 없이 폭력적인
활동을 실행할 만한 역량을 가지고 있지 못했다. 필자가 알고 있는
또 다른 조직인 동투르키스탄해방기구ETLO(Eastern Turkistan Liberation
Organization)는 튀르키예와 연계된 좀 더 종교적 성향을 지닌 민족주
의 단체로, 구성원은 비교적 최근 중국에서 탈출해온 위구르족이 대
부분이었다. 그런데 이 조직 역시 규모가 작고, '상하이 5개국'의 일
원인 카자흐스탄이 중국과 맺은 협정에 따라 1999~2000년에 걸쳐
자국의 치안기관들을 동원해 토벌 작전을 벌여 사실상 붕괴되었다.
이들 단체 중 한 곳이 오사마 빈 라덴 및 알카에다와 연결되어 있다
는 것을 액면 그대로 믿기는 어려운 일이었다. 스위스에 근거지를 두
고 있는 동투르키스탄청년연맹Eastern Turkistan Youth League이 9·11
테러의 주범과 연결되어 있다는 주장은 앞의 두 단체에 대한 경우보
다도 훨씬 더 터무니없게 들렸는데, 이는 이 단체가 세속주의적 성격
을 공공연히 표방하는 한편 위구르족들이 겪고 있는 고통을 국제사
회에 알리는 데 중점을 두고 활동해왔기 때문이다.

중국 쪽 설명 자료에 언급된 단체들 중에서 알카에다 및 탈레반
과 연결되어 있을 가능성이 있다는 합리적 추측이 가능한 단체는
아프가니스탄에서 활동하는 것으로 알려진 동투르키스탄이슬람운
동ETIM(Eastern Turkistan Islamic Movement)뿐이었다. 당시에 위구르족을
연구하던 해외 학자들 중에 누구도 이 단체 이름을 들어본 적이 없
었고, 아프가니스탄에서 활동하는 위구르족들에 대해서 알고 있는
것도 거의 없었다. 위구르 지역과의 지리적 근접성, 세계 각지의 여
러 무슬림 반군 단체에게 안전한 은신처를 내주는 데 비교적 개방적
이던 탈레반 정권의 성향, 그리고 위구르족들에게 만연한 중국의 지

배에 대한 부정적 정서 등을 고려한다면, 한 무리의 위구르족 무장 단체가 아프가니스탄에 스스로 그러한 조직을 세운다는 것은 충분히 있을 수 있는 이야기였다. 또한 그러한 조직이 존재한다면, 우즈베키스탄 정부에 반대하여 1990년대 후반에 아프가니스탄으로 도피한 종교적 성향의 우즈베크인들이 구성한 우즈베키스탄이슬람운동 IMU(Islamic Movement of Uzbekistan)의 경우와 마찬가지로, 그 조직이 알카에다와 연계되어 있다는 추측도 그럴 법한 것이었다.

이에 더하여, 중국이 내놓은 이 문건은 동투르키스탄이슬람운동에 대해서는 '동투르키스탄 테러 단체들'의 구성원이라 비난하는 다른 어떤 위구르족 단체들보다도 상세한 정보를 제공하고 있다. 이 문서에 따르면 동투르키스탄이슬람운동은 위구르족 하산 마흐숨이 이끄는 조직으로, 오사마 빈 라덴과 탈레반으로부터 지원받은 금액이 30만 달러에 달했다.[19] 또한 이 단체는 '중국 대대China Battalion'라는 무장 조직을 두고 있으며, 전투원들은 아프가니스탄에서 훈련받은 후 '아프가니스탄, 체첸과 우즈베키스탄'에서의 전투에 투입되거나 "테러 또는 폭력 활동을 위해 신장 지역으로 돌아간다"는 것이 이 문건에 적힌 중국의 주장이었다.[20]

이러한 중국 쪽 주장에 그럴듯한 부분이 있었고, 일부 위구르족들이 실제로 알카에다와 관련을 맺었을 수 있다는 추측도 가능케 했으나 주장을 뒷받침하는 어떠한 증거나 정보도 쉽게 구할 수 없었기 때문에 국제사회의 관심을 거의 끌지 못했다. 중국의 주장 말고는 이 단체가 존재한다는 증거가 거의 없었고, 미군이 2001년 9월 말에 아프가니스탄을 침공한 후에도 그곳에서 발견한 위구르족 전투원들은 거의 없다시피했다고 한다. 따라서 아프가니스탄에 근거지를 두고 중국 내부에서 폭력 사태를 일으키려는 위구르족들이 있다는 중국의 주장에 일말의 진실이 있다고 할지라도, 중국이 위구르족 전투원이라 주장하는 이들과 알카에다 사이에 '테러와의 전쟁'을 수행하는 과정에서 심각하게 고려해야 할 정도로 실질적이고 충분한 연계가 이루어졌을 것으로는 보이지 않았다.

하지만 중국은 위구르족과 알카에다의 연계설을 집요하게 주장하면서 '테러와의 전쟁'으로 대응해야 한다는 것을 국제사회가 동의하도록 로비 활동을 지속했다.[21] 2002년 1월 중국 국무원 신문판공실新聞辦公室은 위구르족과 '테러리즘'의 연계성을 보여주기 위해 더 상세한 설명 자료를 내놓았는데, 이 역시 처음 내놓았던 설명 자료에서 '동투르키스탄 테러 단체들'이라고 애매하게 지칭한 단체들에 국제사회가 행동으로 대항하도록 촉구하는 것이었다. 「'동투르키스탄' 테러 단체들은 처벌을 면할 수 없다」는 제목으로 나온 이 두 번째 문건은 중국뿐만 아니라 인접한 지역들에도 위구르족이 '테러리즘 위협'을 가하고 있다는, 다음과 같은 확신에 찬 주장으로 시작된다.

오랜 기간, 특히 1990년대 이후로 중국 영토 안팎에 존재하는 '동투르키스탄' 테러 단체들은 소위 '동투르키스탄'이라고 불리는 국가를 건설하겠다는 목적 아래에 신장위구르자치구 및 다른 몇몇 국가에서 폭탄 테러·암살·방화·무장 공격 등 일련의 폭력 사태들을 기획·설계하고 있다.[22]

이 서두에 이어 역사적 측면에서 위구르 민족자결운동의 기원을 간략하게 설명하는데, 신장위구르자치구가 위구르족의 고향이라는 주장을 반박하고 위구르 민족자결운동의 역사를 '국제테러리즘' 및 '이슬람 극단주의'와 연결시키는 내용이다. 먼저, 위구르 지역은 기원전 60년 이래로 중국의 일부였으며 위구르족은 전혀 '튀르크계' 민족이 아니라고 주장한다. 다음으로 '동투르키스탄'의 기치 아래 민족자결을 요구하는 위구르족들의 목소리는 중국을 쪼개고 약화시키기위한 국제적인 음모이며, 이후 이러한 목소리는 '이슬람 극단주의'와 '국제적인 테러리스트 네트워크'를 통해 급진적으로 나아갔다고 강변하고 있다.[23] 위구르족과 그 지역의 역사에 대한 이 공상적인 설명은 역사가들의 즉각적인 반박을 받았다. 하지만 이러한 설명은 중국이 소위 '3대 악'인 '분리주의', '극단주의', '테러리즘'을 서로 밀접하게 얽혀진 단일한 위협 요인으로 결합하는 것뿐만 아니라 위구르족들의 민족자결 요구에 '테러리즘'이라는 서사를 덮어씌우는 논리를 이해할 수 있게 하는 열쇠가 되는 것이었다.

이 두 번째 문건에서 중국의 가상적 역사 설명은 국제사회에서 별다른 주목을 받지 못했지만, 위구르족들이 저질렀다는 '테러 활동들'에 대한 (중국이 주장하는) 증거들을 수록한 다음 부분은 한 위구르족 단체가 국제사회에서 '테러리즘 위협'이라 공식적으로 낙인찍히는 데 결정적 역할을 하게 되었다. 이 부분은 "1990년에서 2001년까지, 중국 영토 안팎에 존재하는 '동투르키스탄' 테러 단체들은 신장 지역에서 일어난 200건 이상의 테러 사건에 책임이 있다. 이들 사건으로 모든 민족 집단을 통틀어 일선 관료와 종교인 포함 총 162명이 사망했으며, 440명 이상이 부상당했다"는 확신에 찬 주장이다.[24] 위구르족들이 저지른 사건들의 목록이 이어지는데, 이 목록에서 '폭탄 테러', '암살', '공안 및 정부 기관 공격', '독살 및 방화', '소요 사태 및 폭동 선동'으로 범주화하여 정리된 '테러 활동'의 대부분은 1990년대에 일어난 사건들이다.[25] 다른 소식통이나 정보원에서 나온 상세한 정보가 부족하기 때문에 이들 사건들 중 어떠한 것에 대해서도 발생 당시의 실제 상황이 어땠는지, 이 설명 자료에 기술된 대로 사건이 일어난 것이 맞는지, 그리고 이들 사건을 '테러리즘'으로 규정한 것이 정당한 것인지 알기 어렵다.

또한 중국 쪽 설명 자료를 액면 그대로 받아들인다 해도 이 사건들 중 이 책에서 사용하는 테러리즘에 대한 잠정적 정의를 만족시키는 사례는 극히 드물다. 이는 사건의 대부분이 민간인을 겨냥한 것이 아니거나 사전에 계획된 정치적 동기의 폭력 행위라는 요건을 충족하지 못하기 때문이다. '암살' 사건들의 경우 정부 관료들이나 종교 활동에 대한 규제 아래에서도 운영되는 국영 종교 시설에 근무하던 성직자들을 대상으로 한 것이라 전해지는데, 사전에 계획되었으며 정치적 동기에 따른 것이라 하더라도 이들 사건은 '테러리즘'보다는 게릴라전에 수반되는 활동에 더 가깝다고 보아야 한다. '공안 및 정부 기관 공격'이라 주장하는 사건들은 민간인을 대상으로 한 것이 아니라는 점이 명백하다. 1990년 바런 사건이나 1997년 굴자 사건 등 중국이 '소요 사태 및 폭동 선동'이라 주장하는 사건들도 '테러리즘'과 관련하여 납득할 수 있을 만한 어떠한 개념 정의에도 부합하지 못하는데, 이들 사건은 애초에 정부 정책에 항의하는 평화로운 시위로 시작했기 때문이다. '독살 및 방화'라 주장하는 사건들의 경우는 이를 '테러리즘'이라는 서사로 엮어나가는 데 필요한 정보가 너무나 적다. 중국 쪽 설명 자료를 액면 그대로 받아들인다 하더라도 이 책에서의 잠정적 정의에 따른 '테러리즘' 전술을 따른 것이라 볼 수 있는 유형으로는 그 자료에서 언급된 다섯 건의 연쇄 폭발 사건 정도다. '테러리즘' 전술이 사용된 것으로 보이고 사건에 대한 보고서도 있는 사례는 그중 두 건으로, 1992년과 1997년 우루무치에서 일어난 버스 폭발 사건이다. 하지만 어떤 단체도 이 두 사건을 저질렀다고 나서지 않았으며, 이들 사건으로 체포된 이들과 관련한 세부 사항에 대해서도 알려진 것이 거의 없다.[26]

1990년대에 위구르족이 저질렀다고 주장하는 폭력적 활동을 늘어놓은 그 목록이, 비록 부분적으로만 정확하다 하더라도, 당시 위구르족들 사이에서 쌓이고 있던 중국의 지배에 대한 분노를 보여주는 것임은 분명하다. 하지만 그 목록은 '테러리즘 위협'의 증거 또는 조직화된 군사적 위협의 증거를 제시하지는 못 한다. 설명 자료에서 강조한 폭력적 활동의 대부분은 중국의 지배에 반대하는 정치적 동기에서 사전에 계획한 활동이라기보다는 자연스럽게 터져나온 격분이나 개인적 원한을 해소하는 과정에서 일어난 것으로 보인다. 이들 중 몇 건은 위구르 지역의 해방을 추구하는 자칭 투사들이 벌인 것이었을 수 있지만, 민간인을 대상으로 삼았다는 점이 의심할 여지 없이 분명한 사례는 두 건뿐이다.

2001년 11월에 내놓은 첫 번째 설명 자료와 마찬가지로, 2002년 1월에 내놓은 두 번째 설명 자료에서도 과거의 폭력 사태들을 기술한 다음에는 이들 사건 모두 '동투르키스탄 테러 단체들'이라고 애매하게 표현된 세력이 저지른 일이며, 이들은 알카에다와 아프가니스탄 탈레반의 지원을 받는다는 주장이 이어진다. 하지만 몇 개월 전에 나온 첫 번째 문건과 달리, 두 번째 문건에서 중국은 '동투르키스탄 테러 단체들'이라는 모호한 조직과 관계된 해외의 위구르족 민족주의 단체들을 장황하게 나열하는 대신 '남아시아' 지부, 특히 아프가니스탄에서 활동 중이라는 동투르키스탄이슬람운동을 다루는 데 집중하고 있다.[27] 특히, 이 단체가 알카에다 및 오사마 빈 라덴과 맺고 있다는 긴밀한 관계를 보다 상세하게 설명하려 하고 있다. 2001년 말에 미국이 아프가니스탄에서 파키스탄으로 빠져나가려는 위구르족 몇몇을 잡아서 구금하고 있던 점을 감안한다면, 중국이 주장하는 동투르키스탄이슬람운동과 알카에다의 연계설에 대해 그럴 수도 있겠다고 본 미국의 입장에는 최소한 어느 정도 이유가 있기는 했다. 하지만 미국은 중국이 위구르족들에 대한 억압을 강화하기 위해 '테러와의 전쟁'을 좋은 기회로 활용하고 있다는 의혹도 강하게 품고 있었다.[28]

그 주장에 많은 허점이 있음에도, 이 두 번째 설명 자료는 이후 위구르족들의 운명에 결정적인 영향을 미치게 되었다. 국제적인 '테러리즘 위협'에는 위구르족의 역할이 있다는 허술한 서사가 전 세계로 퍼져 나가고, 오늘날까지도 '테러리즘' 전문가들에 의해 계속적으로 재생산되는 근거 문서가 되었기 때문이다. 하지만 이 문서가 나가고 나서 2002년이 지나기 전에 미국과 유엔이 동투르키스탄이슬람운동을 국제 '테러 단체'로 지정함으로써 중국의 주장을 공식적으로 인정하기 전까지는 이 문서가 그러한 방향으로 미치게 될 진정한 영향력이 완전하게 드러난 것이 아니었다.

동투르키스탄이슬람운동에 대한 국제사회의 낙인, '테러리즘 위협' 지정

중국 국무원 신문판공실이 위구르족들이 야기하는 '테러리즘 위협'에 맞서 싸우기 위한 국제사회의 지원을 요청하는 이 상세한 문건을 내놓은 그날, 일본 도쿄東京에서 열린 국제공여국회의에 참석한 중국 대표단은 미국이 주도하는 아프가니스탄의 재건을 위해 100만 달러 및 360만 달러에 상당하는 인도주의적 물품을 지원하겠다고 약속했다.[29] 당시 미국과 중국 간 양자 회담에서 논의된 사항에 대해 구체적으로 알려진 것은 거의 없지만, 중국은 위구르족이 '테러리즘 위협'을 야기한다는 점, 그리고 그들과 알카에다 간의 연계성을 미국이 인정하도록 하기 위해 '테러와의 전쟁'에 대한 지원을 그 지렛대로 사용하려 했을 것으로 추측된다. 2001년 말에서 2002년 사이에 나왔던 미국 관료들의 공식적인 발언에는 이 사안과 관련하여 그들이 받고 있던 중국 쪽의 압박이 명백하게 나타나지만, 애초에 미국 정부는 중국의 이러한 압박을 수용하지 않는 입장이었다.

2001년 10월 아시아태평양경제협력체APEC(Asia-Pacific Economic Cooperation) 주관 포럼에 참석한 부시 미국 대통령과 장쩌민 중국공산당 총서기는 별도의 회동을 가지고 "테러리즘과 맞서 싸우는 데에 교류 협력을 위한 방편과 장기적인 쌍무적 메커니즘을 구성하기로 합의"했다.[30] 그러나 이 포럼에서 부시는 중국이 '테러와의 전쟁'을 '소수자를 박해하는 구실'로 삼으려 해서는 안된다는 발언도 했는데, 이는 특히 위구르족에 대한 중국의 처우를 겨냥한 발언임이 명백했다.[31] 이어서 미국 국무부의 대테러 조정관 프랜시스 테일러 순회대사가 중국과의 대테러 정책 협력과 관련한 대화를 위해 2001년 12월 베이징을 방문했다.[32] 회담은 전반적으로 성과가 있었지만, 위구르족 저항 세력을 '테러리즘 위협'으로 인정할 것인지에 대해서는 입장 차를 좁히지 못했다.

베이징에서의 기자회견에서 테일러 순회대사는 미군이 '중국 서부 출신 중국인들'을 아프가니스탄에서 발견했음을 인정했지만, "미국은 그 동투르키스탄 단체를 테러 단체로 지정하지 않았으며 그렇게 간주하고 있지 않음"을 단호하게 밝히면서 "중국 서북부의 주민들과 관련한 적절한 경제적·사회적 이슈가 반드시 대테러 정책과 관련되어야 할 이슈는 아니며, 이 문제는 대테러 정책을 통하기보다는 정치적으로 해결되어야 한다"고 덧붙였다.[33] 2002년 3월 민주주의·인권·노동 담당 차관보 론 크래너는 중국 인권에 관한 미국 국무부의 보고서를 소개하는 자리에서 중국은 "내가 알고 있는 바에 따르면, (신장 지역에서) 자유를 옹호하는 모든 이에게 테러리스트라는 라벨을 붙여왔다. 우리는 그러한 처사가 옳지 않다고 생각한다"면서 이 점을 반복하여 강조했다.[34]

그러나 2002년 8월에 위구르족이 야기한다는 '테러리즘 위협'과 관련하여 미국 정부가 발표한 공식 성명에서는 무언가가 변한 것이 있는 듯 보였다. 2002년 8월 19일, 국무부 부副장관 리처드 아미티지는 동투르키스탄이슬람운동을 국제 '테러 단체'이자 미국에 대한 위협으로 인정하는 문건을 입안했다. 연방정부 공보公報에는 다음과 같이 게재되었다. "이로써 동투르키스탄이슬람운동은 미국 시민들의 안전 혹은 미국의 국가적 안보와 외교 정책, 경제를 위협하는 테러 행위를 저질러 왔거나 저지를 중대한 위험을 야기하는 단체라는 정부 입장을 결정한다."[35] 8월 26일 베이징에서의 기자회견에서 이와 같은 정책적 변화를 발표하면서, 그는 동투르키스탄이슬람운동은 "부상자들을 전혀 개의치 않고 비무장 민간인들을 대상으로 폭력적 행위들을 저질러" 왔다고 언급했다.[36]

그로부터 이틀 후, 동투르키스탄이슬람운동이 오사마 빈 라덴과 협력하여 미국의 시설물들에 대한 공격을 계획해왔으며 공격 대상에는 키르기스스탄 주재 미국 대사관도 포함되어 있다는 베이징의 미국 대사관 대변인의 충격적인 발표가 뒤따랐다.[37] 이 대변인은 동투르키스탄이슬람운동이 중국에서 벌인 폭탄 테러, 암살, 방화 등 200건 이상의 테러 공격으로 최소한 사망자 162명과 부상자 440명이 발생했다고 덧붙였다.[38] 이 발표를 취재한 『워싱턴 포스트 *Washington Post*』의 기자가 지적하듯이, 언급된 수치들은 분명히 그해 1월 중국 국무원 신문판공실에서 내놓은 문건에서 그대로 따온 것이었다.[39] 하지만 미국 대사관 대변인의 발표와 중국 쪽 설명 자료 사이에는 중요한 차이점이 하나 있었다. 중국 쪽 문건에서는 사상자 발생이 위구르족 단체들의 소행이며 이들 단체들은 모두 '동투르키스탄 테러 단체들'이라는 모호한 조직의 일부라고 주장하는 반면, 미국 대사관 대변인은 모든 피해가 전적으로 동투르키스탄이슬람운동이라는, 가장 덜 알려진 단체의 책임으로 돌렸다는 점이다.[40] 이 실수는 1990년대에 위구르족들이 중국에서 저질렀다고 하는 모든 폭력 사건이 동투르키스탄이슬람운동이라는 단체가 일으킨 것으로 지속적으로 이야기되고, 이 잘못된 서사를 중국은 물론 국제적 '테러리즘' 전문가들이 재생산하면서 이 조직에 대한 전반적인 인상을 규정하는 출발점이 되었다.

　　2002년 3월에서 8월 사이에 위구르족이 '테러리즘 위협'에 연루되어 있다는 중국의 주장을 미국이 갑작스럽게 지지하도록 촉발시킨 요인이 무엇인지는 명확하지 않았다. 이에 대해 미국의 관료들은 동투르키스탄이슬람운동이라는 단체의 성격과 관련하여 미공개된 기밀 정보를 언급하긴 했지만 명확한 설명은 아니었다. 예를 들어, 2002년 12월 초에 국무부 동아시아태평양담당 차관보 제임스 켈리는 이 단체를 '테러 단체'로 지정한 것과 관련하여, 같은 해 여름에 내려진 이와 같은 정부의 결정은 "중국에 대한 양보가 아니라, 이 단체가 알카에다와 연결되어 있으며 의도적으로 비무장 민간인들을 겨냥한 폭력 활동에 가담해왔다는 독립적인 증거들에 기반한 것"이라 방어했다.[41] 그로부터 7년 후, 동투르키스탄이슬람운동을 '테러 단체'로 지정한 근거로 삼은 증거가 무엇인지 묻는 의회 청문회에서 2002년 당시 국무부 동아시아태평양담당 부장관이었던 랜들 슈라이버도 마찬가지로, 중국이 제공한 정보 외에도 이 조직이 테러 활동에 가담했다는 신빙성 있는 증거들이 있다고 주장하면서도 '기밀로 분류'되어 있으므로 이들 증거는 공개할 수 없다고 덧붙였다.[42] 이 '신빙성 있는 증거'라는 것이 과연 존재한다면, 아마도 오늘날에도 기밀로 남아 있을 것이다.

위구르와 관련한 미국의 정책을 바꾸는 데 영향을 미쳤다는 그 '신빙성 있다는 증거'를 확보할 수 있을 많은 사건이 2002년 내내 일어났다. 2002년 초에 미국은 이미 관타나모 수용소에 위구르족 22명을 구금하고 있었고, 이들로부터 얻은 첩보가 동투르키스탄이슬람운동을 '테러 단체'로 지정하도록 미국의 태도를 변화시켰을 수 있다. 이에 더하여, 이 조직이 키르기스스탄 주재 미국 대사관을 공격하려는 음모를 꾸몄다는 혐의가 미국의 그러한 결정에 작용했을 수도 있다. 하지만 미국이 기존의 정책을 180도 전환하는 데 이와 같은 정황이 작용했던 것으로는 보이지 않는다. 훗날 공개된 관타나모 수용소의 위구르족 수감자들을 심문한 녹취록에 따르면 이들 위구르족 집단이 알카에다나 탈레반과 연계되어 있다는 증거가 없었고, 결국 미국 정부는 이들 모두를 석방했다.[43] 또한 동투르키스탄이슬람운동이 비슈케크(키르기스스탄의 수도)의 미국 대사를 공격할 계획이었다는 주장에도 많은 허점이 있다. 그러한 공격 계획이 있었다고 발표한 것은 비슈케크의 키르기스스탄 주재 미국 대사가 아니라 베이징의 중국 주재 미국 대사였으며, 이 단체가 미국에 대한 공격을 계획했다는 증거라면서 키르기스스탄 당국이 제시한 것은 범행을 계획하던 위구르족들이 자국에 주재한 모든 외교 공관의 지도를 가지고 있었다는 것뿐이었다.[44] 미국을 공격하려는 알카에다의 음모가 전쟁 행위로 인지되는 상황임에도 이 뉴스가 금방 사라져버렸다는 것을 감안한다면, 이 단체가 미국 대사를 공격할 음모를 꾸몄다는 증거는 그 신빙성이 매우 희박하다.

미국이 동투르키스탄이슬람운동을 '테러 단체'로 지정하기로 한 결정은 '테러와의 전쟁'에 대한 중국의 지원을 더 얻어내기 위한 필요성에서 나왔을 가능성이 높다. 특히, 2002년 8월에 미국은 이라크를 침공하는 데 국제적 지원을 확보하는 방안에 대해서 심사숙고하고 있었다. 2002년 1월 이라크를 '테러와의 전쟁'에 끌어들이는 그 유명한 '악의 축' 연설을 한 부시 대통령은, 당시 국무부 장관이던 콜린 파월에 따르면, 2002년 초여름에 이미 이라크 침공 방안에 대한 군사적인 조언을 받고 있었다.[45] 또한 동투르키스탄이슬람운동을 '테러 단체'로 지정하고 나서 불과 몇 주 후에 부시 대통령은 유엔 총회에 앞서 이라크를 비난하는 열변을 토하면서 미국은 (중국이 상임이사국으로 있는) 유엔 안보리와 긴밀하게 협력할 것이라고 발표했다. 따라서, 미국이 이 단체를 '테러 단체'로 지정함으로써 이라크에 대한 공격을 승인하는 유엔 안보리 결의안을 채택하는 데에 중국의 동의를 얻어낼 수 있었을 것이라는 추측이 당시 『뉴욕 타임스*New York Times*』와 『워싱턴 포스트』 기사에서 나오고 있었다.[46] 이 단체에 대한 미국의 '테러 단체' 지정이 이라크 침공에 대한 중국의 지지 혹은 공모共謀에 대한 보상quid pro quo 차원에서 이루어진 것이라는 구체적인 증거는 없지만, 유엔 안보리에서 중국이 미국의 이라크 공격을 저지하기 위한 결의안을 내놓지 않았다는 사실은 주목할 만하다.

미국이 오직 중국과의 쌍무적 관계에서만 동투르키스탄이슬람운동을 '테러 단체'로 지정한 것이 아니라 여러 국가와의 활동에 적극적으로 참여함으로써 유엔을 그러한 방향으로 끌어가려 했다는 점도 주목해야 할 중요한 측면이다. 9·11 테러 1주기인 2002년 9월 11일 미국은 유엔 안보리 결의안 제1267호 및 제1390호에 따른 '테러 단체'로서 동투르키스탄이슬람운동에 제재 조치를 취해줄 것을 키르기스스탄, 아프가니스탄, 중국과 공동으로 유엔에 요청했다.[47] 이 단체가 유엔 안보리 '통합 목록'에 등재될 즈음에 미국 재무부는 언론에 이를 환영하는 공식 성명을 내면서 동투르키스탄이슬람운동은 200건 이상의 테러 공격과 162명의 사망자 및 440명 이상의 부상자를 발생시킨 책임이 있다고 재차 강조했는데, 중국 쪽 문건에서 주장한 수치를 직접 받아 쓴 것은 다수의 위구르족 단체가 저질렀다는 사건들의 성격을 보여주기 위한 의도였다.[48]

이렇게 하여 '테러와의 전쟁'이 시작된 지 1년 만에 중국은 미국과 유엔의 지지 아래 최소한 한 개의 소규모 위구르족 단체를 이 전쟁에 참가하는 국가들이 겨냥해야 할 목표물로 삼도록 하는 데 성공했다. 게다가, 동투르키스탄이슬람운동이 오늘날까지도 유엔 안보리의 '테러리스트' 관련 '통합 목록'은 물론 미국의 '해외 테러리스트 입국 금지 명단TEL(US Terrorist Exclusion List)'에도 올라가 있으므로, 거의 20년 동안 이 단체가 이들 목록에 올라간 과정이 미심쩍음에도 불구하고 이 단체에 가해진 제재 조치들은 유효한 것이다.* 이 사건은 2002년 이후 모든 위구르족에게 커다란 파장을 불러일으켰으며, 위구르족에 대한 대규모 구금 혹은 감금을 중대한 '테러리즘 위협'에 대한 적절한 대응책이라 주장하는 중국의 행태에서 볼 수 있듯이, 그들을 끊임없이 괴롭히고 있다. 이 '테러 집단' 지정이라는 행위로 위구르족이라는 민족 집단 전체가 고통받게 되었다고 하는 이유는, 세계 도처의 모든 위구르족 지원 단체가 단일의 '테러리스트 네트워크'를 구성하는 일부라는 중국의 주장을 미국과 유엔이 받아들이지 않는다 하더라도, 동투르키스탄이슬람운동이 '테러 단체'로 지정되면서 중국은 사실상 어떤 위구르족 단체나 개인에게도 자의적으로 이 단체의 연합 조직 또는 구성원이라는 라벨을 붙일 수 있게 되었으며 결국 모든 위구르족이 그 조직의 잠재적인 구성원 혹은 동조자라는 혐의를 받는 처지로 전락했기 때문이다.

예를 들어, 2003년 12월 최초로 공식적인 '테러리스트' 명단을 발표한 중국은 독일에서 활동하던 위구르족 지원 단체 두 곳이 동투르키스탄이슬람운동과 연계된 조직이라 주장하면서 이들 조직과 그 지도부를 명단에 포함시켰다.[49] 그 결과, 당시 독일에서 활동하다 중국의 '테러리스트' 명단에 올라간 이들 중 하나였던 세계위구르회

---

* 이 책이 발간된 이후인 2020년 11월에 미국 정부는 "이 조직이 존재한다고 믿을 만한 결정적 증거가 있지 않음"을 이유로 동투르키스탄이슬람운동을 이 명단에서 삭제했다.

의WUC(World Uyghur Congress) 의장 돌쿤 이사에게는 미국을 포함하여 해외 이동에 중대한 제한이 가해지는 인터폴 '적색 수배'가 내려졌고, 이 수배는 2018년에야 해제되었다.[50] 관타나모 수용소의 위구르족 22명도 결국에는 전원이 석방되었지만, 미군이 이들과 동투르키스탄이슬람운동 '테러 단체'라는 허깨비 사이의 연계성을 찾느라 '적 전투원enemy combatants' 혐의로 구금되어 수년을 보내야 했다. 하지만 동투르키스탄이슬람운동이 국제적으로 '테러 단체'로 인정됨에 따라 대다수의 위구르족이 겪었던 가장 심각한 피해는 중국의 위구르족 공동체 내부에 지속적이고도 위험한 '테러리즘 위협'이 존재한다는 중국의 주장이 국제사회에서 그럴듯하게 받아들여지는 서사가 되었다는 점이다. 이 단체가 위구르 지역에서도 활동하고 있다고 주장함으로써 중국은 저항하는 위구르족들에 대한, 궁극적으로는 위구르 문화에 대한 폭력적인 억압을 거의 20년 가까이 '대테러 정책(혹은 활동)'이라는 이름으로 정당화해온 것이다. 미국과 유엔 안보리의 '테러리즘' 명단에 2002년 동투르키스탄이슬람운동이 등재된 것이 국제 무대에서 중국의 주장이 그럴듯한 서사로 자리를 잡는 데 도움을 주었다면, 이 단체가 해외에 근거지를 두고 있지만 위구르 지역에도 조직원이 있으며 긴 역사를 지닌 응집력 있는 조직cohesive organization이라고 묘사한 허점투성이 문헌들을 생산하며 그러한 서사를 지속시킨 것은 '테러리즘' 분석가라는 이들의 업적이었다.

낙인찍기의 지속과 정당화

동투르키스탄이슬람운동이 '테러 단체'로 미국과 유엔의 '명단'에 올라간 2002년 이후 이 단체가 '테러리즘' 전문가들의 분석 대상이 되는 것은 피할 수 없는 일이었다. 9·11 테러 발생 후 1년 사이에 미국과 유럽에서 그러한 전문가들이 기하급수적으로 늘어났다. 이들의 역할은 '테러와의 전쟁'이 시작된 이후에 식별된 많은 '테러 단체'에 대한 배경지식 및 최신 정보를 제공하는 것이었다. 학계, 정보기관, 정책 공동체policy community*, 군 등 다양한 분야에서 이들 전문가가 충원되었으며, 싱크탱크와 컨설팅 회사는 물론 대학에서도 전문가가 배출되었다.

많은 논란 가운데 미국과 유엔의 테러 단체 '명단'에 동투르키스탄 이슬람운동이 등재된 이후 이 단체가 '테러 단체'라는 서사가 지속되는 데는 이들 '테러리즘' 전문가들이 결정적인 역할을 했다. 의도하지는 않았겠지만, 이들 전문가들이 만들어낸 응집력 있는 집단으로서의 동투르키스탄이슬람운동의 역사와 성격은 이 단체가 야기한다는 '테러리즘 위협'에 대한, 그리고 특히 중국 내부에 존재한다는 그러한 위협 요인에 대한 부정확하고 추측에 기반한 정보들로 가득 찬 것이었다. 위구르족의 역사와 문화, 특히 언어에 대한 지식이 부족한 점, 정보를 구하려 해도 이 단체에 대해서는 스스로 내놓는 선전물

---

* 특정 정책 분야의 전문성을 지닌 사람 즉 고위 관료나 학자, 연구원, 이익 집단 및 시민 단체, 정치인, 기자 등이 공식적·비공식적 접촉을 통해 만든 전문가 집단으로, 정책 목표 및 인과(因果)에 관한 기본 신념을 공유하면서 정책 과정에서 지식을 제공하거나 담론을 형성한다.

외에는 접근이 불가능했던 점, 그리고 새롭게 배출된 이 전문가들이 '테러 단체' 및 이런 단체가 야기하는 위협이 있어야 기존의 이익을 계속 누릴 수 있는 거대한 '대테러 산업복합체counterterrorism industrial complex'에 속해 있던 점 등 이들 전문가의 분석에서 정보가 부정확한 데에는 여러 가지 이유가 있었다.[51] 이들 '테러리즘' 전문가가 내놓은 작품들은 동투르키스탄이슬람운동이 중국과 세계에 '테러리즘 위협'을 야기한다는 서사가 '테러와의 전쟁' 첫 10년 동안 유지되도록 하는 데 결정적인 역할을 했다. 하지만 그러한 위협 요인이 이 기간 중에는 사실상 존재하지 않았다.

동투르키스탄이슬람운동과 관련한 초기 문헌 자료들: 추측과 그에 대한 비판

2002년 9월 미국과 유엔이 동투르키스탄이슬람운동을 '테러 단체' 목록에 올려놓은 사건의 즉각적인 여파로, 많은 분석가와 학계 인사는 이 단체가 가한다는 위협이 얼마나 유효한지 평가하고 이 단체의 성격을 정책 당국과 일반 대중들에게 설명하느라 부산을 떨었다. 하지만 이 단체에 대한 신빙성 있는 정보의 부족은 그들의 작업이 매우 도전적인 것일 수밖에 없게 했다. 2001년 이전에는 영어든 중국어로든 이 단체에 대해 공식적으로 언급한 자료가 없었으며, 필자가 아는 바로는, 세계 각지의 위구르 연구자들도 2001년 11월 중국이 앞에서 언급한 첫 번째 설명 자료를 내놓기 전에는 이 단체에 대해 들어본 적조차 없었다.[52] 게다가 이 단체를 분석하겠다고 나선 전문가들 중에는 위구르어를 아는 사람이 없었고, 그나마 중국어를 알고 위구르족의 문화와 역사에 대한 지식이 있던 이들도 그중 일부에 불과했다. 따라서 이 전문가들이 동투르키스탄이슬람운동에 대한 정보를 구하기 위해 의존할 수 있었던 취재원은 이 단체를 미국과 유엔의 '테러 단체' 목록에 등재하려고 한창 바쁘게 움직이던 기간에 중국이 내놓았던 설명 자료나 성명, 위구르족들의 호전성을 소재로 1990년대 말부터 나오기 시작한 몇 건의 선정적인 언론 보도 (이 역시 대부분 중국 정부의 공식 성명을 바탕으로 작성된 것이다), 그리고 위구르족들이 아프가니스탄의 알카에다와 어떻게 연계되었는가에 대한 순전한 추측 정도였다. 이처럼 최초에 이 단체를 분석한 문헌 자료들이 의존했던 정보의 취재원들이 그다지 신뢰할 만한 것이 아니었음에도, 이를 근거로 작성된 초기의 분석 자료들은 이후에도 이 단체에 대한 성격을 규정하는 작업의 기초가 되었다.

2002년 '테러 단체'로 지정된 이후 이 단체를 최초로 분석한 자료들은 미국외교협회CFR(Council on Foreign Relations)와 국방정보센터 CDI(Center for Defense Information) 같은 저명한 싱크탱크의 홈페이지에서 찾아볼 수 있다.[53] 이 단체의 성격을 규정하면서 이들 기관의 분석 자료들은 이 단체가 그럴만한 역량을 갖추고 있는지 여부와 이 단체를 '테러 단체'로 지정한 것이 적절한 조치인지 여부에 신중하게 접근하고 있지만, 결국은 이 단체가 독립을 추구하는 가장 크고 '가장 극단적'이며 '가장 전투적인' 위구르족 단체 중 하나로서 중국에서 오랜 기간 활동해온 것으로 추정하고 있다.[54] 중국에 대한 '테러리즘 위협'을 주제로 한, 2002년 10월 공개된 미국 의회조사국 CRS(Congressional Research Services) 보고서 역시 신뢰할 만한 자료가 부족하다며 동투르키스탄이슬람운동 및 다른 위구르족 무장 단체들에 대해서 "이들 단체에 대한 확실한 정보를 구하기 힘들고 혼란스러운 경우가 빈번함"을 솔직히 인정하면서도, 이 단체들이 계속 활동하고 있으며 중국 내부에서 벌어지는 폭력 사태들에 개입하고 있다는 결론을 내놓았다.[55]

동투르키스탄이슬람운동에 대한 지식을 만들어내는 데 앞서 언급한 보고서나 싱크탱크들의 분석보다 훨씬 더 큰 영향을 미친 것은, 많은 논란을 불러일으킨 싱가포르의 '테러리즘 전문가' 로한 구나라트나Rohan Gunaratna가 2002년에 내놓은 알카에다에 관한 책일 것이다.[56] 이 '베스트셀러'에서 그는 동투르키스탄이슬람운동 및 위구르족들이 야기한다는 '테러리즘 위협'이 진화해온 과정에 대해서 세 페이지에 걸쳐 설명하는데, 분량이 많지 않아 중국 정부가 내놓은 문건들을 직접 인용하지는 않지만 중국 쪽의 담론은 그대로 받아들이고 있다. 가령, 근거로 삼은 정보의 출처도 언급하지 않은 채 "오늘날 신장 지역에서 독립을 위해 싸우는 몇몇 이슬람 단체가 있고, 다른 단체들은 파키스탄, 카자흐스탄, 키르기스스탄 및 독일에서 세력을 키우며 투쟁을 위한 자금을 조달하고 있다"고 자신 있게 적시하고 있는 것이다.[57] 또한 이러한 활동 양상은 위구르족들의 정치적 목적이 민족주의 운동에서 명백하게 '범이슬람주의'로 옮겨가는 본질적 변화상을 반영하고 있다는 것이 그의 주장이다. 여기서 더 나아가 그는, 또다시 구체적인 취재원을 밝히지 않은 채, "이슬람 학습과 군사 훈련을 목적으로 중국의 무슬림들이 기존의 협력망을 통해서 파키스탄과 아프가니스탄으로 입국하는 현상이 1990년대에 매우 빈번했다"고 지적했다.[58]

위구르족들이 야기한다는 '테러리즘 위협'이 발전해온 과정을 역사적으로 설명하는 부분에서 그는 위구르족들의 독립운동은 중국의 문화대혁명 시기에 시작되었으며 훗날 아프가니스탄의 동투르키스탄이슬람운동이 되는 동투르키스탄이슬람당으로 굳어지기까지 위구르스탄인민당Uyghurstan People's Party부터 동투르키스탄당East Turkistan Party에 이르기까지 다양한 명칭을 사용했다고 하는데, 필자가 보기에 그는 위구르족들의 독립운동을 '테러리스트 활동'과 동일시하는 듯하다. 또한 이들 단체가 아프가니스탄에 정착하고 결국 알카에다와 연결되는 과정을 설명하기 위해서, 그는 1980년대에 소련과 싸우고 있던 무자히딘mujahidin*을 지원하기 위해 중국 정부가 위구르족들을 훈련시켰다는 검증되지 않은 이야기까지 동원하고 있다. 구나라트나의 책에서 동투르키스탄이슬람운동을 다룬 부분은 간략하고 인용한 정보의 출처도 모호하고 구체적이지 않지만, 중요한 것은 알카에다를 다룬 베스트셀러 서적에서 이 단체를 언급했다는 점이다.[59] 그 결과, 이 단체를 이해하려는 목적으로 이후에 생산된 여러 문헌 자료에 그의 주장이 실리게 되면서, 오랜 역사를 가진 이 단체가 국제 안보에 중대한 위협이 되는 조직이며 초국가적인 지하드jihad** 네트워크와 깊은 연대를 맺고 있다는 서사는 계속 생명력을 유지하게 되었다.

2003년 저명한 범죄학 저널에 실린 한 학술 논문은 구나라트나의 책이 이후 '테러리즘' 전문가들이 특히 법 집행law enforcement***

---

* 1979년 소련이 아프가니스탄을 침공하여 기존의 공산 정권을 무너뜨리고 친소(親蘇) 정권을 수립할 당시 이에 저항한 아프가니스탄의 반군 게릴라 단체. 좁게는 아프가니스탄의 반군을 의미하지만 넓게는 아프가니스탄뿐만 아니라 이슬람 국가들의 반정부 단체나 무장 게릴라 조직을 통칭하기도 한다.
** 무슬림이 이슬람교를 전파하거나 방어하기 위해 벌이는 이교도와의 투쟁을 의미한다.

분야에서 동투르키스탄이슬람운동의 특성을 규정하는 틀을 갖추는 데 어떻게 도움을 주었는가를 분명하게 보여준다. 구나라트나를 두드러지게 인용하고 앞서 언급한 중국 정부의 설명 자료를 그대로 받아들이는 이 논문에서 중국에서 실시한 '중국 정법대학政法大學 형사사법학원刑事司法學院 교수진'과 인터뷰한 것을 근거로 중국 쪽 주장을 보강하고 있다.[60] 논문은 이 조직이 '테러 단체'로 간주되어야 하는 이유를 '범죄심리학'의 맥락에서 설명하는 데 많은 부분을 할애하고 있지만, 그러한 설명 역시 이 단체와 관련하여 중국이 제시하는 미심쩍은 증거들에 전적으로 기반을 두고 있다. 이에 더하여, 중국 쪽 문건에서 '동투르키스탄 테러 단체들'이라는 모호한 조직의 일부라 했던 다른 단체들이 실제로 동투르키스탄이슬람운동의 하부 조직이라 주장하는 등 문헌 인용에 혼동을 주는 부분들이 많아, 이는 연구가 엉성하게 되었음을 보여주고 있다.

하지만 이와 같은 주장들을 반박하는 지역학 전문가들의 담론도 같은 시기에 생겨났다. 예컨대, 워싱턴에 있는 싱크탱크 이스트웨스트센터East-West Center가 2004년 발간한 보고서에서 밀워드는 1990년대 위구르 지역에서 일어났던 폭력 사태들을 비판적으로 분석하면서 이 지역이 '테러리즘 위협'에 직면해 있다는 주장의 타당성에 의문을 제기했다.[61] 위구르족에 대한 지식이 있고 외부의 이슬람 세계와 그들 사이의 연계가 극히 미미하다는 점을 알고 있던 다른 학

***국가가 조직적 체계와 방법에 따라 위법 행위를 저지른 자를 수사·체포·처벌·교정하는 것이다. '법 집행기관'은 대개 경찰을 가리키지만, 미국의 연방수사국(FBI)이나 국경 경비대, 세관, 그리고 법원이나 교도소도 넓은 의미의 법 집행기관이다.

자들도 중국이 위구르족들을 '테러리즘 위협' 요인으로 묘사하는 것은 지나친 과장이라고 거들었다.[62] 보다 대중적인 매체에 기고한 연구자들 또한 이라크 침공에 대한 중국의 지지를 얻기 위한 계산된 행보임을 넌지시 비추면서 동투르키스탄이슬람운동을 '테러 단체'로 지정한 부시 행정부의 결정에 의문을 제기했다.[63]

동투르키스탄이슬람운동에 대한 중국의 주장과 이에 동조한 미국 정부의 '테러 단체' 지정을 반박하는 반론이 나오면서 이로 인해 위구르족에 대한 미국의 대외 정책 기조는 약간 누그러졌지만, 법 집행 기관들과 군에서는 여전히 위구르족이 '테러리즘 위협'을 야기한다고 보고 있었다. 가까이에서 겪은 사례를 소개하자면 당시 뉴욕주 보호관찰관으로 근무하던 필자의 어머니가 2000년대 초에 받았던 연방수사국FBI 주관 훈련에서 위구르족은 미국에 대한 잠재적 '테러리즘 위협 요인'이며, 동투르키스탄이슬람운동은 확실히 알카에다의 테러리즘 네트워크를 구성하는 일부라 규정했다고 한다. 나의 어머니가 훈련 요원에게 아들(필자)이 위구르 연구자라고 하자, 위구르족들은 '악당bad guys'이니 아들에게 조심하라고 주의를 주라는 말을 들었다고 한다.

동투르키스탄이슬람운동에 대한 서사가 지닌 이와 같은 논쟁적인 성격은 '테러와의 전쟁'이 벌어지는 현장에서 나오는 상충되는 정보들로 인해 더욱 심화되었다. 관타나모 수용소의 위구르족 22명은 적 전투원이라는 혐의로 구금되어 있었지만, 2004년에 이르러서는 최소한 이들 중 12명에게 그러한 혐의를 씌우는 것에 대해서 다수의 미군 인사도 심각한 의구심을 가지게 되었다는 정보가 나오고 있었다.[64] 또한 2003년 12월에는 파키스탄군이 같은 해 10월 파키스탄

북서부에서 동투르키스탄이슬람운동 지도자 하산 마흐숨을 사살했다는 보도가 나왔다.[65] 그가 사살되면서 이제 이 단체에 무엇이 남아 있는지가 불투명해졌으며, 유엔과 미국이 '테러 단체'로 지정한 이래 중국이나 아프가니스탄 중 어떤 곳에서도 이 단체가 군사 활동을 해왔다는 증거는 없었다.

이와 같은 상황에서 2005년에 이르자 미국과 유럽에서는 위구르족이 '테러리즘 위협'을 가한다는 최초의 서사가 정책적 논의와 학술적 담론 모두에서 점차 사라져가고 있었다. '테러 집단'에 대한 각양각색의 자체적인 분석 결과들을 제공했던 싱크탱크들은 여전히 동투르키스탄이슬람운동이 '테러 단체'라는 입장을 유지했으나 이 단체가 중국과 나머지 세계에 가하는 위협의 심각성과 관련해서는 기존에 평가했던 수준보다 낮은 것으로 보고 있었다.[66] 2006년 미국이 관타나모 수용소에 수감되어 있던 위구르족 다섯 명을 알바니아로 보내면서 그러한 추세는 더욱 가시화되었다.[67] 미국은 이들이 '적 전투원'이 아니라 판단하여 석방하지만, 고문과 수감, 그리고 혹은 처형이 기다리고 있을 중국으로 송환해서는 안된다고 결정한 것이다. 이들의 운명은 대중매체에서 동투르키스탄이슬람운동을 '테러 단체'라고 지정한 정치적 성격에 대한 논쟁에 다시 불을 붙이고, 더 나아가서는 '테러와의 전쟁'에서 이 단체를 공격 대상으로 삼는 것이 타당한지 의문을 제기하도록 하는 계기가 되었다.

투르키스탄이슬람당,
그리고 동투르키스탄이슬람운동 서사의 부활

위구르족에게 붙었던 '테러리즘 위협'이라는 라벨이 서구 국가들에서는 호소력을 잃어가는 듯하던 2004년, 일견 새로워 보이는 위구르족 무장 단체가 인터넷을 통해 국제적으로 이름을 알리게 되었다. 하산 마흐숨의 동투르키스탄이슬람운동은 자체 웹사이트가 없고 인터넷에 영상물이나 성명을 올리지도 않았지만, 이 새 단체는 그러한 활동을 위한 자산을 갖추고 있는 것 같았다. 이 조직은 스스로를 투르키스탄이슬람당TIP(Turkistan Islamic Party)이라 칭했지만, 2004년 5월경에 공개한 첫 번째 영상물은 아랍어로 제작된 동투르키스탄이슬람운동의 창시자 하산 마흐숨의 일대기였다.[68] 이 영상물에서는 투르키스탄이슬람당의 홈페이지로 짐작되는 웹사이트 주소(www.tipislamawazi.com)도 나와 있었다. 이 웹사이트와 하산 마흐숨의 일대기를 담은 영상물에 따르면, 투르키스탄이슬람당은 동투르키스탄이슬람운동의 새로운 이름이고 이 이름으로 단체명이 바뀐 것은 그가 사망하기 전인 2000년의 일이었다.[69]

이 단체의 홈페이지와 하산 마흐숨이 남긴 유산을 찬양하는 내용의 영상물 한 편만으로는 국제적인 주목을 받는 데 충분치 않았으나, 2006년 동투르키스탄에서의 지하드를 촉구하는 내용의 또 다른 영상물이 인터넷에 올라오면서 상황이 달라졌다. 시리아 출신의 스페인 시민권자이자 유명한 지하디스트인 아부 무사브 알수리의 추종자들이 제작한 것으로 보이는 이 영상물은 위구르어와 아랍어로 되어 있었다. 여기서는 투르키스탄이슬람당이라는 명칭을 사용하지 않았지만, 화면의 오른쪽 상단에는 라틴문자와 아랍문자로 도안한 '투르키스탄Turkistan' 명칭과 로고가 있었다.[70] 지하드를 촉구하는 것 외에도, 이 영상물은 이슬람 '테러리스트' 집단과의 소통을 기대하는 외부의 관찰자들 대부분을 시각적으로 만족시켜주었다. 샤하다

Shahadah*가 새겨진 검은 깃발을 배경으로 터번을 두르고 얼굴을 가린 위구르족들이 AK-47 자동소총을 휘두르는 모습이 촬영되었으며, 그들의 말은 아랍어로 더빙되어 있었다.

2004년에서 2006년 사이에 벌어진 이러한 상황의 전개는 위구르족이 야기한다는 '테러리즘 위협'에 대해서 세계 각국의 '테러리즘' 전문가들이 적어도 경계심 섞인 관심을 다시 한번 가지게 했지만, 2006년 당시에 이 위협이 어느 정도인지에 대해서는 이들 전문가들 사이에서도 입장이 상당히 엇갈렸다. 위협의 정도에 대한 전문가들의 견해 차이는 이 문제를 테러리즘 관련 특별 이슈로 다룬 2006년도 『계간 중국 및 유라시아 포럼China and Eurasia Forum Quarterly』에 잘 나타나 있다.[71] 이 주제를 다룬 네 편의 논문 중에서 위구르족에 대해 잘 알고 있는 연구자들의 논문 두 편에서는 중국이 동투르키스탄이슬람운동의 역량을 과장하고 있음을 역설하며 이 조직이 야기하는 위협이 무시할 만한 수준이라는 입장을 명확히 했던 반면, 중국 연구자가 작성한 논문 한 편과 구나라트나와 케네스 페레르Kenneth Pereire가 함께 쓴 논문 한 편에서는 동투르키스탄이슬람운동이 알카에다와 긴밀하게 연계되어 있으며 중국에 대한 가장 중대한 안보 위협 요인들 중 하나라고 주장한다.[72] 앞서 언급된 아부 무사브 알수리 관련 영상물에 대해 폭넓게 다루는 구나라트나와 페레르가 함께 쓴 논문은 여기서 더 나아가서, 이 단체가 머지않아 중국 내에서 자살 폭탄 방식을 도입하고 위구르족과 중국의 갈등을 '이슬

---

* 무슬림의 신앙고백으로, "하나님 외에 다른 신은 없으며, 무함마드는 그분의 사도다"라는 문장이다. 사우디아라비아 등 일부 이슬람 국가의 국기에도 사용된다.

람화'하는 선봉이 될 것이라 예상하면서 2002년 출간한 구나라트나의 알카에다 관련 책에 썼던 동투르키스탄이슬람운동 공포론을 다시 꺼내들었다.[73]

위구르 지역학 전문가들이 동투르키스탄이슬람운동의 중요성 혹은 그 존재 여부에 대해 계속 의문을 제기하고 있었으나, 쏟아져 나오는 이 단체에 대한 자료들에서는 여전히 공포론적 견해가 우세했다. 구나라트나와 앞서 언급한 논문을 같이 쓴 페레르는 같은 해 싱가포르의 싱크탱크에도 이 단체를 다룬 보고서를 제출했는데, 여기서 그는 이 단체가 야기하는 중대한 '테러리즘 위협'이 '과소평가'되었다고 주장한다.[74] 리자 스틸Liza Steele과 레이먼드 쿠오Raymond Kuo가 2007년에 같이 써서 제출한 논문에서도 "위구르족의 사회적 해체fragmentation와 불만은 이슬람적 색채가 두드러진 극단주의의 위협을 촉발했으며, 이 위협은 무시할 수 없는 수준이다"라는 비슷비슷한 결론을 내리고 있다.[75]

아프가니스탄 및 이라크에서 미군의 전략을 형성한 대對반란전counterinsurgency 이론의 측면에서 위구르족을 대상으로 한 중국의 '대테러 정책'을 분석한 마틴 웨인Martin Wayne의 저서는 이 시기의 동투르키스탄이슬람운동 공포론을 가장 선명하게 보여주는 학술적 성과물일 것이다.[76] 지역학 연구자보다는 비교안보학comparative security studies 전문가에 가까운 그는 위구르족 전투원들이 그들의 고향에서 반란을 일으켰으며, 이것이 중국의 '대테러 정책'을 정당화한다고 주장한다. 구나라트나의 저작을 폭넓게 인용한 그는 소련과의 전쟁을 지원하기 위해 중국이 다수의 위구르족을 훈련시켰다는 구나라트나의 주장을 상기시키면서, 위구르족 전투원들은 아프가니스탄에서 실전 경험을 쌓아온 오랜 역사를 가지고 있으며 아프가니스탄 및 파키스탄에서 국제 지하드 운동 세력들과 협력하여 위구르 지역 전체를 아우르는 규모의 반란을 일으키려 한다고 강변한다.[77] 또한 그는 이러한 위협을 제압하기 위한 중국의 노력이 "이슬람 테러리즘에 대한 전 지구적 투쟁에서 성공을 거두고 있는 얼마 안 되는 사례 중 하나"라고 높이 평가한다.[78] 그에 따르면 중국이 그러한 성공을 거둘 수 있었던 것은 위구르족의 중국으로의 통합을 장려하는 '상향식' '반극단주의' 전략 덕분이라고 한다.

2008년 베이징 올림픽과 투르키스탄이슬람당의 '데뷔'

투르키스탄이슬람당으로 재등장했다는 동투르키스탄이슬람운동이 2006~2007년 사이에 연구자와 분석가들의 관심을 집중시켰다면, 2008년 베이징 올림픽은 이러한 관심이 더 폭넓게 확산되는 계기가 되었다. 동투르키스탄이슬람운동 혹은 투르키스탄이슬람당에 새롭게 관심이 집중된 것은 중국과 투르키스탄이슬람당 모두 각각의 역할을 한 덕분이었다. 2008년 3월 1일 투르키스탄이슬람당이 공개한 이 단체의 수장Emir* 압둘 하크의 영상 메시지에서, 위구르 지도를 배경으로 총을 든 그는 올림픽 경기에 공격을 가할 준비가 되어 있으니 올림픽에 참가하지 말 것을 국제사회에 경고했다.[79] 조악한 비디오 화질 때문에 이 단체가 그다지 정교한 조직으로 보이지는 않았지만, 영상물이 공개된 지 1주일 후 여객기 안으로 가솔린 통을 반

---

* 아랍어로 군사령관이나 총독을 의미하는데, 이슬람권에서는 토후나 무슬림 집단의 수장(首長)을 칭한다. 이 책에서는 '수장'으로 옮겼다.

입한 위구르족 여성의 공격 시도를 저지했다는 중국 정부의 발표가 나오면서 이 단체가 예고한 위협은 많은 이들에게 신속하고도 무겁게 다가오게 되었다.[80] 이후 중국 당국은 같은 기간 중 중국 내부에서 위구르족들이 꾸몄다는 다수의 '테러리즘' 음모도 분쇄했다는 주장을 계속 내놓았다.[81] 중국 당국의 주장과 투르키스탄이슬람당의 영상 메시지가 결합하면서 중국 내에서 위구르족들이 야기한다는 '테러리즘의 위협'은 갑자기 2008년 봄을 장식하는 세계의 뉴스거리가 되어버렸다.

예상대로 이들 사건은 서구의 '테러리즘' 전문가들에게도 관심을 끌었다. '테러리즘'을 추적·감시하기 위해 2001년 이후 만들어진 웹사이트들에서는 위구르족들이 올림픽에 가하려 한다는 '테러리즘의 위협'에 대해 몇 가지 분석 자료들을 내놓았다. 2008년 4월 초, 제임스타운재단이 운영하는 '테러리즘 모니터Terrorism Monitor'는 동투르키스탄이슬람운동이 위협을 가한다는 주장의 타당성에 대해 개괄적으로 다룬 엘리자베스 밴 위 데이비스Elizabeth Van Wie Davis의 기사를 특집으로 올렸다. 그녀에 따르면, 미국 정보 당국은 이 단체가 알카에다와 연계를 맺고 있으며 1980년대 이래로 아프가니스탄 및 파키스탄의 캠프에서 위구르족 전투원들을 훈련시켜왔다는 점을 오래전부터 알고 있었다고 한다.[82] 또한 올림픽을 준비하는 기간 중 중국 내부에서 일어난 다수의 폭력 사건 배후에는 이 단체가 있다고 추정하면서, 올림픽 대회에 실질적인 위협을 가하고 있다고 주장했다.[83] 같은 해 5월 '스트랫포StratFor'는 위구르족들 및 그들이 올림픽에 야기하는 위협을 다룬 3부작 시리즈물을 간행했다.[84] 여기서는 위구르족들이 가하는 '테러리즘 위협'이라는 것은 베이징 당국에 의해 조

작되고 있으며 중국 내에서 벌어지는 사건들은 동투르키스탄이슬람
운동과 거의 관계가 없을 가능성이 높다는 점을 시사하며, 데이비스
에 비해 훨씬 회의적인 시각에서 분석하고 있다.[85] 그럼에도 동투르
키스탄이슬람운동에 대해서는 스트랫포도 '테러리즘 위협'을 심화시
킬 위험성이 잠재되어 있는 단체라 인정했다.

올림픽 개최에 즈음하여 공개된 이 단체의 후속 영상물들은 동
투르키스탄이슬람운동/투르키스탄이슬람당에 대한 관심에 더욱 불
을 당겼다. 이들 영상물 중 하나는 올림픽을 준비하던 기간 중 상하
이와 쿤밍에서 일어난 버스 폭발 사건이 자신들의 소행임을 주장한
것인데, 후에 중국 당국은 이들 사건이 위구르족들의 소행이 아니라
고 했다. 그리고 베이징 올림픽 깃발을 불태우는 애니메이션과 올림
픽 경기장을 폭파하는 시뮬레이션으로 시작하는 다른 영상물들에
서는 올림픽 개막식 전에 추가 공격이 있을 것이라고 예고했다.[86] 개
막식을 얼마 앞두고 정말로 위구르 지역에서 위구르족들의 소행으로
추정되는 치안기관과 군 및 공안에 대한 공격이 두 건 일어났다.[87] 이
들 사례가 이 책에서 사용하는 잠정적 정의에 따른 '테러리즘'은 분
명 아니었고 동투르키스탄이슬람운동/투르키스탄이슬람당이 이 사
건에 연루되었다는 증거도 없었지만, 폭력 사건의 발생은 이들 단체
가 중국 내부에서 '테러리즘 위협'을 가하고 있다는 의혹을 더욱 증
폭시켰다.

투르키스탄이슬람당의 등장 즈음에 일어난 사건들과 올림픽에 대
한 이 단체의 위협은 미국과 유럽에서 위구르족이 야기한다는 '테러
리즘 위협'에 대한 정책적 논의에 다시금 기름을 붓는 결과를 가져왔
다. 서구의 민주주의 국가들이 내놓은 공식 성명은 여전히 위구르족

에 대한 중국 정부의 인권유린에 우려를 제기하고 국내의 반대 세력들을 탄압하는 데 '대테러 정책 혹은 활동'이라는 명분을 남용하는 행태를 비판하는 내용이었지만, 위구르족이 야기하는 '테러리즘 위협'에 대한 중국의 우려가 어느 정도 정당한 측면이 있을 수도 있음을 인정하는 것이었다. 같은 시기에 관타나모 수용소의 위구르족들에 대한 처리를 두고 미국 정부 내에서 논의가 이루어지고 있던 점을 감안한다면, 위구르 문제는 미국의 국내 정치에서도 점점 정치적 이슈가 되어가고 있었다. 예컨대, 민주주의수호재단FDD(Foundation for the Defense of Democracy)의 토머스 조슬린Thomas Joscelyn은 관타나모 수용소의 위구르족들에 대하여 이들 대부분이 아프가니스탄의 캠프에서 훈련받았다는 혐의를 받고 있으며, 이제는 올림픽을 위협하는 영상물에 출연한 압둘 하크와 상호관계가 인정된다는 점을 들어 이들 위구르족 수용자의 지위가 '적 전투원'임이 입증된다고 주장했다.[88] 2008년 10월 중국 공안부가 압둘 하크를 비롯해 여덟 명의 추가 인원 모두 동투르키스탄이슬람운동의 핵심 구성원이라 주장하며 자체 '테러리스트 명단'에 추가한 것도 이 시기에 이루어진 조치였다.[89]

올림픽 이후의 동투르키스탄이슬람운동 관련 서사

베이징 올림픽 이후 몇 년 동안은 '테러리즘 위협 요인'으로 알려진 동투르키스탄이슬람운동/투르키스탄이슬람당을 추적하는 작업이 안보 문제를 연구하는 학자나 분석가들 사이에서 계속 활발하게 이루어졌다. 테러리즘 위협을 다루는 민간 첩보 회사와 비영리단체 중 하나인 인텔센터IntelCenter는 투르키스탄이슬람당의 웹사이트와 영상물에서 얻은 정보를 토대로 동투르키스탄이슬람운동 혹은 투르키스탄이슬람당의 지도부 조직도를 만들어냈고, 9·11테러대응재단 Nine Eleven Finding Answers Foundation은 투르키스탄이슬람당이 제작한 영상물들의 녹취록은 물론 이 단체의 웹사이트 게시물들을 번역해 서비스하고 있다.[90] 이에 더하여, 제임스타운재단, 국제테러리스트 탐색기구SITE(Search for International Terrorist Entities), 민주주의수호재단, 그리고 '테러리즘 위협'을 분석하는 기타 단체들이 자체 회보에 정기적으로 내놓는 정책 분석의 대상 범위가 이들 단체로까지 확대되었다. 이러한 경로를 통해서, 위구르족들이 '테러리즘 위협'을 야기한다는 서사는 당분간 더 지속되었으며 국제적인 관심도 유지되었다.

투르키스탄이슬람당의 등장과 베이징 올림픽을 앞두고 중국에서 벌어진 사건들은 거대한 '대테러 산업복합체'도 주목했는데, 미국은 2002년 동투르키스탄이슬람운동을 '해외 테러리스트 입국 금지 명단'에 등재하고 관타나모 수용소에 위구르족들을 구금한 이후 처음으로 위구르족 '테러리스트들'에 대한 실질적인 조치를 취했다. 2009년 4월, 미국 재무부는 동투르키스탄이슬람운동/투르키스탄이슬람당 지도자로 추정되며 6개월 전 최신화된 중국의 '테러리스트' 목록 맨 윗줄에 올라가 있던 압둘 하크를 제재 대상 목록에 올렸다. 이 조치를 발표하는 기자회견에서 재무부 대변인은 "압둘 하크는 2008년 중국 올림픽 당시 폭력의 씨앗을 뿌리고 국제사회의 통합을 파괴하기 위해 테러 집단을 지휘했다. 오늘날 우리는 이 잔혹한 테러리스트를 규탄하고 국제 금융 시스템에서 배제하기 위해 세계 각국과 뜻을 함께하겠다"고 특별히 언급했다.[91] 2010년 2월 미국은 압둘 하크를 추적하다가 드론으로 공격해 그를 제거했다고 한다.[92]

동투르키스탄이슬람운동/투르키스탄이슬람당에 대한 서구 국가들이 분석한 결과물은 2008~2012년 사이에 기하급수적으로 증가했다. 중국의 올림픽을 둘러싸고 벌어졌던 사건들이 위구르족들이 중국 내부에서 일으킨다는 '테러리즘 위협'에 대한 관심을 촉발하는 자극제가 되었지만, 투르키스탄이슬람당은 2008년부터 정기적으로 간행하는 아랍어 잡지뿐만 아니라 새롭고도 많은 양질의 영상물들을 통해서 이러한 관심에 불을 지폈다.[93] '테러 단체들'이 제작한 영상물들을 전문적으로 분석해온 인텔센터에 따르면, 2009년에서 2012년 사이에 55건의 영상물을 제작한 투르키스탄이슬람당은 지하드 비디오 제작사들 중에서도 '일류'에 속한다.[94]

투르키스탄이슬람당이 제작한 영상물들의 확산은 위구르족들과 연계되어 있다는 '테러리즘 위협'과 관련한 국제사회에서의 담론에 변화를 가져왔다. 이 단체가 제작한 새로운 영상물들이 쏟아져 나오면서 '테러리즘 전문가들'이 다룰 수 있는 자료들도 증가했는데, 여기서 중요하게 지적되어야 할 사항은 그러한 영상물들은 다른 무엇보다도 선전물로서 제작된 것이고 따라서 그러한 관점에서 분석되어야 한다는 점이다.[95] 투르키스탄이슬람당의 경우, 다양한 집단들에게 전달하고자 하는 다양한 메시지가 있었다. 중국 정부에 대해서는, 자신들이 무력을 동원한 술책으로 중국에 도전할 수 있는 힘과 능력을 갖춘 단체라는 인상을 각인시키기를 원했다. 아랍 세계의 후원자로 추정되는 이들에게는, 아랍어 영상물을 통해 자신들의 종교적 신앙심과 살라피즘Salafism*에 대한 지식, 그리고 다른 지하디스트 단체들과의 연계성을 보여주려 했다. 중국 내 위구르족들에게는, 지역 내에서 공격 활동에 착수함으로써 지하드에 참가하도록 독려하는 한편, 오랜 기간 단결하여 투쟁해온 자신들의 역사를 중국의 지배에 저항해온 위구르족의 역사적 투쟁의 연장선에서 보여주고자 했다. 비판적으로 분석하면 이들 영상물은 투르키스탄이슬람당의 이념과 목표 및 역량을 들여다볼 수 있는 창窓이 되지만, 분석가라는 이들 대부분은 이 영상물을 액면 그대로 기존의 '테러 단체'가 내놓은 공식 성명 정도로만 다루어왔다. 게다가 이들 분석가들은 위구르어를 모르기 때문에 아랍어로 제작된 영상물이나 위구르어 영상물에서 찾을 수 있는 몇몇 시각적 단서에만 의존했다.

2009년 우루무치에서 일어난 폭동은 투르키스탄이슬람당이나 다른 어떤 위구르족 전투원들의 활동으로 촉발된 것이 아님이 명백했다. 하지만 알제리에 근거지를 둔 알카에다 이슬람 마그레브 지부 AQIM(Al-Qaeda in the Islamic Maghreb)가 위구르족 무슬림들을 살상한 중국에 대한 복수를 촉구했는데, 주류에 속하는 아랍의 지하디스트 단체가 처음으로 중국에 공개적으로 위협을 가하고 위구르족들의 대의大義를 널리 알린 사건이어서 '테러리즘' 전문가들이 관심을 가지게 되었다.[96] 이 외에도, 싱가포르의 '테러리즘' 전문가 구나라트나는 신화사新華社**와의 인터뷰에서 그 사건과 '테러리스트'가 연계되어 있다는 주장에 힘을 실어주면서, 그 폭력 사태에 대한 책임이 있다고 중국 정부에서 주장하고 있던 세계위구르회의에는 동투르키스탄

---

* 샤리아(코란(경전). 하디스(무함마드의 언행록),이즈마(신학자들의 해석), 키야스(유사한 사례에서 유추)를 근간으로 하는 이슬람의 법체계)가 지배하던 초기 이슬람 시대로 돌아가야 한다고 주장하는 수니파의 사상으로, 이를 위해 무력 사용도 불사하는 이슬람 근본주의다.
** 중국 국무원의 통제를 받는 국영 통신사다.

이슬람운동 동조자들이 다수 포함되어 있다고 지적했다.[97] 중국 정부는 사건이 일어난 지역을 엄중히 단속하는 과정에서 위구르족 '테러리스트'라고 체포되는 인원이 증가하고 있다면서 우루무치에서의 폭동 사건과 '테러리즘'이 연계되어 있다는 주장에 더욱 기름을 부었다. 마지막으로, 2010년 위구르족들이 계획한 것으로 알려진 노르웨이 및 두바이의 중국 시설물들에 대한 두 건의 '테러리즘 음모'가 적발되었다는 주장은 상황을 더욱 악화시켰다.[98] 이 두 건의 공격 계획과 관련하여 명확하지 않은 부분에 대해서는 다음 장에서 설명하겠지만, 2009년 우루무치 폭동과 관련한 이와 같은 상황 전개가 다수의 분석가에게는 투르키스탄이슬람당의 활동이 아직은 중국에 초점을 맞추고 있지만 그 위협이 국제화하고 알카에다가 야기하는 위협의 한 구성 요소가 되었다는 증거를 제공하는 것으로 비추어졌다는 점을 지적할 필요가 있겠다.

이와 같은 맥락에서 본다면, 위구르족들이 야기한다는 '테러리즘 위협'을 다룬 것들 중 가장 선정적인 책 두 권이 2010년에 발간된 점이 놀랍지는 않다. 단지 『동투르키스탄이슬람운동*ETIM*』이라고만 간략하게 제목을 단 첫 번째 책은 언론인 두 명이 공동 저술한 것인데, 위구르어를 모르는 이들 공동 저자는 이 단체의 정체와 활동, 역사 및 이념에 대해 설명하기 위해서 중국, 투르키스탄이슬람당, '테러리즘' 전문가 등 다양한 취재원들로부터 얻은 자료들을 세심하지만 무비판적으로 조합해 놓았다.[99] 이 책은 여러 측면에서, '테러와의 전쟁' 첫 10년의 기간 동안 '테러리즘' 분석가들이 이 단체에 대해 만들어 놓은 편향되고 허점투성이인 여러 서사 중에서도 기념비적 역할을 한다. 두 번째 책은 구나라트나가 중국의 민족 갈등에 초점을 맞추어 다른 싱가포르 동료 및 마카오의 중국 동료와 공동 저술한 것이다.[100] 그는, 중국의 '테러리즘 대응'을 위한 노력이 좀 더 인도적이어야 한다고 하면서도, 동투르키스탄이슬람운동/투르키스탄이슬람당에 대해서는 중국 내부에 존재하는 '극단주의' 및 '테러리즘' 위협 요인이라는 강한 공포론을 설파한다.[101]

전체적으로 볼 때 2009~2012년 사이에 '테러리즘' 분석가들과 안보 관련 학계가 동투르키스탄이슬람운동/투르키스탄이슬람당과 관련하여 생산한 문헌 자료들은 이 단체에 대해 그전보다도 더욱 편향적인 서사를 확고히 했지만, 그 기반이 되는 증거의 빈약함을 감안한다면 그러한 서사의 정확성에 대해서는 의문을 가질 수밖에 없다. 지역학 전문가들은 중국에 대한 투르키스탄이슬람당의 위협이 실질적인 것인지 계속 의문을 제기해왔지만, 이 단체를 국제적인 무슬림 전사들의 네트워크에 집어넣은 '테러리즘' 전문가들은 중국에 대한 이 단체의 위협을 '부풀리는' 경향이 있다.[102] 투르키스탄이슬람당이 영상물 배포 등 미디어 활용에 기울인 노력을 감안한다면, 이 시기 생산된 동투르키스탄이슬람운동/투르키스탄이슬람당 관련 문헌들을 작성하는 과정에서는 동시대적 분석을 통해 정보를 뽑아낼 만한 1차 자료들이 과거에 비해 더 많았다. 그러나 이 시기에 생산된 문헌들이 주로 의존한 자료는 투르키스탄이슬람당 제작물 중 몇 개 안되는 영어로 번역된 것들, 그리고 아랍어나 튀르키예어 자막이 달린 것들이었다. 또한 배경지식 혹은 정보를 얻기 위해 의존한 자료들은 이전에 동투르키스탄이슬람운동의 발전과 역사적 연속성을 다룬 추측과 허점투성이 분석물들로, 따지고 보면 모두 중국 쪽 주장을 기초로 작성된 것이다.[103]

따라서, 미국과 유엔이 동투르키스탄이슬람운동을 '테러 단체'로 지정한 지 10년이 지난 후에도 이 단체의 기원과 실제 성격 및 위협의 추정치에 대해서는 여전히 분명치 않고 논란의 여지가 있었다. 그러나 전문가들이 이 단체의 성격에 대해 자신 있게 내놓은 분석 덕분에, '대테러 산업복합체'는 여전히 동투르키스탄이슬람운동/투르키스탄이슬람당을 위험한 '테러리즘 위협 요인'으로 간주했으며 이들 단체에 대한 미국과 유엔의 '테러 단체' 지정도 정당화되었다. 이러한 상태가 조성된 원인에 대해 말하자면, '테러리즘' 전문가들의 비교 분석 작업에서 당연한 듯 전제되는 자유주의적 가정liberal assumptions 및 상세한 연구의 결여에서도 일부 기인하지만, 기본 개념에 대한 일관성 있는 정의가 없는 상태에서 어떤 현상을 연구할 때 불가피하게 발생하는 부산물이기도 하다. 지금까지 언급된 서구 '테러리즘 분석가'의 대부분에게는 살라피즘 계열의 정치화된 이슬람의 이름으로 폭력 활동을 하는 비국가 단체는 어떤 곳도 '테러 단체'에 해당한다. 하지만 중국에게 '테러리즘'은 더 넓은 의미를 가지는 것으로, '3대 악'으로 지칭하는 위협을 불러일으키는 것, 다시 말해서 민족자결에 대한 요구(분리주의) 및 국가가 승인하지 않은 방식의 이슬람 표현(극단주의)과 위구르족들이 저지르는 폭력적 행위(테러리즘)는 이들을 어떻게 표현하든 모두 '테러리즘'에 해당된다. 서구 분석가들의 개념 정의와 중국의 개념 정의 모두 그 자체로 문제가 있으며, 결국 그 정의를 제시하는 쪽의 이익에 봉사하는 것이지만, 동투르키스탄이슬람운동/투르키스탄이슬람당과 관련하여 재생산되는 서사 안에서 이들 두 개의 개념 정의가 공존하는 상황은 더욱 문제가 되며 '테러 단체'로서 이 단체의 성격을 규정한 것의 정확성을 더욱 떨어뜨릴 뿐이다.

동투르키스탄이슬람운동과 연계된 위구르족 전투원, 최소한 '테러리즘 분석가들'의 눈에는 그렇게 보이겠지만, 이 위구르족들이 '테러와의 전쟁' 첫 10년의 기간 중 처했던 현실을 좀 더 자세히 살펴본다면 동투르키스탄이슬람운동/투르키스탄이슬람당을 '테러 단체'로 지정하는 것은 더욱 우려스러운 일이다. '테러 단체'라는 국제적 공인과 '테러리즘 분석가들'이 쏟아낸 많은 문헌은 이 단체가 중국 내에서 폭력을 수반한 공격적 활동을 해온 역사가 오래되었으며, 늦어도 1998년 이래로는 알카에다와 연계하고 있는 응집력 강한 집단이라 주장하지만, 동투르키스탄이슬람운동이건 투르키스탄이슬람당이건 필자가 당시 이 단체의 구성원이었던 것으로 추정되는 위구르족들을 분석한 바에 따르면 그러한 주장들 중 그 어떤 것도 정확하지 않았다.

제3장

'위구르족 테러리즘 위협'의 신화와 진실

2019년 2월의 눈 내리던 어느 날, 필자는 노르웨이 오슬로의 법정에서 몇 개의 두문자어頭文字語*와 이 낱말들이 지칭한다는 위구르족 '테러 단체들'에 대한 논쟁을 벌이고 있었다. 그 재판에서 필자는 투르키스탄이슬람당이라는 준군사조직 소속으로 전투를 하려고 시리아로 갔던 위구르족 난민 쪽의 전문가 증인으로 참석했었다. 그는 조국 해방 전쟁을 위해 훈련받는 것으로 알고 시리아행을 택한 것인데, 그 결과, 노르웨이에서 '테러리즘' 혐의를 받고 있었다. '테러리즘'과 관련한 노르웨이의 법령이 적용되는 법정에서는 그가 시리아에서 무엇을 했는지, 누구에 대항하여 전투를 한 것인지, 또는 그가 무고한 민간인을 죽인 적이 있는지는 중요하지 않았다. 중요한 것

---

* 특정 용어를 구성하는 각 낱말의 머리글자를 따서 만든 줄임말. ETIM(동투르키스탄이슬람운동)과 TIP(투르키스탄이슬람당) 등이 이에 해당된다.

투르키스탄이슬람당의 주요 인물들. 왼쪽 위에서부터 시계 방향으로 수장 압둘 하크, 부수장 압두슈쿠르, 사령관 사이풀라, 종교 지도자 압둘아지즈. 압둘 하크를 제외한 나머지 세 명은 2012년 파키스탄에서 미군의 공격으로 추정되는 드론으로 사망했다.

은 오직, 그가 공인된 '테러 단체 목록'에 등재된 조직과 관련되어 있었는지 여부뿐이었다. 유엔 안보리의 '통합 목록'에는 동투르키스탄이슬람운동이 동투르키스탄이슬람당, 알라의 동투르키스탄이슬람당 Eastern Turkistan Islamic Party of Allah, 투르키스탄이슬람당Islamic Party of Turkestan, 자마트* 투르키스탄Djamaat Turkistan 등 동투르키스탄이슬람운동을 지칭하는 다른 명칭들과 함께 포함되어 있다.[1] 미국의 경우 '해외 테러 조직 명단FTO(US List of Foreign Terrorist Organization)'에

---

* 다게스탄 지역에서 하나의 마을이나 역사적 연계가 있는 몇 개의 마을이 구성했던 정치체.

는 어떠한 위구르족 단체도 등재되어 있지 않지만, '해외 테러리스트 입국 금지 명단'에는 동투르키스탄이슬람운동과 이 단체의 다른 명칭인 동투르키스탄이슬람당이 포함되어 있다.[2] 하지만 이들 목록 중 어떤 것도 직접적으로 투르키스탄이슬람당을 언급하고 있지는 않다. 따라서 '테러리즘' 혐의를 받는 이 위구르족 난민의 운명은 투르키스탄이슬람당이 앞서 언급된 여러 목록에 올라 있는 단체들과 동일한 것으로 인정될 수 있는지 여부에 달려 있었다.

검사와 검사 측 전문가 증인은 동투르키스탄이슬람운동/투르키스탄이슬람당이 같은 단체라 주장했다. 이들의 주장은 2002년 이후에 나온, 특히 해당 지역에 대한 지식이 전무한 '테러리즘' 분석가들 사이에서 만들어진, 위구르족들이 '테러리즘 위협'과 연계되어 있다는 정형화된 서사의 일부가 되어 있던 것이다. 실제로, 위구르족들에 대해 아는 것이 거의 없고 언어적 능력도 없던 검사 측의 전문가 증인은 동투르키스탄이슬람운동의 역사, 활동, 발전 과정에 대해 통상적인 '테러리즘' 분석가들이 주장한 내용들을 세심하게 검토한 보고서를 작성해 나왔었다. 피고 측 전문가 증인인 필자는 동투르키스탄이슬람운동과 투르키스탄이슬람당은 실제로 같은 조직이 아니며, 동투르키스탄이슬람운동에 속했던 이가 나중에 투르키스탄이슬람당에서 발견되더라도 양자가 동일한 조직은 아니라고 주장했다. 이 논쟁은 그날 법정에서 중심적인 논점이기는 했지만, 더 거시적인 관점에서 이들 두 단체에 대한 일반적인 통념을 반박하는 필자의 비평에서는 일부에 불과했다. 필자는 이들 단체가 발전해온 과정, 특정한 공격 사례에 실제로 참가했는지 여부, 그리고 이들 단체가 알카에다 및 탈레반과 맺고 있는 관계의 성격에 대해 일반적으로 이야기되는 서사의 많은 부분에 대해서 이의를 제기하는 입장이었기 때문이다.

그날 법정에서의 논쟁에서 부각되지 않은 주제는 어떤 단체나 개인을 '테러리스트'로 분류하는 판단을 내리는 데에 가장 필요한 지식은 어떤 분야인가 하는 문제였다. 검사 측 전문가 증인은 국제 지하디스트 단체들의 운영 방식에 대한 상세한 지식을 가지고 비교안보학 관점에 중점을 두어야 최선의 판단을 할 수 있다는 입장이었다. 이에 반박하는 필자는, 주민들이 가지고 있는 불만, (이슬람이 아닌) 다른 이념에 대해 느끼는 정서, 그리고 어떤 '단체'에 속한다는 것이 그들에게 무엇을 의미하는지 등 해당 지역과 사람들에 대한 이해가 있어야 더 나은 결정을 할 수 있다고 주장했다. 검찰 측은 물론 필자도 '테러리스트'를 규정짓는 법적 개념 정의에 따라 주장을 전개할 수는 없었는데, 이는 그러한 개념 정의가 존재하지 않기 때문이었다.

그날 법정에서는 필자의 주장이 더 설득력 있다는 것을 인정받았다고 생각된다. 검찰 측 전문가 증인은 이들 단체와 관련한 세부적인 사항들 중 명확치 못한 부분이 많고 이들 단체의 기원과 성격을 확정적으로 판단하기 위해서 더 많은 연구가 필요하다는 점을 인정하면서, 그가 작성한 보고서를 보고 필자가 비판했던 부분들에 대해서는 자신의 주장을 철회했다. 무죄 추정의 원칙을 감안한다면 필자의 주장과 이에 대한 검사 측 전문가 증인의 묵인은 '테러리스트'라는 피고의 법적 지위에 대한 합리적 의심을 제기하기에 충분할 것이었으나, 피고는 결국 유죄로 인정되어 7년 형을 선고받았다. 이러한 결과는 '테러와의 전쟁'이라는 논리에 따른 것으로, '테러리스트'로 의심받는 무슬림은 대개 무고함이 밝혀지기 전까지는 유죄로 추정되는 것이다.

이 장에서는 지금까지 축적된 분석 자료들과 '테러리즘학' 범주에서 부차적으로 논의되어온 것들에 대한, 그리고 이를 넘어서는 것들에 대한 1차 자료*와 직접적 증거들을 토대로 하여 '테러와의 전쟁' 첫 10년을 대상 기간으로 하여 위구르발※ '테러리즘 위협'이라는 주장을 비판적으로 분석한다. 오슬로 법정에서 했던 증언과 마찬가지로, 필자의 발견과 그에 따른 분석은 동투르키스탄이슬람운동을 미국과 유엔의 '테러 단체 목록'에 등재한 조치의 이론적 근거는 물론이고 이들 단체를 다룬 기존 문헌들의 주장에 이의를 제기하는 것이다. 필자가 주장하는 것은, 지금까지 동투르키스탄이슬람운동이라 지칭하며 위구르족들의 '테러 단체'로 인식하던 대상이 실제로는 파편화된 위구르 무장투쟁 세력 중 종교적 색채를 띤 한 분파에 불과하며, 이들의 활동은 외부의 행위자들에 의해 제한되었기 때문에 '테러와의 전쟁' 첫 10년 동안은 중국 또는 세계에 실질적인 위협이 되지 못했다는 것이다. 다음으로, 필자는 동투르키스탄이슬람운동 또는 투르키스탄이슬람당이 이 책에서 잠정적으로 정한 개념 정의에 따라 '테러리즘'으로 규정할 수 있는 행위, 다시 말해서 의도적으로 민간인들을 겨냥한 정치적 목적의 폭력 활동을 실행했었다는 결정적인 증거를 찾을 수 없었다는 것이다. 마지막으로, 전체적으로 볼 때 위구르 지역의 비참한 상황이 이러한 활동(무장투쟁)의 동기가 되

---

* 사회·문화 현상을 연구하는 데 이용하는 자료는 그 원천에 따라 1차 자료와 2차 자료로 구분된다. 1차 자료는 조사자가 직접 수집하거나 작성한 원형 그대로의 자료이며, 2차 자료는 1차 자료를 수정·가공한 자료다. 각종 통계 자료, 정부의 공식 문건, 텔레비전·신문 및 잡지 등 매체에서 제공하는 정보, 연구 보고서, 학술 서적, 논문 등이 2차 자료다.

었고 위구르족의 독립된 국가를 세우는 것이 활동의 목표이지만 이 단체가 위구르 지역 내부로까지 미치는 영향력이라는 것이 거의 없다시피하다는 점이다. 이는 거의 20년 동안 자국 내의 위구르족 주민들에게 가해온 억압적인 정책들을 정당화하기 위해 중국이 내세웠던 주장들, 다시 말해 이 단체가 자국 내 위구르족들을 통해 심각한 '테러리즘 위협'을 야기하고 있다는 주장에 의문을 제기하는 결정적인 지점이다.

이 무장투쟁 활동의 발전 과정, 목적, 분파, 충성의 대상에 대한 필자의 논의는 이들 단체(동투르키스탄이슬람운동, 투르키스탄이슬람당)를 다룬 기존의 문헌들 및 이 문헌들을 작성하는 데 기초가 된 자료들을 폭넓게 활용한 것이다. 하지만 다양한 방식으로 이들 단체에 가담한 경험이 있는 이들과의 인터뷰, 투르키스탄이슬람당이 위구르어로 제작한 영상물 및 문건에 대한 심층 분석, 그리고 위구르족의 역사와 문화 및 언어에 대한 필자의 지식도 가미되어 있다. 동투르키스탄이슬람운동과 투르키스탄이슬람당의 역사를 설명하는 데에 2012년까지의 발전 과정에 대해서는 신뢰할 만한 정보가 부족하여 추측에 의존할 수밖에 없는 부분이 있다. 하지만 위구르어 자료를 활용하고 해당 지역의 역사와 문화에 대한 기초 지식을 통해 보완해 나간다면 이들 단체에 대해, 기존의 분석물들이 내놓은 서사보다 더 신빙성 있는 설명을 할 수 있을 것이라 생각한다.

동투르키스탄이슬람운동: 실체 없는 집단

필자가 말할 수 있는 것은, 스스로를 동투르키스탄이슬람운동이라 칭했던 조직은 이때까지 없었다는 점이다. 하지만 동투르키스탄이슬람운동이라는 라벨이 붙여졌던 위구르족 집단은 존재했는데, 이 집단은 중국 내부에서 반란을 꾀하려고 1998~2001년 사이 아프가니스탄에 공동체를 설립했으나 실제로는 목적 달성의 근처에도 가지 못했다. 이 위구르족 공동체의 지도자는 자신의 공동체를 동투르키스탄이슬람운동으로 부르기보다는 동투르키스탄이슬람당이라는 명칭을 부여했다고 하는데, 이는 1990년 '바런 사건' 때 중국에 맞서 싸운 이들에게 경의를 표하기 위해 당시 그들이 느슨하게 연계된 자신들의 조직을 지칭했던 그 명칭을 그대로 따온 것이었다. 바런에서의 자이딘 유수프와 아프가니스탄에서의 하산 마흐숨이 이 동일한 명칭을 썼다는 점은 다수의 '테러리즘' 분석가로 하여금 마흐숨의 집단과 바런에서 중국의 군경과 싸운 집단이 같은 단체라고 추정하는 근거가 되었다. 이에 더하여 유수프와 마흐숨 둘 다 카길리크(예청叶城)의 압둘하킴하지 마흐숨을 스승으로 모시고 배웠다는 점을 들어, 다수의 분석가는 압둘하킴하지 마흐숨이 동투르키스탄이슬람운동으로 알려진 동투르키스탄이슬람당의 실질적인 창립자이고 이 단체의 연원이 1940년대나 1950년대까지 거슬러 올라가는 것으로 보게 되었다.

자신이 아프가니스탄에서 거느리고 있는 자칭 전사들의 집단을 1930년대의 동투르키스탄 제1공화국, 때로는 이보다 훨씬 이전의 위구르 역사에서 그 근대적 기원을 찾는 종교적 색채의 위구르 민족주의 역사와 공공연히 연결시킨 하산 마흐숨도 이러한 혼란을 가져오는 원인 중 하나였다. 2002년 자유아시아방송RFA(Radio Free Asia)과의 인터뷰에서 그가 거느린 단체의 기원에 대해 묻자 하산 마흐숨은 다음과 같이 말했다. "동투르키스탄당은 이슬람이 동투르키스탄에 전해진 시기부터 오늘날까지 긴 역사를 가지고 있다. 때로는 이슬람 신앙을 따를 권리를 위해, 때로는 자유와 독립을 위해 싸웠던 동투르키스탄의 이슬람 운동은 어느 때는 여러 집단이 힘을 합쳐서, 어느 때는 각 집단이 개별적으로 추진하면서 중단없이 이어져왔다."[3] 이 인터뷰가 있은 지 얼마 후, 그는 자기 단체는 1998년 아프가니스탄에서 만들어졌지만 이 단체를 이끄는 정신은 1990년 '바런 사건'에서 태동했다며, 전에 했던 인터뷰 내용을 더 명확하고 상세하게 설명했다.

이렇게 함으로써 하산 마흐숨은 자신이 했던 말에서 모순되거나 오해할 수 있는 소지를 없앤 것이다. 더 정확히 말하자면, 그는 이슬람적이건 세속주의적이건 위구르 민족주의자라면 대부분이 공유하는 정서, 중국과의 투쟁은 세월이 흘러도 계속된다는 믿음에 대해 이야기한 것이다. 위구르 민족주의자들에 의한 역사 서술에서는 근대 중국이 위구르의 고토를 식민 지배한 이래로 계속 존재해왔던 민족자결운동 내부에 있는 다양한 노선들 간의 차이점이 모호해지는 경향이 있어, 시대에 따라 민족자결운동 안에 존재했던 다양한 이념들을 대개는 서로 구분할 수 없게 된다. 이러한 측면에서, 마흐숨이 동투르키스탄이슬람당의 오랜 역사에 대해 말하면서 실제로 언급한 것은 종교적 색채를 띤 (그리고 다양한 노선을 가졌던) 위구르 민족자결운동의 오랜 역사이며, 위구르 민족자결운동 안에 있는 다양한 노선들은 위구르 고토를 해방시키기 위한 투쟁이라는 점에서 연속성을 가진다는 점을 시사하는 것이다.

실제로, 하산 마흐숨이 아프가니스탄에 동투르키스탄이슬람당을 결성한 것은 1998년 초인데, 이 단체를 응집력 있는 조직으로 만드는 데는 성공하지 못했다. 더 정확히 말하자면, 이 단체는 설립 이래로 비공식적인 공동체로 존속해왔고 언젠가 위구르 고토에서 중국과 맞서 싸울 군대를 훈련시키려 했으나 이 목적마저도 통제할 수 없는 외부 세력들에 의해 좌절되었다. 공식 성명에서 하산 마흐숨은 자신의 단체를 동투르키스탄이슬람당이라 칭하곤 했으나, 그 자신보다 오래 살아남은 비디오 영상*에서는 단지 '공동체community'라 지칭한 경우가 더 많다. 본질적으로 이 공동체는 하산 마흐숨이 시작하고 이행한 프로젝트였다. 따라서 이 단체의 근본적인 이념과 목적을 이해하기 위한 가장 좋은 방법은 이 단체에, 최소한 이 단체의 지도부에 영감을 주었던 위구르의 이슬람 정치political Islam**와 관련하여 하산 마흐숨이 그렸던 비전vision 혹은 미래상을 알아보는 데서 출발하는 것이다.

---

* 하산 마흐숨은 2003년 10월 2일 파키스탄군의 대테러 작전 중에 사살되었다고 전해진다.
** 이슬람의 교리와 원칙들을 정치적 정체성이나 행동의 원천으로 삼는 정치·사회적 운동이다. 샤리아에 따라 통치되는 이슬람국가(IS) 건설을 목표로 한다. '이슬람주의(Islamism)', '이슬람 원리주의(Islamic fundamentalism)', '정치적 이슬람'이라고도 한다.

하산 마흐숨의 위구르 이슬람민족주의와
아프가니스탄 캠프의 기원

이슬람 정치에 관한 하산 마흐숨의 사상은 1980년대에서 1990년대 초에 걸쳐 형성되었다. 동투르키스탄이슬람운동을 다룬 문헌의 대다수는 사우디아라비아, 파키스탄, 아프가니스탄에서 들어온 급진적인 이슬람 사상이 하산 마흐숨과 그의 조직에 영향을 주었다고 추정하지만, 그의 생애를 본다면 그러한 추정은 이치에 맞지 않다. 1980년대에서 1990년대에 파키스탄의 마드라사에서 공부한 위구르족이 많은 것은 사실이지만, 하산 마흐숨은 이 부류에 속하지 않는다. 파키스탄의 무역상 역시 마찬가지로 그 시기 위구르 지역을 빈번하게 드나들었지만, 이들이 그의 사상에 어떤 영향을 주었을 것으로 볼 만한 정황이 없다. 마지막으로, 동투르키스탄이슬람운동을 다룬 일부 저명한 자료들에 따르면 중국이 1980년대에 무자히딘과 합세하여 소련에 맞서 싸우도록 훈련시킨 위구르족들이 하산 마흐숨에게 영향을 주었다고 하지만 중국이 그러한 목적으로 위구르족들을 훈련시켰다는 증거는 없다.[4] 설혹 중국이 어떤 방식으로든 1980년대에 아프가니스탄에서 싸우도록 훈련시킨 위구르족들이 제한된 규모나마 있었더라도, 필자는 그러한 작전을 알고 있는 위구르족을 만나본 적이 없으며, 그러한 경력을 가졌으면서 하산 마흐숨과 어떻게든 관계가 있는 것으로 밝혀진 사람도 없다.

아프가니스탄의 공동체에 대한 하산 마흐숨의 비전은 외부에서 중국으로 들어온 이슬람의 가르침에 영향받은 것이라기보다는, 이슬람 정치에 대한 위구르 고유 사상의 산물인 것으로 보인다. 카슈가르의 옝기사르(잉지샤英吉沙)에서 태어난 하산 마흐숨은 열세 살에 셰이크(족장·촌장) 압둘 카디르에게 보내져 7년 동안 그를 모시며 이슬람에 대해 공부했다. 1984년 압둘 카디르는 하산 마흐숨을 카길리크의 셰이크 압둘하킴하지 마흐숨 문하로 보내 계속 공부하도록 했는데, 그는 1990년 바런에서 일어난 중국 치안 병력과의 무력 충돌 사건의 지도자 자이딘 유수프를 가르친 바로 그 스승이었다.[5] 압둘하킴하지 마흐숨은 1984년에 메카로 성지순례를 떠난 적이 있지만, 그가 위구르 지역에서 한창 제자들을 가르치고 있던 1930년대와 1940년대에는 이슬람 정치에 대한 그의 사상이 사우디아라비아에서 발생한 살라피즘 전통보다는 동투르키스탄 제1공화국의 종교적 민족주의에서 영향받았을 가능성이 더 크다고 할 수 있다.

아쉽지만, 1980년대 이후 압둘하킴하지 마흐숨의 가르침과 관련하여 남아 있는 것은 그에게서 배운 제자들의 기억밖에 없다. 필자는 이들 제자 중 한 명과 인터뷰했었는데, 그는 정치와 종교의 관계를 바라보는 압둘하킴하지 마흐숨의 관점은 중국의 위구르 고토 식민 지배에 대한 저항이라는 민족 고유의 이슈에 확고하게 기반한 것이었다고 다시 확인해주었다. 1970년대 말 압둘하킴하지 마흐숨이 수감되어 있을 당시 조직한 비공식 학습 모임의 일원이었다가 1980년대에는 카길리크에 머물며 계속 그의 문하에서 수학했던 이 제자에 따르면, 압둘하킴하지 마흐숨은 제자들을 위해 쿠란 및 다른 이슬람 텍스트 학습은 물론이고 지역의 고전문학과 동투르키스탄 및 세계 역사 등 폭넓은 교육 프로그램을 마련했다. 이 교육 프로그램을 통해서 압둘하킴하지 마흐숨은 위구르의 독립을 위한 중국과의 투쟁에 있어서 이슬람으로부터 영감을 얻어야 한다고 주창했다고 한다. 이러한 점에서 압둘하킴하지 마흐숨은 사우디아라비아의 살라피즘 전통보다는 20세기 초 위구르 지역에서의 반식민주의적 자디드 운동의 전통에서 더 영향을 받았던 것으로 보인다.[6] 그는 아랍의 종교 텍스트에 전적으로 의존하기보다는, 역사와 문학이라는 '근대적' 교육은 물론 위구르어로 된 지역 고유의 텍스트에 높은 가치를 부여했다. 그렇게 함으로써 그는, 자디드 운동가들이 그랬던 것처럼, 식민주의에 반대하며 위구르족의 민족적 각성을 일깨운다는 이상을 앙양했다. 그 이상은 무슬림을 '근대화'한다는 운동의 정체성에 기반한 것이기도 했다.[7]

압둘하킴하지 마흐숨이 운영하던 카길리크의 지하학교underground school는 위구르 남부 전역에서 유명해졌는데, 어떤 자료에 따르면 그는 출소한 1979년부터 지하학교가 폐교한 1990년까지 7천 명에 달하는 위구르족 청년을 가르쳤다고 한다.[8] 그중 가장 헌신적인 제자 여럿이 카길리크에 몇 해 동안 남아서 그의 지도 아래 더 어린 학생들을 가르치곤 했다. 하산 마흐숨은 1984년부터 카길리크에서 수학했으며, '바런 사건'과 연계되었다는 이유로 당국이 학교를 폐쇄한 1990년까지 머물렀다.[9] 이후 여생에서 하산 마흐숨은 자신의 위구르족 무슬림 민족주의를 창시하는 데 압둘하킴하지 마흐숨과 그의 가르침이 영감을 주었다고 언급했는데, 그의 가르침이 하산 마흐숨의 아프가니스탄 공동체의 기초를 형성했던 것이다.

'바런 사건' 당시 하산 마흐숨은 카길리크에 머물고 있어 참가하지 않았지만, 동료 학생들이 참가했던 이 사건에 고무되어 영향을 받은 것은 분명했다. 1998년 아프가니스탄에서 새롭게 시작한 그의 운동은 1990년 바런에서 자이딘 유수프가 이끌던 집단의 정신을 계승한다고 표방했고, 따라서 자이딘 유수프가 자신의 집단에 부여한 명칭을 사용한 것이다.[10] 또한 하산 마흐숨은 '바런 사건' 이후 당국이 벌인 단속 과정에서 그 사건에 연루된 혐의로 1990년 체포되어 6개월 동안 복역했다. 출소한 후에도 지역 당국의 감시 아래 고향 밖으로는 이동이 제한되었다.[11] 이 시기에 그는 압둘하킴하지 마흐숨으로부터 배운 것들을 가르치며 비공식적으로 이슬람 교사로도 일한 것으로 보인다. 1993년 그는 이러한 활동 때문에 다시 체포되어 3년 동안 강제노동형에 처해졌다.[12] 1996년 카슈가르에 머무는 것을 조건으로 석방되었지만, 1997년 초 그는 우루무치와 베이징을 거쳐 말레이시아로, 그리고 사우디아라비아로 이어지는 은밀한 루트를 통해 중국을 떠나기로 결정했다.[13] 그는 다시는 위구르의 고향으로 돌아오지 못했다.

하산 마흐숨은 1997년의 대부분을 사우디아라비아와 튀르키예에서 보내면서, 압둘하킴하지 마흐숨에게서 배운 이상을 토대로 중국을 겨냥한 게릴라전을 벌여야 할 필요성을 그곳의 위구르족 망명자들에게 확신시키려 했던 것으로 보인다. 하지만 2004년 투르키스탄 이슬람당 웹사이트에 올라온 그의 일대기에 따르면 그의 노력은 거의 성공을 거두지 못했고, 이들 국가의 위구르족 망명자 공동체에서 그에게 호응하는 이들은 설혹 존재했더라도 얼마 되지 않았다.[14] 동일한 소식통에 따르면, 그 후 그는 1998년 초 '중앙아시아에 있는 지하드의 땅'으로 가서 남은 생애를 보냈다고 한다. 이 '지하드의 땅'에서 그는 중국에 맞서 싸워 위구르 고토를 해방하는 지하드를 수행할 위구르족 군대를 양성하기 위해 훈련시설을 마련했다. 하산 마흐숨의 아프가니스탄 캠프가 처음 세워진 이러한 과정은, 다른 많은 소식통이나 문헌에서 주장하는 바와 달리, '바런 사건' 또는 1990년대의 다른 무력 투쟁을 주도한 중국 내부의 응집력 있는 가상의 군사조직이 계획한 것이 아니었다. 오히려, 하산 마흐숨 혼자 주도한 것이었다. 그렇지만 그는 자신의 활동을 위구르족의 대의를 위한 끊임없는 투쟁이라는 맥락에서 바라보았을 것이다. 이는 특히 이 위구르족의 대의가 이슬람의 관점에서 동투르키스탄 제1공화국은 물론 '바런 사건'의 유산을 포함하여 역사적으로 형성된 것이기 때문이다.

하산 마흐숨의 아프가니스탄 캠프: 2001년까지의 상황

하산 마흐숨의 아프가니스탄 캠프의 부™수장으로 알려졌던 압둘라 카라하지에 따르면, 하산 마흐숨과 그를 따르는 소규모 집단은 1997년 말 아프가니스탄으로 옮겨가려고 튀르키예에서 파키스탄으로 갔지만 처음에는 입국을 거절당했다.[15] 파키스탄 보안기관과 긴밀한 관계에 있던 탈레반 사령관 잘랄루딘 하카니의 승인을 받고 나서야 그의 도움으로 파키스탄에 들어올 수 있었던 하산 마흐숨과 그의 추종자들은 1998년 초의 어느 시점에 아프가니스탄으로 건너가 잘랄라바드*에 캠프를 건설할 수 있었다.[16] 얼마 후 잘랄라바드에서 마흐숨이 이끄는 집단은 호스트**에서 조직 운영의 기틀을 세울 수 있는 공간을 확보한 것으로 보인다.[17] 잘랄루딘 하카니의 승인 아래에 아프가니스탄으로 들어갈 당시 하산 마흐숨은 자신이 이끄는 집단이 "탈레반과 조직 차원에서 어떠한 관계"를 맺은 적이 없다고 했는데, 여기서 그의 주장을 믿지 않을 이유는 찾기 어렵다.[18]

---

* 아프가니스탄 수도 카불의 동남쪽에 있는 국경 무역도시로, 파키스탄의 페샤와르와 연결된다.
** 파키스탄과 경계를 이루는 아프가니스탄 동남부 도시다.

당시 상황을 목격했던 이들 대부분의 증언에 따르면, 아프가니스탄에서 하산 마흐숨이 이끌던 위구르족 공동체는 대체로 다른 무장단체들과 어울리지 않고 고립되어 있었다. 압둘라 카라하지는 2001년 이전에 자신들의 조직은 세 개 캠프를 만들어 중국에서 탈출한 위구르족 가정 500호를 수용했으며 이들 중 남성에게 무기 사용법을 훈련시켰다고 주장했다.[19] 그의 주장이 정확한 것일 가능성을 부정하지는 않지만, 이들 캠프가 국경에 인접해 있었는지 또는 연이어서 만들어졌는지, 어떤 무기를 지급받았는지, 그리고 훈련이 하산 마흐숨의 명령에 따른 것이었는지 혹은 훈련에 참가한 이들이 스스로를 특정한 조직의 구성원으로 인식하고 있었는지마저도 분명치 않다. 압둘라 카라하지는 이들 캠프에서 훈련받은 위구르족들이 중국 내부에서 정부 기관이나 민간인들에게 공격을 가한 사례에 대해서는 아는 바가 없었다.[20] 따라서, 실제로 구체적인 일정이나 계획을 가지고 훈련을 시키려는 의도가 있었다고 보이지는 않는다. 자신보다 오래 남아 있게 될 비디오 영상에서 하산 마흐숨이 여러 차례 언급했던 바와 같이, 훈련의 목적은 앞으로 대대적으로 펼쳐질 중국에 대한 지하드를 준비하는 것이었고 그 지하드를 언제 감행할 것인지에 대해서는 특별히 정해진 시한이 있는 것도 아니었다.[21]

이 시기 하산 마흐숨의 공동체가 인터넷이나 우편통신, 비디오에 접근할 수 없었다는 점은 분명하지만, 조직원들은 빈번하게 자신들을 비디오 영상으로 남겼고 이 영상들은 2008년 이후 투르키스탄이슬람당이 제작한 다수의 영상물에 등장했다. 전사를 자칭하는 이들이 자신의 능력과 헌신을 보여주기 위해 비디오 영상을 다수 사용했기 때문에, 투르키스탄이슬람당의 영상물들은 위구르족들의 훈련과 보유한 총기류를 잘 보여주기도 하지만 이 조직의 전반에 퍼져 있던 무기력함과 자원의 부족을 은폐하는 측면도 있었다. 여기서 주목할 만한 점은 이 시기에 제작된 비디오 영상에는 위구르족이 실제 전투에 투입된 장면이 없고, 사격 훈련의 경우 훈련 인원이 12명을 넘은 적이 없으며 거의 항상 AK-47 자동소총만 등장한다는 사실이다.[22] 이들 영상물은 단체의 활동 중에서도 중요한 행사나 계기가 있는 때에만 제작되었을 가능성이 높으며, 영상물에 나온 정도가 이 단체가 실제로 보유한 훈련 능력, 무기에 대한 접근성 및 관련된 조직원 기반 등에 있어서 끌어올릴 수 있는 최고의 수준일 것으로 보인다. 공동체 구성원들이 평상시에 훈련하고 무기를 다루는 빈도는 이들 영상물에서 보여주는 것보다 훨씬 낮았을 것이다.

2001년 말 미국의 아프가니스탄 침공이 시작되었을 당시 '테러리즘' 전문가의 대부분은 하산 마흐숨이 이끌던 단체는 알카에다에 소속되어 있고 우즈베키스탄이슬람운동과 긴밀한 관계일 것이라 추정했지만, 입수 가능한 증거들은 그러한 추정을 지지하지 않는다. 이용 가능한 정보에 따라 판단하여 있는 그대로 말하자면, 하산 마흐숨의 집단은 제대로 된 조직이라고는 전혀 볼 수 없으며 무장투쟁 운동을 일으키려는 시도가 실패하고 남은 결과물일 뿐이라는 것이 필자의 의견이다. 필자가 연구한 바에 따르면, 아프가니스탄에서 이 공동체를 세우는 데 헌신한 주체는 다섯 명으로 이루어진 소규모 조직이다. 하산 마흐숨과 부수장 압둘라 카라하지, 셰이크 빌랄Bilal*이라는 이름의 이슬람 학자, 그리고 신입 조직원들의 훈련을 담당했던 것

---

* 유수프 카디르칸으로도 알려져 있다.

으로 추정되는 압둘 하크가 여기에 포함된다. 이에 더하여, 관타나모 수용소의 위구르족 수용자들 중 2001년 당시 압둘 하크가 운영하던 캠프에 있었던 것으로 알려진 이들은 파키스탄에서 신규 조직원의 모집 및 아프가니스탄행을 지원하던 것으로 보이는 인물에 대해 언급한 바 있다. 압둘라 카라하지는 자기 단체에는 여덟 명으로 구성된 지도부가 있다고 했는데, 이는 2004년 잠깐 운영된 투르키스탄이슬람당 웹사이트에 올라온 조직의 구조와 일치하지만, 그의 발언은 여전히 이 단체가 창시자들로 구성된 소규모 핵심 집단임을 시사하고 있다.[23] 아마도 이 공동체와 관계된 다른 이들 대부분은 자신이 하산 마흐숨의 추종자나 동투르키스탄이슬람당의 조직원이라고는 전혀 생각하지 않았을 것이다. 하산 마흐숨은 자신의 고향을 지배하는 중국에 대항하는 무장투쟁 운동을 일으키고자 했겠지만, 그가 할 수 있었던 것은 기껏해야 소화기로 무장한 위구르족들을 훈련시키는 정도였다. 여기서 특히 주목할 만한 점은, 이 단체가 조직원들에게 중국의 내부에서든 외부에서든 어떤 특정한 군사작전이나 폭력을 동반한 저항 활동을 수행하도록 지시한 증거는 어디에도 없다는 사실이다.

아프가니스탄에서 중국에 대항하는 무장 반란을 개시하려는 하산 마흐숨의 노력이 실패한 주요 원인으로는 외부 지원이 부족했던 점과 더불어 외부적인 제약 요인도 있었다. 하산 마흐숨의 대리자 압둘라 카라하지에 따르면, 그들의 조직은 탈레반과 '아랍인들'* 양쪽 모두와 상당히 껄끄러운 관계였다. 2004년 『월스트리트 저널Wall

---

* 알카에다 및 당시 아프가니스탄에 들어와 싸우고 있던 아랍 전사들이다.

Street Journal』과의 인터뷰에서 그는 1999년 칸다하르에서 개최된 무슬림 무장 단체들의 대규모 회합에 하산 마흐숨을 수행하여 참석했던 경험에 대해 이야기했다.[24] 회합에 참석한 오사마 빈 라덴은 아랍 무슬림들에게 역사적 의미가 깊은 지역들, 특히 팔레스타인에서 지하드를 일으키는 것이 중요하며, 이것이 글로벌 지하드의 최우선순위라 강조했다. 빈 라덴의 발언이 있고 나서 하산 마흐숨 및 압둘라 카라하지와 함께 있던 위구르족 한 명은 글로벌 지하드는 이슬람 신앙의 실천이 공격받는 세계 여러 곳 중에서도 무슬림이 가장 억압받는 곳, 특히 동투르키스탄에 초점을 맞추어야 한다고 했다. 하지만 그의 주장은 거의 호응을 얻지 못했다고 한다.[25] 통역으로 인터뷰에 참가했던 오메르 카나트에 따르면, 압둘라 카라하지가 증언한 내용 중에는 당시 아프가니스탄에 있던 아랍인 단체들은 사우디아라비아의 살라피즘적 이슬람 해석을 추종하지 않는 위구르족들을 정통성이 덜한 무슬림으로 낮게 평가했다고 언급한 부분이 있다고 한다. 이러한 맥락에서 본다면 동투르키스탄이슬람운동과 관련하여 중국 정부가 내놓은 최초의 설명 자료에서 주장했던, 하산 마흐숨이 오사마 빈 라덴으로부터 조직 활동을 위해 30만 달러를 실제로 받았을 가능성은 상당히 낮으며, 하산 마흐숨이 오사마 빈 라덴을 만나기는 했지만 그가 알카에다와 어떤 실질적인 관계를 맺지는 않았을 가능성이 더 높다.[26] 또한 우즈베크인과 위구르족 사이의 언어적·문화적 유사성을 감안한다면 하산 마흐숨의 조직이 알카에다의 지원을 받는 우즈베키스탄이슬람운동과 협력적 관계였을 것이라는 추론이 논리적으로 납득할 만하겠으나, 필자는 당시 아프가니스탄에서 두 조직이 그러한 관계였다는 증거를 찾지 못했다.

하산 마흐숨과 탈레반의 관계에 대해 말하자면, 당시 아프가니스탄 정부에서 탈레반의 역할을 볼 때 예상할 수 있듯이, 이들의 관계는 더 복잡했던 것으로 보인다. 한편으로는, 하산 마흐숨이 아프가니스탄에 처음 들어왔을 때 잘랄루딘 하카니의 승인을 받았으며 훈련 캠프를 세울 땅을 마련하는 과정에서도 마찬가지로, 그 지역의 탈레반 관리들에게서 허가를 받았다고 알려져 있다. 하지만 다른 한편으로는, 같은 시기 카자흐스탄이 자국의 위구르 민족주의자들을 중국과의 협상에서 유사한 목적으로 이용한 것처럼 탈레반, 그리고 아마도 파키스탄 정보부는 하산 마흐숨과 그를 따르는 집단을 당시 중국과의 외교 교섭에서 협상 카드로 이용하려 했다. 카자흐스탄에서는 1990년대 중반까지 치안기관들이 위구르족 민족주의 단체들에게 의도적으로 약간이나마 정치적 활동의 공간을 제공했고 명목상이나마 지원도 했던 것으로 보이는데, 그 이후에는 국경 분쟁부터 교역 문제까지 다양한 이슈를 두고 중국과 협상하기 위한 일환으로 이들 단체를 탄압했던 것이다.[27]

1990년대 후반에는 국제사회의 대부분 국가들이 아프가니스탄의 탈레반 정부를 멀리하려 했지만, 중국은 아프가니스탄에 대한 간여 혹은 포용 정책을 모색하고 있었다. 1999년 파키스탄의 지지 아래에 중국은 국가 간 협력과 경제 관계를 논의하기 위해 아프가니스탄에 대표단을 파견했는데, 중국 대표단은 아프가니스탄이슬람토후국 Islamic Emirate of Afghanistan*과 몇 건의 협정을 체결하여 교역 관계를 수립하고 카불과 우루무치를 잇는 항공편을 개설하기까지 한 것으

---

* 탈레반 집권기 아프가니스탄의 공식 국명이다.

로 전해진다.[28] 또한 중국은 탈레반 정부가 필요로 하는 사회기반시설의 건설에 투자하는 데 동의했으며, 인도는 중국 회사 화웨이가 당시 국제사회의 제재를 받던 아프가니스탄 정부와 군에 긴요한 통신설비를 제공했다고 주장했다.[29] 2000년에는 주파키스탄 중국 대사가 비무슬림 국가 고위급 관료로서는 최초로 탈레반 지도자 물라 오마르를 접견했는데, 이 회담에서는 전년도에 체결했던 일련의 협정들을 더 확고하게 했을 것이다.[30]

양국이 체결한 협정들의 상세한 내용은 알려지지 않았지만, 어떤 위구르족 민족주의 단체들에 대해서도 아프가니스탄을 근거지로 이용하는 것을 금지하는 내용의 조항이 들어 있을 가능성이 높다.[31] 이후에 탈레반은 중국 대표단에게, 아프가니스탄의 위구르족들을 중국으로 추방하지는 않겠지만, 어떤 위구르족 단체도 중국에 위협이 되지 않도록 치안기관들을 동원하여 단속하겠다고 약속했기 때문이다.[32] 이렇게 하여, 카자흐스탄에서와 마찬가지로, 탈레반은 자국 영토 내의 위구르족 민족주의자들과 전투원들의 존재를 중국과의 협상에서 이용한 것으로 보이며 아프가니스탄의 이러한 협상 전략 배후에는 아마도 파키스탄의 지도가 있었을 것이다. 탈레반은 하산 마흐숨의 집단이 아프가니스탄에 머무는 것은 허용했지만, 이들의 활동을 예의 주시하면서 이들이 중국에 위협을 가하지 않도록 단속했다.

자유아시아방송의 해외특파원으로 2001년 아프가니스탄 전쟁을 취재했던 오메르 카나트에 따르면, 탈레반은 자신들이 통제할 수 있도록 하산 마흐숨의 공동체 구성원들을 카불로 옮김으로써 중국과 했던 약속을 이행했다. 오메르 카나트가 당시 탈레반 정부의 내무부 부장관이었던 물라 압둘 사미드 학사르와 했던 인터뷰에서 확인되는데, 하산 마흐숨과 그의 추종자들을 카불로 이동시키는 작업은 1999년에 시작되어 미국이 침공하는 2001년까지 계속되었던 것이 분명해 보인다.[33] 카불에서 하산 마흐숨과 그의 추종자들은 삼엄한 감시를 받으며, 중국에 대한 공격을 시도하지 말라는 경고를 받았다. 하산 마흐숨을 포함한 지도부 인사들은 탈레반의 감시가 가능한 시내에 주택을 제공받아 거주했으며, 나머지 추종자들은 시내 외곽의 군사기지 두 곳에 수용되었는데 아마도 탈레반의 군대에 입대한 이들과 함께였을 것이다.[34] 1998~1999년의 기간 동안 자체적으로 모집해 훈련시켰을 하산 마흐숨의 전투 역량은 완전히 무력화되었지만, 그와 그의 공동체는 향후 다시 한번 중국에 대한 협상 카드로 활용될 수 있을 상황에 대비해 탈레반의 감시 아래에 아프가니스탄에 계속 머물렀다.

이와 같은 설명이 당시 아프가니스탄에서 벌어지던 상황에 실제로 부합한다면, 이는 하산 마흐숨은 탈레반과 알카에다로부터 지원을 받지 못했을 뿐만 아니라 탈레반이 그의 활동에 제약을 가하는 데 적극적으로 개입했음을 의미하는 것이다. 전체적으로 볼 때 이 시기 중국이 해외에서 위구르 민족주의자들의 활동에 제약을 가하려 했던 점을 감안한다면 앞의 설명은 일리가 있으며, 2000~2001년 당시 하산 마흐숨의 공동체는 미래에 대한 뚜렷한 계획을 가진 응집력 있는 조직이라 볼 수 없었다는 몇몇 목격자의 증언과도 일맥상통하는 것이다. 이 시기 하산 마흐숨의 공동체를 직접 목격한 이들의 진술 중 가장 상세한 것은 아프가니스탄과 파키스탄에서 체포되어 관타나모 수용소로 옮겨진 위구르족 22명의 증언이다. 이들 모두 하산 마흐숨의 '공동체'에 관여했었지만 자신의 활동이 어떤 특정한 단체의 구성원임을 의미하는 것으로 이해하지는 않았다. 게다가 하산 마흐숨의 공동체에 대한 이들의 묘사나 진술은 세계는 고사하고 중국을 위협할 수 있는 역량을 가진 무장 단체로서의 자부심을 고무할 수가 없는 내용이었다.

관타나모 수용소의 위구르족들 중 18명은 아프가니스탄에 체류하던 당시 잘랄라바드 인근의 임시 훈련소에 머물렀다. 그 외에 두 명은 하산 마흐숨의 공동체에서 식료품 전달책과 타자수로 일했고, 한 명은 하산 마흐숨이 형제를 찾는 과정에서 이들 공동체에 합류하게 되었으며, 1990년대 카슈가르에 있었을 적부터 하산 마흐숨의 친구였을지도 모를 마지막 한 명은 가장 나중에 아프가니스탄으로 넘어왔다. 관타나모 수용소에서 이들이 했던 증언들을 다시 살펴보면서 놀라웠던 점은 이들 중 누구도 하산 마흐숨의 공동체를 제대로 된 조직으로 간주하지 않았다는 점이다. 오히려, 하산 마흐숨의 공동체는 여러 상황과 중국이 자신들의 고향을 지배하는 데 대한 공통된 반감으로 모인 위구르족 집단이었다는 것이 그들의 진술에서 일관되게 드러나는 점이었다. 사용할 수 있는 무기가 준비된 곳이었으므로 미래의 언젠가 중국에 대항하여 싸우게 될 상황에 대비해 무기 사용법을 배우는 기회가 있으면 이를 환영했지만, 가까운 미래에는 중국에 대한 어떠한 활동 계획도 없었던 것으로 보이며 이들 대부분이 아프가니스탄에서의 체류는 중국 밖에서 안전하게 살 수 있는 장소를 찾기 위해 잠시 거치는 과정으로 생각했다.

식료품 전달책과 타자수 둘 다 자신과 공동체의 관계에 대해서는 구성원보다는 피고용인적 성격으로 묘사했으며, 공동체에 대한 외부의 지원 여부에 대해서는 아무것도 알지 못했다.[35] 하산 마흐숨의 캠프에 있던 이들은 중국에 송환될 위험에 떨며 지내던 키르기스스탄과 파키스탄에서 빠져나온 이들로, 중국 밖에서 안전하게 머물 수 있는 최종 장소로 그곳을 선택한 경우가 대부분이었다. 중국에 대항하는 전쟁에 가담할 수 있으리라는 희망을 품고 온 이들도 있었지만 글로벌 지하드에 참가하려 했던 이는 없었다. 실제로, 이들 중 관타나모 수용소에 들어오기 전까지 알카에다에 대해 들어본 사람은 아무도 없었다. 미국의 침공에 저항하는 탈레반과 알카에다 세력을 도와준 적이 있느냐는 질문에는 이들 모두가 자신은 미국과 싸울 이유가 없다고 답했다. 그중 한 명이 "10억 명의 중국인을 적으로 두고 있는 것만도 충분한데, 왜 적을 더 만들겠는가?"라고 지적한 것은 이들이 말하고자 하는 바를 명확히 정리한 것이다.[36]

이 시기 하산 마흐숨의 공동체 인원들이 카불 시내와 인근 군사기지에 수용되었다는 점을 감안한다면 잘랄라바드 인근에 캠프가 존재했다는 것은 약간 이해하기 어렵다. 관타나모 수용소의 위구르족들의 증언에 따르면 캠프는 하산 마흐숨 집단이 근래에야 만든 듯하다. 이 캠프가 탈레반 군대의 규모를 키우기 위해 탈레반의 승인 아래에 세워진 것인지, 아니면 하산 마흐숨의 공동체가 아프가니스탄 정부에 알리지 않고 만든 것인지는 분명치 않다. 하지만 어느 쪽이든, 캠프에 있었던 이들이 증언하는 캠프 내부의 열악한 환경은 이캠프에 대한 외부의 지원이 있었다 하더라도 거의 없는 것이나 마찬가지인 수준이었을 것임을 시사한다. 캠프가 있던 지역 내에서는 요리사로 일하던 지역 주민 한 명을 제외하고는 모두가 위구르족이었다는 것이 관타나모 수용소에 있던 위구르족 모두의 일치하는 진술이었다. 이들 중에서 캠프에 더 오래 있었던 이들은 하산 마흐숨이 캠프에서 훈련받는 인원들에게 강연하기 위해 두 차례 방문한 적이 있다고 했으며, 이들 거의 전부가 지목하는 캠프의 우두머리는 압둘하크라는 위구르족이었다.[37] 캠프에서 훈련받은 인원들은 전부 미국이 아프가니스탄을 침공하기 1년 전에 아프가니스탄으로 들어와 캠프에 도착했는데, 한창때 이 훈련 캠프에는 약 30명의 위구르족이 있었다고 모두 같은 내용의 진술을 했다.

가장 중요한 점은 아마도, 관타나모 수용소의 위구르족들이 그 '훈련 캠프'에 대해 증언한 내용은 "알카에다와 긴밀하게 연계된, 전문적이고 체계적이며 풍부한 자원을 가진 조직"이라는 여느 '테러리즘' 전문가들의 프로파일링과는 부합하지 않는다는 점일 것이다. 이 위구르족들이 묘사한 것은 수리가 절실히 요구되는 작고 낡은 건물들로, 그들이 거기에 머무는 동안 했던 가장 주요한 활동은 건물들을 수리하여 거주할 수 있도록 돌려놓는 것이었다.[38] 캠프에 있는 동안 받았던 훈련에 대해 물어보자, 아침 구보 외에 간간이 사격을 할 기회가 있었지만 캠프에 있던 AK-47 자동소총을 가지고 총알 몇 발 쏘는 정도였다고 대답한다. 간단히 말해서, 이들이 묘사한 '훈련 캠프'에서 제공하는 훈련은 매우 부실했으며 어떤 종류의 군사작전을 지원하기 위한 자원은 사실상 없다시피했던 것이다. 실제로 관타나모 수용소에 있던 위구르족 수용자의 대부분은 이 장소가 '훈련 캠프'라는 인식이 전혀 없었다. 한 수용자는 '캠프'에 대해 묻는 심문관에게 "그곳은 위구르족들이 가던 작은 공동체였다. 당신은 그 장소를 캠프라고 하지만 나는 그게 무슨 소리인지 모르겠다"고 답했다.[39]

관타나모 수용소로 옮겨지기 전까지 이 황량한 정착촌에 거주하던 이들 대부분은 그곳을 다른 무엇보다도 중국의 손이 닿지 않는 도피처로 보았던 것 같다. 2006년 관타나모 수용소에서 풀려나 알바니아로 추방된 위구르족들을 대상으로 필자가 2010년 실시했던 인터뷰에서 실제로 그러한 점을 확인할 수 있었다. 알바니아의 수도 티라나에서 피자 요리사의 견습생으로 일하던 이들과 가졌던 인터뷰에서 이들이 해준 이야기는 익히 들었던 내용이었다. 이들이 들려준 미군에 체포되기 이전의 삶은 필자가 1990년대 중반 카자흐스탄에서 인터뷰했던 많은 위구르족 무역상의 이야기를 연상시켰다.[40] 이들 대부분은 시골 출신이며, 다른 일을 해볼 기회가 거의 없었기 때문에 무역업에 뛰어들었다. 그들은 무역 일을 하면서 입에 풀칠하는 수준 이상의 생활을 하기 위해서는 위구르 지역과 서쪽의 인접 국가들을 연결하는 국제무역에 참가해야 함을 깨닫게 되었다. 이에 그들은 중국의 공산품을 인접 국가들, 특히 중앙아시아 국가들과 파키스탄에 팔기 위해 서쪽으로 여행을 했다. 일단 해외에 나가본 그들은 억압적인 분위기가 지배하는 고향으로는 더 이상 돌아가고 싶지 않게 되었으며, 귀국 시 해외에서 위구르 민족주의자들과 접촉했다는 정치적 혐의로 수용소에 구금될 수 있는 위험을 두려워하게 되었다. 1990년대 초반만 해도 중앙아시아 국가들과 파키스탄은 중국을 떠난 위구르족들에게 안전한 은신처를 제공했지만, 1999년에 이르러서는 상황이 변했다.

알바니아에서 인터뷰한 위구르족들은 중앙아시아 국가들과 파키스탄이 중국을 위해 자국 내 위구르족들의 동향에 대한 감시를 점차 강화하면서 어려움을 겪고 이들 국가를 떠났지만 중국으로 돌아가기를 원하지는 않았다. 필자가 인터뷰한 네 명 중 중국에 돌아가서 써먹기 위한 군사훈련을 받겠다는 목적으로 아프가니스탄에 갔다는 한 명을 제외한 나머지 세 명은 최종적으로는 튀르키예로 가겠다는 희망을 품은 채 잠시 머물려고 아프가니스탄에 갔다고 했다. 파키스탄 사람들이 잘랄라바드 인근에 있는 소규모 위구르족 공동체에 가면 아프가니스탄과 이란을 거쳐서 튀르키예로 가는 안전한 루트를 찾는 데 도움을 받을 수 있을 것이라 알려주었다는 것이 이들의 주장이었다. 필자가 인터뷰한 이들은 아프가니스탄에 도착한 시점이 제각각이었지만, 9·11 테러 직후 미군이 잘랄라바드를 폭격할 당시에는 이들 모두 그 지역 인근의 같은 정착촌에 모여 있었다. 이 중 가장 젊은 사람은 미군에 체포되었을 때 18세였는데, 전날 있었던 사건에 대해서는 아무것도 모르는 채 2001년 9월 12일 아프가니스탄에 들어왔다고 했다. 미군의 아프가니스탄 공습 때 그들의 캠프는 폭격을 맞아 다수의 사상자가 발생했다. 필자가 인터뷰한 인원들을 포함한 18명의 생존자는 안전한 곳을 찾아 산으로 도피하여 원숭이 굴에서 지냈다. 이들은 인근을 지나가던 아랍인들을 발견하고 그들을 따라 파키스탄 국경을 넘었는데, 거기서 지역 주민들은 먼저 이들 위구르족에게 은신처를 제공한 후 한 명당 5천 달러를 받고 현상금 사냥꾼들에게 이들을 넘겼다고 한다.

관타나모 수용소행으로 막을 내린, '어쩌다 보니 지하디스트가 된 이들'의 약력은 단명에 그친 하산 마흐숨의 아프가니스탄 공동체에 속했던 많은 이들에게도 해당될 수 있을 것이다. 거의 4년에 걸친 기간 동안 비슷한 사연을 가진 많은 위구르족이 오가며 그의 공동체를 은신처로 이용했을 것이다. 예를 들어, 투르키스탄이슬람당이 2010년에 내놓은, 1999년 이 조직에 가담했다가 2001년 미군의 공습으로 사망했다고 알려진 유수프 카디르칸*의 생애를 기념하는 영상물에는 그가 20명가량의 위구르족 어린이를 가르치는 장면이 나오는데, 이는 한때 이 공동체에 많은 위구르족이 있었다는 압둘라 카라하지의 주장에 신빙성을 부여하는 것이다.[41] 하지만 2001년 미군이 침공하는 시점에서는, 탈레반이 이 공동체를 카불로 옮기고 구성원들을 시내 및 시내와 인접한 군사기지 두 곳에 수용함에 따라, 하산 마흐숨은 응집력 있는 전투력이나 통합된 공동체 비슷한 것마저도 만들 수 없는 상황이었던 것으로 보인다.

그 결과, 2001년 말 미군의 폭격이 벌어지는 혼란한 상황에서 이 공동체에는 거의 아무도 남아 있지 않게 되었다. 하산 마흐숨이 2002년 자유아시아방송과의 인터뷰에서 인정했듯이, 카불 인근의 군사기지에 수용된 일부는 탈레반의 군대에 편입되어 탈레반과 함께 침략 세력에 맞서 싸웠을 가능성이 있다. 잘랄라바드 인근의 캠프에 있던 신참자들은 죽거나 관타나모 수용소로 보내졌다. 하산 마흐숨은 미군의 폭격이 가해지는 와중에 가능한 한 많은 공동체 성원을 모아 아프가니스탄을 탈출하여 파키스탄으로 넘어간 것으로 보인다. 같이 넘어간 이들 중에는 하산 마흐숨의 소규모 핵심 그룹, 유수프 카디르칸처럼 미군의 공습에 사망했을 수도 있는 인원들 중 일부, 그리고 카불 인근의 군사기지에서 탈출하는 데 성공한 위구르족들이 포함되어 있었을 것이다.

투르키스탄이슬람당이 2017년 내놓은 영상물에는 눈 덮인 설산을 배경으로 하산 마흐숨이 기도회를 주재하는 모습이 나오는데, 설교 내용으로 판단컨대 2001~2002년 사이 파키스탄을 향한 장정

---

* 셰이크 빌랄로 알려져 있다.

중에 촬영된 것으로 보인다. 영상물에서 볼 때 이들 집단은 기껏해야 20명 정도인 듯하다.[42] 세부적인 사항은 알려져 있지 않지만, 이 집단이 어느 시점에서는 파키스탄에서 은신처를 구하는 데 도움이 될 비非위구르족 무장 단체들과 연합을 이루었을 수도 있다. 요청하지도 않았는데 하산 마흐숨이 자유아시아방송에 인터뷰를 자청한 시기가 이때였다. 인터뷰에서 그는 알카에다의 9·11 테러를 비난하며, 자신이 이끄는 집단은 탈레반이나 알카에다와 어떠한 조직적 차원의 연계를 맺고 있지 않고 어떠한 재정적 지원을 받은 적도 없다고 주장했다.[43] 인터뷰에 참가했던 오메르 카나트가 지적하듯이, 당시 아랍 그리고, 혹은 아프가니스탄 전투원들과 함께 움직이고 있었을 하산 마흐숨으로서는 그런 내용의 인터뷰를 한다는 것이 상당히 위험한 일이었을 것이다. 그로부터 몇 개월 후 오메르 카나트는 다시 한번 인터뷰를 요청했지만, 더 이상은 그와 소통할 수 없었으며 지난번의 인터뷰 때문에 고통받고 있다는 하산 마흐숨의 대답이 돌아왔다.[44]

파키스탄에 도착한 이후 하산 마흐숨 공동체의 잔당들에게 일어났던 사건들에 대해서는 알려져 있는 것이 많지 않다. 하산 마흐숨의 대리자인 압둘라 카라하지는 훗날 오메르 카나트와 『월스트리트저널』 기자에게 하산 마흐숨은 자신의 공동체를 이란의 콤으로 옮기는 방안을 모색했지만 결국은 알카에다와 파키스탄 탈레반이 통제권을 장악하고 있던 파키스탄의 와지리스탄*에 머물기로 했다고 말했는데, 여기서 이들 조직과 함께 정착한 것으로 추정된다.[45] 2003년

---

* 아프가니스탄의 국경과 닿아 있는 파키스탄의 서북부 지역.

10월 2일 파키스탄군이 남부 와지리스탄의 아프가니스탄 국경 인근에서 하산 마흐숨을 사살하면서 그의 공동체는 물론 앞으로 중국에서 일으킬 투쟁에 대한 미래상도 대부분 사라지고 말았다. 그러나 그가 사망하게 된 구체적인 정황은 알려져 있지 않다.[46] 몇몇 위구르족은 필자에게, 하산 마흐숨은 자신의 공동체가 와지리스탄의 작전기지와 관련하여 파키스탄 정보부로부터 최소한 암묵적인 지원을 받고 있다고 추정되던 알카에다 및 탈레반과 연계된 단체들에 통합되는 것을 반대했기 때문에 살해당했다고 말했다. 또한 필자와 인터뷰한 이들 중 적어도 한 명은 하산 마흐숨의 경우 스스로 미군에 출두하여 그들에게 자신의 활동 목표를 설명하고자 했기 때문에 살해당했다고 믿고 있다. 하지만 그의 죽음 뒤에 감추어진 진실은 앞으로도 밝혀지지 않을 것으로 보인다.

하산 마흐숨과 그의 공동체, 그리고 중국에 대항하는 지하드를 일으키는 목표와 관련한 이야기들로부터 이 집단의 활동 및 충성의 대상에 대한 전모를 파악하기 위해서는 추가적인 연구가 더 필요하겠지만, 이들이 직접 진술한 바에 따른다면 그의 공동체는 기껏해야 막 생겨나려는 단계의 군사조직에 불과하며 조직의 진정한 목적은 결코 달성하지 못했다는 점이 분명하다. 아프가니스탄에 있는 동안에는 전 세계적 차원의 지하드를 모색하는 무슬림 전사들 사이에서 하산 마흐숨과 그의 추종자들이 탈레반은 물론 어느 정도는 알카에다와도 서로 교류하며 영향을 주고받는 것이 불가피했겠지만, 그가 이들 단체와 조직적으로 연계되어 있다거나 이들 단체로부터 자금을 지원받았거나 혹은 이념적으로 글로벌 지하드에 경도되었다는 증거는 없다. 하산 마흐숨과 그를 따르던 집단은 이슬람을 통해서 자신들의 고향을 중국으로부터 해방시키려는 투쟁에 전념했으며, 자신들이 준비한 것을 실행할 기회가 언젠가는 올 것이라는 희망을 품고 그러한 전쟁을 준비하는 데 시간을 보냈던 것이다. 본질적으로, 스스로를 동투르키스탄이슬람운동이라 칭한 적이 없는 이 집단이 체계를 갖춘 제대로 된 조직이었다고는 볼 수 없다. 별 볼일 없는 이들이 모인 느슨한 소규모 집단이었던 그들은 자신들이 위구르족으로서 가지고 있는 대의를 위한다고 믿었지만, 그 대의를 달성할 수 없게 하는 지정학적 메커니즘에서 빠져나올 수 없는 신세이기도 했다.

지금까지 나왔던 하산 마흐숨의 공동체에 대한 이야기들을 감안한다면, 동투르키스탄이슬람운동을 '테러 단체'라 분류하는 것은 터무니없는 일이다. 먼저, 그러한 이름을 내걸고 실제로 존재한 조직은 없는 것이다. 다음으로, 하산 마흐숨의 공동체가 알카에다 및 탈레반과 긴밀한 관계였거나 이들 단체로부터 자금을 지원받은 정황이 전혀 보이지 않으며, 오히려 이들 단체가 하산 마흐숨의 공동체가 그 목적을 달성하려는 것을 방해했을 가능성이 더 높다. 마지막으로, 미국 국무부는 1990~2002년 사이에 위구르족들이 저질렀다고 하는 200건이 넘는 폭력 활동, 162명의 사망자 및 440명의 부상자에 대해 동투르키스탄이슬람운동이 책임져야 한다고 했지만 1998년에야 만들어진 하산 마흐숨의 공동체가 이들 사건 혹은 피해와 관련이 있다는 증거는 찾아볼 수 없다. 이 단체가 중국을 겨냥한 어떠한 공격도 수행한 적이 있다는 증거가 없고 어떤 개인에 대한 공격을 가했다는 증거도 없는 것이다. 미국과 유엔이 동투르키스탄이슬람운동을 '테러 단체'로 지정한 2년 후 그 지도자로 추정되는 이는 사망했고 '대테러 산업복합체'가 동투르키스탄이슬람운동으로 간주했던 하산 마흐숨의 공동체는 거의 붕괴되고 말았다. 그러나 동투르키스탄이슬람운동은 여전히 미국과 유엔의 테러 단체 명단에 이름이 남아 있으며,* 이 책이 발간되는 지금까지도 위구르족들은 그에 따른 결과를 감내하고 있다.

투르키스탄이슬람당, 2004~2012: 무력을 보유한 영상물 제작사

하산 마흐숨이 사망한 직후 몇 년 동안 그 잔당들의 활동에 대해서는 알려진 것이 거의 없다. 이후에 그의 대리자 압둘라 카라하지가 안전한 은신처를 찾아 파키스탄을 탈출했다고 알려져 있는데, 다른 이들도 그를 따라갔을 가능성이 있다. 2002년 하산 마흐숨이 약 20명의 추종자를 이끌고 파키스탄에 들어왔다면, 2003년에 들어서는 그중 남은 이들은 정말 한 줌밖에 안되는 수준이었을 것이다. 실제로 2008년까지의 기간 중 아프가니스탄이나 파키스탄에서 위구르족 전투원에 대해 들을 수 있는 것은 실질적으로 없었다. 하지만 남아 있던 누군가가 새로운 계획을 발전시키기 위해 하산 마흐숨의 유산을 활용하려 했음을 알려주는 몇몇 조짐은 있었다.

2004년, 스스로를 투르키스탄이슬람당이라 칭하는 집단이 웹사이트(www.tipislamawazi.com)를 개설한 것이 그 첫 번째 조짐이었다.

---

* 미국 정부는 2020년 11월 "이 조직이 존재한다고 믿을 만한 결정적 증거가 있지 않음"을 이유로 동투르키스탄이슬람운동을 '해외 테러리스트 입국 금지 명단'에서 삭제했다.

운영되는 동안 따로 업데이트는 되지 않았지만 위구르어 자료는 물론 특히 영어로 된 자료도 올라와 있던 이 웹사이트를 통해서, 이 단체는 자신들이 하산 마흐숨의 단체와 같은 조직이며 그가 죽기 전인 2000년에 조직의 명칭을 바꾸었다고 주장했다.[47] 주목할 만한 것은, 2004년 이 웹사이트에서 그러한 주장을 내놓기 전까지 필자는 이러한 변화를 알려주는 증언이나 기록을 어디에서도 본 적이 없었다는 점이다. 예를 들어, 자유아시아방송과 했던 2002년도 인터뷰에서 하산 마흐숨은 동투르키스탄이슬람당이라는 명칭을 사용하면서, 이는 1990년 바런에서의 위구르족 봉기를 이끌었던 자신의 동료 학생을 기념하기 위해 선택한 명칭이라고 명시적으로 언급한 바 있다.[48] 이 웹사이트를 개설한 지 얼마 안 되어 투르키스탄이슬람당은 하산 마흐숨의 일대기를 다룬 한 시간 분량의 아랍어 영상물을 올렸는데, 이는 아랍 세계 특히 지하디스트들이 위구르 문제에 주목하게 하려는 의도인 것으로 보였다.[49] 또한 제2장에서도 지적했듯이, 2006년에 위구르족 전투원으로 추정되는 이들이 동투르키스탄의 지하드를 촉구하는 영상물을 올렸는데, 여기서는 아무도 투르키스탄이슬람당을 언급하거나 2004년부터 이 단체가 자신의 미디어를 통해 공개한 로고를 사용하지 않았었다.[50]

돌이켜보면, 미디어를 활용한 이러한 노력은 하산 마흐숨의 집단에서 살아남은 몇 안 되는 잔당들이 여러 분파로 갈라져서 사망한 지도자의 유산을 대표하기 위해 경쟁하는 상황을 반영하는 것일 수도 있다. 만약 그러한 경우라면, 2008년에는 하산 마흐숨의 공동체가 불타버리고 남은 잿더미에서 단지 하나의 새로운 집단이 생겨난 것이라 보아야 할 것이다. 하산 마흐숨의 공동체보다 더 의도적으로 자신들을 브랜드화하는 이 집단은 스스로를 투르키스탄이슬람당이라 칭하고 자체 보유한 유명한 미디어 '이슬람 아와지Islam Awazi(이슬람의 목소리)'를 통해 이 브랜드를 홍보하곤 했다. 하지만 투르키스탄이슬람당이 어떻게 만들어졌는지에 대한 정보는 아쉽게도 거의 없으므로 당시 상황에 대해서는 오직 추정만이 가능하다. 투르키스탄이슬람당이 작성했다는 의심쩍은 문건에서는 하산 마흐숨이 사망하자 압둘 하크가 바로 공동체의 지도자가 되었다고 하지만, 하산 마흐숨이 사망한 5년 후 베이징 올림픽과 관련한 영상물을 내놓게 되는 2008년 3월까지 지도자의 승계와 관련하여 외부로 유출된 정보는 없었다.[51] 따라서, 이 집단은 압둘 하크가 지도자 자격을 주장하는 가운데 어느 분파가 되었든 2001년 이후 와지리스탄에 정착한 위구르족들을 중심으로 새로운 공동체를 구축해 나가기 시작하면서 점진적으로 만들어졌을 가능성이 더 높다고 할 것이다. 하산 마흐숨의 사망 이후 무슨 일들이 벌어졌는지 상관없이 분명한 것은, 2008년에 존재한 투르키스탄이슬람당은 수장이라는 칭호를 택한 압둘 하크가 기획한 프로젝트로서 출발했으며 충성의 대상 및 접근 방식에 있어서 하산 마흐숨의 공동체와 사뭇 달랐다는 점이다.

압둘 하크의 생애는 대부분이 베일에 가려져 있다. 본명이 맘티민 마마트인 그는, 하산 마흐숨의 대리자 압둘라 카라하지와 달리, 중국 공안부가 2003년에 테러리스트 수배자로 올린 위구르족 11명에는 들어 있지 않았다.[52] 하지만 관타나모 수용소에 수감된 위구르족의 대부분은 그가 하산 마흐숨의 공동체에서 핵심 구성원 중 하나이고, 하산 마흐숨이 격리되어버린 후에 그의 공동체에 합류하기 위해 찾아온 위구르족들을 착취하던 탈레반과 연관된 위구르족이라 하며 그를 훈련 캠프의 책임자라 지목했다. 투르키스탄이슬람당의 아랍어 기관지 『이슬람 투르키스탄Islamic Turkistan』 제1호에는 위구르 지역에서 보냈던 그의 어린 시절과 아프가니스탄에서의 마지막 모습에 대한 약간의 세부적인 정보가 압둘 하크 자신이 원하는 방식으로 묘사되어 있다. 하산 마흐숨의 경우와 비슷하게 압둘 하크의 가족도 그가 어렸을 적에 사설 학교의 이슬람 교사들에게 보내져 교육받게 했던 것으로 보이지만, 그는 자신이 1975년부터 1980년까지 국가가 운영하는 학교에 다녔으며 카길리크의 압둘하킴하지 마흐숨 문하에서 공부하려고 1980년에 국영 학교를 그만두었다고 주장했다.[53] 하지만 하산 마흐숨과 달리, 그는 압둘하킴하지 마흐숨을 가장 높은 스승으로 간주하지는 않았다. 그가 자신의 최종적이고도 궁극적인 스승이라 지목한 무하마드 자키르 아흐나드 칼리파는 압둘 하크에 따르면 살라피즘의 신봉자였고, 이는 하산 마흐숨에 비해 압둘 하크가 살라피즘 전통에 더 영향을 받았을 수 있음을 시사하는 것이다.[54] 감옥에서 시간을 보낸 후 결국은 뇌물을 써서 중국을 탈출하는 은밀한 루트를 찾아내 파키스탄에 들어온 그는 지역의 마드라사를 통해서 하산 마흐숨 쪽 인사들을 만났다고 주장하며, 그 이후인 1998년 4월에 아프가니스탄의 호스트로 들어가 하산 마흐숨의 공동체에 합류했다고 전해지고 있다.[55]

압둘 하크가 궁극적으로는 알카에다 및 탈레반과의 공조를 하산 마흐숨이 공동체를 이끌던 시절보다 더 긴밀하게 하는 방향으로 움직였음은 명백하지만, 이러한 노선 변경이 언제 이루어졌는지는 확실치 않다. 하산 마흐숨의 사망 후 알카에다와 파키스탄 탈레반 세력이 통제권을 거의 장악하고 있던 와지리스탄에 남아 있던 한 줌도 안되는 위구르족들 중에서 지도자로 부상하기 위해서는 그러한 노선 변경이 불가피한 것이었을 수 있다. 하지만 알카에다와의 제휴는 중국에 대한 지하드를 준비하기 위해 하산 마흐숨이 생전에 했던 것보다 더 많은 외부의 지원을 얻어내려는 정치적 계산이 반영된 결과물이었을 수도 있다. 베이징 올림픽이 끝난 후 미국 재무부는 압둘 하크를 제재 대상에 포함하면서 그가 2005년에 이미 알카에다의 슈라위원회Shura council*에 가입했다고 주장했지만, 그러한 주장을 내놓기 이전에 이를 뒷받침하는 자료가 제시된 적은 없었다.[56]

압둘 하크가 공식적으로 알카에다와 연계를 맺은 시점과 무관하게, 2008년까지는 그와 그의 집단이 북부 와지리스탄에서 알카에다와 공조하고 있었다는 점은 분명하다. 이 동맹 관계는 압둘 하크의 집단이 상당한 자원도 제공받는 기회가 된 것으로 보인다. 2008년 투르키스탄이슬람당은 알카에다와 연계된 언론사를 통해 아랍어 잡지를 창간하는 한편, 베이징 올림픽에 위협을 가하는 영상물 몇 편을 제작했다. 투르키스탄이슬람당이 베이징 올림픽을 위협하는 영상물로 국제적인 주목을 받게 된 점은 그다음 해에도, 최소한 영상물 제작에 대해서는, 투르키스탄이슬람당에 대한 지원을 계속 제공하도록 하는 데 충분할 만큼 알카에다 지도부에 깊은 인상을 남겼던 것으로 보인다. 또한 베이징 올림픽이 끝난 후 알카에다 대변인은 오사마 빈 라덴이 압둘 하크를 투르키스탄이슬람당의 수장이자 '알카에다 중국 지부Al-Qaeda in China'라는 실체 없는 유령 조직의 지도자로

---

* 알카에다의 고위급 인사들로 구성된 이 조직의 운영위원회로, 최고 지도자 오사마 빈 라덴에 대한 자문위원회 역할도 했다고 한다.

임명했음을 직접 발표했다고 했는데, 이 '알카에다 중국 지부'라는 이름은 이후 다시는 언급되지 않았다.[57]

앞서 언급했듯이, 이슬람 아와지라는 브랜드로 제작된 투르키스탄 이슬람당의 영상물은 2008년에서 2012년 사이에 수량과 품질 모두에서 기하급수적으로 성장했다. 제작물의 수가 늘었을 뿐만 아니라, 촬영 수준이 높아지고 점점 더 정교한 애니메이션을 사용하면서 영상물의 품질도 더 세련되어졌다. 하지만 영상물이 증가하고 더욱 세련되어진 만큼 와지리스탄의 위구르족 전사 집단도 괄목할 만큼 성장했는지는 명확하지 않다. 예를 들어, 적어도 2011년까지 나온 영상물에서는 다른 위구르족 전사들의 모습은 거의 보이지 않는다. 이슬람 아와지가 하산 마흐숨의 아프가니스탄 공동체 당시를 기록한 영상들을 물려받아 여기저기 광범위하게 이용하기는 했지만, 2011년까지 제작된 영상물에 나타나는 위구르족은 다섯 명뿐이다. 스스로 수장임을 선포한 압둘 하크, 부수장 압두슈쿠르, 사령관 사이풀라, 이슬람 아와지의 프로듀서 압둘라 만수르, 압둘아지즈라는 이슬람 학자가 바로 그들이다. 이 시기 투르키스탄이슬람당과 연계된 위구르족들이 있을 수 있지만, 2011년까지는 이들 외에는 다른 구성원이 없었을 가능성도 배제하기 어렵다.

이 다섯 인물의 일대기를 살펴보면 투르키스탄이슬람당이 충성을 바치는 대상, 그리고 이 조직과 하산 마흐숨이 이끌던 공동체의 차이점에 대해 알 수 있다. 압둘 하크의 대리자 압두슈쿠르는 하산 마흐숨의 공동체가 아프가니스탄에 있었을 당시 탈레반 전투원으로 활동하고 있었는데, 그가 실제로 하산 마흐숨 공동체의 일원이었는지 여부는 밝혀지지 않았다. 2000년 북부동맹Northern Alliance*에 붙잡

힌 그는 감옥에서 7년을 보낸 후, 2007년 와지리스탄의 투르키스탄이슬람당에 가담했다.[58] 압둘라 만수르의 경우 하산 마흐숨보다 몇 년 앞서서 압두슈쿠르와 함께 아프가니스탄에 들어온 것으로 나오는데, 압두슈쿠르와 비슷한 인생유전을 거친 것으로 보인다.[59] 사령관 사이풀라도 비슷하게 1997년에 아프가니스탄에 들어와서 탈레반과 함께 북부동맹에 맞서 싸우다가 하산 마흐숨을 만난 것 같다.[60] 사이풀라가 하산 마흐숨의 슈라위원회 일원이 되었다고 전해지기는 하지만, 당시 그는 하산 마흐숨의 공동체보다는 탈레반과 더 긴밀하게 연계되어 있었던 것으로 보인다. 2001년 미군이 아프가니스탄을 침공할 당시 그는 북부 지역에 꼼짝 않고 있다가 2002년 파키스탄으로 넘어가면서 하산 마흐숨을 만나게 되었을 뿐이다. 가장 젊은 압둘아지즈는 비교적 나중에 합류했는데 열성적인 이슬람 교사였던 것으로 보인다. 그가 2001년 이전에도 아프가니스탄에 있었다는 증거는 없으며, 처음에는 마드라사에서 공부하려고 파키스탄으로 갔다가 와지리스탄에서 나머지 네 명을 만났을 가능성도 있다. 따라서 압둘 하크는 투르키스탄이슬람당의 핵심 구성원 중에서 하산 마흐숨의 집단과 실질적으로 관련성이 있는 유일한 인물이지만 이 관련성에 대해서도 논쟁의 여지는 있으며, 투르키스탄이슬람당 지도부의 대부분이 와지리스탄으로 가기 전에 개인적으로는 탈레반과 더 긴밀

---

* 정식 명칭은 '아프가니스탄구원국민이슬람연합전선' 혹은 '아프가니스탄이슬람통일전선'이다. 1996년 아프가니스탄의 수도 카불을 점령한 탈레반 정권에 대항하기 위해 뭉친 군벌들의 연합체다. 2001년 9·11 테러 이후 아프가니스탄 전쟁에서 미군을 비롯한 다국적군의 지원 아래에 탈레반 정권을 축출하고 하미드 카르자이를 과도정부 대통령으로 선출했다.

하게 관련되어 있었다. 와지리스탄에서 압둘 하크의 집단이 알카에다 및 파키스탄 탈레반과 긴밀한 동맹 관계를 맺었던 데는 이와 같은 사정도 작용했을 것이다.

압둘 하크의 조직에 대한 글을 종종 썼던 '테러리즘' 분석가 제이컵 젠Jacob Zenn은 그의 집단이 발전하던 초기에 주목했는데, 이 시기에 이슬람 아와지가 많은 영상물을 제작한 점을 감안한다면 투르키스탄이슬람당은 "선전대宣傳隊를 보유한 무장 단체militant group with a propaganda wing보다는 무력을 보유한 선전 단체propaganda group with a militant wing에 더 가까워 보인다"고 지적했다.[61] 필자는 여기서 더 나아가, 이 시기 투르키스탄이슬람당에는 자체 보유한 무력이나 병력이 전혀 없었을 가능성도 작지 않다고 본다. 더 정확히 말한다면, 한 줌밖에 안되던 이 시기 와지리스탄의 위구르족들은 알카에다 혹은 파키스탄 탈레반의 한 분파에 소속된 다민족 혼성여단에서 싸웠을 것이고, 여기서 압둘 하크는 군사 지휘관 역할을 했던 것으로 보인다. 하지만 이 시기 투르키스탄이슬람당 활동의 실질적인 중점은 이 전사들이 아니라, 이슬람 아와지를 통해 대중매체로서의 존재감을 키워나가는 데 있었다.

선전 활동의 의제에 대해 말하자면, 2008~2010년까지 이슬람 아와지가 전개한 중국에 대한 정보전情報戰은 두 개의 전선에서 진행되었다. 첫 번째는 위구르 지역의 무슬림들이 중국에 대한 지하드를 일으키도록 선동하는 것이었으며, 두 번째 전선은 국제 지하드 네트워크가 중국을 적이자 잠재적 공격 대상으로 주목하도록 유도하는 것이었다. 2009년 초 제작된 많은 영상물에서는 중국에 거주하는 위구르족들이 중국에 대해 지하드를 감행하도록 고무하려는 목적이 명백하게 관측된다. 지하드를 일으키는 방법을 다룬 영상물은 물론, 위구르 지역의 해방 및 신에 대한 무슬림의 의무를 이행하는 수단으로서 지하드의 중요성을 설명하는 영상물도 이에 포함된다.[62] 2009년 7월 우루무치 폭동 이후에 이 사건에서 영감을 받아 제작된 영상물들은 중국에서 위구르족의 봉기를 대놓고 촉구하기도 했다.[63] 이들 영상물을 토대로, 투르키스탄이슬람당의 힘을 과시하고 위구르 지역에서 지하드가 일단 촉발된다면 어떤 것이든 지원할 것을 약속하는 내용의 또 다른 위구르어 영상물들이 제작되었다.[64] 이들 영상물이 의식적으로 중국 내부의 위구르족들을 겨냥한 것이라면, 투르키스탄이슬람당이 발간한 아랍어 잡지 및 아랍어와 튀르키예어로 제작한 영상물들은 외부로부터 자금이나 지원을 받기 위한 목적으로 만들어진 것이었다. 2009년 우루무치 폭동을 다룬 아랍어 영상물은 다른 지하디스트나 그 지지자들에게 어느 정도는 영향을 끼쳤을 것으로 보인다.[65] 이 영상물이 풀린 직후에 알카에다 이슬람 마그레브 지부의 지도자가 아랍의 지하디스트 단체 중 처음으로 중국에 위협을 가했던 것이다.[66]

2010~2012년 사이에 나온 투르키스탄이슬람당의 영상물들이 위구르 지역에서의 지하드를 촉구하는 데 중점을 두고 있는 점은 이전 시기와 유사하지만, 이슬람 아와지의 영상물 제작이 증가하면서 위구르와 무관한 주제도 등장하게 되었다. 흥미로운 점은 이러한 변화가 압둘 하크의 죽음 및 그에 따라 불가피해진 조직 지도자의 교체와 시기적으로 일치한다는 사실이다. 압두슈쿠르가 압둘 하크의 자리를 이었고 압둘라 만수르가 그의 대리자가 되었다. 압둘라 만수르가 이끌던 이슬람 아와지는 비교적 신참자인 압둘아지즈가 맡아

미디어를 제작했다. 이와 같은 상황은 투르키스탄이슬람당과 하산 마흐숨 사이의 개인적인 연계성이 2010년에 이르러서는 매우 희박해졌다는 것을 시사하지만, 자신들의 역사에서 하산 마흐숨의 역할을 상기시키기 위해 투르키스탄이슬람당은 그의 영상을 계속 이용하곤 했다. 하지만 이제 이 집단은 탈레반을 위해 싸운 전력이 오래인 위구르족 두 명과 살라피즘적 이슬람 해석을 완전히 수용한 것으로 보이는 젊은 위구르족 이슬람 교사가 이끌게 되었다.

영상물에 빈번하게 나타나는 그의 영상으로 판단하자면, 압둘아지즈는 자신을 살라피즘 전통을 잇는 위대한 이슬람 학자로 연출했으며 위구르족의 대의를 넘어서 세계 도처에 있는 억압받는 무슬림들의 대변인이 자신의 역할인 것으로 간주한 듯 보인다.[67] 2011년부터 영상물에 출연하기 시작한 그는 투르키스탄이슬람당의 영상물에 거의 고정적으로 나오는 인물로, 그의 종교 강연을 전적으로 담아낸 많은 영상물은 대부분 지하드의 의무를 강조하는 내용이다.[68] 이에 더하여, 이 시기 압둘아지즈는 와지리스탄에서 위구르족들과 함께 싸웠던 다른 민족 집단들, 특히 튀르키예인, 타타르인, 그리고 러시아 캅카스 지역에서 온 무슬림들을 내세운 영상물도 다수 제작했다.[69]

이들 영상물은 이 작은 위구르족 집단이 아마도 2003년 이래로 그 지역에서 비아랍계 다민족으로 구성된 전사들과 함께 싸우면서 그들과 맺어왔을 유대 관계를 이해하는 데 도움이 된다. 예를 들어, 몇몇 영상물은 위구르족들과 함께 싸우다가 파키스탄군의 전초기지에 자살 폭탄 공격을 감행한 한 튀르키예인 지하디스트에 관한 이야기를 다루고 있다.[70] 압둘아지즈가 러시아어를 구사하는, 캅카스 지역 출신으로 보이는 전사 한 명과 함께 제작한 러시아어 및 위구르어 영상물 시리즈에서는 역사적으로 중앙아시아 및 서남아시아의 비아랍계 무슬림의 고향으로 언급되어왔던 호라산Khorasan*을 자신들의 공통된 '고향'이라 강조하고 있다.[71] 호라산이라는 용어를 사용한 것은 이 시기 투르키스탄이슬람당의 위구르족들, 최소한 압둘아지즈에게는, 와지리스탄의 아프가니스탄 탈레반에 대해서와 마찬가지로, 주변화된 비아랍계 집단들과의 연대 아래에 다민족적 의식이 생겨나고 있었음을 시사하는 단서일 수 있다. 그렇다면, 여남은 명도 되지 못할 미미하고 보잘것없는 규모이지만, 2011년에 이르러서는 투르키스탄이슬람당이라는 소규모 집단이 초국가적 지하드 운동의 일부가 되어 있었을 것이라는 점은 분명해 보인다.

초국가적 지하드에 대한 관심이 증대되었음에도, 투르키스탄이슬람당을 움직이게 하는 원동력의 대부분을 차지하는 것은 위구르족의 대의였다. 이 단체가 제작한 영상물 중에서도 여전히 가장 인상적인 유형은 위구르족의 고향 동투르키스탄을 해방하기 위한 투쟁을 주제로 한 것들로, 이 단체의 누군가가 만든 듯한 뇌리에 맴도는 노래들이 함께 흘러나오곤 했다. 이들 영상물에서 특히 감정을 자극하는 부분은 고향의 위구르족들이 중국으로부터 굴욕을 당하는 장면과 영웅적이고 자부심에 가득 찬 파키스탄 및 아프가니스탄의 위구르족 전사들의 모습을 나란히 실어 대조적으로 보여주는 부분이

---

* 이란어로 '해 뜨는 곳'을 뜻한다. 좁은 의미의 호라산은 이란 동북부의 한 주(州)이지만, 넓은 의미의 호라산은 중앙아시아 아무다리야강 이남과 힌두쿠시산맥 이북 사이에 있는 지역으로, 오늘날 이란 동북부와 아프가니스탄 서부 및 투르크메니스탄의 대부분이 해당된다. 역내의 주요 도시로는 니샤푸르(이란), 메르브(투르크메니스탄), 헤라트(아프가니스탄) 등이 있다. '민족 교착(交錯)의 십자로'라고도 불리며, 여러 민족이 혼거하며 교역과 왕래를 하고 있다.

다.[72] 또한 하산 마흐숨 공동체의 경우와 마찬가지로 이 시기 투르키스탄이슬람당이 두 개의 깃발, 즉 지하디스트 단체들이 자주 사용하는 검은 깃발과 밝은 하늘색의 위구르 국기*를 계속 사용했다는 사실은 주목할 만하다.

두 개의 깃발을 사용한 것은 투르키스탄이슬람당이 이 시기에 이데올로기적 입장을 정립하면서 거쳤던 불안정한 과정을 은유적으로 보여주고 있다. 한편으로는, 최소한 아프가니스탄 전쟁에서, 국제 지하드 네트워크에 충성함을 보여주고자 하는 것이었다. 다른 한편으로는 여전히 자신을 위구르 민족이자 중국에 대한 투쟁이라는, 국제 지하드 운동에서는 아직 지원해줄 준비가 되지 않았던 위구르족의 대의를 수호하는 자로 스스로를 내세웠던 것이다. 투르키스탄이슬람당이 이 논쟁의 소지가 다분한 이데올로기적 공간에서 존속할 수 있었던 주된 이유 중 하나는 조직의 규모가 작고 거의 전적으로 선전물 제작에 중점을 두고 활동했기 때문이었을 것이다. 이 단체는 중국에 실제로 군사적 위협을 가하는 등 국제 지하드 운동으로부터 후원을 받는 데 문제를 일으킬 수 있을 만한 활동은 결코 하지 않았다.

투르키스탄이슬람당이 2011년 여름 중국 내부에서 일어난 공격에 최종적이고도 직접적으로 영향을 미쳤다는 신빙성 있는 주장은 이 단체가 여전히 위구르족의 대의에 기반을 두고 있음을 보여주는 또 다른 징표였다. 트럭에 올라탄 한 무리의 위구르족들이 카슈가르의 혼잡한 거리로 돌진하여 공안들을 칼로 공격한 사건이 벌어진

---

* 아랍어로 샤하다(무슬림 신앙고백)가 씌어 있으며, 위구르의 세속주의적 민족주의자들이 사용하는 국기와 다르다.

얼마 후 투르키스탄이슬람당은 그 사건을 주도한 이들 중 한 명이 2006년 와지리스탄에서 개최된 위구르족들의 축제에 참가한 장면을 보여주는 영상물을 공개했다.[73] 투르키스탄이슬람당은 그 공격을 자신들이 지시했다고 주장하지 않았지만, 아프가니스탄 또는 파키스탄의 위구르족 무장 단체가 폭력 사태를 일으키기 위해 중국으로 돌아가는 위구르족들과 접촉했음을 결정적으로 입증할 수 있는 첫 번째 사건이었다. 영상물에서 투르키스탄이슬람당이 소개한 그 '순교자'의 최근 행적에 따르면, 그가 지하드를 실행하겠다는 의도를 가지고 실제로 중국으로 돌아간 것은 2008년이지만 베이징 올림픽 기간 중에는 수감되어 있었으며 출소 후 2011년 카슈가르 사건에서 자신의 목적을 달성한 것이었다.[74] 시골에서 일어난 폭력 사태와 투르키스탄이슬람당 사이의 이와 같은 관련성이 이 단체에 대한 중국 정부의 경각심을 불러일으켰다면, 같은 시기 와지리스탄으로 들어간 위구르족의 수가 이전보다 증가한 점은 중국의 우려를 훨씬 더 증폭시켰을 것이다.

2011년에 공개된 영상물들에서는 갑자기 보병이라는 설명이 붙은 새로운 위구르족이 몇 명 나타났다.[75] 그중 한 영상물에는 중국어를 구사하는 위구르족 전투원이 나오는데, 그는 위구르족들이 동투르키스탄을 중국의 일부로 여기지 않는 이유를 중국인들에게 설명하려 한다.[76] 그 시기 중국 내부에서 벌어지던 상황을 감안한다면 와지리스탄에 위구르족들이 새로이 유입되던 것 역시 충분히 있을 법한 일이었다. 2009년 우루무치 폭동 이후 중국이 그 지역을 사실상 계엄 통치하고 대략 수천 명의 위구르족을 체포하면서 위구르 지역은 점점 억압적인 분위기가 강해지고 있었던 것이다. 2009년 당시 치안 유지를 위해 투입된 군경이 강경 진압을 해서 폭동으로 비화한 항의 집회를 주도한 것은 도시에 거주하는 세속주의적인 위구르족 청년들이었지만, 중국 당국이 체포한 이들 대다수는 시골에 사는 신앙심 있는 위구르족이었다. 그 결과, 2009년 초부터 특히 시골에 사는 무슬림들이 대거 중국을 탈출하기 시작했으며 이러한 탈출 행렬은 이후 몇 년 동안 계속되었다. 이렇게 탈출한 대규모의 위구르족 난민들 중 수만 명이 2009년부터 튀르키예로 들어갔음은 잘 알려져 있지만, 와지리스탄으로 가서 전투원으로 가담한 이들도 상당했던 것으로 보인다. 투르키스탄이슬람당이 선전물이나 제작하는 집단이 아니라 자체적으로 존속 가능한 전사들의 집단으로 발전하는 데에는 이들 새로 들어온 위구르족이 결정적인 역할을 했을 것이다.

이처럼 새로이 위구르족들이 유입되는 가운데, 투르키스탄이슬람당이 무장 단체로서 성숙해져가고 있었으며 어쩌면 국제적 '테러리즘' 공격까지도 기획할 수 있음을 보여주는 다른 징표들도 이 시기에 나타나기 시작했다. 첫 번째, 두바이에서 동투르키스탄이슬람운동/투르키스탄이슬람당과 관련된 것으로 보이는 위구르족 두 명이 연루된 '테러리즘' 공격 기도가 적발되었다고 아랍에미리트 당국이 발표했다. 중국인 상점을 공격하는 데 사용하려는 것으로 추정되는 폭약을 구매하던 중에 체포된 이들 용의자는 아랍에미리트에 들어오기 전에 와지리스탄에서 다른 위구르족들과 함께 군사훈련은 받은 사실을 인정했다고 한다. 하지만 어떤 심문 여건에서 용의자들로부터 그러한 진술을 받아냈는지, 그리고 설혹 그들이 파키스탄에 있는 투르키스탄이슬람당에서 활동했다 하더라도, 그 단체에서 실제로 그러한 공격 명령을 내린 것인지 여부는 알려지지 않고 있다.[77] 게다가 사건을 심리한 판사는 이들의 유죄를 인정하면서도, 용의자가 자신의 범죄 의도를 실제로 드러내기 전에 체포가 되었다고 말하며 형량을 감경했다.

노르웨이에서 한 위구르족 난민이 알카에다의 지령을 받고 우즈베크인 및 쿠르드족과 함께 테러리즘 공격을 기획했다는 혐의로 체포된 것도 비슷한 시기에 일어난 일이었다. 두바이에서와 마찬가지로, 실제로 사건이 일어나기 전에 용의자들이 체포되었기 때문에 이 공격 계획이라는 것에 대한 정보도 분명치 않은 부분들이 있다.[78] 2019년 2월 필자는 노르웨이에서의 사건(실제로 벌어지지는 않았지만)으로 선고받은 7년 형을 마치고 갓 출소한 위구르족 용의자 미카엘 다부드를 인터뷰할 수 있었다. 필자와의 면담에서 그는 오슬로에 있는 중국 대사관에 폭탄 공격을 가하려 했다는 점은 인정하면서도 그의 활동이 투르키스탄이슬람당이나 알카에다와 연계되었다는 혐의는 단호하게 부인했다. 오히려, 보스턴 마라톤 대회에 폭탄 테러를 가했던 체첸인들처럼, 자신은 어떤 국제 지하디스트 단체들과도 무관하게 독자적으로 움직였다고 주장했다. 두바이나 오슬로에서 일어날 뻔한 테러리즘 공격에 대해서 알카에다와 투르키스탄이슬람당 어느 쪽도 자신들이 개입했다고 주장하지 않았던 점도 주목할 만하다.[79] 또한 2010년 이래로 투르키스탄이슬람당이 '테러리스트의 공격'으로 비추어질 만한 것들을 기획했다는 혐의나 비난은 거의 없다시피했고, 몇 안 되는 혐의들 중에서도 사실이라 결정적으로 드러난 사안은 전무했다. 이러한 맥락에서 본다면, 두바이와 오슬로에서 적발했다는 공격 계획이 실제로는 투르키스탄이슬람당이 기획한 것이 아니라고 보는 것이 합리적이다.

돌이켜보면, 2011~2012년 사이에 투르키스탄이슬람당은 조직의 목표뿐만 아니라 역량에서도 변화를 겪었지만 이 변화의 방향이 어떠했는지는 분명치 않다. 새로운 인원들을 계속 받고 있음은 분명했지만, 중국을 탈출한 위구르족들 중 와지리스탄으로 들어오는 이들이 얼마나 되는지는 여전히 알 수 없다. 2012년에 투르키스탄이슬람당의 미디어 제작 부문인 이슬람 아와지가 중국의 위구르족 억압을 부각시키면서 지하디스트의 생애와 순교를 찬양하는 영상물을 대량으로 제작한 것은 이 대량 탈출 사태를 조직원 확충의 기회로 이용하기 위해서였을 것이다.[80] 이들 영상물이 당시 중국 내부로 들어갈 수 있었을지 의심스럽다 하더라도, 중국을 탈출하여 동남아시아나 튀르키예로 가려는 이들은 확실히 접할 수 있었을 것이다. 이 전략은 투르키스탄이슬람당이 훗날 시리아에서, 국제적인 '테러 단체'까지는 아니더라도, 게릴라전을 수행할 수 있는 세력으로 발전함에 따라 성과를 거두게 될 것이었다.

하지만 2012년 상황을 전체적으로 본다면 투르키스탄이슬람당은 게릴라전을 수행할 수 있는 무장 세력은 물론이고, 적어도 이 책에서 사용하는 '테러리즘'에 대한 잠정적 정의에 따른다면 '테러 단체'도 되지 못한 상태였다는 사실은 변함이 없다. 오히려, 이 조직은 다른 무엇보다도 선전을 위한 조직propaganda organization으로서 중국에서 위구르족들이 겪고 있는 고초를 강조하며 이들이 자신들의 고향을 해방시키도록 고무하는 데 이슬람이 할 수 있는 역할을 강조했다. 2008년에서 2012년 사이에 투르키스탄이슬람당의 면면은 1990년대 말 아프가니스탄에 있던 하산 마흐숨의 공동체와 사뭇 달랐지만, 중국에 대한 공격을 실행할 수 있는 역량만 놓고 보자면 두 조직이 별반 다르지 않았다. 투르키스탄이슬람당은 의도적으로 자신을 중국을 위협할 수 있는 지하디스트 단체로 브랜드화했고, 이를 위해 기꺼이 알카에다 및 파키스탄 탈레반과 동맹을 맺었던 것으로 보인다. 또한 알카에다 및 파키스탄 탈레반의 살라피즘적 이슬람 해석을 받아들이고 이를 위구르족들에게 전파하려 했던 것으로도 보인다. 하지만 전체적으로 본다면, 투르키스탄이슬람당은 무력 투쟁이라는 실질은 없이 영상물 제작을 주된 활동으로 하는 껍데기뿐인 조직이었다. 얼마 안 되던, 특히 2011년 이전에는 더욱 그랬던, 구성원들은 아프가니스탄에서는 위구르족 집단의 일원보다는 개인으로서 알카에다의 전투원으로 싸웠을 것이고, 그들이 내세웠던 위구르족의 대의 추구는 전적으로까지는 아니더라도 대부분이 이슬람 아와지를 통한 선전 활동으로 이루어졌다.

2012년 말은 투르키스탄이슬람당이 완전히 다른 조직으로 변모하는 시점이었다. 2012년 한 해 동안 최고 지도자 세 명이 사망하고 몇몇 위구르족이 새로이 조직에 합류했다. 2010년 압둘 하크가 미군의 드론 공습으로 사망하자 그를 이어 압두슈쿠르가 조직을 장악했으나 2012년 미군의 드론 공습으로 전임자와 비슷한 운명을 맞았다.[81] 베이징 올림픽에 위협을 가하는 영상물에 출연해 유명해진 사령관 사이풀라와 젊은 이슬람 학자 압둘아지즈도 드론 공습으로 2012년에 사망했다.[82] 2008년 투르키스탄이슬람당 지도부를 구성했던 핵심 인사들 중 2012년 말까지 살아남은 사람은 압둘라 만수르 뿐이었다. 이에 더하여, 지도부를 구성했던 나머지 인사들이 미군의 드론 공습에 희생되었다는 사실은 이 단체가 반중反中만큼이나 점점 반미反美 성향으로 돌아서도록 작용했다.

같은 시기, 이 단체의 무장투쟁 역량도 변화하고 있었다. 투르키스탄이슬람당은 존재한 시기 내내 선전물 제작에는 상당한 능력을 보여주었다. 하지만 군사적 역량에 대해 말하자면, 그런 역량이라는 것이 있기는 했는지 혹은 있더라도 알카에다 및 와지리스탄의 파키스탄 탈레반에 동조하는 한 줌 남짓한 전사들의 소규모 집단에 불과한 수준이었는지 분명치 않은 기간이 대부분이었다. 하지만 2011년에는 투르키스탄이슬람당이 그 지역에 더 커다란 공동체를 구축하고 있음이 명백해졌고, 그 세력은 아프가니스탄에서 하산 마흐숨의 공동체가 가장 융성했던 수준에 필적하는 것이었다. 또한 투르키스탄이슬람당의 전투원 중 한 명이, 이 단체를 떠나고 나서 몇 년 후에 벌어진 일이지만, 카슈가르에서 중국에 공격을 가하는 데 성공했다는 증거도 있는 것으로 보인다. 투르키스탄이슬람당이 보유한 전투원의 규모는 이후에도 계속 증가했지만, 중국의 위구르 지역 지배에 중대한 도전이 될 만한 무장 단체로 성장했는지 혹은 중국에 대한 위구르족들의 반감을 이용한 알카에다의 도구가 되어 단지 글로벌 지하드에 병력을 제공하는 신세로 전락했는지는 명확하지 않다.

무엇이 테러 단체를 만들어내는가?

잘 아는 바와 같이, '테러와의 전쟁'이라는 맥락에서 어떤 집단이나 개인을 '테러리스트'로 낙인찍는 행위는 주관적이면서도 정치적인 성격이 가미된 것이다. 따라서 동투르키스탄이슬람운동이 국제적인 '테러리즘 위협' 요인으로 공인되었고 투르키스탄이슬람당이 이를 이어받았다는 사실로부터는 이들 단체의 실제 성격에 대해 알아낼 수 있는 부분이 거의 없다. 이들 집단을 '테러 단체'로 공인하고 '테러와의 전쟁'이 겨냥하는 적으로 상정해야 했는가? 그에 대한 대답은 물론 '테러리즘'을 어떻게 정의하느냐에 달려 있는 것이다. 누군가를 '테러리스트'로 규정하는 데 필요한 요건과 관련하여 국제사회의 합의 비슷한 것을 제공하는 유엔 안보리의 '통합 목록'에는 그 목록에 올라가 있는 무장 단체의 활동과 목적 혹은 그 단체가 내세우는 대의의 타당성에 대해서는 일언반구도 나와 있지 않다. 어떤 단체가 이 명단에 올라갈 것인지는 오직 알카에다, 탈레반, 그리고 최근에는 다에시Daesh*와 관련이 있는지 여부만으로 결정된다. 이러한 기준에 따른다면, 하산 마흐숨의 집단은 이들 단체 중 어떤 것과도 조직 차원에서 공식적인 관계를 맺지 않았으므로 그 목록에 오를 것이 아니었지만, 투르키스탄이슬람당은 그 활동이나 의도 또는 실질적인 위협성을 충족하기 때문이 아니라 알카에다 및 탈레반과 관련이 있다는 점에서 목록에 등재될 요건이 충족되는 것이다.

그러나 '테러리즘' 여부를 무장 단체의 활동을 기준으로 판단하는 이 책에서의 잠정적 정의에 따른다면, 하산 마흐숨의 공동체와 투르키스탄이슬람당 모두 정치적 목적 아래에 의도적으로 민간인을 겨냥한 폭력 활동을 사전에 계획하여 실행했다는 명확한 증거가 없으므로 이들 단체를 '테러 단체'로 규정하는 것은 맞지 않다는 것이 필자의 생각이다. 하산 마흐숨의 집단은 존속하는 동안, 의식적으로 민간인을 겨냥했는지는 고사하고, 정치적 목적을 가지고 그럴듯한 폭

---

* 급진 수니파 무장 단체인 '이슬람국가(IS)'를 지칭한다.

력 활동 비슷한 것이라도 해본 적이 있다는 증거를 찾을 수 없다. 하지만 투르키스탄이슬람당의 경우, 이 점에 대해서는 좀 더 이론의 여지가 있기는 하다. 베이징 올림픽을 준비하는 기간 중 일어난 상하이 및 쿤밍 버스 폭탄 공격과 그로 인한 민간인 사망이 자신들의 소행이라 주장했지만, 정작 중국 당국은 그러한 주장을 부인하고 있기 때문이다. 또한 2010년 두바이 '테러리즘 공격'과 오슬로의 중국대사관 폭파 시도가 투르키스탄이슬람당이 기획한 것일 수 있다는, 일견 그럴듯하지만 다른 한편으로는 미심쩍은 구석이 있는 주장을 하는 이들도 있지만, 정작 이 단체는 이 사건들에 대해서는 입을 다물고 있다. 사실, 2012년 이전의 투르키스탄이슬람당에 그러한 사건들을 실행할 만한 역량이 있었는지도 의문스럽다. 지금까지 나온 증거들은 오히려, 그 시기 투르키스탄이슬람당은 중국 내의 위구르족들이 폭력 사태를 일으키도록 자극하고 중국인들에게 공포감을 불러일으키는 선전물이나 만드는 정도의 조직에 불과했음을 시사한다. 따라서 더 논의할 여지가 있겠지만, 이 책에서 이용하는 '테러리즘'에 대한 잠정적 정의에 따른다면 2012년의 투르키스탄이슬람당도 '테러 단체'로 보는 것은 곤란하다. '테러 단체'라기보다는, 이 조직은 아프가니스탄에서 탈레반을 위해 싸우던 여러 민족의 준準군사 단체에 가담하고 있던 위구르족들이 느슨하게 연합한 소규모 집단이었다. 그리고 이들을 하나의 집단으로 연결해주는 활동은 아프가니스탄에서의 분쟁에 참가하는 것이 아니라, 중국 내부에 영향을 주기 위한 영상물 제작이었다.

'테러 단체'가 아니라는 점을 논외로 하더라도, 투르키스탄이슬람당이 중국의 안보에 제대로 된 위협을 가한 적이 있었는지조차 의문이다. 사건이 일어나기 몇 년 전에 이 단체에서 훈련받은 것으로 추정되는 위구르족 한 명이 연루된 2011년 카슈가르에서의 사건을 제외하면, 투르키스탄이슬람당이 중국 내에서 폭력 사태를 일으킬 만한 역량을 가졌다는 증거는 없다. 이에 더하여, 실제 그렇다는 증거는 물론 없지만, 설혹 중국 내의 위구르족들 가운데 이 단체가 제작한 영상물을 시청한 사람이 상당수 있었다 하더라도 그 선전물이 폭력 사태를 일으킬 정도로 위구르족 시청자들을 선동하는 영향이 있었다고 주장하기는 어렵다. '테러와의 전쟁' 첫 10년 동안에는 중국 내의 위구르족들이 사전에 계획하여 자행한 것으로 보고된 정치적 목적의 폭력 사건이 거의 없었으며, 그런 폭력 사건이 일어났더라도 투르키스탄이슬람당과는 무관하다고 보아야 할 이유가 충분했다. 만약 그 영상물이 2012년 중국에서 벌어진 사건들에 어떤 실질적인 영향을 미쳤다고 한다면, 그 영향과 관련해서는 위구르족이 폭력 사태를 일으키도록 자극한 부분보다 위구르족이 '테러리즘의 위협'을 가한다는 두려움을 중국의 정부 관료, 그리고 심지어는 일반 대중들에게까지 대대적으로 확산시킨 부분이 훨씬 더 클 것이다. 이 점에서 투르키스탄이슬람당은 중국에 남아 있는 위구르족 동포들이 중국의 훨씬 더 가혹한 탄압 아래에 놓이게 함으로써 중국의 정세 불안에 간접적으로 기여했다고 할 수 있다. 향후 이러한 중국의 억압적인 정책들이 궁극적으로는 더 많은 위구르족의 폭력적인 저항을 야기했기 때문이다.

요컨대, 다소 방대한 투르키스탄이슬람당의 2012년 제작 영상물 목록은 위구르족에 대한 중국의 정책 전면과 중심에 '대테러 정책'이 자리 잡고 있음을 확인시켜주지만, 이 많은 영상물의 존재가 위구르족들이 정말로 중국에 실질적인 '테러리즘 위협'을 가하고 있음을 반영하는 증거는 아니다. '테러와의 전쟁' 첫 10년 동안 위구르 지역을 감도는 긴장감은 더욱 높아졌지만, 실제로 '테러리즘' 활동이 존재했거나 중국 당국이 이를 인식했기 때문에 이러한 긴장감이 발생했다고 보기는 어렵다. 오히려, 중국이 이 지역에서 밀어붙이던 개발과 정착형 식민 지배, 그리고 흡수·통합의 위협이 이 지역의 긴장감을 고조시킨 요인이었다. '테러리즘 위협'이 아니라 중국의 압박이 우루무치에서 일어난 폭동의 근본적인 원인이자, 향후 특히 위구르 남부 지역에서 치안기관과 위구르족 주민 양쪽 모두 폭력을 행사하는 자양분을 제공하는 역할을 지속했던 것이다. 투르키스탄이슬람당은 폭력을 부추기는 영상물들을 계속 제작했지만, 그 효과와 관련해서는 폭력적인 방식으로 저항하도록 위구르족 주민들을 고무시키는 부분보다 그러한 상황에 대하여 중국이 국가 주도의 폭력적 대응을 정당화하는 방향으로 이용되는 부분이 더 컸던 것이다. 중국공산당 고위층 간부들은 자신들이 가진 정보 자원을 통해 투르키스탄이슬람당이 실제로는 중국에 심각한 위협이 되지 못한다는 점을 알고 있었을 것이며, 이 단체를 위구르 지역에 대한 치안 강화 및 중국의 통치에 반대하는 위구르족들의 진압을 정당화하는 데 이용할 수 있는 편리한 수단으로 보았을 것이다. 하지만 이 시기 위구르 지역에서 정부의 정책을 실행하고 있던 많은 일선 관료는 투르키스탄이슬람당에 대해서, 주민들에게 스며들어가는 중대한 위협으로 인식하여, 필요하다면 어떤 수단을 통해서라도 그 위협을 줄이거나 제거해야 한다고 보았을 수도 있다.

제4장

식민 지배와 대테러 정책의 결합,
2002~2012년

필자가 마지막 현장 연구를 진행하고 있던 2000년 여름 위구르 지역에는 흡사 그 지역의 미래를 미리 알려주는 듯한 불길한 기운이 감돌고 있었다. 위구르 북부 지역에 있는 몇 안 되는 위구르 도심지 중 하나인 굴자를 거의 3년 만에 다시 찾은 필자는 그 도시가 위구르의 특색을 잃어버리고 중국 다른 지역의 여느 조그만 도시와 비슷하게 변해버렸다는 느낌을 받았다. 중국 당국이 중앙아시아의 통상通商 허브로 만들기 위해 심혈을 기울이고 있던 우루무치에서는 대규모 건설공사가 한창이었고, 이에 인접한 위구르족 거주 구역은 한족 주민들의 거대한 바닷속으로 점점 빨려들어가는 듯 보였다. 하지만 필자와 위구르족들의 개인적 네트워크는 여전히 작동하고 있었고, 한 서점에서 만난 학자는 필자가 다음 목적지인 호탄에 연락을 취할 수 있도록 신속히 조치해주었다. 그날 저녁 필자는 우루무치를 출발하는 신형 장거리 버스를 타고 밤새 가스전 불꽃이 타오르는 타클라

철거되는 구시가지에서 살고 있는 어느 위구르족. 카슈가르, 2002~2003년. ⓒ 위구르인권프로젝트(UHRP), Xinjiang Police Files (CC BY 4.0)

마칸 사막 한가운데를 그대로 통과하여 남쪽 케리야(위톈于田)를 거친 후 서쪽 호탄으로 들어갔다.

　호탄에 들어가보니, 위구르 남부 지역은 문화적으로나 수적으로나 위구르족이 우세했다. 도시 중심부에는 여러 민족 간의 우의를 강조하는 선전물이 걸린 옥외 광고판이 여기저기 불을 밝히고 있었지만, 거리를 채우고 있는 것은 여전히 위구르족들의 얼굴이었다. 매주 열리는 날을 맞추어 방문한 옆 마을의 시골 장터에서 보았던, 당국의 선전물과 한족은 보이지 않고 중국어도 들리지 않는 좁은 시골 도로에서 북적거리는 위구르족 인파는 중국에 있다는 생각이 전혀 들지 않게 했다. 카슈가르에서 필자는 식당에서 만난 학생 두 명과 함께 하루를 보냈는데, 정부가 공인한 마드라사에서 수학 중인 이들은 묻지도 않았는데 먼저 이슬람에 대한 국가의 규제와 그 규제가 이슬람 교육에 침투하는 방식에 대해 쉴 새 없이 떠들어댔다. 새로 친구가 되어준 신앙심 있는 이들 학생과 이드카모스크Id Kah Mosque 근방에서 헤어졌는데, 필자는 어둠 속으로 사라지는 그들에게 사복 경찰 몇 명이 다가가는 것을 보고 필자 때문에 그들이 커다란 위험에 처하게 되는 것이 아닌지 걱정되었다. 다음 날 아침 파키스탄행 버스를 타고 카라코람 하이웨이*를 지나면서 인적 드문 카슈가르 외곽에서 목격한, 한창 건설 중인 4차선 고속도로는 이 지역의 미래를 보여주는 전조물이었다. 중앙아시아의 기념비적인 건축물과 전통적인 위구르 가옥들이 만들어낸 구불구불한 골목길을 품고 있는 카슈가르가 조만간 우루무치가 겪었던 것처럼 중국의 여느 특색 없는 이선도시二線城市** 모습으로 변모되는 패스트 트랙에 올라가 있음을 보여주는 전조가 아닐까 하는 의구심을 떨쳐낼 수 없었던 것이다.

'테러와의 전쟁'이 개시되기 직전 위구르 지역의 상황은 이와 같았다. 중국 정부가 과거 어느 때보다도 이 지역을 강하게 통제하면서 국제적 통상 허브라는 역할을 준비하기 위해 새로 건설 중이었던 것이다. 분명히 위구르 남부 지역에서는 아직 위구르의 문화가 생생하고 활기차게 유지되고 있었지만, 그 외관은 빠르게 변해가고 있었으며 미래의 발전상을 보여주는 조짐들이 나타나고 있었다. 한족 정

---

* 중국 신장위구르자치구와 파키스탄의 이슬라마바드를 연결하는 고속도로다.
** 중국의 도시들은 정치적 중요도, 경제 수준, 인구, 지명도 등을 기준으로 일선도시(一線城市)·이선도시·삼선도시로 구분된다. 일반적으로 경제와 문화가 가장 발달된 베이징·상하이·광저우(廣州)·선전(深圳)·톈진(天津) 등 다섯 개 도시를 일선도시로, 각 성(省)과 자치구의 중심 도시들을 이선도시로 분류한다.

착민을 주역으로 하는 식민지화의 새로운 단계로 접어드는 동안, 악명 높은 1996년의 '제7호 문건'에서 제시된 '집중적인 개발, 반대자와 종교에 대한 공세적 억제'라는 이중 전략이 이 지역과 주민을 겨냥한 평정화 작업에서 어느 정도 성공을 거두고 있었던 것이다. 이러한 맥락에서, 중국은 향후 10년 동안 새로운 반전을 가하며 이 이중 전략을 더욱 강하게 밀어붙일 것이었다. 오늘날 중국은 '분리주의'와 '불법적인 종교 활동'과의 전쟁 대신, '대테러 정책', 그리고 '극단주의'에 대한 투쟁이라는 명목으로 중국의 통치에 반대하는 이들을 탄압하고 있다. 하지만 중국의 그러한 탄압은 국제사회에서 인권 침해를 정당화하는 것으로 간주되어 제재의 대상이 되었던 행위다.

'분리주의자'에서 '테러리스트'로 국가 프로파간다의 변화, 그리고 중국의 '테러와의 전쟁' 초기 상황

동투르키스탄이슬람운동이 국제사회에서 '테러 단체'로 공인되었다고 해서 중국 내의 위구르족들에게까지 어떤 여파가 바로 미쳤던 것은 아니다. 앞서 언급했듯이, 2001년 이후에도 위구르 지역에 대한 중국의 우선적인 '안보적 우려나 관심사'는 1990년대와 마찬가지로 이 지역 토착 주민들의 민족자결 요구였고, 중국은 이러한 요구를 민족주의 혹은 국가의 승인을 받지 못한 종교적 광신에 대한 표현이라 규정하여 단속했다. 또한 이러한 안보적 우려에 대응하는 전략도 지역개발과 반대자들에 대한 공세적 억제를 결합한 기존의 것에서 거의 변화가 없었다. 변화한 것은 중국이 위구르족의 민족자결에 대한 열망을 억압하는 국가적 활동을 정당화하는 데 이용한 담론이었다. 이제 위구르족들의 정치적 요구와 종교 활동에 대한 탄압을 '분리주의'와의 전쟁으로 정당화하는 대신, 서구의 민주주의 국가들이 먼저 안보 태세 구비를 위한 정당한 활동으로 인정한 '대테러 활동'이라는 프레임으로 포장한 것이다. 이에 더하여, 정부 당국이 '극단주의'라는 용어를 사용하는 빈도가 눈에 띄게 증가했다. 이 용어도 '테러와의 전쟁' 담론의 일부를 구성하는 개념으로, 중국은 자국의 통치에 반대하는 이들이 이념적으로 지지하는 바를, 특히 국가의 승인이나 허가를 받지 않은 종교 활동에 연루된 경우 이를 폄훼하는 수단으로 이용했다. 하지만 탄압 행위를 정당화하는 명분을 바꾸는 이러한 담론의 변화 때문에 중국의 관료들이 기존 정책을 재검토해야 할 일이 늘어난 것은 아니었는데, 이는 이미 중국은 '분리주의', '테러리즘', 그리고 '종교적 극단주의'를 '3대 악'이라는 개념에 집어넣어 동일한 것으로 간주하여 대응해왔기 때문이다.

하지만 '테러와의 전쟁'이 선포된 거의 직후에, 동투르키스탄이슬람운동이 '테러 단체'로 지정되기도 전에 시작된 이러한 담론의 변화는 위구르 지역에 대한 중국의 정책을 강화하는 데 편리하게 갖다 붙일 수 있도록 정당화하는 수단이 되었다. 가장 즉각적으로 나타났던 그러한 정책 강화의 징후는 중국의 형법 개정안 통과로, 9·11 테러가 일어난 3개월 후 위구르족들이 '테러리즘 위협'을 야기한다는 주장을 국제적으로 공인받기 위해 박차를 가하고 있을 당시인 2001년 12월에 이루어졌다. 개정 사항의 대부분은 '공공의 안전 위협'이라는 범주 아래에 있던 기존의 위법 행위 목록에 강력한 처벌의 대상이 되는 '테러리즘 범죄'를 추가하는 내용이었지만, 국제사면위원회는 새롭게 추가된 이들 범죄에는 합당한 처벌을 규정하기 위해 필요한 개념 정의가 충분치 않다고 지적했다.[1]

이와 같은 법적 정비와 담론적 변화를 마친 후, 중국의 치안기관들은 '테러리즘' 및 '극단주의'와 맞서 싸운다는 구실로 위구르 지역의 반대자들에 대한 대대적인 탄압에 착수했다. 위구르 지역 전역을 휩쓴 검거 열풍의 첫해 상황에 대해서는 국제사면위원회가 상세히 기록했는데, 이에 따르면 민족자치에 대한 열망을 품고 있다고 의심되는 다수의 위구르족이 '테러리즘' 관련 혐의로 체포되었으며 이들 중 사형 선고를 받은 경우도 많았다.[2] 같은 시기, 중국의 치안 병력도 '극단주의'와의 전투라는 명목 아래에 지역 주민들의 종교 활동 참여와 '공인받지 않은' 정보에 대한 접근을 제한하려는 대대적인 작전에 돌입했다. 이 캠페인을 통해 국가가 관리하는 공식 기관 밖에서 종교 행사를 한 성직자와 주민 수십 명이 체포되었고, 학교와 너무 가깝게 있어서 청년들에게 '나쁜 영향'을 미치는 것으로 평가된 모스크 수십 개가 폐쇄되었다.[3]

당국은 위구르족의 일상생활에서 종교적 색채를 지워나가는 조치도 실행했다. 결혼식과 할례割禮, 장례식 같은 생애 주기적 의식에서 종교적 의례를 금지했고, 특히 재학 중인 아동과 정부 관료로 근무하는 위구르족들을 대상으로 라마단 기간 중 단식을 금지했으며, 이맘Imam*은 공산당 강령에 대한 '정치 학습'을 추가적으로 받도록 했다.[4] 마지막으로, '정신적 영역에서의 테러리즘'과의 전투를 수행한다는 명목으로 사전 검열을 거치지 않은 출판물과 기록물을 압수하고

---

* 무슬림의 예배를 이끄는 지도자나 학식이 뛰어난 이슬람 학자를 가리킨다.

국가정책을 암묵적으로라도 비판하거나 위구르족의 민족자결 열망을 표현한 문학작품을 저술 혹은 낭송한 예술가를 대거 체포했다.[5]

중국의 이러한 모든 조치는 1990년대 이 지역의 위구르족들에게 가했던 탄압과 유사했지만, 여기에 인권 침해를 정당화하는 구실로 국제사회의 인정을 받게 된 '대테러 정책 혹은 활동'이라는 프레임을 씌움으로써 더욱 공격적인 방식으로 위구르족들의 사고와 행동방식을 통제했다. 이러한 추세는 계속 강화되었는데, 위구르족이 주민의 82퍼센트를 차지하던 남부의 타림분지에서 특히 더 그러했다.[6] 실제로 한족이 우세한 북부 지역의 위구르족들은 대부분 이와 같은 중국의 캠페인이 야기한 최악의 상황은 피했다는 증거가 있으며, 한족이 다수인 지역에서 이 시기를 경험한 몇몇 해외 연구자는 2000년대 초에는 위구르족의 (중국으로의) 통합이 강화되고 위구르족들이 자행한 폭력 사태가 눈에 띄게 감소하면서 '위구르족과 한족의 화해'가 진행되고 있다고 주장하기도 했다.[7] 하지만 2000년대 말에 이르러서는 그러한 예측이나 평가가 위구르 북부 지역에 살던 위구르족들에 대해서마저도 맞지 않은 것이 되어버렸다. 이는 위구르 북부 지역의 경우 새로운 '대테러' 캠페인의 영향은 비교적 덜했지만 지역개발이 진행되는 데에 따른 압박을 특히 강하게 받고 있었기 때문이다.

'서부대개발'과 2009년 우루무치 폭동:
통합인가, 정착형 식민 지배인가?

1990년대 들어 국가가 주도하는 위구르 지역개발 사업이 눈에 띄게 늘었으나, 그 편익은 지리적·민족적으로 계층화되어 차별적으로 주어졌다.[8] 개발 사업의 대부분이 위구르 지역 가운데 한족의 거의 88퍼센트가 거주하던 북부에 집중된 반면, 위구르족이 주민의 80퍼센트 이상을 차지하는 남부에서는 거의 발전이 없었다.[9] 중국은 이 문제가 위구르 지역을 통합시키는 데 분명한 장애물이 될 것이라는 점을 잘 알고 있었다. 이에 향후 더 응집력 있고 통합적인 지역개발을 촉진하기 위해 위구르 지역의 북부와 남부를 연결하는 두 건의 중요한 개발 프로젝트를 1990년대에 개시했다. 우루무치와 남부의 호탄을 연결하는 타클라마칸 고속도로가 1995년에 건설되었고, 우루무치와 카슈가르를 연결하는 새로운 철도 건설은 1999년에 완공되었다. 이들 프로젝트는 2000년대 위구르 남부 지역에서 훨씬 더 야심찬 개발을 할 수 있는 여건을 제공했지만, 새 천 년의 첫 10년 동안에는 개발의 효과가 바로 체감되지 않았다. 2000년대 초 이 지역에서 시행된 최초의 개발 사업들은 대부분 사회기반시설 건설에 중점을 둔 국가 주도의 개발 프로젝트로부터 재원을 조달받았다. '서부대개발'로 알려진 이 프로젝트는 중국 내의 지역 간 경제적 불평등 문제를 해결하기 위해 2000년에 시작되었다. 중국 서부 지역을 개발하기 위한 노력은 1990년대 내내 강화되었으나, 동부 지역과 비교했을 때 여전히 경제적으로 현저하게 낙후되어 있었으며 그 격차는 점점 커지고 있었다.[10]

'서부대개발' 프로젝트의 대상 지역에 신장위구르자치구와 티베트 자치구가 포함되었는데, 거시경제의 성장이 민족 간 갈등을 줄일 것이라 생각한 중국 당국은 이 프로젝트가 1990년대에 빈번했던 민족자결 확대를 요구하는 지역 주민들의 목소리를 잠잠하게 함으로써 정치적 목적도 달성할 수 있을 것으로 기대했던 것이다. 지역개발의 효과를 통해 민족 갈등을 해결할 수 있다는 이러한 믿음은 철 지난 1950년대의 각종 근대화 이론들에 기반을 둔 것이었다.[11] 이들 근대화 이론은 공업화, 새로운 기술의 도입, 새로운 사회기반시설의 건설, 그리고 거시경제적 성장이 모든 이에게 새로운 경제적 기회를 제공함으로써 문화적 차이와 역사적 반목을 점진적으로 제거할 것이라고 본다.[12] 하지만 지역개발이 위구르 지역의 민족 갈등을 해결하는 데 기여하려면 이 지역에 구조적으로 자리 잡고 있던 민족 차별과 민족 간 위계 질서 문제를 다루었어야 했는데, 중국 정부가 주도한 '서부대개발'은 그러한 노력 없이 사회기반시설 구축에만 중점을 두었다. 위구르 지역에서의 '서부대개발' 프로젝트는 에너지, 천연자원 개발, 그리고 위구르 지역 내부를 연결하고 위구르 지역을 중국 본토와 이어주는 교통·운송 인프라 구축과 같은 초대형 프로젝트에 거의 전적으로 초점을 맞춘 것이었다.[13] 니콜라스 베켈린Nicholas Becquelin에 따르면, 중국은 "신장 지역에 고속도로, 발전소, 댐과 원격 통신 시설을 건설하는 데 투자한 액수가 2003년까지만 집계하더라도 70억 위안(8억 6천 달러)을 넘어섰다고 보고"했다.[14]

이러한 대규모 건설 프로젝트들이 장기적으로 위구르 지역을 중국 역내 경제와 세계경제 모두에 연결시켜주겠지만, 대다수 위구르족의 일상생활에 즉각적이고도 현저한 개선을 가져다준 것은 아니었다. 이러한 지역개발이 실제로는 여러 경로를 통해서 긴장 상태였던 위구르족과 중국의 관계를 악화시키는 방향으로 작용했다. '서부대개발' 초기 건설 프로젝트의 대부분을 준군사조직인 신장생산건설병단이 담당하면서 지역의 군사화가 더욱 촉진되었으며 위구르족 공동체가 강제로 이전되는 상황도 흔하게 일어났다. 이에 위구르족들은 이 국가 주도의 건설 캠페인을 위구르 지역, 특히 경제활동의 대부분이 이루어지던 북부로의 한족 이주민 유입 증가와 연결지어 바라보게 되었다. 이러한 맥락에서, 대부분의 위구르족들에게 '서부대개발'은 자신의 생활을 향상시키기 위한 것이라기보다는 자신들의 영토에 대한 침해나 잠식에 훨씬 더 가까운 것으로 비추어졌다. 일부, 특히 구도區都 우루무치에 거주하던 소수의 위구르족은 개발 프로젝트 덕분에 이 기회를 이용하여 부를 쌓기도 했지만, 대부분의 위구르족들은 고향에서도 점점 주변부로 밀려나고 있었다. 베켈린은 이러한 결과가 바로 '서부대개발'이 근본적으로 의도했던 것이라 지적한다. 이 캠페인은 위구르 지역을 중국으로 통합시키기 위해 1990년대부터 해왔던 활동의 연장으로, 흡수·통합적 의도를 더 적나라하게 드러내고 있다는 것이다. '정착형 식민 지배'라는 용어를 사용하지는 않았지만, 그는 '변경의 소수민족 거주 지역으로의 한족 이주민 유입'과 '중화민족의 균질화'를 노골적으로 촉진하는 이 캠페인의 목적은 이 지역을 식민지화하려는 노력과 궤를 같이한다고 지적하고 있다.[15]

2000년대 초 중국은, 이와 같은 초대형 프로젝트와 함께, 상당한 규모의 도시 개발도 밀어붙였다. 도시재개발은 위구르족 공동체에 더 직접적이고 피부에 와닿는 영향을 미쳤으며 때로는 공동체 자체가 강제로 이전당했기 때문에 이 사업은 위구르족들 사이에서 앞서 언급한 사회기반시설 건설 프로젝트보다 훨씬 더 논란이 되었다. 특히 위구르적 특성이 여전히 강하고 마할라$_{\text{mähällä}}$*가 지역사회의 구조이자 사회적 자본의 일부로서 유지되고 있던 위구르 남부 지역에서는 도시 개발이 위구르 문화의 파괴로 이어질 가능성이 컸다.

2000년대 첫 10년 동안에 발생한 위구르족 공동체 축출과 문화 파괴 사례 중에서 가장 상징적인 사건이 벌어진 곳은 위구르족들이 역사적으로 자신들의 도시 문화에서 중심을 차지한다고 여겨왔던 카슈가르로, 이곳의 지방정부는 '서부대개발' 첫해에 이미 도시재개발을 시작했었다. 위구르 지역의 서부와 서남부를 연결하는 지리적 특성 때문에 카슈가르는 역내 무역, 생산 활동과 상업의 중심지로서 중국에게는 북부의 우루무치만큼이나 전략적으로 중요한 도시다. 카슈가르의 중심에 있는 전통적인 주거용 건축물들, 특히 좁은 골목으로 서로 연결된 진흙 벽돌 가옥들이 만들어낸 미로 같은 구도심의 형태는 세계에서 가장 보존이 잘된 채 중앙아시아 도시의 모습을 그대로 보여주고 있었는데, 지방정부는 도시를 현대화하여 국제적인 상업 허브로 변모시키기 위해 이 구도심을 허물어버리기로 결정했다. 이와 같은 결정은 카슈가르의 위구르족들에게 역사적으로 중요한 장소를 파괴한다는 점에서 국제적으로 우려를 불러일으켰지만, 위구르족들에게는 자기 공동체에서의 축출과 그에 따른 사회적 자본의 파괴였기에 영향이 컸다.[16] 중국의 위구르족 공동체 파괴 실

---

* 중앙아시아의 무슬림 사회에서 가족 간의 유대와 이슬람 의식을 기반으로 만들어진 전통적인 자율적 사회제도다. 종교의식과 결혼식, 장례식 등 생애 주기적 의식, 자원의 관리 및 분쟁 해결 등 공동체 활동이 마할라를 통해 이루어졌다.

태를 분석한 위구르인권프로젝트UHRP(Uyghur Human Rights Project)의 보고서에서도 지적되고 있듯이, 이 결정과 관련하여 구도심에 거주하는 주민들과 협의가 이루어지지 않았을 뿐만 아니라 지방정부는 구도심을 철거하려고 주민들을 퇴거시키면서 대규모 무장 경찰을 배치하여 이들의 저항을 사전에 차단했다.[17]

카슈가르의 구도심 파괴는 '테러와의 전쟁' 첫 10년 동안 위구르 지역에서 중국이 실행한 도시 개발과 관련하여 가장 잘 알려진 사건이기는 하지만 특이한 사례는 아니다. 지역 내 도시들을 현대화한다는 명목으로 전통적인 위구르족 공동체들이 축출되고 위구르 지역 전역의 도심지에서 위구르 문화를 상징하는 것들이 지워지고 있었다. 우루무치에서 가장 큰 위구르족 공동체가 있던 얼다오차오二道橋의 경우, 2000년대 초 대규모 개발 사업으로 '신장 지역에서 가장 큰 소수민족 상품 시장'과 '소수민족 전통 무용 공연장', 그리고 수많은 새로운 상업용 건물들을 자랑하는 비싸고도 '(정치적으로) 멸균 처리'를 마친 새로운 전통 시장이 세워지면서 관광 명소 및 상업의 중심지로 탈바꿈했다.[18] 그러한 과정에서 그곳에 거주하던 많은 이들이 쫓겨났으며, 오랜 세월 한족의 지배를 받았던 이 도시에서 위구르족들은 점점 더 주변부로 밀려났다. 일디코 벨라한Ildiko Bellar-Hann도 같은 시기 쿠물에서 일어난 유사한 사건을 소개하는데, 그곳의 지방정부는 옛날 청 제국의 궁궐 인근에 관광 센터를 지으려고 무슬림 묘지를 파괴했다고 한다.[19]

현대화와 대테러 정책으로 포장된 위구르족 흡수·통합 공작

중국이 추진한 지역개발 프로젝트가 많은 위구르족에게 한족 정 착민을 유입시켜 자신들의 고향을 잠식함으로써 식민지화하는 것으 로 인식되었다면, 2000년대 초 이들 개발 프로젝트와 동시에 추진 된 (중국으로의) 위구르족 '통합' 프로젝트는 이 지역을 식민지화하려 는 의도를 그 외양에서부터 훨씬 더 노골적으로 드러내는 것이었다. 1990년대 중국의 정책은 이 지역 북부에 거주하는 위구르족들에게 경제적 기회를 제공함으로써 한족 문화에 통합되도록 '유도'하는 것 이었지만, 2000년대 초에는 그러한 목적을 공공연히 드러내는 정부 후원 프로그램들이 생겨났다. 이러한 정부 후원 프로그램 참여의 대 부분은 명목상 '자발적'인 것이고 참여에 대한 인센티브를 주는 방 식으로 추진되었지만, '대테러 정책'이라는 명목으로 중국에 반대하 는 위구르족들에게 가해지던 가혹한 탄압은 이들 프로그램에의 참 여에 강압적인 성격을 가미했고 이러한 양상은 특히 위구르 남부 지 역에서 더욱 두드러졌다.

2000년대 초반 시행되었던 이러한 흡수·통합 정책 중에서도 가 장 근본적이고도 실질적인 영향을 미친 것은 중국이 이 지역에서 실 시한 '이중언어' 교육 프로그램일 것이다. 1990년대부터 중국은 위 구르 지역 전역에 중국어 교육기관을 설치하는 데 상당한 재원을 투 입하고 있었다.[20] 2002년, 당국은 이 지역 최초의 고등교육기관인 신 장대학新疆大學에서 위구르족 언어와 문학을 제외한 모든 과목에서 위구르어로 교육하는 과정을 폐지했다.[21] 이 조치는 2004년 3월, 지 방정부로 하여금 신장위구르자치구 내의 모든 교육과정에서 학생들에 대한 교육은 의무적으로 표준 중국어로 하도록 결정하려는 사전 포석이었다. 소수민족 학생들이 자신들의 언어와 중국어로 교육받을 수 있는 '이중언어 교육'이라는 것이 이 정책과 관련하여 중국이 선전하는 공식적인 입장이었다. 하지만 실제로는 중국어로 교육하지 않은 학교의 대부분을 중국어로 교육하는 학교들로 통합시킨 후에 비非한어 교과들을 거의 전부 폐지한 것이므로, 에이드리엔 드와이어Adrienne Dwyer가 지적하듯이, 이 정책은 사실상 "(이중언어 교육이라) 포장된 단일 언어 교육정책"이었다.[22]

드와이어는 이에서 더 나아가, 중국 본토에서 중국어로 제작된 컨텐츠를 단지 소수민족 언어로 옮겨놓은 수준의 정기간행물이나 라디오·TV 프로그램을 만드는 것이 대세가 되었다는 점과 소수민족 언어로 된 출판물 생산이 감소한 점은 중국의 이와 같은 교육정책과 함께 나타난 현상이라 지적하고 있다.[23] 그 결과, 위구르어가 지역 매체에서 차츰 사라졌으며 위구르 문화를 다룬 컨텐츠마저 지워지게 되었다.

모든 수업이 중국어로 이루어지는 중국 본토의 기숙학교에서 공부하게 될 소수민족 학생들을 선발하는 좀 더 공격적인 교육 프로그램도 제공되었다. '신장반新疆班(內地新疆高中班)'으로 알려진 이들 학교는 2000년에 중국 본토 각지에 소재한 12개 학교로 시작되었다.[24] 이후 규모가 계속 확대되어 2006년에는 26개 학교에서 1만 명을 교육했다.[25] 이들 학교에서의 교육은 특히 학생들을 정치적으로 세뇌하는데 맞추어져 있어서, 여기서 교육받은 위구르족이 학교 분위기를 감옥에 비유할 만큼 통제가 엄격했다.[26] 무슬림의 주요 경축일 중 하루만 휴일로 인정하고 그 휴일에도 세속적인 기념행사 참석은 허용하되 기도는 금지하는 등 학생들에게서 모든 종교적 신앙을 박탈하기 위한 조치들을 공공연히 시행했는데, 이는 학교에서 이루어진 정치적 세뇌 작업의 일부였다.[27]

중국은 이와 같은 교육정책이 위구르족의 취업 능력을 향상시키고 중국으로의 통합을 촉진하기 위한 것이라 선전했지만, 위구르족의 정체성과 사회적 관계에도 실질적인 영향을 미쳤다. 초등학교 및 그보다 어린 아동들에 대한 교육정책은 실행하는 데에 시간이 걸려 10년 정도는 지나야 그 효과가 온전히 드러나겠지만, 중국어를 완벽하게 읽고 쓸 줄 아는 위구르족 첫 세대를 만드는 기반을 다지기 위해 필요한 것이었다. 특히 중국어 구사 능력이 없거나, 있어도 취약한 위구르 남부 지역의 주민들에게는 이러한 정책이 궁극적으로 청년 세대와 그 부모 세대를 갈라놓는 결과를 가져올 것이기도 했다. '신장반' 소속 학교들을 연구한 티모시 그로스Timothy Grose는 피교육 집단을 소수의 위구르족 아동으로 한정한다면 이 교육 프로그램의 효과는 훨씬 더 즉각적으로 관측할 수 있다고 주장한다. 그의 지적대로 이들 학교에서 교육받은 학생들은 특히 자신의 정체성에 대해 심각한 딜레마를 겪게 되어, 교육과정을 마친 학생들은 때로는 위구르어마저 제대로 구사하지 못할 정도로 위구르 문화로부터 단절되었지만 한족의 일원으로도 받아들여지지 않는 자신들의 처지를 자각하게 되었던 것이다.[28]

2000년대 초에 중국이 위구르족을 개조하기 위해 국가정책 차원에서 시도한 또 다른 사업은 위구르족 노동자들을 중국 본토의 공장으로 보내 한족 노동자들과 함께 합숙하며 일하도록 한 것이었다. 이런 프로그램들 중에는 위구르 남부 지역의 시골에 거주하는 젊은 위구르족 여성들을 중국 본토의 공장으로 보내 일하게 하면서 언어 훈련과 사상 교육을 병행토록 하는 것도 있는데, 한족과의 통혼을 유도하려는 의도가 명백했다.[29] 위구르의 지역 언론 보도에 나온 내용들을 토대로, 위구르인권프로젝트는 2006년과 2007년만 따지더라도 위구르 남부 지역의 시골에 거주하는 18~20세 여성 1만 명이 이 프로그램에 참여했다고 추산할 수 있었다.[30] 중국은 이들 프로그램이 위구르족들에게 경제적 기회를 제공하는 것이라 홍보했지만, 예절과 교양은 물론 그들의 '사고와 의식'을 개선하여 시골의 위구르족들이 "조국 중국의 '위대한 사회주의 가족'"의 일원이 되는 데 도움이 될 것이라는 점도 이 프로그램에 대한 당국의 공식적인 설명에 언급되어 있었다.[31] 이들 프로그램은 기본적으로 자발적인 참여를 상정한다고 했지만, 위구르 남부 지역에서 이 프로그램의 대상이 될 수 있을 인구의 규모를 생각해본다면, 이 프로그램에의 참여를 거부할 경우 그 가족들까지 '극단주의자'나 '테러리스트'에 동조한다는 혐의를 받게 될 것이라는 추측이 가능하다.

2000년대 첫 10년 동안 근로와 교육을 병행하는 프로그램에 참여한 위구르족이 수천 명에 달하지만, 위구르족 전체에서 보면 여전히 얼마 안되는 규모였다. 이 프로그램에 참여한 위구르족의 대부분은 그 이후에도 위구르족의 정체성을 버리거나 중국에 대한 충성을 피력하지 않았으며, 많은 이들이 민족주의와 종교를 통해서 자신들의 정체성을 다시금 확인했다.[32] 요컨대, 이러한 프로그램이 위구르족을 한족 중심의 문화로 통합시킨다는 목적에 실제로는 별반 도움이 되지 않았던 것이다. 우루무치에 거주하는 소수의 위구르족 엘리트와 다른 도시 지역의 몇몇 위구르족 정도에게는 그러한 효과가 있었겠지만, 대다수 위구르족들에게 이러한 정책은 중국이 자신들의 문화를 파괴하려는 또 다른 방식으로 비추어졌을 것이다.

 '충성스러운' 위구르족을 만들어내기 위해 내놓은 흡수·통합 조치들의 효과가 저조한 가운데 '서부대개발' 프로젝트의 실시로 위구르족에 대한 압박이 가중되었음에도, 2000년대 초에는 이로 인해 폭력 사태가 일어났다는 보고가 눈에 띌 정도로 적었다. 저스틴 헤이스팅스Justin Hastings는 2000~2008년 사이에 있었던 폭력 사태는 1990년대에 비해 거의 없었던 수준이라고 지적한다.[33] 항의 시위와 폭력 사태를 정리한 보빙던의 명단에서도 마찬가지로, 같은 시기에 일어난 사건들 중에서 명백하게 정치적 폭력 행위의 범주에 들어갈 만한 것은 거의 찾아볼 수 없다.[34] 이 시기에 폭력 사태가 거의 없다시피한 현상은 위구르 지역의 치안 상황이 개선된 점에 기인하기도 하겠지만 중국의 주장과 달리, 이 시기에는 중국의 안보를 위협하는 폭력적인 '테러리즘 위협'이 존재하지 않았다는 말도 되는 것이다. 하지만 위구르 지역의 상황이 갈수록 긴장감을 더해간다는 점도 분명했다. 한족 이주민 유입이 증가하고 있었고 한족 중심의 도시재개발로 인해 많은 위구르족이 도시에서 쫓겨나는 한편 도시의 외관에서 위구르 문화의 흔적이 지워지고 있었으며, 중국 정부는 흡수·통합을 위한 정책들을 갈수록 더 많이 도입하고 있었다. 소수의 위구르족에게는 이러한 상황이 부를 축적하는 새로운 기회였지만, 대부분의 위구르족들에게는 소외당하는 환경이 조성되는 것이었다. 이러한 소외가 격렬한 분노로 폭발하는 것은 시간문제였다.

터닝 포인트: 2008년 올림픽, 그리고 2009년 우루무치 폭동

2008년 베이징 하계 올림픽을 준비하던 중국은 올림픽에 지장을 줄 위험이 있어 보이는 것은 어떠한 것도 사전에 철저히 방지하기 위해 사회 모든 영역에서 치안을 강화했고, 공안부는 특히 위구르족들과 연계된 것으로 추정되는 '테러리즘'이 "올림픽에 대한 가장 심각한 위협"이라 발표했다.[35] 1990년대 이후 위구르족이 연루된 폭력 사건이 별로 없었음을 감안한다면, 이와 같은 중국의 우려는 해외의 많은 관찰자가 보기에 이상한 것이었다. 중국 당국은 2007년 초 카슈가르 인근 산악 지역에서 위구르족들의 대규모 '테러리스트 캠프'를 급습했다고 주장했지만, 이러한 주장에 대해서는 회의적인 시각이 많았다. 헤이스팅스에 따르면, 실제로는 불법 채굴을 둘러싼 논쟁이 폭력 사태로 비화하여 공안 한 명이 사망한 사건을 당국이 '테러리즘'과 연계된 사건으로 몰아갔다는 한 스페인 언론인의 보도가 있었다고 한다.[36] 게다가 '테러와의 전쟁'이 벌어진 첫 7년 동안 동투르키스탄이슬람운동의 활동에 관해 들을 수 있던 것이 사실상 전무했다.

하지만 2008년 봄에 들어서 올림픽을 겨냥한 '테러리즘' 위협에 대한 중국의 언급이 눈에 띄게 증가했다. 아마도 이는 압둘 하크가 등장하여 올림픽을 위협하는 투르키스탄이슬람당의 영상물이 2008년 1월 공개된 것에 자극받았던 것에서 그 이유를 최소한 부분적으로라도, 찾을 수 있을 것이다.[37] 이 영상물은 해외 언론인이나 분석가들의 이목을 거의 끌지 못했지만, 3월과 4월에 중국이 저지했다고 발표한 일련의 '테러리스트' 공격 시도 사례들은 주목을 받았다. 2008년 3월 7일 우루무치에서 일어났다는 첫 번째 공격 사례는 한 위구르족 여성이 가솔린 통을 들고 탑승한 베이징행 여객기의 이륙을 중국 당국이 사전에 막은 사건으로, 이 여성은 가지고 있던 가솔린 통으로 비행기를 공격하려 했다는 혐의를 받았다.[38] 그 후 4월에, 중국은 지난 1월 이후로 위구르 지역에서 또 다른 두 개의 '테러리스트 세포조직'을 와해했고 올림픽을 공격하는 데 사용하려고 폭탄 제조에 필요한 물질들을 소지한 것으로 알려진 위구르족 45명을 체포했다고 발표했다.[39] 하지만 이들 사건과 관련하여 알려진 정보는 거의 없었으며, 해외 언론과 분석가 들은 이들 사건에 대한 중국의 설명이 신뢰할 만한 것인지 확신하지 못했다. 중국이 좌절시켰다는 이들 위구르족의 공격 시도라는 것이 사실은 올림픽 대회를 훼방하려는 어떤 시도도 힘으로 막아내겠다는 메시지를 보내기 위해 중국 정부 차원에서 조작한 것이라 생각하는 언론인들도 있었다.[40] 중국의 주장을 액면 그대로 받아들인 이들도 '테러리스트 세포조직'이라는 곳에서 압수했다고 당국이 보고한 폭약의 양이 차량 폭탄 하나를 만들기에도 부족하다고 지적하며, 중국이 위협을 엄청나게 과장하고 있다고 보았다.[41]

그럼에도 '테러리즘'이 올림픽을 훼방 놓을 위험성에 대해 떠들어 대는 중국의 대대적인 선전은 이후 몇 개월간 그 수위가 계속 높아졌다. 5월과 7월에 상하이와 쿤밍에서 각각 일어난 버스 폭발 사건을 계기로, 특히 두 건 모두 자신들의 소행임을 주장하는 투르키스탄이슬람당의 영상물이 나오면서 이 '테러리즘' 위협에 대한 억측은 더욱 많이 생겨났다.[42] 이들 폭발 사건은 위구르족들과 아무 관련이 없다는 것이 중국의 공식 입장이었지만 올림픽이 다가오면서 테러리즘 위협에 대한 우려는 커져만 갔다.[43]

이에 중국은 올림픽을 몇 개월 앞두고서 위구르족들을 대상으로 하는 매우 엄격한 치안 조치를 점점 늘려나갔다. 강화된 치안 조치를 통해 중국은 위구르족이라는 기준으로 이들을 프로파일링하여 올림픽 기간 중에 중국을 방문한 외국인들과 이들의 접촉을 효과적으로 차단했다. 올림픽을 앞두고 위구르족 '격리'가 특히 두드러졌던 베이징에서 위구르족은 호텔 투숙도 거부당했다고 전해지며, 현지의 소식통은 4천~5천 명가량의 위구르족이 올림픽 개최 몇 개월 전에 구금되거나 도시 밖으로 추방되었다고 보도했다.[44] 이러한 조치들은 위구르족들 중 어떤 혐의가 있는 특정한 개인이 아니라 위구르족이라는 민족 집단 전체를 겨냥한 것으로, 위구르족은 중화인민공화국의 역사상 중국에서 개최되는 가장 국제적인 행사에서 환영받을 수 있는 존재가 아니라는 선명한 메시지였다. 올림픽 기간 중 당국은 티베트인에 대해서도 위구르족에 대한 것과 유사한 배제적 조치를 시행했지만, 이 시기에 나왔던 보도에서 지적하듯이, "위구르족들은 훨씬 더 강한 압박을 받고 있었는데 … 정부가 그들을 잠재적인 시위자일 뿐만 아니라 잠재적인 테러리스트로 보았기 때문"이었다.[45] 또한 베이징은 물론이고 그 외 본토 도처에서 이러한 배제적 조치가 시행되던 시기에 중국은 위구르 지역의 치안을 더욱 강화하기 위해 노력했으므로, 이슬람 신앙이나 국가에 대한 적개심을 공공연히 드러내는 위구르족은 사실상 그 누구라도 잠재적 '테러리스트'로 분류되어 올림픽 기간 내내 삼엄한 감시를 받았다.

2008년 8월 올림픽 개막식이 진행된 주에 위구르 지역에서 두 건의 폭력 사건이 일어났는데, 이는 올림픽을 훼방하려고 사전에 기획된 것이라기보다는 당시 위구르족들에게 가해지던 강력한 통제에 대한 반작용이었을 가능성이 더 컸다. 첫 번째 사건은 올림픽 개최를 며칠 앞둔 8월 4일 카슈가르에서 일어났다. 공식적인 언론 보도에 따르면, 트럭 한 대를 훔쳐 탄 두 명의 위구르족이 가두 행진을 하던 한 무리의 무장 경찰들에게 돌진하며 폭탄과 칼로 공격하여 16명을 살해했다고 한다.[46] 하지만 이러한 보도가 정확한지에 대한 의혹의 여지도 적지 않았다. 같은 해 9월 『뉴욕 타임스』는 호텔에서 이 사건을 목격한 서구 국가 관광객들과의 인터뷰를 토대로 장문의 기사를 냈다.[47] 이들 목격자에 따르면, 트럭 한 대가 무장 경찰들에게 돌진했지만 폭발음은 들리지 않았다고 한다. 또한 칼로 무장 경찰들을 공격하던 이들도 군복을 입고 있었다는 것이 목격자들의 증언이다.[48] 8월 4일 카슈가르에서 일어난 사건은, 그 진상이 무엇인지와는 무관하게, 소위 올림픽을 겨냥한 '테러리즘 위협'에 대한 국가적 히스테리를 분출하는 자양분이 되었다.

두 번째 사건은 올림픽 개막 이틀 후인 8월 10일 쿠차(쿠처庫車)에서 일어났다. 중국 정부의 공식 발표에 따르면, 한 무리의 위구르족들이 택시로 이동하면서 순찰 중인 공안과 공안국公安局 및 공상행정관리국工商行政管理局 청사, 그 외에도 몇몇 건물에 폭탄을 던져 공안과 민간인들을 살상했다고 한다.[49] 사건 용의자들을 추적한 정부 당국은 위구르족 두 명을 체포했으나, 체포 과정에서 여덟 명이 사망하고 두 명은 자폭했으며 세 명은 도주한 것으로 추정된다고 발표했다.[50]

이 사건의 발생 동기에 대해서 알려진 것은 거의 없다. 상하이와 쿤밍에서 일어난 버스 폭발 사건과 달리, 투르키스탄이슬람당은 전혀 세련되지 못한 투박하고도 어설퍼 보이는 이 폭탄 공격이 자신들과 관련 있다는 어떠한 주장도 내놓지 않았다. 게다가 이들 사건이 올림픽 기간에 맞추어 위구르족의 민족자결 의지를 대외적으로 부각시키는 정치적 효과를 노린 것인지, 올림픽 기간 중 위구르족들에게 가해진 무지막지한 탄압에 대한 분노의 표출인지, 아니면 전혀 다른 어떤 것에 대한 반작용인지 분명하지 않았다. 하지만 어느 쪽이든, 동투르키스탄이슬람운동이 국제적으로 '테러 단체'로 공인된 2002년 이후에도 위구르족의 폭력적 저항의 사례로 보고된 사건이 비교적 적었던 점을 감안한다면 이 두 사건은 의미심장한 것이었다. 올림픽에 위협을 가하는 투르키스탄이슬람당의 영상물과 함께, 이들 사건은 향후 몇 개월간 중국의 관계 당국이 위구르족을 더욱 철저히 조사하도록 하는 계기가 되었다.

이 두 사건 후 신장위구르자치구를 관할하는 공산당위원회 서기 왕러촨王樂泉은 '테러리스트'에 대한 '사활을 건 투쟁'을 선언했다.[51] 선언 이후 이루어진 공격적인 탄압에 20만 명이 넘는 공안과 무장 경찰이 투입되었으며, 카슈가르 및 쿠차에서 일어난 사건과 연루된 혐의자에 대해서는 그 가족은 물론 이웃 주민들까지 처벌하라는 공식적인 지시가 하달되었다고 한다. 예컨대 쿠차의 한 이맘은 용의자 중 한 명이 그의 모스크를 다녔다는 이유로 종신형을 선고받았다고 한다.[52] 공식적으로 2008년 한 해 동안 '테러리즘'을 포함한 '국가 안전에 대한 범죄危害國家安全罪' 혐의로 체포된 위구르족은 거의 1,300명으로, 전년도에 비해 훨씬 늘었다.[53] 당국의 이러한 대응으로 2008년 내내 위구르족들 사이에 억압적인 환경으로 인한 긴장감이 조성되었다가 결국 2009년 여름 우루무치 폭동으로 터져 나왔을 것이다.

아마도 중화인민공화국 역사상 최악으로 기록될 만한 민족 갈등으로 인한 폭력 사태가 우루무치에서 일어난 것은 베이징 올림픽이 개최된 지 1년도 채 되지 않은 시점이었다. 이 사건은 소위 '테러리즘 위협'이나 사전에 계획된 폭력 사건 비슷한 그 어떤 것과도 무관했지만, 위구르족을 선천적으로 '위험한' 집단으로 보았던 당국과 한족 주민들의 공포감에 더욱 기름을 부었다. 그 결과, 위구르 지역에 전례 없는 강력한 탄압의 광풍이 몰아쳤지만, 지역 내부의 정세는 더욱 불안해지기만 했다.

이 우루무치 폭동은 2009년 7월 5일, 광둥성廣東省 남부 샤오관시韶關市의 한 장난감 공장에서 근무하던 위구르족 두 명이 잔혹하게 살해된 사건에 대해 항의하던 위구르족 청년들의 비폭력 항의 시위에서 촉발되었다.[54] 샤오관에서의 살인 사건은 위구르족 노동자들이 한족 여성 한 명을 강간했다는 인터넷상의 루머에 격분한 한족 노동자들이 같은 숙소에서 잠을 자던 위구르족 노동자들을 습격하면서 일어난 것으로 보인다.[55] 피해자들은 2000년대 초반 위구르족들을 중국 본토의 공장에서 일하도록 장려하는 국가 프로그램을 통해 그 공장에 간 것으로 추정되는데, 그렇다면 광둥성에서 벌어진 이 살인 사건은 국가적 차원의 경제 발전 정책과 연결된 것이 분명했다.

중국 본토와는 달리, 정부에 대한 불만을 공공연히 표출하는 행위가 엄격하게 처벌받는 위구르 지역에서 벌어진 이 항의 시위는 이례적이면서도 심각한 것이었다. 하지만 이 항의 집회를 기획한 위구르족 청년들은 중국과의 통합을 지지할 뿐만 아니라 광둥성에서 일어난 살인 사건에 대해 중국공산당이 정의에 입각해 조치를 취하리라 믿었다는 사실도 특기할 점이었다. 실제로 항의 집회의 최초 상황을 녹화한 영상물에는 중국의 오성홍기五星紅旗를 들고, 위구르족이 아니라 중국 국민으로서 당국에 호소하는 것임을 강조하는 중국어 문구를 내걸고 행진하는 위구르족 대학생들이 나온다.

비폭력 항의 시위가 어떤 사정으로 폭력 사태로 비화된 것인지 정확히 알 수는 없다. 해외에서 세계위구르회의를 이끌고 있는 라비야 카디르가 사전에 기획·조율했다는 것이 중국의 주장이었다.[56] 하지만 사건을 보도한 여러 매체에 따르면, 치안 병력이 시위대의 전진을 막기 위해 공격적인 진압을 시도하면서 폭력 사태가 일어났으며 그때까지 시위에 참가하지 않고 지켜만 보던 위구르족들까지 중국 정부와 한족들에 대한 분노를 터뜨리면서 폭력 사태는 걷잡을 수 없을 만큼 빠르게 확산되었다고 한다. 시내 곳곳에서 차량에 불을 지르고 상점을 파괴하며 한족 민간인들을 공격해 보고된 사망자만 156명에 이를 정도로 원초적이고도 강렬한 폭력 사태였다.[57] 극심했던 폭력 사태의 와중에 일어난 일들을 그대로 기술한 것이 곧 앞서 10년 동안 위구르족과 한족 사이의 긴장된 관계가 어느 정도였는지 생생하게 보여주는 증거였다. 다음 날 아침에는 한족 자경단원들이 위구르족들을 공격했는데 현장에 출동한 치안 병력은 수동적으로 사태를 관망만 했으며, 이들이 자경단에 무기를 준 것으로 전해진다. 같은 날 저녁에는 치안 병력이 위구르족 거주 구역을 휩쓸고 다니며 폭력 사태에 연루된 것으로 의심되는 이들을 잡아들였다.[58] 이 사태는 폭력적 충돌이 처음 일어난 후로도 이틀을 더 끌었는데, 이 3일 동안 일어난 사상자의 규모에 대해서는 신뢰할 만한 자료가 부족하지만 최소한 수백 명에 달했던 것으로 보인다.

여러 측면에서 볼 때, 2009년 7월 우루무치에서 폭력적으로 분출된 위구르족들의 분노는 위구르 지역에서 벌어진 지역개발과 정착형 식민 지배, 그리고 그 과정에서 위구르족이 경험했던 소외나 주변화로 인한 갈등이 끓어 넘친 것이었다. 사건 발생 당시 툼이 지적했듯이, 이 폭력 사태는 중국의 지배에 저항하는 위구르족들의 대상이 이제는 중국 정부를 넘어서 한족 자체로까지 확대되는 양상을 명확히 보여주는 것이었다.[59] 동시에, 이 폭력 사태는 위구르 지역으로 이주한 한족들이 위구르족 주민들을 바라보는 시각도 확연하게 변화시키는 계기가 되었다. 한족은 위구르족이 낙후되어 있고 나태하다는 인종차별적 고정관념을 오랜 기간 가지고 있었지만, 이 사건 이후로는 더하여 태생적으로 위험한 종족이라고 간주하게 된 것이었다. 한족 주민들의 이와 같은 시각이 올림픽 기간 중 중국 전역으로 확산된 소위 위구르족 관련 '테러리즘'에 대한 공포와 결합하면서 위구르족에 대한 배타적인 태도는 점점 강화되었다. 모든 위구르족이 한순간에 특별한 수준의 감시를 받아야 할 '위험한' 존재가 되어버렸다. 대개는 '7·5'로 불리는 우루무치 폭동은 위구르 지역의 한족 주민들이 위구르족을 전례 없이 악마화하는 물꼬를 터주었다는 토머스 클리프Thomas Cliff의 지적처럼, 이는 분명히 9·11 테러 이후 미국 전역으로 확산된 이슬람포비아에 비견할 만한 것이었다.[60] 위구르 지역 한족 주민들의 이러한 반응은 이 '위험한' 위구르족들에 대해 무슨 조치라도 취해야 한다는 압박을 당국에 가하는 방향으로 작용했으며, 정부는 이러한 요구에 공세적으로 대응했다.

2009년 우루무치 폭동에 대한 정부의 공식적인 대응 기조는, 이듬해 이 지역에 대해 사실상 계엄령을 실행하고, 위구르 지역에 대한 각종 치안 조치들을 한층 더 증강하는 것이었다. 폭동 이후 몇 개월간 우루무치에는 중무장한 치안 병력이 주둔했으며, 위구르 지역 내의 다른 곳에서는 치안 유지 목적의 군사작전이 강화되었다. 이 폭력 사태에 연루된 위구르족들을 검거하기 위해 위구르족 거주 구역과 공동주택에 대한 가택수색 등 광범위한 수색 작전이 이루어졌다.[61] 폭동과 연루된 혐의로 체포 및 수감된 인원의 규모는 정확히 알려지지 않고 있지만, 『파이낸셜 타임스Financial Times』 보도에 따르면 폭력 사태가 벌어진 직후 2주 동안 최소한 4천 명의 위구르족이 체포되었다고 한다.[62] 폭동에 연루된 혐의로 위구르족들을 체포하는 작업은 우루무치는 물론 위구르 지역 내 다른 곳들에서도 이후 몇 개월간 지속되었다.[63] 폭동과 관련된 혐의로 구금된 수천 명의 위구르족 중에는 처분의 내용이나 구금된 이후 행방이 알려지지 않은 이들이 상당수 있는데, 휴먼라이츠워치HRW(Human Rights Watch)는 이들을 '비자발적 실종자enforced disappearances'로 분류하고 있다.[64]

또한 위구르 지역 전역에 엄격한 통신 제한 조치가 내려졌다. 정부는 우루무치 폭동이 시작된 직후 바로 위구르 지역의 인터넷을 차단했고, 이 차단 조치는 2009년 12월에서 2010년 5월 사이에 조금씩 풀어주었다. 휴대폰의 문자 전송 기능은 2010년 1월까지 막혔고, 국제전화는 2009년 12월까지 금지되었다.[65] 한마디로, 국가 치안기관들이 총동원되어 위구르 지역 전역을 폭동 발생 이후 거의 1년 동안 봉쇄했던 것이다.

우루무치에서 일어난 폭력 사태는 '테러리스트의 공격'도, 위구르족의 이슬람 신앙과 관련된 것도 아니었다. 하지만 정부의 치안 대책에는 '테러리스트'와 '극단주의' 혐의자들에 대한 수색 강화는 물론 이슬람 신앙을 유지하는 모든 위구르족, 특히 위구르 남부 지역 시골에 사는 위구르족을 대상으로 일제 단속도 했는데, 이렇게 된 것은 한족 주민 다수가 위구르족들이 우루무치에 들어온 것이 폭력 사태의 원인이라 주장했기 때문이다. 이 시기 중국은 이맘에게 모스크에서 설교할 때 중국공산당 정책의 중요성을 강조하라고 지시하며 이를 감독했고, 거의 금지하는 수준으로까지 메카의 성지순례를 어렵게 만들었으며, 가정에서 사적으로 이루어지는 이슬람 교육을 더 공격적으로 금지하려 했다.[66] 하지만 우루무치 폭동 이후 위구르 지역이 거의 완전히 정보가 차단되었기 때문에, 아쉽지만 당국의 이러한 조치의 전체적인 범위는 알려지지 않고 있다.

지역개발의 가속화, 2010~2012년

위구르 지역에 몰아닥친 지역개발의 압력이 2009년 우루무치 폭동과 관련 있음은 누가 보아도 분명했지만, 중국의 대응 방향은 이러한 압력을 완화하는 것이 아니었다. 최소한, 개발의 압력이 위구르족에게 미쳤던 충격은 고려하지 않았다. 오히려 중국은 폭동은 '(지역의) 낙후성'을 보여주는 사건이라는 시각을 고수하며 지역개발을 위한 노력을 더욱 배가하려 했다. 폭동이 일어난 지 채 한 달도 되기 전에, 중국공산당 총서기 후진타오胡錦濤는 위구르 지역의 '문제점들'을 해결하는 유일한 방안은 '개발을 가속화'하는 것이라 선언했다.[67] 폭동 직후 새로 임명된 중국공산당 신장위구르자치구 당서기 장춘셴張春賢은 후진타오의 발언을 지지하면서, 정부는 '도약적 발전과 장기적 안정'을 보장할 것이며 상호 연결된 이 두 개의 개념은 불가분의 관계를 가진다고 강조했다.[68] 중국 정부는 경제가 더 성장한다면 민족 차별을 완전히 없애지는 못하더라도 민족 간 관계는 필연적으로 개선될 것이라는 믿음으로, 철 지난 근대화 이론을 한 번 더 신뢰해 보려는 듯 보였다. 하지만 중국이 추진하는 개발 및 민족 통합의 방법론과 관련해서는 근대화 이론보다 훨씬 더 오래된 모델인 정착형 식민 지배에서 영감을 얻고 있음을 드러냈다.

2009년 말, 중앙정부는 '개발을 촉진'하는 방안을 검토하기 위해 세 개의 조사단을 위구르 지역에 파견하고 지역의 당서기를 교체하는 한편, 2010년 5월 개최를 목표로 신장공작좌담회新疆工作座談會라는 대규모 포럼을 준비했다.[69] 첫 번째 신장공작좌담회에서는 위구르 지역개발을 활성화시키는 동시에 안정을 확립한다는, 새롭고 더 공격적인 비전이 제시되었다. 이 전략의 목표로 제시된 것은 1990년대 이래 중국이 이 지역에 대해서 추구해왔던 것과 거의 다르지 않았지만 그 접근 방식은 과거보다 공세적으로 변화하여 흡수·통합적 성격을 노골적으로 드러냈는데, 특히 지역의 외관과 주민의 민족 구성을 변화시키려는 정책적 시도에서 더욱 그러했다.

신장공작좌담회 이후 경제적·문화적 통합이라는 이 공세적 전략은 위구르족이 주민의 다수를 차지하는 위구르 남부 지역을 더 직접적으로 겨냥했다. 2000~2010년 사이에 위구르족이 다수를 차지하던 남부에서도 도시 지역에 대한 개발이 증가했지만, 이러한 당국의 노력이 거둔 성과는 기껏해야 21세기로 넘어갈 즈음에 위구르 지역 북부와 남부 사이에 크게 벌어져 있던 개발의 격차를 더 벌리지 않는 정도에 불과했다. 중국어를 의무적으로 교육하고 위구르 남부 지역의 위구르족들을 중국 본토의 공장에서 일하도록 유도하는 정책도 눈에 띄는 성과를 거두지 못했으며, 타림분지 남부의 위구르족들은 여전히 중국으로의 흡수·통합과 중국어 사용에 저항하고 있었다. 중국은 위구르 남부 지역에 대한 개발과 흡수·통합 노력을 가속화하려 했지만, 이 지역에 거주하는 위구르족 주민 다수에게는 국가가 자신들의 고향을 식민지화하려는 노력을 강화하는 것으로 비추어졌고 따라서 더욱 강한 저항을 불러일으켰다.

이 지역을 경제적으로 개발하기 위해 채택한 접근 방식은 어느 정도 혁신적인 것이었다. 이 지역을 중국 본토에 통합시키고 중국의 지배에 반대하는 이들을 극복하기 위한 논리가 여전히 1950년대의 근대화 이론에 기반을 두기는 했지만 그 실행 방식은 결정적으로 신자유주의적이되 매우 중국적인 색채가 가미되었고, 그 결과물은 19세기에 볼 수 있던 정착형 식민 지배에 더 가까이 다가간 듯 보였다. '자매결연 프로그램PAP(Pairing Assistance Program)'이라 불리는 이 프로그램은 경제적으로 성공을 거두고 있는 중국 내 다른 지역들(파트너)을 위구르 지역, 특히 남부의 '낙후된' 곳들(자매 지역)에 연결해주는 것이었다. 최초로 이 프로그램에 참가한 위구르 지역 밖의 19개 성·시는 모두 위구르 지역에서 생산되는 석유와 천연가스로 특별한 혜택을 받고 있던 곳으로, 이들은 2011~2020년 동안 재정수입의 0.3~0.6퍼센트를 위구르 '자매 지역'에 지원하기로 약정했으며 지원 금액의 대부분은 이들 '파트너 지역'에 소재한 기업들을 통해 집행되었다.[70]

이 프로그램은 중국 본토의 행정력을 위구르 지역의 개발에 끌어들이는 것이었으므로, 클리프는 이 자매결연 프로그램이 "통합의 논리를 전형적으로 보여주는 사례"라 주장했다.[71] 이 프로그램은 지역 개발을 효과적으로 추진하기 위한 것만큼이나, 지난 수십 년에 걸쳐

이 지역에 들어온 한족 정착민들의 안정을 보장하려는 목적도 있다는 것이 그의 주장이다. 우루무치 폭동 이후 지방정부가 한족 주민들을 '악마화된' 위구르족들로부터 지켜줄 수 있을 것이라는 신뢰가 땅에 떨어진 상황에서, 상하이나 선전 같은 독보적인 도시의 행정 역량이 지역개발에 투입된다면 이미 위구르 지역으로 이주해온 한족 정착민들이 계속 머물도록 하는 한편 새로운 정착민들이 들어오도록 유도하는 효과도 얻을 수 있을 것이라는 기대가 있었다는 것이다. 실제로 자매결연 프로그램을 통해 위구르 남부 지역의 많은 도시가 개발되었고, 이들 도시 주민의 민족 구성에서 점차 한족이 늘어났다.

키르기스스탄 국경 인근의 카슈가르와 카자흐스탄 국경 인근의 코르가스(훠얼궈쓰霍爾果斯)에 각각 '경제특구'를 설치한 것도 신장공작좌담회에서 나온 새로운 경제정책이었다. 중국 본토를 중앙아시아 및 남아시아와 연결하는 상업의 교량 역할로써 위구르 지역을 이용하려는 맥락에서 볼 때, 특히 이 지역과 인접 국가들을 이어주는 다수의 사회간접자본 구축 프로젝트가 이미 2000년대 초반부터 외부 세계와의 지리적 접속점인 이 두 지역을 통해 중국으로 들어오고 있었다는 점을 감안한다면 경제특구 건설은 분명히 의미 있는 정책이었다.[72]

이들 경제특구의 위치 모두 전략적으로 의미가 있지만, 이 두 곳에 경제특구가 설치된 맥락은 각각 다르다. 외지고 한가한 국경도시였던 코르가스의 경우 별다른 사전준비 없이도 쉽게 경제특구를 건설할 수 있었으나, 인구밀도가 높고 위구르족이 주민의 대다수를 차지하고 있던 카슈가르는 위구르족의 역사와 민족 정체성에 있어서 극히 중요한 의미가 있었다. 따라서 카슈가르를 경제특구로 건설하는 작업에는 새로운 도시를 건설하기 위한 대규모 개발 사업 외에도, 기존의 것들을 철거하거나 도시 밖으로 이전시키는 작업이 필연적으로 수반되었다. 이러한 점에서, 1980년대에 건설된 중국의 첫 번째 '경제특구'인 선전이 자매결연 프로그램에서 카슈가르의 '파트너'로 지정된 것은 놀랄 만한 일이 아니었다. 또한 카슈가르는 이 프로그램을 실시하는 첫해에 대상 지역들 전체에 뿌려질 지원금의 거의 절반을 받게 되어 있었다.[73] 당시 이러한 상황을 지켜보던 이가 지적하는 바와 같이, 이러한 노력은 "선전을 모델로 하여 카슈가르를 개발하고자 하는 열광적 분위기"를 반영하는 것이었다.[74]

구도심을 철거하고 주민의 대다수를 차지하는 위구르족을 콘크리트로 지은 공동주택으로 몰아넣는 것 외에도, 정부는 도시의 제조업을 발전시키기 위해 160제곱킬로미터의 산업단지를 조성하려고 분주하게 움직이고 있었다.[75] 이러한 개발 사업은 필연적으로 다수의 위구르족 원주민을, 완전히 도시 밖으로까지는 아니더라도 더욱더 도시의 외곽으로 몰아냈다. 실제로, 향후 위구르 지역에서 카슈가르가 어떠한 역할을 할 것인지 발표가 난 직후에 바로 주택건설 붐이 일었고 미래의 제조업과 상업 중심지로서의 이익을 기대한 중국 본토의 투기꾼들이 건설 중인 새 아파트의 대부분을 완공되기도 전에 쓸어 담아버렸다.[76]

2010년 이후 위구르 지역에 몰아닥친 대규모 개발의 압력이 위구르족 엘리트 계층 다수에게는 경제적인 혜택을 부여했다는 점을 인식할 필요가 있다. 알레산드로 리파Alessandro Rippa와 룬 스틴버그Rune Steenberg가 당시 카슈가르의 개발을 다룬 논문에서 지적한 바와 같이, 이 도시로 쏟아져 들어온 돈은 많은 위구르족이 좀 더 공식적인 경제활동에 종사할 수 있는 기회를 주었으며 그중 몇몇은 엄청난 부를 축적하게 되었다.[77] 하지만 도시가 총체적으로 개발됨에 따라 위구르족의 영향력이 더욱 주변부로 밀려나는 것도 불가피한 현상이었다. 중국의 대기업들이 지역경제를 지배하기 시작했고 도시 주민의 인구학적 균형이 변화했으며, 오랫동안 이 도시를 다른 지역과 차별화시켰던 위구르족의 문화적 특성들이 사라져갔다. 또한, 특히 도시 개발에 참여한 많은 중국 기업의 민족 차별적 고용 관행 때문에, 도시 전체가 새롭게 탈바꿈하는 과정에서 대부분의 위구르족 주민에게는 혜택이 거의 없다시피했다. 노동 관계 법령들이 엄연히 있음에도 이를 정면으로 위배하여, 2009년 폭동 이후로는 기업은 물론이고 국가기관마저 한족 지원자만 받는다는 조항을 넣은 채용 공고를 내는 일이 점점 성행했다.[78] 고용주들은 위구르족의 대부분이 중국어에 대한 이해도가 낮다는 이유를 들며 이러한 노골적이고도 차별적인 고용 관행을 정당화했는데, 위구르족은 '나태'하고 '비생산적'이라는 한족의 오랜 선입견만큼이나 위구르족은 '위험'하다는 두려움이 커졌던 것이 그러한 차별적 관행의 중요한 원인이기도 했다.

경제적으로는 주요한 부문에서 취업이 차단되었으며, 지역개발 붐으로 인해 다수의 위구르족이 물리적으로도 더욱 주변부로 밀려났다. 그 결과, 여러 자매결연 프로그램에는 새로운 주택을 공급하는 내용이 상당히 반영되어 있다. 예를 들어, 카슈가르 지구와 파트너십을 맺고 있던 상하이는 3년 안에 다른 네 개 현을 아우르는 '8만 가구 완전 재정착 프로젝트' 완성을 약속했다.[79] 이에 더하여, 지방정부는 2010년에서 2015년까지 위구르 지역 전역, 특히 우루무치, 카슈가르, 투르판吐魯番, 호탄, 굴자, 쿠물, 아크수(아커쑤阿克蘇), 코를라(쿠얼러庫爾勒)의 위구르족 거주 구역 내 150만 개의 주택을 '완전히 개조'해주기로 약속했다.[80] 도시 개발 과정에서 거처를 옮기게 된 위구르족의 대부분에게 주택을 주었지만, 전통적인 위구르족 공동체의 구조와 맞지 않은 신형 주택은 오랜 기간 존재해온 위구르족 밀집 거주 구역의 사회적 자본을 파괴했다.

마지막으로, 이 새로운 전략에는 교육 및 근로 프로그램을 통해 위구르족을 한족의 문화로 흡수하려는 지속적이고도 더 강력한 정책이 수반되었다. 예를 들어, 신장공작좌담회에서는 2020년까지 모든 위구르족 아동이 중국어를 유창하게 구사할 수 있게 한다는 목표로 몇 년 전부터 진행 중인 '이중언어 교육' 사업을 완전하게 시행한다는 공약이 채택되었다.[81] 마찬가지로, '신장반'에 소속된 학교에 등록하는 학생의 규모도 2010년에서 2012년 사이 꾸준히 증가했다.[82] 위구르족들을 중국 본토에서 제조업에 종사하도록 하는 프로그램은 우루무치 폭동을 촉발시킨 광둥성에서의 위구르족 살인 사건 이후 중단되었지만, 이 프로그램을 발전시키는 방안을 계속 모색하던 중국공산당은 2012년 이후 더욱 확대된 흡수·통합적 목표 아래 한 번 더 강력하게 밀어붙였다.

많은 점에서 볼 때, 2009년 이후 전개된 위구르 지역의 개발을 위한 이와 같은 정책적 노력은 베켈린이 제시했던 '단계적 개발론staged development'에서 새로운 장이 열렸음을 보여주는 징표이지만, 이 새로운 단계로의 진입도 결국은 위구르족과 그 지역을 중국으로 통합시키는 최종 목표를 향해가는 것이었다.[83] 우루무치 폭동을 계기로 위구르족이 다수를 차지하는 남부 오아시스 지역에 점점 더 국가정책의 초점을 맞추어가는 이 새로운 단계는 이전의 개발 단계에 비해 훨씬 더 정착형 식민 지배에 가깝게 다가가는 듯 보였다. 클리프의 말처럼, 이는 "'통제력이 미치는 변경frontier of control'에서 '정착이 이루어지는 변경frontier of settlement'으로 지역 발전의 방향을 틀기 위한" 시도인 것이다.[84]

2009년 이후 위구르 지역에 대한 중국의 정책은 중국과 소수민족 간의 관계 전반에서 불어닥치던 새로운 흡수·통합적 추세를 보완해주는 것이기도 했다.[85] 중국공산당 내부의 정책 공동체에서는 민족자치가 소수민족 거주 지역에 대한 중국의 행정적 지배 모델로서 적절한 것인지에 대한 논의가 2000년대 초반부터 진행되고 있었는데, 특히 민족자치 모델은 소련 및 유고슬라비아 해체라는 결과를 가져왔다고 주장하는 후이족 학자 마룽馬戎 교수가 관련 논쟁을 주도했다. 마룽과 그에 동조하는 이들은 민족의 특수성과 민족자치 대신 하나의 중화민족이라는 자기 인식과 정체성을 만들어나가는 '(민족의) 용광로melting pot'적 접근 방식을 선택해야 한다고 주장했으며, 이러한 입장은 훗날 '제2세대 민족 정책'으로 알려지게 되었다.[86] 중국공산당의 소수민족 정책 논의에서 이전에는 이러한 접근 방식이 부차적인 것으로 인식되었지만, 우루무치 폭동 이후에는 그러한 인식이 변화했고 신장공작좌담회에서 나온 여러 정책에서 특히 두드러지게 반영되었다. 여러 측면에서, 위구르 지역은 한족 이주민의 유입으로 점점 두드러지던 식민지화 현상과 궁합이 잘 맞는, '제2세대 민족 정책'과 관련된 다양한 정책들을 시행해보기 위한 완벽한 시험장이 될 운명이었다.

위구르족의 저항과 국가 주도의 대테러 정책, 2010~2012년

중국의 흡수·통합적 개발 정책들에 더하여, 신장공작좌담회도 위구르 지역에 대한 치안 강화의 새로운 장을 여는 역할을 했다. 우루무치 폭동 이후 1년 동안 위구르족들에게 폭압적이고 광범위한 탄압을 가한 중국은, 2010년 들어 위구르 지역에 대해 훨씬 더 강화된 치안 환경을 조성하기 시작했다. 이 치안 강화를 위한 환경 조성은 폭동 이후 이 지역에 대한 국가적 전략인 '도약적 발전과 장기적 안정' 중에서 '안정'에 관한 부분으로, 중국은 이를 점차 '대테러 정책'이라고 표현했다. 이 강화된 치안 조치가 위구르족에게 가하는 압박은 특히 위구르 남부 지역에서 극심했지만, 예상한 바와 같이, 결국은 위구르족들의 폭력적 저항을 가져왔을 뿐이다.

2009년 우루무치 폭동의 1주년 즈음에, 지방정부에서 "각종 공격을 막아주는 보호용 금속제 커버가 장착된 4만 화소의 고해상도 감시 카메라를 위구르 지역 전역에 설치했다"는 보도가 나왔다.[87] 우루무치에서도 관리들이 위구르족 거주 구역과 한족 거주 구역을 영구적으로 분리하는 장애물을 설치하고 있다는 보도가 나왔다.[88] 위구르족이 다수를 차지하던 위구르 남부 지역의 상황은 특히 더욱 긴장감을 자아냈다. 거주 지역 밖으로 나가는 데 제한을 두는 것은 물론, 도시와 도시 사이에 검문소들이 즐비하게 늘어섰으며, 위구르족에 대한 무작위 검문검색이 이루어졌다. 필자가 2016년 튀르키예에서 위구르족 난민들과 나눈 인터뷰에서는 본인이 특히 '종교적 성향이 있는' 위구르족으로 프로파일링되어 있기 때문에 2009년 우루무치 폭동 이후 몇 년 동안 지방정부 당국의 상시적인 감시를 받았다는 증언이 반복적으로 나왔다. 이러한 증언을 한 난민들은 자신이 처한 상황이 가택연금과 유사했다고 주장하며, 바로 이러한 조치 때문에 중국을 탈출했다고 했다. 위구르족 주민 전체를 감시하고 통제하는 이러한 정책에 더하여, 이슬람 신앙과 관련해서는 훨씬 더 실질적인 통제가 가해졌다. 종교 활동에 대한 통제 중 큰 부분은 학교와 병원은 물론 모스크까지 당국의 허가를 받은 공식적인 기관을 이용하도록 하는 것으로, 위구르족의 공적인 행위와 신앙, 복식服飾을 규제하고 위구르족 아동들이 이슬람을 접하는 것을 방지하며 종교 지도자들로부터 받는 메시지 내용을 통제하려 했다.[89]

치안 강화 조치의 수위가 올라가는 것에 맞서 공안을 포함한 치안기관을 겨냥하여 위구르족들이 벌이는 폭력적 저항은 오래지 않아서, 특히 위구르족이 다수를 차지하는 위구르 남부 지역에서 흔하게 일어나는 일이 되어버렸다. 우루무치 폭동 이후 보도된 무력 저항의 첫 번째 사례는 당국에서 2010년 8월 아크수의 경찰서를 겨냥한 것이라 발표한 폭탄 공격 사건으로, 향후 몇 년 동안 유사한 사건들이 빈번하게 일어났다. 이 사건과 관련한 정보는 제한되어 있으나, 2012년 내내 일어났던 사건의 대부분은 위구르족들과 법 집행 기관 사이에서 벌어진 충돌이었다.[90] 중국 정부의 관료들은 이 모든 사건에 '테러리스트의 활동'이라는 수상쩍은 라벨을 붙였지만, 사건의 대부분은 이 책에서 제시한 잠정적 정의에 부합하지 않는 것이었다. 이들 사건은 위구르 지역을 지배하던 폭압적인 치안 조치에 대한 반작용에 오히려 가까워 보였으며, 점점 더 이 지역에 짙게 드리워지던 침습적인 치안 강화에 자극받아 일어난 것이 분명했다.

2011년 7월 카슈가르와 호탄에서 일어난 공안과 그 외 치안 병력에 대한 일련의 공격은 이들 폭력 사태 중에서 가장 잘 알려진 것이다. 최초의 사건은 7월 18일 호탄에서 일어났다. 사건의 구체적인 사항에 대해서는 논란이 있지만, 한 무리의 위구르족들이 역에서 공안과 충돌하여 몇몇을 살상하고 나머지를 인질로 삼은 후 역에 불을 지른 것으로 보인다.[91] 나중에 『사우스 차이나 모닝 포스트South China Morning Post』는 이 사건은 위구르족 여성들의 히잡 및 검은 옷 착용을 금지한 것에 자극을 받아 일어났다고 보도했다.[92] 최종적으로 집계된 사망자는 18명인데, 그중 14명은 공격을 가했다는 위구르족이었다. 『가디언Guardian』은 이 사건은 최근 몇 년 동안 그 지역에서 일어난 사건들 중에서도 "최악의 유혈 충돌 중 하나"라고 했다.[93] 그로부터 2주 동안 카슈가르에서도 일련의 폭력 사태가 일어났다. 토요일 자정 어간에 자동차를 이용한 폭탄 공격이 있었으나 성공하지는 못 했고 동원된 미니밴 한 대가 폭발했다. 주동자로 보이는 위구르족 두 명은 도망쳐서 트럭 한 대를 훔쳐 탄 후 포장마차가 빽빽하게 늘어선 거리로 돌진하여 공안을 비롯한 거리의 군중들을 공격했다.[94] 범인으로 알려진 한 명을 포함해 일곱 명이 사망했고, 약 22명이 부상을 당했다. 이틀날 일어난 폭동은 위구르족 몇 명이 한 식당에 사제 폭탄으로 추정되는 폭발물을 던지고 칼로 사람들을 공격하면서 시작된 것으로 보인다.[95] 이틀에 걸친 폭력 사태는 범인으로 알려진 몇몇을 포함한 약 20여 명의 사망자를 내고 끝났다.

투르키스탄이슬람당은 그 사건들이 자신들의 소행이라 주장하지 않았지만, 카슈가르와 호탄에서 일어난 일련의 공격 시도를 지하드 작전이라 부르며 이를 다룬 영상물을 내놓았다. 이 영상물을 통해 카슈가르에서의 폭력 사태 가담자 중 한 명이 실제로 2006년에는 와지리스탄에 있었음을 입증할 수 있었다.[96] 압둘 하크가 사망한 후 그를 이어 수장이 된 압두슈쿠르가 이 영상물에 나오는데, 그는 위구르 지역으로의 한족 유입은 물론 위구르족 교육 프로그램과 근로 프로그램 등 여러 흡수·통합 정책이 자신들의 활동 이유라는 내용의 성명을 낭독했다.[97]

이 사건들이 채 한 달도 안 되는 사이에 연달아 일어났다는 사실과 사건에 연루된 이들 중 한 명이 5년 전 와지리스탄에 있었음을 보여주는 투르키스탄이슬람당의 영상물은 당국에 심각한 우려를 자아냈던 것으로 보인다. 그 결과, 이 폭력 사태가 일어난 후 중국은 평소답지 않게 가장 가까운 동맹국들 중 하나인 파키스탄이 위구르족 '테러리스트들'을 숨겨준다고 비난하기도 했고, 이에 파키스탄은 위구르족들이 중국에 가한다고 하는 '테러리즘 위협'과의 전쟁에서 모든 가능한 방법을 동원해 중국을 지원하겠다고 약속했다.[98] 예상할 수 있는 바와 같이, 지방정부도 위구르족에 대한 추적 관찰을 강화하고 '극단주의'와의 전쟁이라는 명목으로 종교적 행태를 감시하는 새로운 캠페인을 발표했다.[99] 하지만 국제 '테러리스트들'이 폭력 사태를 일으켰다는 정부의 주장을 주민 모두가 납득했던 것으로 보이지는 않는다. 당시 카슈가르에서 『월스트리트 저널』과 인터뷰를 한 위구르족은 "정부는 그 사람들이 파키스탄에서 왔다고 하며 국제 테러리스트라 하지만 사실이 아니다. 그 사람들은 정부와 한족들에 분노하는 지역 주민들이다"라고 했다.[100]

이 인터뷰를 한 위구르족의 증언은 순전히 개인적인 생각일 것이며 얼마나 사실에 부합하는지는 알 수 없지만, 당시 이 지역에 투르키스탄이슬람당이 미치는 영향력이 어느 정도였는지를 말해주고 있다. 실제로 투르키스탄이슬람당은 2010년 내내 위구르 지역의 지하드를 선동하는 영상물들을 제작했는데, 특히 2010년 3세대 이동통신 네트워크가 구축되고 위구르족들에게도 스마트폰 보급이 확산된 이후 이들 영상물 중 일부가 위구르족 주민들의 수중에 들어갔을 수 있다. 하지만 남부 타림분지의 위구르족들에게는 그런 영상물이 아니어도 분노할 만한 것들이 많았고 폭력적인 저항을 전개하는 데 투르키스탄이슬람당의 어떠한 자극도 필요치 않았다.

2011년 여름 호탄과 카슈가르에서 일어난 사건과 유사한 폭력 사태는 이후 2년 동안 점점 더 일상화되어갔다. 그리고 폭력 사태가 일어날 때마다 변함없이 뒤따르는 국가의 강경한 대응은 사태를 더 악화시켰다. 이 시기 당국에서 '테러리스트의 공격'이라는 프레임을 씌운 사건들이 실제로는, 단지 종교적 신앙을 버리지 않고 있다는 이유로 국가에 '충성하지 않는' 위구르족이라 간주하여 공격적으로 잡아들이려는 공안이나 치안 병력으로부터 스스로를 지키기 위한 무장 자위 활동인 경우가 많았기 때문이다. 호탄과 카슈가르 사건에 뒤이어 일어난 주요 폭력 사건인 2011년 12월 호탄 외곽 구마(피산皮山) 사건이 그러한 유형이었던 것으로 보인다. 보도에 따르면 파키스탄으로의 탈출을 계획한 한 무리의 위구르족들과 이들을 추적하던 공안이 서로 대치하면서 일어난 사건으로, 위구르족들이 인질을 잡고 저항하다 결국 유혈 충돌이 벌어졌다고 한다.[101] 위구르족 일곱 명과 공안 한 명이 사망하면서 상황이 종결되었다.[102]

그 지역에서 나오는 정보라는 것이 극히 미미함에도, 2012년 들어서도 그러한 폭력 사건의 빈도는 계속 증가하기만 했다는 것을 분명히 알 수 있다. 그리고 사태를 촉발시킨 주범은 위구르족이나 공안

중 어느 한쪽이 아니라 양쪽 모두였다. 2012년 2월 카길리크 거리에서 위구르족 청년들이 알 수 없는 이유로 한족 이민자 13명을 살해했고, 공안은 이들을 공격한 위구르족 일곱 명을 모두 죽였다.[103] 3월 코를라에서는 국가가 금지한 '불법적인 종교 회합'에 대한 공안의 '불시 단속' 과정에서 위구르족 네 명이 사망했는데, 그 회합이라는 것이 실제로는 기도를 하기 위한 모임이었을 가능성도 있었다.[104] 6월에는 호탄에서 우루무치로 가는 비행기를 공중 납치하려 모의했다는 혐의로 위구르족 여섯 명이 체포되었는데, 이 사건에 대한 구체적인 사항과 당시 상황에 대해서는 아직도 논쟁 중이다. 같은 달 호탄에서는 무인가 위구르족 학교에 불과했지만 당국은 '불법적인 종교학교'라 불렸던 시설을 '불시 단속'하면서 다수의 위구르족 아동이 심각한 화상을 입는 사건이 일어났다.[105] 8월에는 인터넷에 올린 자료를 이유로 20명의 위구르족이 '분리주의' 혐의로 수감되었다.[106] 10월 코를라에서는 위구르족과 한족 주민들의 충돌이 도시의 위구르족 거주 구역 전역에 대한 공안의 소탕 작전으로 비화되자, 국경절(10월 1일)에 한 위구르족이 인근 국경 초소에 자살 공격을 감행했다.[107] 요컨대, 위구르 남부 지역에서는 위구르족 주민과 치안기관 사이의 갈등이 급속하게 고조되고 있었다. 하지만 사건들의 성격에서 본다면 이러한 갈등은 어떤 조직화된 반란 세력이 유도한 것이 아니었고 국제적인 '테러 단체'가 개입한 것은 더더욱 아니었다. 점점 더 주민의 일상생활 안으로 깊숙이 침투해 들어가는 치안기관과 위구르족 간의 긴장감이 고조된 결과였을 가능성이 크며, 이 지역에서 국가가 주도하는 흡수·통합 정책과 식민지화의 심화로 인해 상황은 더욱 악화되었다.

폭력 사태가 증가하면서, 폭력 사태와 그에 대한 탄압의 악순환이 이듬해까지 남부의 타림분지 일대에서 계속되었다. 매번 폭력 사태가 벌어질 때마다, 혹은 중요한 공식 행사를 앞두고 당국은 치안 유지를 위한 병력을 증강하고 공공장소를 순찰 감시하기 위해 '자원自願' 치안 요원들을 모집하는 한편, 수많은 검문소를 설치하고 지역의 위구르족 공동체에 대한 광범위한 검색을 실시했다.[108] 이슬람 신앙을 공개적으로 표출하는 행위를 노골적으로 단속하는 것도 치안 강화 조치에 포함되어 있었다.[109] 치안을 강화하기 위한 이들 각각의 강력한 제재 조치가 실시될 때마다 폭력 사태는 확대됐다.

여러 측면에서 볼 때, 위구르 남부 지역의 위구르족과 치안기관 사이에서 발생하는 자기 영속적인self-perpetuating 갈등은 위구르 지역에서 벌어진 '테러와의 전쟁' 첫 10년이 가져온 필연적인 결과였다. 국가가 주도하는 한족의 정착형 식민 지배와 이슬람포비아, 그리고 치안에 집착하는 '테러와의 전쟁' 서사의 위험한 결합은 위구르족이 중국과 대립하는 상황을 만들어냈다. '테러와의 전쟁' 첫 10년의 기간 중 중국 정부의 정책에 평화로운 방식으로 항의했던 몇 안 되는 사례 중 하나였던 2009년 우루무치에서의 집회가 치안 병력의 무력 진압을 당하며 비극적인 폭력 사태로 비화하면서, 상황을 우려하며 평화적 수습을 요구하는 위구르족들의 목소리는 정치적으로 설 자리가 없어지게 되었다. 투르키스탄이슬람당으로 대표되는, 와지리스탄에 근거지를 둔 한 줌의 자칭 지하디스트들은 다량의 영상물을 제작하여 반입시킴으로써 이러한 상황에 개입하고자 했다. 하지만 이들의 활동은 위구르 지역 현지에서 벌어지던 상황들을 주도한 것이 아니라 부차적인 것이었음에도, 중국이 위구르족들에게 가하는 국가 폭력을 정당화하는 데 이용되고 말았다.

위구르 남부 지역에서 벌어지고 있던 이와 같은 자기 영속적인 폭력의 악순환은 이후 몇 년 더 지속되면서, 중국의 안과 밖에서 위구르족들이 무력 투쟁을 벌이게 되는 '자기실현적 예언'으로 발전했다. 그리고 이는 중국이 '대테러 정책'이라는 명목으로 위구르족들에 대한 인권 침해를 정당화하는 또 다른 구실을 제공했다. 이러한 자기실현적 예언이 위구르 지역을 넘어 중국 본토로 확산되면서 더 광범위한, 대체로 위구르족을 겨냥한 것이지만, 이슬람포비아의 불길에 기름을 붓는 결과를 가져왔다. 그리고 위구르족을 겨냥한 이 이슬람포비아는 정부가 어떤 조치를 얼마나 극단적으로 취하건 상관없이, 국가와 사회에 대한 실존적 위협으로 악마화된 위구르족을 대상으로 하는 것이라면 중국 전역의 한족들이 지지하도록 작용했다.

| 제5장 |

자기실현적 예언과 '반테러 인민전쟁', 2013~2016년

2013년 10월 29일, 무슬림의 신앙고백 구절인 샤하다가 씌어진 검은 깃발을 뒷좌석 밖으로 휘날리며 SUV 차량 한 대가 베이징 천안문 광장에서 자금성紫禁城 쪽으로 미친 듯이 달려 들어왔다. 많은 사람들을 들이받은 이 차량은 오랜 기간 중국의 힘을 상징해온 자금성 근처에서 불길에 휩싸였다. 차량에는 한 남성과 그의 부인 및 어머니를 포함한 위구르족 가족이 타고 있던 것으로 드러났으며, 탑승자와 여행객 두 명 등 모두 다섯 명이 사망했고 38명이 부상당했다.[1] 이 사건은 위구르 지역에서 점차 수위를 높여가던 폭력 사태가 중국 본토로까지 흘러들어간 첫 번째 사례로, 중국 내부에서 위구르족이 야기한다는 '테러리즘 위협'에 대한 두려움을 전에 없던 수준으로 높이는 계기가 되었다.

당시 CNN.com으로부터 그 사건에 대한 의견을 칼럼으로 써달라는 요청을 받은 필자는 공격 방식이 세련되지 못한 점으로 보아

중국공산당의 주민 계도를 위한 농민화(農民畵)로, 위구르족 거주 촌락에 포스터로 붙이거나 벽화로 그려놨다. 그림에 중국어와 위구르어로 씌어진 문구는 다음과 같다. "단호하게 3대 악을 타격하라." ⓒ The University of British Columbia, Xinjiang Documentation Project (CC BY 4.0)

이 사건이 국제적인 '테러리즘' 네트워크와 연결된 조직화된 위협 요인과 연계되었을 가능성에 대해서는 회의적이라는 입장을 표명했다.[2] 이후 필자가 경험한 중국 **네티즌**이라는 이들의 반응에 대해 말해보자면, 살해 위협을 하는 이메일이 날아오는 등 극도로 격렬한 반응이 압도적이었다. 이들 대부분은 위구르족이 중국에서 벌인 폭력 사태와 미국이 당한 9·11 테러를 같은 선상에서 인식하지 않았다며 분노했고, "미국도 아메리카 원주민들에게 똑같은 짓을 했다"는 이유로 위구르족에 대한 중국의 정책을 정당화하는 이들도 있었다. 『글로벌 타임스*Global Times*』*는 필자의 칼럼에 대한 신랄한 사설을 게재하면서 이를 실어준 CNN을 비판했고, 중국의 국영 방송사 CCTV는

CNN에게는 베이징에서 벌어진 사건이 테러리즘이라는 주장에 의문을 제기하려는 '숨은 속셈'이 있다는 메시지를 담아 7분 동안 내보냈다.[3] 심지어 CNN 방송을 금지하자는, 소위 중국의 일반 시민들이 주도한다는 풀뿌리 캠페인도 시작되었다고 한다.[4]

이 사건은 국가권력의 중심이라는 상징적인 장소에서 일어났기에 큰 주목을 받았지만, 폭력성의 수위를 놓고 본다면 위구르족과 관련하여 2013년 중국에서 일어난 가장 격렬한 폭력 사태의 그것에는 근처에도 가지 못하는 것이었다. 위구르 남부 지역에서 2010년 촉발된 치안기관과 위구르 지역 주민 사이의 자기 영속적 폭력 사태는 2013년 내내 그 수위가 높아지고 있었고 베이징 사건에서의 다섯 명보다 훨씬 더 많은 인명 피해가 났지만, 사건의 여파는 위구르 지역 안으로 한정되었으며 대부분 정부의 통제로 인해 보도되지 않고 처리되었다. 천안문 광장에서 벌어진 사건은 '국제테러리즘'과 연결된 것이라기보다는 위구르 남부 지역에서 진행 중이던 치안기관과 위구르족 간의 폭력 사태로 인한 갈등이 분출된 것일 가능성이 높다. 하지만 중국은 이 사건이 중국 내부의 투르키스탄이슬람당 지지자들이 배후 조종한 '테러리즘 공격'이 명백하다는 입장을 확고하게 고수했다. 투르키스탄이슬람당이 이 사건을 지하드로 간주하며 이를 실행한 위구르족들에게 축하를 보내는 영상물을 배포하기는 했지만 이 사건이 자신들의 소행이라거나 자신들이 이 사건과 어떤 연계가 있다는 주장을 한 것은 아니었다.[5] 또한 사건을 둘러싼 실상은 명확하게 드러나지 않았지만 잘 조직된 공격이 아니라는 점도 분명했

---

* 중국공산당 기관지 『인민일보』의 자매지인 『환구시보(環球時報)』의 영문판이다.

다. 차량 밖으로 휘날리던 샤하다가 씌어진 검은 깃발은 이들이 최소한 이슬람 무장 집단의 상징물들과 친근하다는 점을 시사하긴 했어도 남편과 아내, 그리고 어머니라는 구성은 국제적인 지하디스트 단체와 제휴한 '테러리스트 세포조직'으로서는 어색한 조합이었다. 이에 더하여, 다른 소식통에 따르면 그 가족은 다른 이들을 살상하려는 목적보다는, 티베트인들의 소신공양燒身供養 혹은 분신자살 비슷하게, 1년 전 그들의 고향인 아크토(아커타오阿克陶)에서 모스크가 파괴된 사건에 항의하기 위해 자살하려 했을 것이라는 추정도 가능했다.[6] 이들이 차량을 몰고 천안문 광장으로 돌진한 실제적 동기와 의도가 무엇인지와 무관하게, 이 사건은 인간으로서의 권리를 박탈당한 위구르족과 국가 간에 벌어지는 자기 영속적인 폭력이 위구르 남부 지역 타림분지뿐만 아니라 위구르 지역을 넘어서까지 파장을 미치고 있음을 보여주는 것이었다.

따라서, 중국이 지난 10년 동안 '테러리즘 위협'이라는 라벨을 붙여 과도하게 과장해왔던 위구르족들의 폭력 행위에 대한 우려가 2013년에 이르러서는 아마도 '자기실현적 예언'을 통해서 결국 현실이 되어가는 듯한 양상이 관찰되기 시작했다. 이후 3년에 걸쳐 이러한 폭력 사태가 증가했는데, 그중에는 이 책에서의 잠정적 정의를 기준으로 하더라도 '테러리즘 행위'로 판단하는 것이 합당한 사례도 일부 있다. 하지만 이렇게 증가한 폭력 사태 중에서, 투르키스탄이슬람당 또는 다른 국제적 지하디스트 단체들과 연계된 '테러리즘 위협'은 고사하고, 어떤 조직화된 '테러리즘 위협' 요인이 중국 내의 위구르족 주민들 사이에 존재한다는 합리적 의심을 가능케 하는 사례는 없었다. 오히려, 거의 모든 사건에는 그 동기와 의도를 알려주는 각각의 지역적 특성이 있는 듯했다. 그렇게 많은 사건이 상호 무관하게 자생적으로 일어났다는 사실은 위구르족들의 좌절과 분노가 얼마나 광범위하게, 특히 남부 지역에서 확산되어 있는지 보여주는 것이기도 했다.

폭력을 수반한 위구르족들의 저항이 증가하자, 예상대로 중국은 더 강도를 높인 진압으로 대응하며 이를 '대테러 활동'으로 정당화했다. 이후 2016년까지 3년 동안 위구르 지역에서는 자매결연 프로그램을 통해 '지역개발을 가속화'하려는 국가적 노력이 계속되었지만, 중국이 이 지역에 가하는 강력한 치안 조치로 인해 지역개발의 이면에는 점점 더 짙은 그늘이 드리워졌다. 이에 더하여, 이 시기 동안 중국은 자국이 직면해 있는 위구르족 주민들로부터의 위협은 다른 무엇보다도 국가가 '극단주의'라 규정한 위구르족의 문화 및 종교적 관습의 특정한 측면으로부터 발생한다고 분명하게 집어내어 주장하기 시작했다. 위구르족의 문화 내부에 존재한다는 위협 요인을 겨냥하는 이러한 노력은 위구르 지역에서 계속되고 있던 중국의 정착형 식민 지배를 등에 업고 진행되었으며, 이 지역을 장악해 나가는 한족 중심의 중국 문화로 위구르족들을 강압적으로 흡수하는 정책을 정당화하는 데에도 도움이 되었다. 예상대로 이러한 중국의 모든 조치에 대해 위구르족들은 더 폭력적으로 저항했는데, 2010년 위구르 남부 지역에서 시작된 당국의 탄압과 그에 대한 폭력적 저항의 자기 영속적 악순환은 계속되었고 그 폭력의 수위는 계속 높아져갔다.

자기실현적 예언과 위구르족들의 무력 투쟁

'자기실현적 예언'이라는 개념은 1930년대에 활동한 미국 사회학자 로버트 머턴Robert Merton의 연구에서 그 기원을 찾을 수 있다. 그는 어떤 사회적 문제에 대한 잘못된 평가가 그 평가를 현실화시키는 사회적 혹은 정책적 조치들을 끌어내는 현상을 이 개념을 통해서 설명했다. 잘못된 평가에 따른 조치가 일단 현실화되면, 그 결과로 만들어진 현실로 인해서 잘못된 평가에 기반한 최초의 조치가 더욱 정당화된다는 것이다. 그의 지적대로, "자기실현적 예언의 그럴듯한 타당성은 오류의 지배를 영속화시킨다. 왜냐하면 그 예언자는 사건들이 실제 진행된 과정을 처음부터 자신이 옳았다는 증거로 제시할 것이기 때문이다."[7]

머턴이 제시한 자기실현적 예언의 사례들은 주로 1940년대 미국에서의 구조적 인종차별과 관련된 것들이다. 예컨대, 그는 흑인은 백인에 비해 지적으로 '열등하다'는 미국의 인종차별적 믿음이 아프리카계 미국인들에 대한 교육 투자를 줄이는 결과로 연결된 사례를 들었다. 교육 투자가 감소하자 대학교육을 받은 흑인도 감소했고, 대학교육을 받은 흑인의 감소는 흑인들이 지적으로 열등하므로 그들에 대한 교육 투자를 증가시킬 필요가 없다는 주장을 더욱 정당화했다는 것이다.[8] 그가 볼 때, 그러한 자기실현적 예언을 만들어내는 잘못된 가정은 단지 악의 없는 혹은 의도치 않은 계산 착오이거나 엉성하게 만들어진 정책이 아니다. 오히려, 불평등한 권력 관계의 유산에 기반한 뿌리 깊은 편견의 산물인 것이다.

머턴이 제시한 이 개념은 가상의 '테러리즘 위협'에 대한 중국의 정책들이 어떻게 위구르족들의 무력 투쟁을 증가시켰으며, 심지어

2013~2014년 동안에는 실제로 위구르족들이 '테러리즘 공격'을 가하는 데에까지 이르게 되었는지 이해하는 데 도움이 된다. 지금의 중화인민공화국, 그리고 그 이전의 근대 중국을 지배하던 국가에서 위구르족은 언제나 '열등'하고, '낙후'되었으며 '변덕스럽고 불안정'한 종족이라는 구조적 인종차별의 대상이었다. 그리고 그 구조적 인종차별은 위구르족을 차별을 통해 식민 통치한다는 가부장적 통치의 대상으로 삼으며 민족자치에 대한 그들의 열망을 부인하는 정책의 정당성을 입증하는 방향으로 작용했다. 2001년 중국은 위구르족이 중국의 지배에 반대하거나 민족자결에 대한 열망을 드러내는 기미 혹은 징후를 모두 '테러리즘'의 특징으로 몰아갔는데, 2002년 동투르키스탄이슬람운동이 국제사회에서 '테러 단체'라 공인되면서 위구르족에 대한 구조적 인종차별은 더욱 심화되었다. 이러한 조치들은 위구르족이 정당한 불만을 제기할 권리를 박탈하고 그들을 국가와 사회에 대한 실제적인 위협 요인으로 몰아, 점진적으로 인간성을 말살하는 과정에 시동을 거는 것이었다. 국가가 점점 위구르족을 위협 요인으로 프로파일링하고 상시적인 감시 아래에 두며 그들을 자신들의 고향에서 주변부로 밀어내고 있는 상황에서 위구르족들이 이러한 압박에 대한 분노를 폭력적으로 분출하는 것은 거의 필연적인 반응이었다. 그리고 중국은 이렇게 표출된 위구르족들의 분노를 증거로 삼아 이들로부터 야기되는 '테러리즘 위협'에 대응하는 정부의 조치는 처음부터 옳은 것이었다고 정당화할 수 있었다. 이런 맥락에서, 2013년 천안문 광장으로 돌진한 SUV 차량은 중국의 과도한 '대테러' 조치에 대한 반응이었지만 중국의 과도한 조치들을 더욱 정당화하는 데에도 이용되었다.

폭력의 고조, 대테러 정책, 그리고 반극단주의, 2013년

2013년 10월 위구르족 가족이 SUV 차량을 몰고 천안문 광장으로 돌진하는 사건이 일어났던 그해에 위구르 지역에서는 앞서 3년 동안 진행되고 있던 폭력과 탄압의 악순환이 점점 확대되고 있었다. 위구르족과 한족 주민들이 충돌한 이유가 석연치 않은 3월 코를라 사건과 5월 카길리크 사건도 그렇지만, 2013년 폭력의 악순환을 구성하는 사건의 대부분은 치안기관과 위구르족 사이에서 벌어진 충돌이었다.[9] 호탄에서 3월과 4월에 각각 일어났다는, 경찰서에 화염병이 투척된 사건과 두 명의 '경무 보조 인원警務輔助人員'*이 살해당한 사건이 여기에 포함된다.[10] 2013년 발생한 이들 사건의 거의 전부가 위구르 남부 지역에서 일어났지만, 가장 심각한 유혈사태는 6월 북부 투르판 인근의 루커친魯克沁에서 한 무리의 위구르족들이 칼을 휘두르며 경찰서와 지방정부 및 건설 현장을 공격한 사건이었다.[11] 이들 10명의 위구르족은 모두 치안 병력에 사살되기 전까지 17명을 살상한 것으로 알려졌다.[12] 투르키스탄이슬람당은 이 사건을 찬양하는 영상물을 배포하면서 그들의 행위를 다시 한 번 지하드로 규정하는 한편, 위구르 지역의 동포들에게 지하드를 위한 활동에 나설 것을 촉구했다.[13] 하지만 루커친에서 무슨 일이 벌어진 것인지, 그리고 사건의 동기가 정치적인 것인지에 대해서는 밝혀진 것이 전혀 없다.

그 규모와 파장 때문에 이 사건은 중국 국영 매체에서 다루어졌

---

* 원서는 'community policemen', 'community worker'인데, 이는 중국에서 계약의 형태로 채용되어 공안기관의 직접적인 지휘·관리 아래에 경찰 업무와 치안 활동을 보조·지원하는 '경무 보조 인원'으로 옮겼다.

지만, 2013년 당시 위구르 지역에서 일어난 대부분의 폭력 사태는 공식 매체에 보도되지 않았고, 따라서 일어난 상황에 대한 많은 부분이 알려지지 않았다. 민간인들이 소셜 미디어에 사건에 대해 올리고, 훗날 해외의 언론인들이 지역의 관료들에게 확인하면서 사건이 일어났다는 것만이 그나마 알려지게 되었다. 그러나 2013년에는 루커친 사건과 천안문 광장 사건 외에도 중국 국영 매체에 대서특필된 또 다른 폭력 사건이 있었다. 카슈가르 인근 마랄베시(바추巴楚)에서 4월에 벌어진 사건이 바로 그것이다. 국영 매체에 보도된 바에 따르면, 공안과 '경무 보조 인원'이 마랄베시의 시골 지역에서 일상적인 가택수색을 하다 '테러리스트 세포조직'을 발견하면서 충돌이 벌어졌으며, 결국 주택이 전소되고 최소한 15명의 공안과 '경무 보조 인원'이 사망했다고 한다.[14] 이 사건에 대해서도 명확하지 않은 부분이 적지 않다. '테러리스트' 영상물을 시청하다 당국에 적발된 위구르족들이 폭력으로 대항한 것이라는 보도도 몇 건 있지만, 당시 이들은 쿠란을 학습하던 중이었다는 증언도 있다.[15] 처음에 불을 지른 쪽이 위구르족들인지 혹은 공안인지, 그리고 어떻게 공안과 '경무 보조 인원'이 안에 있는 채 집이 불에 타 무너져내린 것인지 파악하는 데 필요한 정보의 출처도, 마찬가지로 불충분하다.[16] 국영 매체에서 이 사건을 '테러리스트의 공격'으로 보도한 것은 공안 등 치안 인력이 다수 희생되었기 때문일 개연성이 높다. 하지만 투르키스탄이슬람당이 또다시 이 사건에 연루된 위구르족들을 찬양하며 지하드를 촉구하는 영상물을 배포하면서, 국영 매체를 통해 사건을 보도하는 것은 위구르족 내부에 존재한다는 '테러리스트'의 위협을 '부풀리기' 좋은 기회가 되었다.[17]

루커친과 마랄베시에서 일어난 폭력 사건이 직접적인 이유가 되었든 그렇지 않든, 이 시기 지방정부도 증가하고 있던 지역 내 폭력 사태를 당국에 의해 '극단주의' 딱지가 붙곤 했던 종교적 이념과 결부시키는 작업을 더 진지하게 추진했다. 중국이 이 지역에서 일어난 폭력적 저항을 종교와 결부시킨 것은 1990년 바런 사건까지 거슬러 올라가지만, 이번에는 국가가 지정한 기관을 벗어난 곳에서 종교 활동을 하는 이들을 처벌하는 수준을 넘어서 국가에 반하는 종교적 신앙을 품고 있을 가능성이 있는 이들에게 공통되는 물리적 표식과 문화적 관행들을 식별하려는 데까지 이르렀다. 중국의 한 '대테러 전문가'에 따르면, 이러한 정책적 노력은 2013년 5월 신장위구르자치구 공산당위원회가 '제11호 문건'으로 알려진 「불법적 종교 활동에 대한 법에 따른 처분을 진일보시키고 종교 및 극단적 사상의 침투를 억제하는 업무를 지도하는 데 관한 몇 가지 의견關于進一步依法治理非法宗教活動, 遏制宗教極端思想滲透工作的若干指導意見」이라는 내부 기밀문서를 작성하면서 시작되었다.[18]

위구르족의 문화적 표현에 내재된 '극단주의'를 식별해내려는 이러한 새로운 활동에서 가장 눈에 띄는 부분은 2013년 내내 진행한 '아름다움 프로젝트美麗事業'로, 위구르족 여성들이 히잡 등 무슬림 여성의 복식을 거부하고 더 세속적인 옷을 입도록 강제함으로써 '아름다움을 드러내도록' 하는 캠페인이다. 이 '아름다움 프로젝트'는 위구르 지역 전역을 대상으로 했지만 실시되는 강도는 지역에 따라 달랐는데, 위구르 남부 지역에서 특히 강력하게 추진되었다. 카슈가르에서는 여성들이 얼굴을 가리고 있는지 단속하라는 지시가 검문소에 떨어졌고 CCTV가 거리를 지나는 여성들이 히잡을 쓰고 있는지 감시했다.[19] 공공장소에서 히잡을 쓰고 있다가 적발된 여성들은 당국이 그 신상을 기재한 후 재교육 대상으로 분류했고, 대상자들에게는 공공장소에서 여성이 '자기 얼굴의 아름다움'을 드러내는 것을 옹호하는 선전 영화를 강제로 시청할 것을 지시했다.[20]

하지만 '극단주의'와의 전쟁을 가장하여 국가가 실시하는 복장 및 종교적 표식에 대한 단속 활동은 공공의 공간에 국한되지 않았다. 이즈음에 위구르 남부 지역에서는 위구르족들의 사생활에서의 행태도 평가하고 그 행태가 정부가 생각하는 '극단주의'에 해당하는지 판단하려는 목적으로 정기적인 가택수색을 늘려나갔다. 짐작컨대, 세간살이에서 나온 종교 서적, 복장과 실내의 인테리어, 심지어는 식사나 음주 습관도 '극단주의'의 해당 여부를 판단하는 근거로 삼았던 것으로 보인다. 또한 공안의 이러한 가택수색을 지원하기 위해 위구르 지역 전역, 특히 남부에 배치된 한족 간부들이 대거 투입되었다. 중국공산당은 2013년 2월에 이 계획을 발표하면서, 당 간부 20만 명을 9천 개 마을에 배치하여 최소한 1년은 지역 주민들과 섞여서 생활하도록 했다.[21] 중국 정부는 이 간부들이 시골 지역의 생활수준을 높이는 데 도움을 주었다고 주장하지만, 이들 대부분은 위구르족들의 행동을 단속하고 국가가 '극단주의'로 낙인찍은 종교적·문화적 표식이나 징후가 있는지 위구르족 관료들과 주민들을 감시했을 것이다.[22] 마랄베시에서 살해당한 '경무 보조 인원들'은 이들 간부단에서 차출되었을 가능성이 높고, 폭력 사태는 이 '정기적' 가택수색의 침입적 성격 때문에 촉발된 것일 개연성이 다분하다.

이에 더하여, 시골 지역, 특히 위구르 남부 지역에 거주하는 위구르족들을 대상으로 하는 광범위한 추적 관찰도 국가가 '극단주의'

로 규정한 특성을 보이는 것으로 간주된 이들에게 선제적으로 취하는 조치에 해당하는 것이다. 특히 위구르족 남성들의 모임이 관측되면 국가적 차원에서 대규모 급습을 벌인 사건이 많았다. 중국 정부는 이를 '테러리스트 세포조직'을 적발한 것이라 포장하곤 했지만, 대개의 경우 이 급습의 대상이 된 위구르족들은 모두 죽임을 당했기 때문에 실제 무슨 일이 일어난 것인지 알려주는 증거는 거의 남아 있지 않다. 예를 들어, 8월 카길리크 인근의 한 외딴 장소에 기도하려고 모인 것으로 추정되는 위구르족 15명이 당국의 불시 단속 중에 사망했고, 포스캄(저푸澤普)의 한 시골에서는 '테러리즘 활동'을 준비하는 '훈련'을 하려고 모였다는 위구르족들이 당국의 단속에 적발되어 최소 12명이 사망했다.[23] 카슈가르와 야르칸드(사처莎車)에서도 9월과 10월 초에 비슷한 사건들이 일어나 일곱 명이 넘는 위구르족이 죽었다.[24] 이들 사건의 여파로 마을들이 사실상 봉쇄되고 검문소가 설치되어 모든 주민의 신원을 일일이 확인했다는 것이 당시 상황을 경험한 지역 주민들의 증언이다. 시골에서 일어난 이들 폭력 사태는 대부분 치안 병력이 주민들을 자극해서 일어난 것으로 투르키스탄이슬람당은 관련되어 있지 않은 것이 분명했지만, 이 조직의 수장은 9월에 영상물 하나를 다시 공개하면서 이들 폭력 사태를 중국에 대한 지역 주민들의 지하드라 칭하며 계속 진행할 것을 촉구했다.[25]

10월 말에는 SUV 차량이 천안문 광장에 돌진하는 사건이 일어났다. 2013년에 들어서는, 이 사건이 일어나기 이전부터 이미 심각한 폭력 사건들이 있었지만 당국이 가장 즉각적으로 대응한 것은 누구나 예상할 수 있듯이 베이징에서 일어난 바로 이 사건이었다. 사건 발생 후 오래지 않아서 이 사건을 기획한 것으로 의심되는 지하 '테러리스트' 단체 소속이라는 혐의를 받은 위구르족 다섯 명이 베이징 공안국과 신장 공안국의 합동작전으로 호탄에서 검거되었다.[26] 이어서 진행된 그들에 대한 재판은 국가의 '대테러' 역량을 과시하기 위한 목적으로 중국의 국영 매체에서 방영되었다.

하지만 위구르 남부 지역에서 위구르족과 치안기관 사이에 벌어진 폭력의 악순환은 10월을 지나 2014년에도 계속되었다. 천안문 광장 사건이 일어난 지 2주 후 마랄베시에서 도끼와 칼을 든 위구르족 청년 아홉 명이 경찰서를 습격해 공안 두 명을 구타해 살해한 사건이 있었다.[27] 이들 아홉 명의 위구르족은 당국이 심문을 하기도 전에 모두 공안에 의해 죽었지만 중국 정부는 이 사건을 국제적으로 연계된 '테러리즘'을 실제로 보여주는 사례로 포장했다. 이러한 방식의 사건 처리는 이 사건으로 끝나지 않고 더 나아가서, '대테러' 명목으로 치안기관의 일제 소탕 작전이 2013년의 남은 기간 내내 계속되고 더 많은 위구르족이 체포되고 죽을 것임을 확인시켜주는 것이었다. 12월에는, 카슈가르 구도심에서 당국이 '테러리스트'라 주장하는 위구르족 집단을 겨냥해서 벌인 공안의 소위 '불시 단속'으로 여성 여섯 명을 비롯해서 모두 16명의 위구르족이 죽었다.[28] 당국에서 '불시 단속'이라 표현하고 위구르족들이 현장에서 바로 사망한 이전의 사건들과 마찬가지로, 이 사건에서도 실제로 무슨 일이 벌어졌던 것인지 밝혀지지 않았다. 당시 카슈가르에 거주하던 한 목격자에 따르면, 이 사건은 '불시 단속'이 아니었고, 곧 있을 결혼식을 상의하기 위한 모임 중에 정기적인 가택수색을 당한 것에 더 가깝다고 한다. 이 목격자의 증언에 따르면, 공안 한 명이 여성의 히잡을 걷어 올리려 하면서 나머지 가족들과 공안이 충돌했다고 한다.[29]

2013년 위구르 지역에서 발생한 폭력 사태 중 어떤 사건에 대해서도 신뢰할 만한 구체적인 내용이 극히 적어서 사건의 배후에 어떤 사정과 상황이 있는지 그 전모를 알아내기는 어렵다. 있을 법하지는 않지만 설혹 이들 사건 중 일부가 지하디스트를 꿈꾸는 이들이 저질렀거나 투르키스탄이슬람당의 영상물을 본 후 자극을 받아서 벌어졌을 가능성이 있다 하더라도, 투르키스탄이슬람당 자체는 이들 사건 중 어떤 것과도 직접적인 관련이 없다는 것이 분명하다. 다음에 다루겠지만, 2013년 당시 이 단체는 중국 내부에서 공격적인 활동을 전개하기에는 중국 밖에서의 다른 활동들로 너무나 바빴을 것이기 때문이다. 또한 이들 공격 사례의 대부분은 이 책에서 이용하는 개념 정의에 부합하는 '테러리즘' 행위로 보이지도 않는다. 사건의 성격에 대해 논의해볼 여지가 있는 천안문 광장 사건을 제외한 나머지 사건들은 무고한 민간인보다는 공안과 치안기관을 노린 것이었다. 그리고 이들 사건은 대부분 위구르 남부 지역의 시골 마을에 거주하는 위구르족과 중국의 치안기관 사이의 갈등이 2014년에도 계속 불타오르도록 기름을 붓는 역할을 했다.

터닝 포인트: 2014년 3~5월

　　2014년에 접어들어 처음 몇 개월 동안은 2013년 내내 위구르 남부 지역을 들끓게 했던 폭력 사태가 소강상태로 접어든 듯 보였다. 자잘한 폭력 사건은 종종 있었겠지만, 심각한 사건이 일어났다는 보도는 없었다. 그러나 3월이 되자 다시 위구르 지역 밖에서 심각한 사건이 일어났다. 2014년 3월 1일 한 무리의 위구르족들이 윈난성雲南省 쿤밍의 기차역에서 장검으로 한족 민간인들을 무차별적으로 공격한 것이다. 보도에 따르면 모두 검은 옷을 입은 여성 두 명을 비롯해 여덟 명이 한족 민간인을 공격해, 사망자가 31명, 부상자가 141명이 발생했다.[30] 이 사건은 무방비 상태의 민간인들을 노린 것으로 사전에 계획된 듯하며, 사건 현장에서 당국이 동투르키스탄 깃발들을 발견했다는 점을 감안한다면 정치적 동기가 있는 것으로 보였다.[31] 따라서 이 사건은 1997년 우루무치 버스 폭발 사건 이후 위구르족이 주도한 폭력 사건 중 이 책에서 제시한 '테러리즘 공격'에 대한 잠정적 정의에 부합하는 듯한 최초의 사례였다.

예상대로 투르키스탄이슬람당은 이 사건을 찬양하고 지하드적 행위로 칭하는 영상물을 배포하며 위구르 지역에 대한 정책과 관련하여 중국 관료들을 더욱 위협하는 데 이용했지만, 앞서 다른 사건들의 경우와 마찬가지로 자신들의 소행이라 직접적으로 밝히지는 않았다.[32] 이 사건은 이 책에서 채택한 잠정적 정의에 따른 '테러리즘 공격'에 해당하는 것으로 보이지만, 국제적인 이슬람 '극단주의' 단체들과 연계된 활동으로 보기에는 전형적인 것이 아니었다. 실제로 대규모 조직이 이 사건을 실행했다거나 사건을 저지른 이들이 중국 외부의 단체들로부터 지원을 받았다는 증거는 나오지 않았으며, 이들은 독자적으로 행동하며 자신들이 처한 상황에 대응하려 했던 것으로 보인다.

정부 관료들에 따르면, 이들은 '글로벌 지하드'에 참가하기 위해 중국을 떠나 동남아시아를 경유하려 했으나 국경 통제가 강화되면서 실패했다고 한다.[33] 자유아시아방송의 보도에서도 이들이 중국을 떠나 동남아시아로 빠져나가려 한 것은 맞지만, 그렇다고 반드시 '글로벌 지하드'에 동참하려던 것은 아니며, 나중에 쿤밍에 도착해서는 거주증도 없어 더 나아갈 수 없게 발이 묶여버린 것이었다고 한다.[34] 둘 중 어떤 시나리오를 따르더라도 쿤밍역 사건은 중국 외부에서 지시를 받은 것이라기보다 자생적으로 일어난 것이며, 이들이 중국을 떠나려 하여 공안의 추격을 당하던 중에 사건이 벌어졌을 가능성이 높다.

쿤밍에서의 불안정한 상황에 대응한 것이든, 정치적 메시지를 내놓으려 한 것이든, 아니면 두 가지 모두에 해당하든 그 어떤 경우라도 이 사건이 중국 사회에 미친 충격은 확실히 '테러리즘 공격'의 그것에 가까운 것이었고 엄청난 공포를 불러왔다. 특히 천안문 광장에 SUV 차량이 돌진한 사건이 일어난 지 5개월 만에 이 사건이 일어났다는 점에서, 중국 내에서 위구르족에 대해 한족이 느끼는 이슬람포비아는 눈에 띄게 늘었다. 베이징 올림픽과 우루무치 폭동 어간에 일어난 사건들로 인해 이미 위구르족이라는 민족 자체가 '위험한' 집단으로 프로파일링되었다면 쿤밍역 사건은 많은 이들이 '테러와의 전쟁'의 맥락에서 위구르족을 위험 요인으로 바라보게 하는 계기가 되었다. 이제 위구르족은 실존하는 '테러리즘 위협' 요인이자 비합리적이고 동물적이며 언제 어디서든, 특히 위구르 지역을 벗어나서도 공격을 가할 수 있는 위협 요인이 되어버린 것이다. 정부 관료들도 지난 2년 동안 위구르족들이 저지른 폭력 사태에 대해서는 가급적 논평을 하지 않았던 관례에서 벗어나, 쿤밍역 사건에 대해서는 감정적이고 공격적으로 반응했다. 사건 발생 직후 시진핑이 치안 관계관들에게 "폭력을 저지른 테러리스트들을 법에 따라 엄중하게 처벌하고 오만함에 가득한 이들을 결연하게 엄단해야 한다. … 모두 나가서 사회를 다시 안정시켜라"고 지시한 데서 당시 중국의 격앙된 반응을 엿볼 수 있다.[35]

사건이 일어난 지 채 두 달이 안 된 4월 말 시진핑이 공산당 총서기가 된 후 처음으로 위구르 지역을 방문한 것은 이 사건에 대한 우려 때문이었다. 방문 기간 중 그는 국영 매체에서 테러리즘에 대응하기 위한 국가의 활동에 대해 빈번하게 언급했다. 그는 테러리스트들이 범죄를 저지르기 전에 이를 저지하는 '선제 타격先發制人' 캠페인을 선언하고, '테러리즘'과의 전쟁에서 '주먹과 비수' 역할을 하는 법 집행기관과 치안기관의 노력을 강조했다.[36] 최근 유출된 문건들*을 통해 알려진 바에 따르면, 이 선제 타격 캠페인과 관련하여 그는 '전담기관專政機關'을 동원하여 '추호의 동정 없이毫不留情' '테러리즘, 침투 및 분리주의에 대한 전쟁反恐怖, 反滲透, 反分裂鬪爭'을 전면적으로 수행할 것을 촉구하고 있다.[37] 시진핑이 이처럼 강력한 주문을 한 것은 그의 위구르 지역 방문이 끝나갈 즈음에 우루무치 기차역에서 위구르족 폭탄 공격 사건이 일어났다는 맥락에서 이해할 수 있다.[38] 사망자는 폭탄을 터뜨린 주범 외에 한 명 더 있었지만 부상자는 79명이었다. 사건 발생 후 시진핑은 지역 당국에 '단호한 조치'를 취하여 '폭력적인 테러리스트들'을 분쇄할 것을 명령했다.[39]

쿤밍역 사건처럼, 우루무치에서 벌어진 폭발 사건은 의도적으로

---

* '신장 문건(Xinjiang Papers)'이라고 알려진 이 문건의 내용을 개략적으로 분석한 것은 다음과 같다. Adrian Zenz, "Xinjiang Papers: An Introduction" (27 November 2021) (https://www.politico.com/f/?id=0000017d-6dff-dac5-abff-edfffb18d0000)

민간인을 노린 폭력 행위였고 기차역이라는 장소가 다시 선택된 점은 '테러리즘' 행위를 실행하는 데에 특징적인 접근 방식을 개발하려는 조직화된 위구르족 집단이 존재할 것이라는 의혹에 설득력을 부여하는 듯했다. 투르키스탄이슬람당이 이 사건을 다룬 영상물을 올리면서 그러한 의혹이 더욱 짙어졌는데, 그때까지 4년 동안 사망한 것으로 추정되던 압둘 하크가 여기에 출연했던 점은 설명되지 않는 부분이다.[40] 중국에서 일어난 사건들에 대해 투르키스탄이슬람당이 이전에 내놓았던 대부분의 영상물에서와 마찬가지로, 이 단체는 사건이 자신들의 소행임을 주장하지 않고 지하디스트들이 자신들의 땅에서 이루어낸 성취를 축하하고 있다. 하지만 이번 영상은 여행 가방을 폭탄으로 개조하는 방법을 드라마처럼 시작하다가 실제로 폭탄을 터뜨린 기차역의 CCTV 영상을 보여주고 있다. 서구의 몇몇 '테러리즘' 전문가는 이를 근거로 투르키스탄이슬람당이 사건을 기획·조정했을 것으로 추정하고 있다.[41] 이 영상물 역시 한족들은 무슬림에게 속한 땅을 점령하고 있는 이교도이므로 이들을 죽이는 것은 항상 정당하다고 주장하며, 위구르 지역의 무슬림에게 지하드를 계속할 것을 촉구하고 있다.[42]

비록 우루무치에서 일어났지만, 이 사건은 당국이 위구르 지역 전체를 불안정하게 하는 원천으로 간주되던 위구르 남부 지역에 대한 치안 활동을 다시 강화하는 계기가 되었다. 사건이 일어나고 일주일이 지난 후, 아크수에서 공안과 실랑이를 벌이던 한 위구르족 청년이 공안의 발포에 사망했다는 보도가 나왔다.[43] 이에 더하여 5월 20일 아크수에서 전통적인 머리가리개를 한 혐의로 여성과 여학생 들을 구금한 당국의 처사에 항의하는 시위에서 공안이 군중에 발포하면서 폭력 사태로 비화하여 몇몇 위구르족이 사망했다.[44] 이에 공안은 야간까지 도시 전체에 대한 일제 소탕을 실시하여 항의 시위에 참가한 혐의로 100명이 넘는 위구르족을 체포했다.[45]

아크수에서 소요 사태가 일어난 지 이틀 후에는 우루무치에서 또다시 위구르족들의 공격이 있었고, 이 사건에서 발생한 사상자는 쿤밍과 우루무치 기차역에서 발생한 인명 피해를 합한 것보다 많았다. 2014년 5월 22일, SUV 차량 두 대에 나누어 탄 위구르족들이 당시 우루무치의 한족 주민들이 거의 대부분이던 아침 시장투.市의 바리케이드를 뚫고 시장 거리로 돌진해 들어와 폭발물을 투척하는 사건이 일어났는데 이들이 타고 있던 차량도 결국 불타버렸다.[46] 최초에 보고된 사상자는 사망자 31명에 부상자 90명이었으나, 다음 날에는 사망자가 43명으로 늘어났다.[47] 지방정부 당국은 그 사건을 "특기할 만큼 비열한 본성을 드러낸 심각하고도 폭력적인 테러리즘 사건"으로 규정했으며, 사건의 여파는 예상대로 도시 전역에 대한 중무장 순찰로 나타났다.[48] 이 사건은 쿤밍의 기차역에서 위구르족들이 한족 민간인들을 무차별 살상한 3월 사건 이후 3개월도 채 지나지 않은 시점에서 일어난, 민간인을 겨냥한 세 번째 충격적인 공격이었다. 2013년과 2014년 사이에 중국 내에서 위구르족과 공안 또는 위구르족과 한족이 충돌한 폭력 사건은 최소한 98건이 보고되었으며, 이들 사건으로 인한 사망자는 656~715명이다.[49] 폭력 사건이 이처럼 확산됨에 따라 중국 정부는 훨씬 더 강경한 대응 방안을 준비하게 되었다.

우루무치 시장에서 사건이 일어난 다음 주, 신장위구르자치구 당서기 장춘셴은 '반테러 인민전쟁人民反恐戰爭' 개시를 선언했다.[50] 이 지역을 다스리는 한족 최고위 지도자가 앞서 3개월간 벌어졌던 폭력적인 사건들에 대응하기 위해 '테러리즘'과의 전쟁을 공언한 것은 놀라운 일이 아니었으나, 여기에 '인민의 전쟁'이라는 프레임을 씌운 것은 마오쩌둥 사상과 그 시절의 기억을 환기시켜 국민들의 호응을 이끌어내려는 포퓰리즘적 전략이었다. 실제로, 이 '반테러 인민전쟁'은 마오쩌둥 집권기 횡행했던 대중 세뇌와 강력한 사회적 압박을 연상시키는 다양한 국가정책들을 통칭하는 브랜드로 이용되었다.[51] 장춘센은 '반테러 인민전쟁' 개시를 선언하며, 이 '전쟁'은 그 무엇보다도 이데올로기에 관한 것이 될 것임을 시사했다. 즉, 국가는 "극단주의의 근절을 고취해야 하고, '3대 악'의 '반동적 성격'을 더욱 드러내 비판해야 하며, 종교적 극단주의 사상의 침투에 저항할 수 있도록 학교의 능력을 제고해야 하며, 분리주의 및 그 침투에 대항하는 이데올로기적 전투에서 결정적인 승리를 거두어야" 한다는 것이다. 또한 그는 "신장 지역의 모든 민족 집단이 스스로를 위대한 조국, 중화민족, 중국의 문화, 그리고 중국 특색의 사회주의 경로와 동일시하도록 만들기 위한 노력해야 한다"고 강조함으로써, 위구르 지역에서 성장하는 '제2세대 민족 정책'의 효과를 획기적으로 제고한다는 프레임 아래에서 이 사상적 투쟁의 방향을 제시했다.[52]

하지만 중국의 통치에 반대하는 위구르족에 대해 더욱 강경하게 대응한다는 이와 같은 정책 전환과 이데올로기적 전쟁을 장춘센의 지방정부가 단독으로 주도했다고 보는 것은 정확한 관측이 아니다. 오히려 이들 정책적 전환과 사상적 전쟁의 토대는 중국공산당 중앙 기구에서 찾을 수 있을 것인데, 특히 제2차 신장공작좌담회를 준비하는 과정에서 구체화되었다. 장춘센이 '반테러 인민전쟁'을 선언한 지 불과 며칠 만에 개최된 이 신장공작좌담회는 이 새로운 전쟁에 대한 그의 구상을 지원하는 역할을 했다. 이 좌담회를 지켜본 많은 이들은 제2차 신장공작좌담회가 국가가 위구르 지역의 여러 문제와 위구르족 반대자들을 다루던 기존의 접근 방식으로부터 단절하는 계기가 되었다고 평가했다. 첫 번째로, 이 좌담회에서는 지역개발에 초점을 맞추는 기존의 접근 방식에서 한 발 물러서서 '안정의 유지'를 강조했는데, 이는 '대테러 정책'이라는 프리즘을 통해 대체로 분명하게 드러나는 것이었다. 두 번째로, 흡수·통합적 정책 목표가 이 안정을 유지하는 데에 불가결한 부분임을 공공연하게 강조했다. 이는 제1차 신장공작좌담회에서보다도 훨씬 더 강하게 '제2세대 민족 정책'을 밀어붙일 것임을 시사하는 것이었다.[53]

제2차 신장공작좌담회의 결과가 위구르 지역의 개발이 중국에게 더 이상 중요하지 않다는 것을 의미하는 것은 아니었다. 지역개발은 향후 몇 년 동안 시진핑의 주요 관심사가 될 것이었기 때문이다. 그는 1년 전 카자흐스탄에서 '일대일로一帶一路' 프로젝트의 육로 부분에 해당하는 '실크로드 경제벨트絲綢之路經濟帶'를 위한 야심찬 계획을 공개한 바 있었다.[54] 시진핑의 대표적인 대외정책 프로젝트의 한 부분인 이 '실크로드 경제벨트' 구축을 실현하기 위해서는 서부 및 서남부로 통하는 '일대일로'의 모든 교통 인프라의 진입로이자 출구로 구상된 위구르 지역에 대한 거대 개발계획들이 완수되어야 했다. 신장공작좌담회에서 시진핑이 말하곤 했듯이, "신장공작은 당과 국가의 사업에서 특별히 전략적으로 중요하다. … 신장위구르자치구의 장기적 안정은 국가 전체의 개혁, 개발 및 안정에 극히 중요하다."[55] 위구르 지역의 개발은 여전히 중국의 국가적 목표에 있어서 예전만큼, 또는 예전보다 더 결정적으로 중요하지만, 제2차 신장공작좌담회에서 중국공산당은 이전에 선언했던 개발과 안정의 관계를 뒤집어 놓았다. 개발이 반드시 안정을 가져온다는 명제는 더 이상 성립하지 않게 되었고, 중국 전체적으로 발전하기 위해서 개발이 필요하며 그 개발을 위해서는 안정이 필요해졌기 때문이다.

이제 안정은 점점 더 위구르족의 정체성, 특히 그 이슬람적 측면을 해체하고 '테러리즘'과 싸운다는 명목으로 위구르족을 '중화민족'이라는 더 넓은 민족적 정체성으로 흡수·통합하는 전략을 만드는 데에 그 전제가 되어가고 있었다.[56] 안정을 확립하고 유지하기 위한 이러한 새로운 흡수·통합적 접근 방식이 수용되는 분위기를 조성하는 차원에서, 시진핑은 지역의 모든 주민이 그 민족성에 관계없이 중국, 중화민족, 중국 문화, 그리고 중국 특유의 사회주의 방식과 자신을 동일시하는 것이 극히 중요하다는, 장춘셴이 이전에 했던 주장을 되풀이했다.[57] 더 나아가서, 그는 "민족 간의 접촉을 강화하고 서로 섞여서 교류"하는 것과 지역의 주민들이 "석류 씨앗들처럼 서로 단단히 결속像石榴籽那样緊緊抱"하는 것이 극히 중요하다고 지적했다.[58] 이처럼 정책의 초점을 흡수·통합에 새로이 맞춘 것을 '대테러 정책'의 맥락에서 풀어냄으로써, 중국은 소위 '극단주의'의 위협을 자국의 정책을 정당화하는 데 이용하는 한편 자국의 정책이 서구 국가들의 '탈脫급진화' 프로그램에 비교할 만한 것이라 주장할 수 있었다. '극단주의'라는 라벨이 지니고 있는 주관적 속성을 감안한다면, 그중 많은 부분이 위구르족 정체성의 일부가 되어버린 무슬림의 종교적 관습을 국가가 공격하는 데 정당성을 부여하는 길이 열린 것이었다. 이로써, 제2차 신장공작좌담회는 곧 닥쳐올 위구르족들에 대한 문화적 민족말살을 가능케 하는 매우 확고한 기반을 마련하는 계기가 되었다.

'반테러 인민전쟁', 2014~2016년

중국이 2016년까지 수행한 '반테러 인민전쟁'에는 위구르족에게서 이슬람의 영향을 제거하는 동시에 그들에게 중화인민공화국이라는 새로운 형태의 민족주의를 주입하기 위한 다각적인 시도가 포함되어 있었다. 예상할 수 있듯이 이 전쟁은 '극단주의자' 및 '테러리스트'로 간주되는 이들을 추려내어 강력하게 처벌하는 온갖 활동들을 모아 놓은 것이지만, 보다 거시적으로는 위구르족의 사회적 행태와 문화적 관행을 개조하기 위한 정책들도 있었다. 예를 들어, 이슬람 복식과 수염 기르기를 규제하기 위해 여성만을 대상으로 하던 '아름다움 프로젝트'를 남성으로까지 확대하고, 반종교 교육을 강화하며 위구르족들의 종교 행사 참여를 막는 한편, 모든 주민이 서로를 감시하는 캠페인에 참가하도록 하는 것이다. 또한 '반테러 인민전쟁'은 국가정책에 주민들이 순응하는지 추적 관찰할 수 있는 정교한 감시 시스템을 구축하는 근거가 되었다. 종합적으로 말하자면 '반테러 인민전쟁'은 중국의 지배에 반대하는 위구르족들을 다루는 데에 과거에 비해 훨씬 더 문화적 측면에 초점을 맞춘 것이었지만, 독실한 신앙을 가진 위구르족들에게는 그 접근 방식이 흡수·통합적인 것이었고, 그 실행에 있어서는 자신들을 배제하는 것으로 받아들여졌다.

'극단주의'에 대응하기 위해서라는 이 이데올로기적 캠페인은 시작부터가 매우 극단적이었다. 학교에서는 학생들이 어떤 형태로든 종교적 신앙을 가지지 못하도록 적극적으로 좌절시켰으며 부모들이 종교적 행위를 하는지 보고하도록 권장했다. 공개적인 '반극단주의' 캠페인은 라마단 기간 중의 금식을 막고, 음주와 흡연을 부추기며 그와 같은 습관을 들이지 않는 것이 바로 극단주의를 나타내는 징표라 주장하는 한편, 주민들의 모스크 출입 및 전통적인 위구르족의 생애 주기적 의식에서 드러나는 종교적 요소에 대한 감시를 강화했다.[59] 주민들에게서 종교적 신앙의 표식이나 흔적을 적발하기 위한 정부 활동에 위구르족 공동체들을 동원하고자 하는 시도도 이 캠페인의 일환이었다. 정부는 위구르족들로 하여금 자신이 속한 공동체에서 종교적 신앙을 공개적으로 드러내는 이들을 신고하도록 장려했고, 신고를 하면 상당한 금전적 보상을 지급한 사례도 보고되었다.[60] 최고의 '반테러리즘' 및 '반극단주의' 벽화를 선정하기 위한 경연대회가 위구르 지역 전역에서 개최되어, 특히 위구르 남부 지역에서는 반종교 선전물만큼이나 공공장소 여기저기에 이 '반테러리즘' 및 '반극단주의'를 주제로 한 벽화들이 등장했다.[61] 또한 지역 주민들에게 '테러리스트'와 마주칠 경우 농장에서 쓰는 농기구로 이들을 공격하는 방법을 훈련시키고 소위 '테러리스트'를 뿌리 뽑기 위한 경찰 활동을 지원하도록 민병대에 '자원'하라고 권유한 사례도 보고되었다.[62] 또한 위구르 지역의 몇몇 지방정부가 한족과 위구르족의 결혼을 장려하기 위해 상당한 금전적 인센티브를 제공했던 사례도 있는데, 이러한 것들은 위구르족들의 행태를 변화시키려는 목적의 국가정책에서 특히 다른 민족과의 통혼이 어떤 역할을 하는지 단적으로 보여준다.[63]

이 이데올로기적 전쟁에서 포착된 다수의 극단적인 징후는 위구르 지역 안에서도 각기 상이한 모습으로 발현되었고, 위구르 남부 지역의 시골에서 이슬람 신앙을 유지하던 위구르족들만이 이 전쟁의 대상은 아니었다. 이 전쟁은 세속주의적 성향의 위구르족 지식인과 민족주의자 들도 겨냥한 것이었으며, 그들의 출신이 반드시 위구르 남부 지역인 것도 아니었다. 위구르 지역의 지방정부는 위구르어로 된 인터넷 컨텐츠를 이전보다 더욱 꼼꼼하게 감시하기 시작했는데, 특히 공산당을 비판하는 종교적·민족주의적 성격의 컨텐츠를 겨냥했다.[64] 인터넷 활동에 대한 감시 강화로 가장 논란을 일으킨 사례는 베이징에 있는 중앙민족대학교의 경제학 교수로 재직 중이던 위구르족 학자 일함 토흐티 교수가 '분리주의'를 선동한 혐의로 체포된 사건이다. 베이징에 거주할 자격을 가진 그는 아마도 중국의 위구르 정책에 대해 공개적으로 비평할 수 있는 유일한 위구르족 지식인이었을 텐데, 그렇다고 그가 중국으로부터 위구르의 독립을 지지한 것도 아니었다. 한족 지식인들 사이에서도 높은 평가를 받았던 그의 저작은, 위구르족과 위구르 고토를 이어주는 역사적 연고를 인정받아야 한다는 조건을 달았음에도, 위구르족과 그 지역을 중국으로 통합하는 데 중점을 두고 있었다.[65] 하지만 그는 위구르족과 위구르 지역에 대해 논의하려고 인터넷 포럼을 개설한 뒤 위구르 지역이 처한 여건들에 대해 위구르족과 한족 사이에 허심탄회한 토론이 오가도록 장려했다. 2014년 9월, 이 인터넷 포럼 때문인 것으로 짐작되지만, 그는 '분리주의'를 조장한 혐의로 종신형을 선고받았다. 이는 저명한 한족 반체제 인사들이 같은 혐의로 통상 받는 형에 비해 가혹한 것이었다.[66] 이 사건은 모든 위구르족에게, 중국은 이제 국가정책에 대한 반대나 공개적인 논의를 더 이상 용인하지 않을 것이고 국가가 개시한 '반테러 인민전쟁'의 방식과 관련해서는 타협의 여지가 없다는 메시지를 던진 것이었다.

일함 토흐티가 종신형을 선고받은 지 1년 후인 2015년 중국은 새로운 반테러리즘법反恐怖主義法을 통과시켰는데, '극단주의'와의 전쟁을 위한 수단으로써 위구르 지역에서 이미 실행 중이던 여러 반이슬람적인 흡수·통합 정책을 성문화시킨 것이었다. 이들 정책이 법에 규정됨으로써, 그 적용을 받는 대상은 특정 지역의 위구르족들로부터 모든 위구르족으로 확대되었다. 이 반테러리즘법에 따르면, '테러리즘'은 정치적·이념적 혹은 다른 목적들을 달성하기 위해 폭력, 파괴, 협박 같은 수단을 통해서 사회적 공황을 조성하고, 공공의 안전을 위태롭게 하며, 개인과 재산을 침해하거나 국가기관 또는 국제기구에 강요하는 행위와 그러한 행위를 주장하는 것*을 지칭한다.[67] 개념 요소에 '주장'과 '협박'을 포함시킴으로써 '테러리즘'의 범위와 관련하여 폭력 '행위'에만 국한하지 않고 더 넓은 개념으로 설정했으며, 다른 이들을 설득하려는 어떠한 독자적인 정치적 행위까지도 잠재적으로 들어가게 되었다.

이에 더하여, 반테러리즘법 제80조와 제81조가 금지하는 다양한 '극단주의 행위들'의 대부분은 완전히 주관적인 것이다. '협박과 소요 등의 방식으로 다른 사람들의 습관이나 생활방식에 간섭'**하는 것과 같은 극히 모호한 행위뿐만 아니라, 공공연히 종교를 장려하는 것과 관련된 많은 활동, 그리고 다른 민족 집단이나 신앙을 지닌 이들과의 생활 혹은 상호작용을 막는 행위들이 이 '극단주의 행위'에 포함된다.[68] 이 새로운 법에 대해 외신 보도에서 지적하는 바와 같이,

---

* 반테러리즘법 제3조의 원문은 다음과 같다. 本法所稱恐怖主義, 是指通過暴力, 破壞, 恐嚇等手段, 制造社會恐慌, 危害公共安全, 侵犯人身財産, 或者脅迫國家機關, 國際組織, 以實現其政治, 意識形態等目的的主張和行爲.
** 반테러리즘법 제81조 제4항의 원문은 다음과 같다. 以恐嚇, 騷擾等方式干涉他人生活習俗, 方式和生産經營的.

이런 조항들은 특히 부모가 자식을 양육하는 과정에서 할 수 있을 행위들을 겨냥함으로써 위구르족의 나이든 세대와 젊은 세대 사이를 효율적으로 단절시키고자 하는 것이었다.[69]

위구르 지역에서 반테러리즘법의 위력은 이슬람 신앙의 합법적 표현과 불법적 표현을 구분하기 위해 새로운 종교사무조례宗教事務條例가 실행되면서 더욱 강력해졌다. 종교사무조례는 위구르 지역에서 실행되고 있던 여러 반종교 정책을 성문화하기 위해 제정된 것으로 보이는데, 특히 금지되는 '극단주의'의 개념 정의와 복장에 대해서는 극히 모호하고 매우 주관적이었다. 예를 들어, 제38조는 "차림새, 복식, 상징물과 표식 등을 이용하여 종교적 광기를 조장하고 종교적 극단 사상을 전파하는 행위, 타인을 협박 혹은 강제하여 종교적 극단 사상을 나타내는 복식과 상징물 및 표식 등을 착용하도록 하는 행위"를 금지*했다.[70] 하지만 무엇이 '극단주의' 사상, 복식, 상징물 혹은 표식에 해당하는지에 대해서는 구체적인 설명이 없다.

반테러리즘법과 종교사무조례 모두 중국이 '반테러 인민전쟁'을 선포하면서 예고했던 '(중국공산당이 이해하는 개념의) 테러리즘'에 대한 이념적 투쟁을 위한 활동이 이전보다 단합된 모습으로 이루어질 수 있도록 했다. 이들 법령에 명문화된 많은 조치는, 특히 위구르 남부 지역에서는 2015년 이전부터 시행되고 있던 것들이었다. 2014년 카슈가르에서 한 기자가 송고한 기사에서 언급되었듯이, 중국은 이 지역에서 "이슬람에 대한 전면적인 공격all-out attack on Islam"을 감행

---

* 종교사무조례 제38조의 해당 부분 원문은 다음과 같다. 不得利用儀容, 服飾, 標誌, 標識等, 渲染宗教狂熱, 傳遞宗教極端思想: 不得脅迫, 强制他人穿着宗教極端服飾, 佩戴宗教極端標誌, 標識.

하고 있는 듯했다.[71] 하지만 새로 나온 이들 법적 지침은 이슬람에 대한 중국의 공격이 더 체계적으로 이루어질 것이고 카슈가르를 넘어서까지 확대될 것임을 예고하는 것이었다.

이념적 투쟁에 초점을 맞추는 것 외에도, 2011년 이래로 꾸준히 그 수위를 높여가고 있던 위구르족에 대한 치안기관의 폭압적인 감시 활동이 '반테러 인민전쟁'으로 인해 더욱 강화되었다. '반테러 인민전쟁'이 선포된 직후 당국은 55명의 소위 위구르 '테러리스트'를 굴자에서 공개 처형하는 한편, 치안기관은 대규모 일제 소탕을 벌여 200명이 넘는 위구르족을 소위 '테러리즘 활동' 혐의로 잡아들였다.[72] 2014년 말에는 위구르 지역 전역에서 체포된 이들의 수가 전년도에 비해 거의 두 배에 달한다는 보도가 나왔는데, 그러한 증가의 대부분은 법적 개념도 애매한 '테러리즘' 관련 혐의로 구금된 이들이 폭증한 탓이었다.[73] 위구르 남부 지역의 시골에서는 반체제 행위들을 추적 관찰하기 위해 지역의 치안기관에 훨씬 더 가중된 정기적 가택수색 임무가 부여되었고, 감시 대상이 된 이들은 사실상 가택연금에 처해졌다.[74] 과거의 경험으로부터 예측할 수 있듯이 이러한 치안기관의 추적 감시 강화는 위구르족들의 더 폭력적인 저항을 야기했으며 위구르족들과 치안기관 사이의 갈등이 고조되는 결과로 이어졌고, 이러한 양상은 특히 위구르 남부 지역에서 더 그러했다.

치안기관에서 일으킨 것이건 위구르족들이 촉발한 것이건 간에 폭력 사태는 2014년 5월 이후 빠르게 증가했으며, 이들 사건의 사실상 전부가 위구르 남부 지역에서 일어났다. 이들 폭력 사태 중 상당수는, 그 전년도와 마찬가지로, 가택수색과 공안의 '불시 단속' 과정에서 벌어진 충돌이었다.[75] 나머지는 위구르족들이 공안이나 정부 관료, 또는 경찰서와 정부 건물에 공격을 가한 것이었다.[76] 2014년 7월과 8월에 들어서 폭력 사태는 점차 정치적 성격을 띠기 시작하는 듯했는데 아크수에서는 법원 직원 다섯 명이, 카슈가르에서는 지역 매체에 출연하여 중국 정부의 '대테러' 조치들을 옹호했던 그 도시의 가장 큰 모스크를 담당하던 이맘이 암살당했다.[77]

하지만 2014년에 일어난 가장 잔혹했던 폭력 사건은 7월 말 야르칸드 인근의 엘리시쿠(아이리시후艾力西湖)라는 마을에서 발생한 미스터리한 사건이다. 정부 발표에 따르면 이 사건은 경찰서를 겨냥한 대규모 '테러리스트' 공격이었지만, 위구르 쪽 소식통의 주장에 따르면 당국이 라마단 기간 중 위구르족의 무슬림 의무 이행을 제한했던 조치 및 가택을 수색하던 공안이 위구르족들을 살해한 사건에 대한 항의 집회를 폭력적으로 진압한 결과 일어난 것이었다.[78] 정부 쪽 자료에 따르면 이 사건으로 발생한 사망자는 소위 '테러리스트'를 포함하여 96명이지만, 세계위구르회의는 2천 명가량의 위구르족이 사망했다고 주장했다.[79] 사건을 취재한 독립 언론의 기사에 따르면, 당국이 실제로는 여느 위구르족들의 일반적인 모임이었을 회합을 '불법적인 종교 회합'으로 간주해 급습하면서 폭력 사태로 비화했다고 한다.[80] 실제로 무슨 일이 벌어졌는지, 그리고 공격을 주도한 것이 어느 쪽인지와 관계없이 이 사건은 누가 보더라도 명백한 학살극으로 전환되었고 지역 주민들에게 엄청난 충격을 주었다. 실제로 무슨 일이 일어났던 것인지 알아내기 위해 사건 발생 후 해외 언론인들이 그 지역을 방문했는데 실제로 얻은 성과는 별반 없었으며, 그 후 2년이 지난 뒤에도 여전히 그 지역이 완전히 봉쇄된 상태라는 점만을 확인할 수 있었다.[81] 이 사건이 터지고 나서 위구르 지역 공산당 최고위층 장춘셴이 내놓은 명확한 입장은 지금까지 기울여온 국가적 노력을 더욱 강화하겠다는 것뿐이었다. "절멸시키겠다고 목표한 악폐와 싸우기 위해서는 … 뿌리 뽑아야 할 잡초를 베어버리기 위해서는 … 강하게, 정확하게, 그리고 경외심을 불러일으킬 만한 힘으로 타격해야 한다."[82]

2015년에도 폭력 사건 발생의 추이는 2014년과 유사했다. 2013년과 2014년 내내 시행했던 보안 검색에 대한 저항이라는 패턴에 해당하는 사건들이 많았지만, 이제는 위구르 지역 전역 곳곳에 설치된 검문소에서도 무력 충돌이 다수 일어나게 되었다.[83] 호탄 인근의 로프(뤄푸洛浦)와 카라카슈에서 5월에 일어난 자살 공격 두 건과, 특히 심각했던 6월 카슈가르에서의 자살 공격 한 건이 여기에 해당된다.[84] 9월 아크수 인근에서 위구르족들이 숙소에서 잠을 자던 한족 광부 약 50명을 살해했다는 사건은 2015년 일어난 사건들 중에서도 가장 유혈이 낭자한 것이었다.[85] 하지만 위구르족들이 중국 내에서 저지른 대부분의 폭력 사건과 마찬가지로, 이 사건에 대한 구체적인 사항들 역시 제대로 알려지지 않았다. 중국의 국영 매체들은 거의 2개월 동안 이 사건을 보도하지 않았으며, 결국 보도했을 때도 이 사건은 국제적인 지하드 네트워크와 연계된 '테러리스트' 집단의 소행이라는 주장을 되풀이했다.[86] 하지만 그 지역 출신 위구르족 인사들이 필자에게 전해준 바에 따르면, 실제로는 지역 토지를 둘러싼 분쟁과 관련된 사건이라고 한다. 또한 출동한 치안기관 병력은 사건의 동기가 무엇인지 따지거나 굳이 체포하는 수고를 할 것도 없이 현장에서 바로 위구르족 28명을 사살하고 난 후 이들이 사건의 주범이라 주장했다.[87] 당국은 사건에 연루된 혐의로 최소 두 명의 위구르족을 더 체포했다고 하는데, 이들 중 한 명은 지하드적 행위로서 그 사건을 저질렀다고 진술했으며 그 인터뷰가 국영 매체를 통해 전국에 방영되었다.[88]

2014~2015년 사이 위구르 남부 지역의 타림분지 일대에서 이처럼 폭력 사태가 격렬해지면서, 예상할 수 있듯이, 그 지역에 대한 당국의 치안 강화 정책이 더욱 강화되었다. 2016년에는 도시의 많은 위구르족 거주 구역이 펜스로 둘러쳐져 도시의 나머지 구역과 차단되었고 더 많은 CCTV와 증강된 치안 병력에 의해 감시받게 되었다.[89] 아잔adhān*은 불법이 되었고 위구르족들이 지역 안에서 돌아다니는 것도 더욱 제한되었으며, 아이들에게 아랍어 어근語根이나 종교적 의미가 있는 이름을 지어주는 것도 금지되었다.[90] 위구르 지역의 공산당 수장인 장춘셴은 이와 같은 조치들 덕분에 2016년 5월에는 지역 내 폭력 사건이 현저하게 줄어들었다고 했지만, 저강도 폭력 사건은 계속 일어났어도 보도되지 않았을 가능성이 크다.[91]

당시 우루무치에 거주하고 있던 몇몇 위구르족 엘리트는 필자에게 그러한 상황에서도 자신들은 번영을 누리고 있다고 했지만, 대부분의 위구르족들, 특히 시골 촌락에 거주하는 이들의 경우 2016년 여름에 들어서 최고조에 이른 치안기관의 압박을 그대로 받아내고 있었다. 시골에서 우루무치로 이주해온 위구르족들을 대상으로 한 대런 바일러Darren Byler의 연구에서 알 수 있듯, 거의 매일 밤 실시하는 위구르족 가정에 대한 동향 점검 등 치안기관의 이러한 압박은 시골의 위구르족들을 '선량한 국민'과 구분되는 존재로 완전히 소외시켰

---

* 이슬람교에서 예배 시간을 알리고 기도를 하기 전에 육성으로 외치는 소리.

고 그들에게 상당한 심리적 상처를 남겼다.[92] 또한 이 시기 철저하게 시행된 거주허가증 조사는 시골에서 이주해온 위구르족들을 도시 밖으로 몰아내고 엄격하게 통제된 시골 촌락 안으로 되돌려보내 근본적으로 격리하는 방향으로 작용했다.[93] 위구르 남부 지역의 시골에서는 이러한 압박이 2010년부터 가해져왔으며, 앞서 소개한 것과 같은 위구르족들의 폭력적 저항을 불러일으키는 요인이 되었다. 하지만 어떤 위구르족들은 이러한 압박에 대응하는 또 다른 방법을 찾아냈으니, 고향을 버리고 떠나는 것이 바로 그것이다.

엑소더스

2010년에서 2016년 사이에 중국을 떠난 위구르족의 수에 대한 공식적인 통계는 없지만, 수만 명에 이를 것이 확실하고 최소한 3만 명은 될 것이다. 이는 6만 명의 위구르족이 소련령 카자흐스탄으로 넘어갔다고 알려진 1962년 5월 사례 이후 가장 큰 규모의 대량 탈출(엑소더스)일 것이다. 하지만 2010~2016년 사이에 일어난 엑소더스는 1962년 5월의 사례처럼 한 곳의 국경을 통해 며칠 만에 주민들이 대규모로 이동한 것이 아니었다. 여러 해에 걸쳐 다양한 이동 방식으로 여러 국가의 국경을 넘은 것이었으며, 중국을 떠나기 위한 각종 합법적·불법적 수단이 동원되었다.

늦어도 2006년 이후 대부분의 위구르족들은 해외여행을 위한 여권을 발급받는 데 극히 어려움을 겪었고, 2009년 이후에는 극소수의 위구르족을 제외하고는 여권 발급이 거의 불가능해졌다.[94] 또한 여권을 발급받은 이들에 대해서도 평상시에는 여권을 국영 여행사나 지방 경찰관서에 보관하도록 하여, 출국할 경우 국가의 허가를 받도록 했다.[95] 이러한 상황에서 많은 위구르족들, 특히 남부 지역의 시골에 사는 위구르족들은 서류 절차 없이 불법적인 국외 탈출을 하기 위해 동남아시아를 통과하는 국제 인신매매 조직들의 루트를 이용하기 시작했다. 이들 인신매매 조직들의 루트는 비교적 잘 구축되어 있었지만, 전통적으로 위구르 지역과 맞닿아 있는 중앙아시아 및 남아시아 국경을 통해 탈출하던 위구르족들에게는 생소한 것이었다. 그러나 2009년 우루무치 폭동 이후에는 동남아시아 루트를 통해 중국을 탈출하는 위구르족들이 눈에 띄게 증가했다. 2009년 12월 캄보디아는 중국을 탈출한 것으로 보이는 여성과 아동을 포함한 18명의 위구르족을 억류했다. 캄보디아 당국은 이들을 중국으로 인도했는데, 중국으로 송환된 후 성인들은 모두 체포되었고 그들 중 두 명은 종신형을 선고받았다.[96] 2010년 3월 라오스도 일곱 명의 위구르족을 중국으로 돌려보냈다.[97] 말레이시아도 2011~2012년 동안 체류를 위한 적법한 서류가 없다며 17명의 위구르족을 중국으로 보냈다.[98] 이러한 송환 조치에 대한 국제 인권 단체들의 비난이 이어지는 가운데, 2014년 태국 정부가 위구르족 424명을 체포한 사건을 계기로 동남아시아를 경유하여 중국을 탈출하는 위구르족 난민의 규모가 국제사회에 알려지게 되었다. 태국 송클라주州에 있는 인신매매 조직의 불법 캠프 한 곳에서만 약 200여 명이 발견되었다.[99] 체포된 위구르족들이 자신들은 튀르키예 시민권을 가지고 있다고 주장하면서 태국은 이들 난민에 대한 권리를 주장하는 중국과 튀르키예의 외교전 한가운데 놓이게 되었다. 2015년 7월 태국은 거의 여성과 아동

으로 구성된 170여 명은 튀르키예로 보냈고 성인 남성 109명은 중국으로 송환했다.[100]

하지만 태국에 억류된 이 대규모 난민 집단도 2010~2014년 사이에 중국을 탈출하려고 인신매매 조직들의 루트를 이용했을 위구르족 전체에서 보자면 작은 일부에 불과했다. 동남아시아를 거쳐서 중국을 탈출하는 위구르족의 대부분은 도피처를 제공받을 수 있다고 알려졌던 튀르키예로 가기 위해 그러한 선택을 한 것이지만, 그렇다고 이들이 튀르키예까지 어떻게 갈 것인지에 대한 계획이 있는 것은 아니었다. 필자가 인터뷰했던 튀르키예의 위구르족 활동가들은 동남아시아에서 튀르키예로 들어오는 경로상의 여러 국가 정부와 협상함으로써 최종 목적지까지 이들을 데려오는 데 중요한 역할을 하고 있었다. 2010~2014년 사이에 동남아시아를 거쳐 중국을 탈출한 위구르족의 정확한 규모는 알 수 없지만, 2012~2016년 사이에 태국 및 말레이시아에서 튀르키예로 탈출시키는 데 성공한 위구르족이 약 1만 명에 이른다는 것이 이 활동가들의 주장이었다. 이 책이 발간되는 시점에도 태국과 말레이시아 당국에 억류 중인 사람들이 있을 것이며, 이들 국가에서 미등록 이민자로 머무르는 이들도 있을 것이다.

확인되지 않은 이야기이기는 하지만, 이들 난민의 대부분은 위구르 남부 지역의 오아시스에서 왔으며 주로 시골 촌락 출신들이라고 한다. 2016년 여름 튀르키예의 카이세리에서 필자는 동남아시아를 경유해 튀르키예로 들어온 위구르족들과 인터뷰를 했는데, 이들은 모두 카슈가르, 호탄, 야르칸드 및 아크수 인근의 촌락에서 살던 이들이었다. 그들은 끊임없이 계속되는 호구 조사와 사생활에 대한 간섭을 예로 들며, 그러한 공안의 압박이 고향을 떠날 결심을 굳히게 한 주된 원인이라 진술했다. 평화롭게 이슬람 신앙을 지킬 수 없었던 점과 학교에서 자녀들에게 중국어를 강제적으로 배우게 한 것이 그러한 결정을 내리는 데 더 큰 부분을 차지했다고 답변한 이들도 있었다. 필자와 인터뷰한 위구르족들이 중국을 탈출한 동기라고 제시한 것들은 세계위구르회의가 같은 시기에 동남아시아를 거쳐 튀르키예로 들어온 위구르족 난민들과 인터뷰한 후에 내놓은 보고서의 내용과 일치한다.[101] 인터뷰에 응한 성인 남성의 대부분이 중국에 있을 당시 수감된 경험이 있으며, 석방된 후에도 특별 감시 대상으로 당국의 주목을 받고 있었다는 점도 세계위구르회의의 보고서에 언급된 사항 중 하나다.[102]

주목할 만한 점은, 중국을 탈출한 위구르족 다수가 자녀들을 포함한 가족 전부와 함께했다는 사실이다. 그들은 중국 윈난성과 광시성廣西省을 출발하여 라오스, 베트남, 미얀마의 국경을 가로지르는 참혹한 여정에 대해 말해주었다.[103] 필자와 인터뷰한 이들은 여정 중 질병이나 사고로 사망한 가족에 대한 가슴 아픈 사연과 인신매매 업자들의 수중에 있으면서 힘들었던 당시 상황에 대해 진술했다.

동남아시아를 통해 탈출한 위구르족들에 대해서는 아직 많은 부분이 미스터리로 남아 있다. 이들이 세계위구르회의와의 인터뷰에서 들려준 여러 이야기는 중국 탈출을 도와주는 소위 '언더그라운드 레일로드underground railroad'*에 대한 정보가 위구르족들 사이에서 입

---

* 원래 '언더그라운드 레일로드'는 19세기 노예제도가 남아 있던 미국 남부 주들에서 노예들을 탈출시키기 위해 운영되던 비공식적 네트워크 혹은 비밀 점조직이었다. 이 언더그라운드 레일로드는 흑인 노예들이 노예제도를 인정하지 않는 자유주나 캐나다까지 갈 수 있도록 탈출 경로와 안전 가옥을 제공했다.

소문을 타고 퍼져 나갔으며 이 네트워크에는 많은 인신매매 조직이 개입되어 있음을 암시한다. 필자가 인터뷰한 위구르족의 대부분은 친구나 가족으로부터 그러한 탈출 기회가 있음을 알게 되었다고 했지만, 한족 인신매매 업자들이 직접 마을로 찾아와 중국을 떠날 의향이 있는지 물어봤다고 증언한 위구르족도 두 명 있었다. 이 엑소더스의 규모에 대해서 중국 정부는 전혀 알지 못했으나, 위구르족들을 글로벌 지하드에 끌어들이려는 이슬람 '극단주의자들'이 인신매매 조직을 앞세워서 벌이는 일이라 언급하며 결국은 위구르족들의 중국 탈출을 사실로 인정했다. 중국 정부는 이 지하드 밀입국단이 2014년 3월 쿤밍역 사건 및 같은 해 12월 광시성으로 넘어가려던 위구르족 21명이 체포되고 한 명이 사살된 사건과 연관되어 있다고 주장했다.[104] 2015년 태국으로부터 송환받은 위구르족 남성 109명에 대해서도 같은 주장을 반복했다.[105]

필자가 튀르키예에서 인터뷰한 위구르족들 중 무장 단체에 합류하려고 중국을 떠났다고 증언한 이들은 한 명도 없었으며, 동투르키스탄이슬람운동 혹은 투르키스탄이슬람당을 추적하는 '테러리즘' 전문가들조차 이러한 중국 쪽 주장의 신빙성에 대해서는 회의적이었다.[106] 하지만 이들 난민 중 일부가 결국은 자신에게 도피처를 제공할 능력이 있는 지하디스트 단체에 들어가는 일들이 있었다는 점은 명백했다. 그중에는 무자헤딘 인도네시아 티무르Mujahidin Indonesia Timur 등 인도네시아에서 활동하는 단체로까지 흘러들어간 사례도 있지만, 나머지의 대부분은 시리아에서 활동을 준비하고 있던 투르키스탄이슬람당이 흡수했다.[107] 위구르족 난민들을 튀르키예로 데려오기 위해 말레이시아와 태국에서 활동하는 위구르족 활동가들에 따르면, 그곳에서 그들은 투르키스탄이슬람당 조직원을 모집하기 위해 활동 중인 다른 튀르키예 국적 위구르족을 만났다고 한다. 이 사람이 얼마나 많은 위구르족을 포섭할 수 있었는지는 알 수 없지만, 시리아로 보내기로 포섭한 이들을 튀르키예로 들여올 수 있는 또 다른 루트는 이미 구축해 놓았을 것이다.

중국이 2014년 말까지는 동남아시아 방면으로의 위구르족 탈출 경로를 막아 놓은 듯한데, 위구르족들은 여전히 탈출 방법을 찾고 있었다. 2014년 11월 중국은 위구르족들에게 위조 여권을 제공하던 튀르키예 조직을 분쇄했다고 주장하며, 그 조직의 목적은 위구르족들을 글로벌 지하드에 가담시키는 것이라는 주장을 다시 반복했다.[108] 이 사건으로 10명의 튀르키예 시민권자가 체포되었고, 튀르키예가 '테러리스트' 집단에 가담하려는 위구르족들을 돕고 있다고 중국이 주장하면서 중국과 튀르키예의 관계가 경색되었다. 이 위조 여권을 제공하는 시스템의 배후에 실제로 어떤 사연이 있었는지와는 무관하게, 이 사건 이후로는 위조 여권뿐 아니라 위구르족들이 중국을 탈출할 수 있는 불법적인 루트의 대부분이 무력화되었다.

2015년 8월 지방정부가 여권을 국가기관에 맡겨 놓은 모든 위구르족에게 여권을 자유롭게 돌려받도록 하고 여권이 없는 이들은 신청하도록 권장하는 이례적인 조치를 취한 것은 위구르족들에게는 다행한 일이었다. 예상대로 많은 위구르족이 여권을 돌려받거나 새 여권을 신청해 합법적으로 중국을 떠나기 위해, 그리고 그들 중 대부분이 튀르키예로 가기 위해 이 기회를 이용했다. 그 결과, 2015년 말 항공편을 통해 합법적으로 튀르키예로 입국한 위구르족이 폭발적으로 증가했는데, 튀르키예의 위구르족 망명자 규모는 그전까지 동남아시아의 인신매매 조직 루트로 들어온 이들보다 훨씬 더 커지게 되었다. 예전과 다른 이 유화적인 정책은 장춘셴이 교체되기 불과 몇 개월 전에 직접 지시한 것으로 보인다. 2015년 그가 위구르족들에게 여권을 돌려주고자 한 이유는 분명치 않고, 정책은 결정되었으되 그 정책의 목적이 무엇인지 단서를 제공하기에 충분할 만한 근거 문서가 수반된 것도 아니었다.

하지만 동기가 무엇인지에 대해서는 추측해볼 수 있다. 중국 정부는 위구르 지역에서 중국의 지배에 저항하는 폭력 사태가 일어날까 봐 여전히 우려하고 있었고, 장춘셴은 불만 있는 위구르족들이 자진해서 떠날 수 있도록 한다면 이는 국가로부터 '3대 악'에 오염된 것으로 낙인찍힌 이들에 대한 '자발적인' 인종 청소가 되는 것이며 향후의 폭력 사건 발생을 사전에 예방하는 길이 될 것이라 판단했을 수 있다. 그러나 단지 감시에 활용하기 위해 위구르족 주민들에 대한 데이터를 미리 확보하려는 취지에 지나지 않았을 수도 있다. 위구르 지역에 거주하는 주민들이 여권을 발급받기 위해서는 성문聲紋과 DNA 채취, 3차원 기기를 이용한 전신 촬영 등 광범위한 생물학적 데이터 수집에 응해야 하는 등, 다른 중국인들에 비해 엄격한 절차를 거쳐야 했기 때문이다.[109] 그 동기가 어떤 것이었든, 이 정책이 시행된 몇 개월 동안에 수천 명의 위구르족이 추가로 중국을 떠났다. 하지만 2016년 10월 말 공안이 위구르족들의 여권을 체계적으로 다시 몰수하면서 이 정책은 또 뒤집히게 되었다.[110]

앞서 간략하게 언급한 바와 같이, 새로이 튀르키예로 들어간 위구르족 난민들 중 상당수가 결국은 시리아에서 투르키스탄이슬람당 소속으로 싸우게 되는 언뜻 설명하기 어려운 일이 벌어졌는데, 이 조직은 결성된 이래 처음으로 잘 무장된 상당한 규모의 부대를 갑자기 보유하게 된 것이다. 이러한 상황이 일어난 것은 위구르족들로 인해 중대한 '테러리즘 위협'에 직면하게 되었다는, 2001년 이래 중국이 역설해왔던 주장이 야기한 '자기실현적 예언'의 또 다른 측면이었다. 하지만 시리아에서 새로이 나타난 이 투르키스탄이슬람당이라는 단체가 불과 몇 년 전 파키스탄에서 활동하던 같은 이름의 단체와 충성의 대상을 공유하는 동일한 조직인지는 단언할 수 없다.

투르키스탄이슬람당 시리아 지부

> 오, 투르키스탄, 잊은 적 없는 우리의 조국
> 조국을 해방하겠다는 맹세
> 이 큰 뜻 품고 전진해온 우리
> 불신자不信者의 압제하 굴욕의 과거는 한때
> 보라, 지금 우리 손에 쥐어진 이 모든 총검을
> 긍지를 품고 순교의 길로, 전장으로 향하는 우리는
> 알라의 길 위에서 죽기를 서약한 전사들
> ─ TIP(투르키스탄이슬람당), 「지하드를 숭모함Jihad Otida」, 2018년 10월.

2012년 10월 위구르족들이 '테러 단체'에 가담하기 위해 시리아로 향하고 있다는 보도가 처음으로 중국 국영 매체에서 나왔는데, 동투르키스탄이슬람운동과 튀르키예에 근거지를 둔 동투르키스탄교육연대협회ETESA(Eastern Turkistan Education and Solidarity Association)라는 단체가 협력하여 위구르족들을 시리아로 보내고 있다는 것이 매체의 주장이었다.[111] 2013년 7월에는 중국 정부도 시리아에서 전투를 하다가 귀국한 위구르족 한 명을 체포했다고 주장했다.[112] 위구르족 몇 명이 시리아에서 활동하는 외국인 전사들의 부대에 합류하는 것은 그리 놀라운 일이 아니었지만, 그러한 활동에 가담한 위구르족들의 규모는 매우 작으리라는 것이 당시 상황을 관찰하던 이들 대부분의 의견이었다.[113] 하지만 2014년에 이르러서는 투르키스탄이슬람당의 영상물이 시리아에서 제작되고 있었으며, 그 영상물에는 많은 아동이 포함된 공동체뿐만 아니라 아프가니스탄이나 파키스탄에 있었을 당시보다 훨씬 더 무장을 잘 갖춘 부대가 등장하고 있다.[114] 그로부터 1년 후인 2015년, 투르키스탄이슬람당이 시리아에서 부대를 운영하고 있으며 이 부대는 지스르 알슈구르Jisr Al-Shughur의 아부 알두후르 공군기지와 카르쿠르 등지에서의 결정적인 전투 등 시리아 북부에서 벌어진 다수의 전투에 참가한 사실이 알려지게 되었다.[115] 이 단체가 튀르키예 국경 인근의 시리아 북부에 위구르족 정착촌 비슷한 것을 세워서 온전한 가족 공동체들을 구성하고 있다는 정보가 퍼져 나간 것도 이 시기였다.[116] 알카에다의 통제를 받으며 파키스탄과 아프가니스탄 변경에서 영상물이나 제작하던, 껍데기뿐인 소규모 조직에 불과했던 투르키스탄이슬람당이 어떻게 3년 만에 시리아에 대규모 전투 병력과 정착지를 보유한 세력으로 변모한 것인가?

알카에다와 튀르키예:
투르키스탄이슬람당의 시리아 진출을 이끈 뜻밖의 동반자인가?
이전에 이 단체를 고질적으로 괴롭히던 조직적 역량과 자원의 부족을 감안한다면, 투르키스탄이슬람당이 어떻게 시리아에서 그렇게 빨리 기반을 다진 것인지 그 과정의 많은 부분이 여전히 미스터리다. 하지만 알카에다와 튀르키예가 이를 지원하는 한편 뒤에서 교묘하게 손을 쓰기도 했을 것임이 분명해 보이는데, 양자 모두 이 단체의 시리아 진출에 기여했다. 투르키스탄이슬람당은 2011년 이미 와지리스탄에서 조직원들을 모집하고 있었기 때문에, 이념적으로 알카에다에 더 경도되어 있었다. 베이징 올림픽이 개최된 2008년에 이 단체를 최초로 구성한 인원 중 수장이던 압두슈쿠르가 2012년 드론 공습으로 사망했을 당시까지 생존해 있던 이들은 압두슈쿠르의 죽음에도 모습을 드러내지 않고 있던 압둘라 만수르와 압둘 하크 둘뿐이었다. 이런 미미한 단체가, 아마도 조직이 생기고 나서 처음으로, 갑자기 상당한 규모의 새로운 전투원들을 확보하게 된 것은 당시 현저하게 쪼그라들어 있던 이 조직의 잠재력을 알아차린 알카에다가 조직의 지도부를 더 확실하게 장악·통제한 덕분이었을 가능성이 크다.

만약 이와 같은 추측이 사실이라면 투르키스탄이슬람당은 알카에다가 시리아 내전에 참가한 2012년에 시리아 상황에 개입하고 있었을 가능성이 높다. 알카에다는 2012년 1월에 '레반트 방어를 위한 알누스라 전선Al-Nusra Front to Protect the Levant(이하 '알누스라 전선')'을 결성하여 시리아에서 활동하기 시작했다.[117] 2013년 3월 투르키스탄이슬람당은 자체 발간하는 아랍어 잡지를 통해 알누스라 전선이 시리아에서 활동하는 외국인 전투원들을 대표하는 세력이 되었다고 주장했다.[118] 필자도 2013년에 투르키스탄이슬람당 소속으로 시리아에서 활동했던 위구르족을 만나본 적이 있다. 그는 튀르키예를 거쳐 시리아로 들어간 후 약간의 군사훈련을 받고 현지 작전에 투입하기 위해 구성된 투르키스탄이슬람당 모병자들의 소규모 집단에 합류했다고 한다. 또한 그는 당시에는 알카에다로부터 완전히 분리되지 않았던 다에시(이슬람국가)에서 활동하는 위구르족도, 더 적은 수이긴 하지만 있었다고 진술했다. 시리아에서 활동하는 위구르족 전투원들을 담았던 2014년의 영상물에 나오는 투르키스탄이슬람당은 이 시기에는 상당히 무장을 잘 갖추고 있는데, 아마도 알누스라 전선과 연계되었을 아랍의 지하디스트 단체들과 함께 활동하고 있었던 것으로 보인다.

하지만 실제로 투르키스탄이슬람당이 시리아에서 대규모 병력을 보유하고 있다는 확실한 증거를 접한 것은 2015년 이들리브 인근에서 벌어진 중요한 전투에 이들이 참가하는 모습을 담은 영상물이 공개되고 난 이후다.[119] 이 시기 투르키스탄이슬람당은 모병에 응하는 인원이 점점 증가하고 있다고 주장하며 조직원을 모집하는 내용의 영상물들을 다수 제작했다. 이들 영상물은 투르키스탄이슬람당이 시리아로 갈 조직원들을 모집하기 위해 다양한 부류의 사람들에게 감정적으로 호소하려 했음을 보여준다. 당시 모병 목적으로 제작된 영상물의 상당수는 위구르족들이 중국에서 겪고 있는 고난에 초점을 맞추고 있는데, 시리아에서 지하드에 참가하는 것이 훗날 중국과의 싸움에서 도움이 될 것임을 강조하면서 무슬림이 벌이는 전 세계적 차원의 투쟁으로 연결시킨다.[120] 나머지 영상물들의 경우 부모를 따라 시리아에 들어온 많은 아동이 출연하는데, 강하지만 애정 넘치는 위구르족 공동체를 보여줌으로써 미래의 조직원들에게서 관심을 끌어보려 하는 것이다.[121] 그러나 위구르어 외에도 튀르키예어, 카자흐어, 키르기즈어로 영상물을 제작한 것으로 보아, 이 시기 투르키스탄이슬람당은 비非위구르족도 모집하는 방침으로 전환했음을 알 수 있다.[122]

알카에다 및 이에 동조하는 알누스라 전선이 시리아 북부에 투르키스탄이슬람당이 정착하는 데 도움을 주었더라도, 위구르족 난민들을 시리아로 이동시키는 과정에서는 이를 돕기 위한 튀르키예의 개입이 있었다는 증거도, 아직 입증되지 않은 일화에 불과하더라도 다수 존재한다. 앞에서 언급했지만, 3만 명은 될 엄청난 규모의 위구르족이 인신매매 조직들의 동남아시아 루트나, 2015~2016년 사이에 중국이 한시적으로 발급한 여권을 이용한 보다 직접적이고도 합법적인 방법을 통해서 튀르키예에 들어왔다. 튀르키예 정부는 이렇게 들어온 이들에게 공식적인 난민 지위와 시민권 중 그 어느 것도 부여하지 않았다. 튀르키예에 입국한 위구르족들은 대부분 임시 거주허가증을 받았는데, 이것으로는 직업을 가질 수가 없어 독자들이 이 책을 보는 지금도 많은 이들이 위태롭고 애매한 상태에 처해 있다. 최근의 몇몇 사례를 제외하면 튀르키예가 이들 위구르족 난민을 중국으로 송환하지는 않고 있으나 여기서 이 난민들이 처한 상황은 좋게 말해도 막막한 처지이며, 특히나 근로허가증을 받지 못한 이들은 입에 풀칠이라도 하려고 고군분투하고 있다. 이들의 불확실한 신분과 경제적 사정은 튀르키예의 많은 위구르족이 주택과 식량, 그리고 자녀를 위한 교육이 제공된다는 시리아로 향하게 하고 있다.

시리아의 위구르족들 중 일부는 동남아시아에 머무를 당시에 투르키스탄이슬람당에 포섭되었을 가능성이 있지만, 대부분은 튀르키예로 들어온 이후에 이 단체에 가입한 것으로 보인다. 필자가 최근 몇 년 동안 중국을 떠난 많은 위구르족을 수용하려 노력해온 튀르키예의 위구르족 활동가들과 이 문제에 대해 대화하면서 분명하게 알 수 있었던 것은 이 활동가들은 새로 들어오는 위구르족들을 시리아의 투르키스탄이슬람당으로 끌어들이기 위해 튀르키예에서 활동 중인 다른 위구르족 집단과도 경쟁해야 했다는 점이다. 예를 들어, 이 문제를 다룬 몇 안 되는 언론 기사 중 하나는 2015년 이스탄불 공항에서 방금 입국한 난민들을 만나 이스탄불로 안내하려다가 투르키스탄이슬람당 모집책들을 마주치게 된 한 활동가의 이야기를 다루고 있다.[123] 모집책들은 이 활동가를 개의치 않고 새로 들어온 난민들을 버스에 태워 바로 시리아로 향했다고 한다.

튀르키예에 정착한 후 먹고살기 위해 악전고투를 벌이던 중에 시리아로 가지 않겠냐는 유혹을 받는 경우는 훨씬 더 많다. 시리아에서 투르키스탄이슬람당 활동에 참가하기 위해 튀르키예에서 시리아로 넘어간 사이풀라라는 이름의 모집책은 필자와 인터뷰한 위구르 활동가가 알려준 인물로, 이스탄불에 거점을 두고 활동하는 것 같았다. 새로 모집한 조직원들에게 그는 시리아로 가서 투르키스탄이슬람당에 합류하는 것은 동투르키스탄을 해방하는 전쟁을 벌인다는 이 단체의 최종 목표를 위한 훈련이 될 것이라 했다고 한다. 투르키스탄이슬람당에 속한 것으로 추정되는 깡패들이 난민들의 시리아행을 막으려는 활동가들을 괴롭히며 활동하지 못하도록 압박을 가한다고 했다.[124] 하지만 이 모집책과 깡패들이 누구를 위해 일하는 것인지, 다시 말해서 알카에다를 위한 것인지, 파키스탄 혹은 아프가니스탄의 투르키스탄이슬람당을 위해 일하는지, 튀르키예의 투르키스탄이슬람당 지지 세력 편에서 일하는 것인지, 혹은 이들과 전혀 관계

없는 누군가의 하수인인 것인지는 분명치 않다. 중국 정부는 튀르키예에 근거지를 둔 위구르족 단체인 동투르키스탄교육연대협회가 이러한 조직원 모집에 개입하고 있다고 비난하기도 하지만, 오히려 이 단체는 위구르족 난민들의 시리아행을 막는 데 적극적이었다. 튀르키예 정부가 위구르족 난민들의 투르키스탄이슬람당 가입을 지원했다고 추측하는 이들도 있었지만, 이에 대한 결정적인 증거는 없다. 이러한 추측의 대부분은 위구르족들의 시리아 정착이 시리아 북부에 대한 튀르키예의 '식민지화' 혹은 '신장 지역의 반란'을 조장하려는 음모를 지원하는 튀르키예의 큰 그림 중 일부라고 주장하는 중동의 당파적 소식통으로부터 나오는 것이다.[125] 이들 소식통 및 그로부터 나오는 미심쩍은 주장의 진위에 의문이 가기는 하지만, 그렇다고 튀르키예 정부가 개입되어 있다는 주장이 전혀 설득력 없는 것이라고 할 수는 없다. 튀르키예가 시리아로 들어가는 온갖 지하디스트 단체들과 그들의 무기가 통과할 수 있도록 허용했으며, 최소한 시리아 내전 초반 몇 년 동안은, 자유시리아군Free Syrian Army 및 자유시리아군과 공동의 적을 가진 알누스라 전선을 어느 정도 지원했다는 사실을 입증하는 증거는 충분히 제시되었기 때문이다.[126] 또한 입증된 것은 아니지만, 투르키스탄이슬람당에 속해 활동하는 위구르족들이 튀르키예 국경수비대의 제지를 거의 받지 않고 시리아 국경을 자유롭게 드나들 수 있었다고 진술하는 증언도 충분히 나와 있다.

투르키스탄이슬람당의 위구르족 지하디스트란 어떤 이들인가?

투르키스탄이슬람당 소속으로 시리아 내전에 가담한 위구르족의 규모에 대해서는 정확히 알려져 있지 않지만 상당한 수준이다. 2019

년 여름 필자는 튀르키예에서 이 단체의 고위 간부라는 이를 만났는데, 그에 따르면 가장 많았을 때에는 3만 명가량의 위구르족이 시리아에 있었다고 한다. 2017년 주중국 시리아 대사는 시리아에서 활동하는 위구르족 전투원이 약 5천 명에 이른다고 주장했다.[127] 이에 반해, 같은 시기 이스라엘 정보기관이 작성한 보고서에 따르면 당시 시리아에서 활동하는 위구르족 전투원은 3천 명이다.[128] 여기서 감안해야 할 사항은 시리아에 거주하던 위구르족들 중 상당수가 가족을 동반했으며, 그중에서 성인 남성만이 실제 전투원으로 활동했을 것이라는 점이다. 다시 말해서, 시리아의 위구르족 총수는 투르키스탄이슬람당 소속으로 활동하는 전투원 규모보다 훨씬 클 것이라는 것이다. 하지만 다에시(이슬람국가)와는 달리 투르키스탄이슬람당은 조직원들에 대한 신빙성 있는 기록을 남기지 않는 것으로 보여, 시리아에서 활동하는 이 단체의 실제 규모와 조직원에 대해서는 앞으로도 밝혀지길 기대하기는 어려울 것으로 보인다.

또한 아프가니스탄에서의 하산 마흐숨 집단 및 파키스탄에서 압둘 하크가 이끌던 투르키스탄이슬람당과 마찬가지로, 시리아의 투르키스탄이슬람당 역시 전문화된 무장 단체라기보다는 하나의 공동체 같은 형태를 유지하며 작전을 수행하는 것처럼 보인다. 먼저, 주로 성인 남성으로 구성된 전투원들은 분명한 지휘 계통을 따르며 상급자의 지시에 따라 움직이지만 이 시리아의 투르키스탄이슬람당은 훨씬 더 느슨하고, 더 큰 지하디스트 단체들로부터는 독립적인 조직으로 보인다. 조직원들은 이 시리아의 공동체와 튀르키예의 위구르족 공동체 사이를 왔다 갔다 한다. 다음으로, 이 조직은 학교까지 완비해 놓은 위구르족 마을 비슷한 것들을 시리아에 건설했는데, 이들 마을이 어떤 특정한 개인 혹은 집단의 명령이나 통제 아래에 있다는 증거는 거의 찾아볼 수 없다. 마지막으로, 이 공동체에 합류한 이들이나 전투에 참가한 이들이 스스로를 투르키스탄이슬람당의 '구성원'으로 여기는지조차 분명치 않다.

투르키스탄이슬람당이 가장 활발하게 활동한 이들리브에서 위구르족들을 인터뷰한 카네기중동센터Carnegie Middle East Center의 모하나드 알리 하게는 시리아에서 이 조직의 구성원으로 활동하는 위구르족들을 "다른 유형의 지하디스트"라 지칭한다.[129] 이들은 주민들을 지배하거나 세금을 징수하거나 샤리아를 강요하는 데는 관심이 없어 보이고, 자기들끼리만 있을 수 있는 버려진 도시에 머무르며 바샤르 알아사드 대통령의 군대 및 그 동맹 세력에 맞서 싸우는 데만 집중하는 경향이 있다는 것이 그의 지적이다.[130] 필자가 인터뷰한 투르키스탄이슬람당의 경험자들도 비슷한 이야기를 했다. 그들은 이슬람과 수학, 그리고 다른 여러 과목을 가르치는 학교들을 보유한, 오직 위구르족만 거주하는 도시와 거주 구역에 대해 증언했다.[131] 투르키스탄이슬람당의 영상물에는 학교에서 학생들에게 무기 사용법과 전술도 가르치는 것으로 나오지만 이 단체가 군사 활동에 소년병들을 투입한다는 증거는 없다. 또한 이들 영상물에는 성인 남성들이 참가하는 전투 외에도 휴일 기념행사와 다른 공동체 모임들이 등장하며 시리아의 위구르족들이 영위하는 공동체적 생활의 모습이 부각되어 있다.

시리아가 위구르족 난민들에게 매력을 끄는 점에 대해서는 이러한 맥락에서 조금이나마 이해할 수 있다. 자신들의 규칙에 따라 원하는 대로 살 수 있는 것이다. 이 공동체의 규칙들이 보수적이기는 하지만, 공동체에서 살았던 필자의 정보원들에 따르면 샤리아를 강압적으로 적용하지는 않았다고 한다. 예를 들어, 투르키스탄이슬람당 공동체에서는 하루 다섯 번의 기도 의무를 지키지 않아도 되고 흡연이 용인되었는데 이러한 점을 비위구르족 지하디스트들이 훈계하곤 했다고 한다. 다만, 투르키스탄이슬람당의 영상물에는 여성이 거의 등장하지 않는데, 이는 이 공동체가 남성과 여성이 고도로 구분된 사회임을 반영하는 것이다.

현재 입수할 수 있는 몇 조각의 정보를 가지고 투르키스탄이슬람당과 관련되어 있는 시리아의 위구르족 공동체에 대해 완벽하게 설명하기는 어려운 일이다. 다시 말해서, 시리아에서 이 단체에 가담했던 다양한 위구르족들로부터 얻은 정보들을 조각조각 맞추어볼 수 있을 뿐이라는 것이다. 시리아에서 투르키스탄이슬람당에 가담했던 경험을 필자에게 이야기해준 위구르족들은 모두 자신이 시리아로 갔던 동기가 중국으로부터 자신들의 고향을 해방시키는 데 필요한 전투 경험을 쌓으려는 것이었다고 밝혔다. 이들은 대부분 20대에서 30대 남성들로 위구르 지역 시골 출신들인데, 10대 이후 혹은 성인이 되고 나서 대부분의 시기를 잠재적 '테러리스트' 혹은 '극단주의자'라는 의심을 받으며 2000년대를 보냈다는 공통점이 있다. 종교적 발언과 관련된 범죄로 수감 생활을 한 이도 몇몇 있으나, 필자와 인터뷰한 이들이 모두 중국을 떠난 이유라고 이구동성으로 내세운 것은 극심해진 치안기관의 압박이었다. 이런 맥락에서 그들은 중국을 자신들의 고향을 점령하고 있는 세력이라 여기며 강렬한 적개심을 품고 있었지만, 글로벌 지하드라는 이상에 대해서는 실질적인 관심이 없었다. 이들 모두 남의 나라 전쟁에서 싸우는 것에 환멸을 느꼈다면서 결국 시리아의 투르키스탄이슬람당 기지를 떠나 튀르키예로 돌아갔다. 이처럼 시리아에서 튀르키예로 돌아온 위구르족의 규모는 이 책이 출간되는 시점에만 해도 상당했다. 2019년 여름 이스탄불에 거주하는 한 위구르족은 그의 위구르족 이웃들에 대해 이야기하면서, 자신이 살고 있는 거리의 위구르족 성인 남성 3분의 1 정도는 시리아에 갔던 적이 있을 것이라고 했다.

시리아의 투르키스탄이슬람당에 가담했던 이들 중 두 번째 유형은 경제적 이유로 갔던 것으로 보인다. 가진 돈을 전부 인신매매 조직에 바치고 동남아시아를 거쳐 튀르키예로 들어온 위구르족 가족들의 경우 특히 이러한 유형에 해당할 것이다. 그렇게 들어온 이들은 대부분 튀르키예에 도착하면서부터 빈곤에 시달리고 튀르키예 정부의 지원도 거의 받지 못한다. 하지만 시리아에서는 주택과 식량, 의복과 자녀 교육이 보장된다는 것이다. 다시 말해서, 이렇게 시리아에 건너간 위구르족들은 싸우기 위해서가 아니라 평화롭고 윤택한 삶을 찾아간 것이다. 하지만 이러한 혜택을 받기 위해서는 전투에 나가야 한다는 것이 그들의 불행이라 할 것이다. 결국 투르키스탄이슬람당 일원으로 싸우기 위해 시리아로 들어간 위구르족들 중에 글로벌 지하드라는 이데올로기를 추종하는 진정한 신봉자가 된 경우는 한정된 일부에 불과할 것이다. 아마도 그들은 글로벌 지하드에 참가한다는 열망보다는 앞서 언급한 두 가지 이유 중 하나로 이 단체에 들어갔겠지만 비슷한 생각을 가진 이들이 함께하는 공동체를 찾았기 때문에 거기에 머물렀으며, 그러다 보니 이제는 위구르족뿐만 아니라 무슬림의 신앙을 위해 싸운다는 이상에 투신하는 모양새가 되는 것이다.

여러 측면에서, 시리아의 투르키스탄이슬람당은 2000년대 초 중국이 위구르족들 내부에 '테러리즘 위협'이 존재하고 있음을 강하게 주장하는 캠페인을 벌이면서 시작된 '자기실현적 예언'이 실현되었음을 보여주는 가장 분명한 사례라 할 수 있다. 이 단체 소속으로 시리아에서 싸웠다는 한 위구르족은 필자와의 인터뷰에서 다음과 같이 내뱉었다. "투르키스탄이슬람당이 존재할 수 있는 이유는 무엇인가? (그 단체는) 우리 고향에 대한 중국의 압제로부터 이득을 취하는 것이다. 중국의 압제가 없다면 그 단체는 존재하지 못할 것이다. 투르키스탄이슬람당은 중국 스스로가 만들어낸 것이다." 시리아까지 가서 투르키스탄이슬람당에 가담한 위구르족들은 위구르족 '테러 단체들'이 응집력 있는 조직으로서 존재해온 역사 혹은 위구르 지역에서의 살라피즘 운동이 만들어낸 산물이 아니다. 이들은 중국이 벌인 '테러와의 전쟁'을 피해 도망 나온 난민들로, 언젠가 중국과 싸울 때 써먹을 전투 경험을 얻으려는 목적이었건, 혹은 단지 생존과 소속감을 얻기 위한 수단으로써건 고향에서 멀리 떨어진 외국의 전쟁터 한가운데로 내몰린 사람들이다.

폭풍 전야

여러 측면에서 볼 때, 시리아에 투르키스탄이슬람당의 이름으로 상당한 규모의 위구르족 부대가 존재하는 상황은 중국이 만들어낸 것이다. 앞에서 설명한 바와 같이, 위구르족들 내부에 존재하는 '테러리즘 위협'이라는, 2001년부터 중국이 만들고 선전해온 서사로 인하여 위구르 지역에 조성된 상황과 여건이 만들어낸 산물인 것이다.

동시에, 이들 위구르족 부대는 그 중국의 서사에 타당성을 제공하여 중국이 위구르족들을 압박하는 데 써먹을 수 있도록 돕는 역할을 하고 있다. 하지만 이러한 점을 2016~2017년 위구르 지역에서 시작된 문화적 민족 말살의 직접적인 원인으로 본다면 이는 오해다. 예를 들어, 최근 나온 '안보학' 분야 논문에서는 2017년 이후 중국의 위구르족들이 맞닥뜨린 대규모 구금 사태, 일상생활 깊숙이 침투한 감시, 강압적인 흡수·통합 정책은 시리아에서 활동하고 있는 투르키스탄이슬람당 세력에 대한 중국의 두려움이 만들어낸 결과라는 전제 아래에 논의를 진행하지만, 필자는 이러한 전제에 동의하지 않는다.[132] 오히려, 2016년까지는 중국이 이후 위구르 지역에 시행할 정책들을 만들도록 추동하는 여러 요소가 모이는 폭풍 전야 같은 시기였으며, 시리아의 투르키스탄이슬람당이라는 '자기실현적 예언'은 그 폭풍을 구성하는 요소 중 하나에 불과했다.

1990년 이후 꾸준하게 강화되어온 위구르 지역에 대한 중국의 정착형 식민 지배는 2009년에 시작되어 현재까지 진행 중인 토착 주민들과의 폭력적 충돌을 촉발시켰는데, 2016년경에는 폭력적 충돌이 통제 불가능한 수준으로까지 악화되었고 특히 위구르 남부 지역의 타림분지 일대에서 이러한 양상이 더욱 심했다. 이 지역 토착 주민에 대한 노골적인 흡수·통합 정책을 실시하는 데 이념적 전제가 되는 '제2세대 민족 정책'을 국가가 점점 더 수용해 나갔던 것도 위구르 지역에 대한 정착형 식민 지배 강화를 더욱 대담하게 추진할 수 있도록 한 요인이 되었다. 이에 더하여 2013년 이후에는, 오랜 기간의 식민지적 관계에서 생겨난 민족 갈등 등 복잡한 사회경제적 이슈들을 해결하기 위해서는 강압적인 방식을 동원해도 된다는 신념을 마오쩌둥 이후 그 어떤 중국 지도자들보다도 선명하게 보여준 시진핑의 리더십 스타일, 그리고 그의 대표적인 대외 정책인 '일대일로' 프로젝트 아래에서 위구르 지역을 주요한 상업 중심지로 신속하게 재구성해야 한다는 강력한 요구도 위구르 지역에 대한 정착형 식민 지배를 강화하는 원동력이 되었다.

한족들을 정착시킴으로써 위구르 지역에 식민지화하여 분리될 수 없는 중국의 일부로 만들고자 하는 욕망이 2017년에 시작된 문화적 민족 말살 캠페인의 주요하고도 근본적인 원인일 것이다. 위구르족들이 중국에 '테러리즘 위협'을 야기한다는 서사는 이 캠페인을 정당화하고 그 실행을 촉진하는 작용을 하는 것이다. 위구르 지역 시골의 공동체에서 2011년 이후 중국의 식민지화 및 공격적인 흡수·통합 조치들에 반대하는 폭력적 저항이 발생하는 핵심적인 원인들을 묵살하는 데 이러한 서사가 이용되었다. 더 나아가서 이러한 서사는 위구르족들의 저항을 폭력적으로 진압하는 것을 정당화하는 데도 이용되어, 저항의 불길에 더욱 기름을 끼얹는 한편 위구르 남부 지역에서 국가와 주민 간의 자기 영속적인 폭력의 악순환을 만드는 데 일조했다. 마지막으로, 그리고 아마도 가장 중요한 것은, 어떤 주민 집단 내부에 '테러리즘 위협'이라는 전염성 있는 요소가 존재한다는 생명정치적 논리가 이러한 서사에 내재되어 있다는 점이다. '테러리즘 위협'에 대한 이와 같은 이해는 중국이 모든 위구르족, 궁극적으로는 위구르족의 정체성 자체가 잠재적으로 위협이 될 수 있다고 간주하여 격리 혹은 박멸을 요하는 대상으로 삼도록 하는 논리적 기반이 되었다.

이러한 맥락에서, 무장을 잘 갖추고 비교적 건실한 투르키스탄이슬람당 시리아 지부가 보유한 위구르족 부대의 존재는 중국이 내부의 위구르족들로부터 야기되는 '테러리즘 위협'에 직면해 있다는 자신들의 주장이 진실이며 그 위협이 점점 커지고 있다는 주장을 내세우는 강력한 수단이 되었고, 이러한 주장은 2017년 이후 위구르족들에 대한 민족 말살적 전략들을 정당화하는 데 계속 이용되어왔다. 이들 위구르족 부대는 대개 민간인을 의도적으로 노리지는 않는 종래의 용병부대이므로 이 책에서 이용하는 잠정적 개념 정의에 따른 '테러 단체' 범주에 넣기에는 어렵겠지만, 알카에다와 연계를 가진 지하디스트 단체라는 점에서 대부분의 사람들이 '테러와의 전쟁'에서 생각하는 '테러리스트'에는 해당한다. 따라서 이들 부대의 존재는 중국이 정말로 자신들은 위구르족들이 야기하는 실재하는 위협 요인에 직면해 있다고 주장하며 현재 위구르 지역에서 벌어지고 있는 인권 상황에 대한 국제사회의 비판을 피해 나가는 데도 강력한 효과를 발휘했다고 할 수 있다.

마지막이자 지금까지 논의된 것들보다 훨씬 더 중요한 것은, 시리아에 있는 이 위구르족 부대와 이들이 중국의 위구르족들에게 미치는 영향이 중국의 국가와 사회에 위협이 된다는 중국 당국의 주장이 국내적으로는 2017년 이래 위구르 지역에서 실행되고 있는 극단적인 정책들에 대한 국민과 관료의 지지를 얻는 데에 효과적이었다는 점이다. 다수의 중국 국민은 시리아의 이 집단이 2013년 베이징, 2014년 쿤밍과 우루무치, 그리고 2009년 우루무치에서 일어난 폭력 사태에도 책임이 있는 실존하는 위협 요인이라 믿고 있다. 그리고 이러한 믿음은 오늘날 위구르 지역에 대한 정책을 현장에서 집행하는 많은 이들을 포함한 국가 관료 집단에도 깊숙이 뿌리를 내리고 있다. 중국공산당 고위층에서는 투르키스탄이슬람당이 실제로 중국의 국가 안보에 미치는 위협은 거의 없거나 미미한 수준임을 충분히 인지하고 있겠지만, 한족 국민의 대부분과 다수의 정부 관료는 이 단체가 실존하는 위협 요인이자 그 위협의 정도도 상당하다고 믿고 있으며 이러한 믿음은 그 위협을 줄이는 데 필요하다면 어떤 수단을 사용하더라도 정당화시키는 데 충분할 정도로 강하다. 우리가 알고 있는 문화적 민족 말살 및 위구르족의 정체성 제거를 위한 조치들은 이렇게 정당화될 수 있는 수단에 포함되는 것이다. 비록 중국이 상당한 수위의 '테러리즘 위협'에 처했다 하더라도 정당화될 수 없겠지만, 투르키스탄이슬람당 혹은 위구르족들이 감행한 어떠한 저항도 실제로 중국의 국가 안보에는 극히 미미한 수준의 위협이었음을 감안한다면 그러한 비인도적 조치들은 더욱더 온당하지 못한 것이다.

제6장

문화적 민족 말살,
2017~2020년

이 책에서 사용하고 있는 '문화적 민족 말살cultural genocide'이라는 용어에 대해서 일반론적으로 설명하자면, 1940년대에 '민족 말살genocide'이라는 개념을 정립한 폴란드 변호사 라파엘 렘킨에게서 그 연원을 찾을 수 있다. 그는 '민족 말살'이란 어떤 집단의 사람들을 대량 학살하는 것 이상의 개념이라 보았으며, "어떤 민족 혹은 인종 집단 전체를 절멸하는 것"이라고 정의했다.[1] 이러한 파괴적 행위가 벌어지는 방식과 관련하여, 그는 '즉각적인 파괴', 다시 말해서 대상 집단 구성원을 대량 학살하여 민족 말살이 이루어지는 경우는 드물다고 지적한다. 그보다는, 대상 집단의 문화적 특수성과 삶의 방식, 즉 '민족 집단의 삶을 이루는 본질적인 토대'를 체계적으로 제거하는 과정을 통해 점진적으로 이루어지는 경우가 거의 대부분이라는 것이다.[2] 민족 말살의 목적에 대해서 렘킨은 "민족 집단의 정치·사회적 제도, 문화, 언어, 민족적 정서, 종교, 그리고 경제적 생존 양식을 붕괴시키

부동자세로 앉아 있는 집단수용소의 수용자들. 호탄 근처의 로프, 2017년.

고, 사적인 안전, 자유, 건강, 존엄성, 그리고 그 집단에 속한 개인들의 생명까지도 파괴하는 것"이라고 하고 있다.[3]

　민족 말살이라는 용어를 처음으로 사용한 램킨은 이 개념을 어떤 집단의 정체성을 파괴하는 과정이라는 측면에서 보았던 반면, 국제사회에서는 대체로 "어떤 민족 혹은 인종 집단의 씨를 완전히 말려버리겠다는 의도 아래에 이루어지는 그 구성원들에 대한 대량 학살"로 그 개념을 좁게 해석하고 있다. '문화적 민족 말살'을 주제로 하는 대부분의 연구에서 비판하듯이, 민족 말살과 관련한 국제사회의 협약이 문화적 특수성과 삶의 방식 및 정체성을 의도적으로 파괴하는 행위로부터는 민족이나 인종 집단을 보호하지 못한다는 것이 일반적이다.[4] 그렇지만 램킨이 민족 말살이라는 개념을 처음 정의했던 것과 같은 맥락에서, 어떤 유형의 민족 말살에서도 그러한 문화적 말살cultural erasure이 중심을 차지한다는 것 또한 민족 말살 개념에 대한 국제사회의 좁은 해석에 비판을 가하는 연구의 논거로 제시되고 있다. 반드시 물리적으로 대량 학살을 동반하는 것은 아니지만, 역사적으로 볼 때 문화적 말살은 엄청난 수준의 폭력을 동반하는 작업이었다. 식민 지배의 대상이 되는 민족 혹은 인종의 문화를 파괴하려는 그러한 폭력적 시도의 사례들은 정착형 식민주의의 역사에서 충분히 찾아볼 수 있다. 어떤 집단을 그 의지에 반하여 격리된 공동체나 보호구역에 집어넣는 것, 폭력이나 고문의 위협을 통한 강제적인 흡수·통합, 그리고 세뇌를 목적으로 아동을 그 가족에게서 분리시켜 기숙학교에 집어넣는 조치도 그러한 폭력적 시도의 사례들이다. 그 과정에서 문화적 민족 말살을 당하는 대상 집단에서 많은 이들이 죽곤 했는데, 특히 자신의 문화와 정체성을 말살하려는 세력에 저항한 이들이 더욱 그러했다.

식민 지배를 실행하고 이를 주민들에게 강요하기 위해 전자적 감시라는 21세기적 수단이 추가되었을 뿐, 2017년 이래로 위구르족이 겪고 있는 고난은 여러 측면에서 19세기와 20세기 초에 걸쳐 정착형 식민 지배가 세계를 휩쓸던 와중에 그 대상이 된 토착 민족들의 운명을 떠올리게 한다. 2017년 이전에도 위구르족은 수시로 인권을 침해당하고 그들의 민족적 정체성에 따른 차별을 받았으며 흡수·통합의 압력과 신앙 활동에 대한 제약도 받았지만, 국가가 그들의 민족적 정체성을 완전히 박멸하려는 상황으로까지는 가지 않았다. 하지만 2017년 중국이, 명백히 문화적 민족 말살이라 할 수 있을, 위구르족의 문화와 정체성을 해체하기 위한 체계적이면서도 폭력적인 캠페인을 시작하면서 상황이 변했다.

식민 지배의 시대가 종식된 이후의 세계에서, 다른 인종이나 민족 집단의 정체성을 파괴하고 강제로 이들을 흡수·통합하려는 폭력적 시도는 더 이상 용인될 수 없다는 것이 국제사회의 전반적인 기류였다. 하지만 위구르족에게 가하는 조치에 대해서 중국은 '테러와의 전쟁'을 내세우며 '대테러 정책 혹은 활동'으로 정당화해왔는데, 그러한 정당화의 논리가 적어도 지금까지는 국제사회의 제재나 처벌의 가능성을 우려하지 않고 거리낌 없이 그러한 활동을 할 수 있도록 하는 방패막으로 기능했다. 위구르족은 실제로 존재하는 '테러리즘 위협'을 숨겨주고 있다는 비난을 받고 있으므로, 이들의 인권과 관련한 논의는 유보해도 되는 것으로 취급한 것이 국제사회의 대체적인 분위기였다. 위구르족은 인간성을 박탈당하고, 역사적으로 쌓인 원한 관계를 이해받지 못했으며, 무분별하게 폭력 사태를 일으키는 비이성적인 존재로 묘사되었다. 위구르족을 '테러리스트'와 동의어로 간주하는 이러한 인간성 박탈은 대부분의 국가에서 대체로 중국의 문화적 민족 말살을 현존하는 안보 위협에 대한 적절한 대응으로 받아들이도록 하는 방향으로 작용했다. 또한 위구르족들이 직면한 문화적 민족 말살을 들어 중국을 비판하는 국가들은 '테러와의 전쟁'을 개시한 후, 2000년대의 첫 10년 내내 자국의 이익에 따라 '테러리스트'로 낙인찍은 이들의 인간성을 말살하고 인권을 침해한 바로 그 국가들이었다. 따라서 이런 국가들의 비판적 목소리가 위구르 문제에서 도덕적인 권위를 가질 수는 없었다.

위구르족의 정체성에 대한 체계적인 공격의 기원

돌이켜보면, 오늘날의 문화적 민족 말살 정책은 2014년 시작된 '반테러 인민전쟁'으로부터 나오고 있음을 알 수 있다. '반테러 인민

전쟁'은 소위 위구르족 '테러리즘 위협'의 근본적인 원인이 위구르 문화 자체, 최소한 국가가 위구르 문화를 오염시키는 위험스러운 영향 요인이라 간주하는 것들로부터 발생한다고 상정한다. 표면적으로 이 전쟁은 종교적 광신에 대항하는 캠페인으로 내세워졌지만, 실제로는 그보다 훨씬 더 이상의 것이었다. 2014년 일함 토흐티에 대한 종신형 선고는 '반테러 인민전쟁'이 위구르 문화에서 이슬람의 역할 혹은 위구르족들의 독립 요구에 대응하는 차원을 넘어서는 이데올로기의 충돌임을 명확히 보여주는 사건이었다. 실제로 그는 위구르족과 위구르 지역이 중국이라는 국가에 속한다고 생각하는, 중국에 충성했던 인사였기 때문이다. 그가 처벌받게 된 이유라 짐작되는 진정한 죄는 위구르족의 운명을 중국의 운명과 동등하게 취급한 것이었다. 체포되기 전에 그는 동투르키스탄의 독립을 옹호하지 않았지만, 위구르족이 자신들의 운명에 대해 더 많은 통제권을 가지며 한족과 동등한 국민으로 존중받는 신장 지역이 되어야 한다는 주장을 지지했다. 그는 자기 고향이 중국에 흡수되는 것을 반대한 것이 아니었다. 그는 자기 고향이 한족 정착민들에 의해 식민지화되는 양상을 비판했던 것인데, 그에게 종신형을 선고한 것은 이 문제가 타협이나 협상의 대상이 아니라는 메시지를 위구르족들에게 던지는 것이었다. 중국이라는 국가는 그 지역에 대한 별도의 구상이 있으며, 중국의 전체적인 발전에 있어서 최선의 것을 달성하기 위해 위구르족들의 목소리를 억누를 필요가 있다면 그렇게 할 뿐이라는 것이다.

'반테러 인민전쟁'의 논리, 특히 위구르 문화를 개조하고 중국에 반대하는 모든 목소리를 폭력적으로 억압하는 데 맞추어진 그 전쟁의 초점은 민족 말살의 의도를 이미 내포하고 있었을 뿐만 아니라,

실제로 문화적 말살을 실행하기 위한 다양한 수단도 이 시기에 자리를 잡아가고 있었다. 2014년 초에는 중국의 관영官營 방산그룹인 중국전자과기집단유한공사中國電子科技集團有限公司에서 모든 위구르족에 대한 방대한 데이터베이스를 구축하고 있다는 보도가 나왔다. 보도에 따르면, 데이터베이스는 위구르족 개개인에 대해 '테러리스트', 즉 국가의 권능에 저항하는 성향을 지닌 부류로 발전할 가능성이나 잠재성을 예측할 수 있는 '예방적 감시' 프로그램에 이용하기 위한 것이라 했다.[5] 이 방대한 데이터베이스는 다양한 출처로부터 모은 각종 정보를 상호 참조할 수 있게 함으로써 위구르족 개개인에 대한 신속한 분석을 가능케 한다. 이 데이터베이스를 개발한 것은 위구르족 수백만 명의 동향, 친교, 활동과 상호관계를 통해 그들의 중국공산당 및 국가에 대한 충성도를 평가하기 위한 분석 자료를 구축하려는 것이었다. 2016년에 이 시스템이 온라인화되고 개인 데이터에 대한 국가의 접근을 폭넓게 허용하는 새로운 반테러리즘법이 통과되면서, 위구르 지역에 확대 설치된 치안기관과 접촉한 이들에 대한 즉각적인 프로파일링을 가능케 하는 이 시스템은 일선 치안기관의 중요한 무기가 되었다.

돌이켜보면, 향후 대규모 구금 사태가 벌어질 것을 미리 보여주는 조짐들은 2014년부터 눈에 띄기 시작했다. 2014년 아드리안 젠즈Adrian Zenz는 위구르 지역의 많은 현縣급 지방정부에서 소위 이슬람 '극단주의자'를 대상으로 하는, 이전에는 파룬궁法輪功 신도나 마약 중독자 및 중범죄자들을 대상으로 실시하던, '교육개조공작教育轉化工作' 프로그램이 만들어지기 시작했다고 지적하고 있다.[6] 2014년과 2015년에 이 프로그램은 더욱 확산되었으며, 다양한 지역에서 다양한 방식들을 적용해보는 시험 단계를 거친 것으로 보인다. 이들 프로그램 중에는 주간에만 운영되는 '소년원' 과정으로 추정되는 것이나 단기간 기관에서 기숙하는 프로그램은 물론, 장기간 구금하는 프로그램도 있던 것으로 알려진다. 이 과정은 '반테러 인민전쟁'이라는 이름으로 위구르 지역에서 확립된, 종교적 색채의 공공연한 표출을 제한하는 정책의 한 부분이 된 것이 분명하며, 지방정부는 자체적으로 관리하는 교육과정과 피교육자의 숫자 및 성공적으로 '개조'된 피교육자의 비율 등을 제시하며 계량화된 업무 실적을 공문서에 마음껏 담아서 상부에 보고했다.[7] 이 프로그램은 위구르 남부 지역에 집중되었고 특히 종교적 성향이 강한 위구르족들을 대상으로 했다고 보이지만, 위구르 북부 지역에서도 위구르족의 밀도가 높은 농촌이 대상 지역이 되었다. 지방정부에서는 자신들의 사업이 성공적이라 주장하지만, 이 재교육 캠페인으로 대표되는 국가적 노력이 2014년과 2015년 내내 그 수위를 높여가던 위구르 지역의 폭력 사태를 막아내는 효과를 발휘하지는 못 했던 것 같다.

재교육 캠페인이 이 시기부터 생명정치적 논리를 따르기 시작했다는 증거도 있다. 생명정치적 논리는 '극단주의'를 인구통계에 기반한 과학적 방식으로 관리해야 할 감염병으로 간주하는 것으로, 공중 보건에서 영감을 얻은 담론을 통해서 형성되고 다듬어진 것이었다. 예를 들어, 젠즈는 "위구르족 중 70퍼센트는 대세에 따르겠지만, 나머지 30퍼센트는 '종교적 극단주의'에 오염되어 있어 '집중 교육'이 필요"하며 "이 30퍼센트를 개조하면 … 대상 촌락에 대한 기본적인 정화 작업이 완료되는 것이다"라는 2015년 신장위구르자치구 인민정부 사법청司法廳(법무부에 해당) 공산당위원회 비서의 발언을 인용하고 있다.[8] 그는 "약 5퍼센트가 강경파에 속하고, 15퍼센트가 이들을 지지하며, 나머지 80퍼센트가 문맹"이라는, 같은 시기 호탄의 공산당 정법위원회政法委員會 서기의 발언도 인용하는데 앞서의 발언과 비슷하게 분석할 수 있는 내용이다.[9] 젠즈의 지적대로, 주민의 성향을 백분율로 나누는 논리는 소위 '극단주의'의 감염이 다른 이들에게 확산되는 것을 확실히 차단하기 위해 '치료' 또는 '격리'가 필요한 인구의 비율이 얼마인지 고려하는 것으로, 생명정치적 논리에 기반한 전략이 함축되어 있는 것이다.[10] 결국, 공중보건 분야의 논의를 차용한 이 논리는 위구르족의 정체성을 표적으로 삼아 모든 위구르족에게 추가적인 '예방접종'을 처방하는 근거가 될 것이었다.

이처럼 2014년까지는, 오늘날 우리가 목도하고 있는 위구르족의 정체성에 대한 체계적인 파괴를 뒷받침하는 논리가 확립되었으며 실제 수행하는 데 필요한 모든 법적·제도적 절차가 진행되고 있었다. 주민 감시 및 충성도를 평가하는 거대한 시스템 개발이 상당히 진전되어 있었고 대규모 인원의 구금과 사상 개조를 위한 방법론은 베타 테스트beta test* 단계에 있었으며, '극단주의'와 '테러리즘'에 대응한다는 명목으로 위구르 문화를 공격하는 생명정치적 논리도 확립되어 있었다. 필요한 것은 위구르족들이 자발적으로 흡수·통합 정책에 복종하도록 하려는 국가적 노력을 확실하게 포기할 수 있을 만한 동기, 그리고 주민 감시 등을 위해 구축한 거대한 시스템을 실제로 운용할 정도의 공격성을 충분히 갖춘 지방정부 지도자뿐이었다. 2016

---

* 하드웨어나 소프트웨어를 공식적으로 발표하기 전에 오류가 있는지를 확인하기 위해 미리 정해진 사용자 집단이 써보도록 하는 테스트.

년 8월 29일 신장위구르자치구의 공산당 서기 자리를 이어받은 천취안궈가 바로 그러한 일을 하는 데 필요한 자질을 갖춘 사람이었다. 그가 위구르족들이 자발적으로 동화되어 중국의 정착형 식민 지배에 복종할 것이라는 생각을 포기하는 데에는 그다지 오랜 시간이 걸릴 것 같지도 않았다. 위구르족의 정체성을 파괴하는 데 필요한 각종 절차가 그의 취임 전부터 진행되고 있었던 점을 감안한다면 그를 위구르족에 대한 문화적 민족 말살의 설계자로 간주하는 것은 부당하지만, 집행자임은 분명하다.

문화적 민족 말살의 집행자 천취안궈

천취안궈는 2011~2016년 중국공산당 티베트자치구 당서기로 근무하는 동안 그 지역을 두드러질 정도로 탈바꿈시키면서 이름을 알리고 유명해졌다. 중국의 지배에 저항해온 티베트의 유구한 역사가 있었음에도, 그는 재임 기간 중 중국의 지배에 공공연히 반대하던 티베트인들의 행태를 성공적으로 억누르는 수완을 보였다.[11] 중국의 지배에 저항하는 반대 세력을 잠잠하게 한 그의 전략은 도시에 500미터마다 방대한 CCTV 카메라 네트워크와 연결된 '편민경무참便民警務站(임시파출소)'을 설치하는 것이었다.[12] 지방정부 당국은 도시 전역의 감시 및 경찰 집행을 위해 깔린 이 광범위한 시스템을 '사회안정 유지' 서비스를 위한 '격자형 사회 관리網格化社會管理'라고 불렀다.[13] 시진핑이 2016년까지도 위구르 지역의 '안정 유지'가 중요함을 강조했던 사실과 천취안궈가 중국공산당이 위구르 지역 외의 또 다른 '골치 아픈 소수민족 지역'으로 간주하는 곳에서 근무한 경험이 있다는 점을 감안한다면, 2016년 여름 장춘셴이 물러난 중국공산당 신장위구르자치구 당서기 자리를 천취안궈가 이어받도록 한 것은 적절한 인사였다.

위구르족들로부터 소위 '테러리즘 위협'이 야기된다는 서사가 실제로 구현되는 또 다른 사건이 천취안궈가 위구르 지역에 도착함과 동시에 일어났다. 2016년 8월 30일, 그가 신장위구르자치구의 당서기가 된 다음 날 어느 한 위구르족이 키르기스스탄의 비슈케크에 있는 중국대사관을 노리고 자살 공격을 감행했다는 보도가 나왔다.[14] 이 사건과 관련한 세부 사항들은 그 진위가 의심스러울 만큼 사리에 맞지 않았는데, 2002년 동투르키스탄이슬람운동이 비슈케크의 미국 대사관을 폭파하려 모의했다는 사건을 떠올리게 했다. 그로부터 일주일 후 키르기스스탄 당국은 타지키스탄 여권을 소지했지만 출신을 알 수 없는 한 위구르족이 시리아의 위구르족 단체로부터 지시를 받고 이 사건을 저질렀으며 알누스라 전선이 소요 경비를 지원했다고 발표했다. 그러나 이 사건과 관련하여 실제로 체포된 다섯 명은 모두 키르기스스탄 국적이었다.[15] 또한 이 사건을 저질렀다는 위구르족의 신원에 대해서는 그 누구도 파악하지 못했으며, 알누스라 전선은 시리아 밖에서 공격 활동을 하는 것으로 알려진 조직이 아니었고 이 사건 관련자로 체포된 키르기스스탄인들이 투르키스탄이슬람당과 연결되어 있다고 알려졌거나 이 사건과 관련해 무언가 알고 있다는 주장이 나온 것도 아니었다.[16] 하지만 중국은 비슈케크의 중국 대사관 공격 사건 배후 세력이 실제로 누구인가와 관계없이 위구르족들이 중국에 가하고 있다는 '테러리즘 위협'을 더욱 과장하여 선전하는 데 이 사건을 이용했다. 중국 당국은 이미 실체가 없는 동투르키스탄이슬람운동을 비난하며 '준엄한 타격嚴打'을 가하여 응징하겠다고 위협했다.[17]

이런 사건들은 당서기로 취임한 첫해 동안 위구르 지역에 대한 치안 조치를 단계적으로 강화하려는 천취안궈의 계획에 유리하게 작용했다. 2016년 9월 위구르 지역에 대한 정책 의제를 처음으로 밝히는 자리에서 그는 "안정을 다른 무엇보다도 앞에 둘 것"을 강조하면서, '3대 악'을 근절하기 위해 더 많은 선제적 수단을 사용할 것을 치안기관에 주문했다.[18] 취임 첫해에 그가 홍보한 치안 부문 일자리는 거의 10만 680개였는데, 이는 중국 내에서 위구르족과 관련된 폭력 사건의 대부분이 일어난 것으로 알려진 2009~2015년 사이 정부의 치안 부문에서 연평균 채용한 규모의 13배가 넘는 것이었다.[19] 그는 티베트자치구에 재직하면서 설치했던 '편민경무참' 제도를 위구르 지역에도 들여와 도시 지역에 약 7,300개의 편민경무참을 설치했다.[20] 이 지역을 일찍이 경험해보지 못한 수준의 경찰국가로 건설하는 작업으로 자신의 임기를 시작하고 있었던 것이 분명했다.

티베트에서처럼 대규모 치안 인력을 배치하고 수천 개의 '편민경무참'을 설치한 것이 위구르 지역에서 이미 상당한 수준으로 구축되어 있던 치안기관을 강화하는 데 기여한 최초의 조치였지만, 그는 치안을 위해 위구르 지역에 구축되어 있던 인프라를 활용하는 데도 능숙했다. 그의 이러한 능력은 전자 감시 시스템을 사회통제 수단으로 재빨리 무기화한 사례에서 특히 두드러졌다. 앞서 언급했듯이, 2014년 중국 정부는 실제로 폭력 사태를 일으키기 전에 위구르족 내부에 있는 잠재적인 '테러리스트'를 식별할 수 있도록 방대한 데이터베이스를 구축하는 사업 계약을 중국전자과기집단유한공사와 체결했었다. 하지만 전자 감시 시스템에 데이터를 연결하여 대중 개개인을 평가하는 도구로 이용함으로써 이 데이터베이스의 활용성을 확장한 이 지역 최초의 정치 지도자는 천취안궈다.

2015년 말에 통과된 중국의 반테러리즘법에는 은행 계좌, 소셜 미디어 계정, 근무 이력 및 국내외 여행 이력 등 위구르족의 다양한 개인 정보에 국가가 합법적으로 접근할 수 있는 수단이 마련되어 있었다. 하지만 천취안궈가 위구르 지역에 부임한 이후 국가는 모든 위구르족을 대상으로 일련의 생물학적 데이터까지 수집하게 되었으며, 이 데이터는 전자 감시 시스템에 연결되는 데이터베이스에 추가가 가능한 것이었다. 당시 위구르 지역에서 현장 연구를 진행 중이었던 바일러는 2016년 당시에 지방정부는 위구르족들에게 무료 건강검진을 받게 하려고 다양한 정책을 시행했는데, 검진을 받는 이들이 제공하는 DNA, 지문, 성문聲紋과 안면부의 특징 등이 전부 이 전자 감시 시스템으로 들어갔다고 지적하고 있다.[21] 바일러에 따르면, 이 무료 검진 캠페인이 끝날 때까지 당국은 위구르 지역에 거주하는 위구르족 2,180만 명 중 1,880만 명의 생물학적 데이터를 수집했다.[22] 2016년 12월 지방정부는 위구르족들이 인터넷에 올리는 모든 컨텐츠를 합법적으로 감시할 수 있도록 국가의 권한을 확대하는 내용의 새로운 인터넷 규제 방안을 채택했다. 이는 천취안궈의 지방정부가 위구르족들의 '이념적 성향'과 사적 친분 관계에 대한 데이터를 추출하기 위해 그들의 인터넷 사용 이력을 광범위하게 이용할 수 있게 해주었고, 이렇게 추출된 데이터도 위구르족에 대해 구축해 놓은 방대한 데이터베이스에 들어갈 수 있는 것이었다.[23] 당국의 감시를 우회

하는 데 이용된다는 이유로 가상사설망VPNs(Virtual Private Networks)*을 '테러리즘 소프트웨어'로 분류하여 이를 보유하는 행위를 범죄로 규정한 것도 이러한 규제 정책을 지원하기 위한 것이었다.[24]

휴먼라이츠워치가 2018년 내놓은 보고서에는 위구르족 관련 빅데이터 수집, 감시 및 프로파일링을 내용으로 하는 이 프로그램의 공식 명칭이 연합작전통합플랫폼IJOP(Integrated Joint Operations Platform, 一體化聯合作戰平臺)이라 밝히며, 이 프로그램과 관련된 더욱 상세한 정보가 수록되어 있다.[25] 이 보고서에 따르면, 위구르족 가정, 특히 시골을 정기적으로 방문해 "가족과 관련한 다양한 데이터, 그들의 '이념적 입장' 및 이웃과의 관계"를 알아보도록 파견된 간부들도 휴대폰에 탑재된 모바일 앱을 통해서 이 연합작전통합플랫폼에 입력할 자료들을 수집하고 있다.[26] 또한 가정방문을 당하지 않은 위구르족들은 직장에서, 그 외에는 면허 취득이나 거주지 등록 같은 일상적인 업무를 위해 정부 기관을 방문했을 때 종교적 발언이나 언행, 일상적 습관, 해외여행 경험 등을 묻는 상세한 설문지를 작성하라는 요구를 받았으며 그렇게 모인 자료도 연합작전통합플랫폼으로 들어갔다.

하지만 심각한 것은 이 데이터베이스에 들어가는 추가로 수집된 데이터보다도 천취안궈가 연합작전통합플랫폼을 사회통제의 도구로, 그리고 궁극적으로는 위구르 지역에 생명정치를 실행하기 위한 인프

---

* 통신 사업자에게 전용 회선을 임대하여 공중망을 통해 특정 집단만 사용할 수 있는 사설 네트워크를 구축하는 것으로, 암호화된 규격을 통해 인터넷 회선을 개인 전용선같이 쓸 수 있게 하는 기술이다. 중국에서는 해외 사이트를 차단하는 인터넷 감시 시스템인 만리방화벽(Great Firewall)을 우회해 인터넷에 접속하는 데 이용된다.

라로 사용했다는 점이다. 그의 치세 아래에 위구르 지역에서는 국가가 모든 위구르족을 대상으로 연합작전통합플랫폼을 통해 다양한 매개변수를 이용하여 개인별 '안전성'이 어느 정도인지 평가했으며, 그 결과는 대상이 된 개인의 운명을 결정했다. 제임스 레이볼드James Leibold의 지적대로, 이 시스템은 "국민을 '정상'으로 간주하여 신뢰할 수 있는 이들과 생각이나 품행에 있어서 '일탈' 혹은 '비정상'인 이들로 분류"하는 것이다.[27] 비록 감시는 계속되더라도 '정상'으로 판정된 이들은 방해받지 않고 자신의 삶을 영위하도록 허용되지만, '일탈' 혹은 '비정상'으로 판정된 이들은 심문, 수용소 구금, 투옥 혹은 강력한 재교육의 대상으로 처리될 수 있다.[28] 이전에도 중국은 위구르족들의 동태를 추적하고 평가하기 위한 도구들을 상당 기간에 걸쳐 개발해왔었지만, 주민들을 분류하고 '바람직하지 못한 것들'을 찍어내는 데 이 도구들을 공공연하게 사용하게 된 것은 천취안궈가 이 지역을 지배하면서부터다.

감시 기술 사용을 확대하고 지역 내 경찰력을 강화하기 위한 천취안궈의 대규모 캠페인에도 불구하고, 2016년 말까지 이 지역에서는 폭력 사태가 그치지 않았다. 2016년 대부분의 기간 중 위구르 지역에서 심각한 폭력 사건이 일어났다는 보도는 사실상 없다시피했지만, 12월에 보도된 사건은 사전에 계획된 것이자 정치적 동기가 있는 듯했다. 보도에 따르면, 호탄 인근의 카라카슈에서 한 무리의 위구르족들이 지역의 공산당사로 트럭을 몰고 들어와 폭발시켜 한 명이 사망했다고 한다.[29] 사건이 '테러리스트의 공격'임을 선언한 당국은 사건을 저지른 것으로 알려진 위구르족 네 명을 즉시 사살해버렸다.[30]

이 사건은 2016년 위구르 지역에서 보고된 첫 번째 주요 폭력 사건이었지만, 당국이 '대테러 정책'를 위한 노력에 있어서 본보기가 될 만하다고 스스로 평가한 것은 2016년의 끝자락에 벌어진 사건이었다. 첫 번째 사건이 일어난 지 2개월도 채 되지 않은 2017년 2월 중순, 호탄과 야르칸드 사이에 있는 구마에서 위구르족의 공격이 의심되는 또 다른 사건이 보고되었다. 보도에 따르면, 위구르족 세 명이 구마의 지방정부 본청 인근의 한 주택단지에 들어가 정부 관료 등 다섯 명을 살해했다고 한다.[31] 예상할 수 있듯이, 당국은 사건 용의자 세 명을 모두 사살하고 마을 전체를 봉쇄했으며, 질서를 유지하기 위해 공안 등 치안 요원들을 10~20미터 간격으로 거리에 세웠다고 한다.[32] 이 책이 발간되는 현재도 위구르족의 공격이라는 이 구마 사건이 위구르 지역에서 국가가 '테러리스트의 공격'이라 규정한 사건으로는 마지막이 되겠지만, 그 이전 20년 동안 위구르족들이 자행한 모든 폭력적 활동보다 훨씬 광범위한 위구르족에 대한 중국 정부 주도의 테러리즘 활동이 머지않아 그 뒤를 잇게 될 것이었다.

철퇴를 가하다: 2017년

중국은 2017년에 들어 지난 몇 년 동안 '대테러' 명목으로 실행하던 이질적이고도 다양한 각종 정책들을 위구르족의 정체성을 파괴하기 위한 체계적인 캠페인으로 통합했다. 이러한 통합을 위한 준비가 이전부터 진행되어왔을 것이며 어떤 사건 하나가 이러한 캠페인을 벌이도록 촉발했다고 말하기 어렵겠지만, 조만간 전례 없는 방식으로 위구르족들에게 철퇴가 내려질 것이라는 경고신호는 있었다.

2016년 말과 2017년 초 카라카슈와 구마에서 일어났던 사건들은 2014년과 2015년에 일어났던 사건들에 비해 폭력의 수위는 훨씬 낮았지만 천취안궈의 지방정부가 위구르 지역에 대한 국가의 '대테러' 전략, 특히 그 전략을 실행함에 있어서 위구르족 간부들의 역할에 대한 재평가에 착수하는 것을 정당화하는 완벽한 계기가 되었다.

이와 관련하여 주목할 부분은, 트럭을 폭파하여 지방정부 건물을 공격한 카라카슈 사건 이후인 2017년 3월 천취안궈가 당과 공안이 호탄 지역에서 수행하던 '테러 대응' 업무에 대한 감사를 지시한 점이다. 감사 결과, 주민들의 종교 관련 행태에 대한 추적 관찰이 적절하게 이루어지지 않은 점, 호구조사를 통해 수집한 정보가 불충분한 점, 주민들의 모스크 출석에 대한 추적 관찰이 제대로 이루어지지 않은 점, 위구르족의 생애 주기적 의식에 들어 있는 이슬람적 요소 중 국가가 '극단주의'적 영향을 준다고 간주하는 것을 제대로 조사하지 않은 점 등을 이유로 96명의 간부가 처벌을 받았는데 이들은 모두 위구르족으로 알려졌다.[33]

위구르족 고위 간부들이 공개적으로 글을 올려 중국에 대한 충성을 선언하는 한편, 소위 '테러리스트'를 뿌리 뽑고 그러한 일을 할 책임이 있는 이들이 자신의 의무에 태만하지 않을 것을 지역 주민들에게 촉구하는 '공개서한' 릴레이가 시작된 것도 같은 시기다.[34] 그러한 공개서한을 내놓은 카슈가르의 한 위구르족 공산당 고위 간부는 "우리는 '두 얼굴을 가진' 이들이 드러나도록 하여, 인민 가운데 숨어 있는 악질분자들을 철저하게 골라내 제거해야 한다"고 역설했다.[35] 돌이켜보면, 이러한 캠페인은 중국에 반대하는 위구르족들과의 싸움에 진지하게 나서지 않는 '두 얼굴'의 간부들을 식별하여 처벌하기 위한 더 거시적인 정책의 출발점이었던 것으로 보인다. 따라서 이 시점부터는 중국공산당에 충성하거나 치안기관에서 일하는, 혹은 공산당원인 위구르족마저도 국가에 충성하지 않고 '테러리즘 위협'을 조장하는 잠재적인 반체제 인사로서 조사받는 처지가 되었다. 돌이켜보면, 이는 '테러리즘 위협'에 대한 중국의 생명정치적 해석에 있어서 하나의 전환점이 되었다. 중국은 '극단주의'가 이미 위구르족 전체에 암처럼 전이되어 '감염'되어 있는 상태라고 평가한 것이다.

지역 내 한족 주민들을 안심시키려는 듯, 카라카슈와 구마에서 일어난 폭력 사태를 계기로, 인민해방군은 2017년 1월과 2월 두 차례에 걸쳐 대규모 열병식과 '대테러' 훈련을 실시하여 중국의 군사 역량을 보여주었다. 2016년 12월 카라카슈의 공산당 본부가 트럭 폭탄 공격을 받은 지 일주일 후 우루무치에서 천취안궈를 포함한 고위 간부들이 참석한 가운데 첫 번째 열병식이 거행되었다.[36] '테러리스트'와 직접 싸우게 될 전투부대와 폭동 진압에 투입될 장갑 차량, 그리고 도시에서의 '대테러' 전술이 이 열병식에서 선을 보였다.[37] 구마에서 폭력 사태가 일어난 이틀 후에도 유사한 행사가 개최되어 수천 명의 무장 병력이 호탄 거리를 행진했다.[38] 여전히 주민의 90퍼센트가 위구르족인 이 지역으로서는 특히 깊은 인상을 준 무력 시위였다. 2017년 봄의 남은 기간 동안에도 비슷한 열병식과 군사 전람회가 위력을 과시하는 카니발인 양 위구르 지역 전역의 주요 도시들을 옮겨가며 개최되었다.[39]

이 시기에 벌어지고 있던 '두 얼굴의' 위구르족 간부들에 대한 처벌이라는 맥락에서 본다면, 이와 같은 열병식은 지방의 위구르족 간부 및 공안을 신뢰할 수 없더라도 중앙정부는 위구르족의 저항이라는 위협을 근절하는 데 필요한 어떠한 수단이라도 동원할 준비가 되어 있다는 메시지를 한족 주민들에게 전하는 것으로 해석해도 무방할 것이다. 신장위구르자치구 공산당의 2인자 주하이룬朱海侖이 호탄에서 열린 행사에서 "지속적인 경계와 고강도 억지로 테러리스트들은 궁지에 몰려 자포자기한 짐승처럼 막다른 길목으로 내몰렸다"고 언급한 것은 바로 이 메시지를 강조하기 위함이었다.[40] 하지만 '막다른 길목'에 내몰렸다는 그의 표현은 위구르족에 대해 쓰는 것이 더 적절할 것이다.

위구르 지역을 관할하는 공산당 당국이 3월에 탈극단화조례新疆維吾爾自治區去極端化條例를 새로이 승인한 것은 체계적인 문화적 말살이 임박했음을 예고하는 또 다른 징후였다. 전체적으로 이 조례는 반테러리즘법 및 종교사무조례에 규정된 사항들을 더 명확하게 한 것으로, '극단주의'와 '극단주의'적 행위의 개념을 더 분명하게 제시하고 있다. 탈극단화조례에는 '극단주의'적 행위를 보여주는 15가지의 징후가 열거되어 있는데, 여기에는 하람Haram*으로 금지된 특정 음식의 섭취를 기피하는 행위, 종교 행사에 어떠한 의식이 적절한지 조언하는 행위, 다른 민족 혹은 다른 신앙을 가진 이들과 결혼하거나 어울려 사는 것을 막는 행위, 그리고 신앙을 가지도록 설득하는 행위 등 제대로 된 종교 생활을 하도록 타인에게 하는 사실상 모든 충고나 조언이 포함된다.[41] 이에 더하여, 다른 이들에게 종교를 장려하거나 권하는 데 이용될 수 있는 물건을 소유·공유·획득 또는 분배하는 행위, 아랍어에서 기원한 특정한 이름을 사용하는 행위, 그리고

---

* 이슬람 교리에서 법적·윤리적 이유로 금지하는 행위들.

'정돈되지 않은' 수염과 특정한 양식의 복식을 착용하는 행위도 '극단주의'적 행위로 열거되어 있다.[42] 한마디로, 탈극단화조례는 거의 모든 종교적 행위 및 국가가 명시적으로 인정하지 않은 종교 관련 정보를 소비하는 행위를 범죄로 규정하고 있다.

이와 같은 규제들 중 다수는 시골 지역, 특히 위구르 남부 지역에서는 '반테러 인민전쟁' 기간 동안 이미 시행되고 있었으나, 새로운 조례는 기존의 규제를 더욱 광범위하게 적용하는 한편 더욱 노골적인 흡수·통합 목적의 규제를 옹호하는 것이었다. 탈극단화조례 제4조는 "탈극단화는 종교 사업에 대한 당의 기본 방침을 고수하고, 종교를 더 **중국화**中國化하고 법치화한다는 방향성을 견지하는 한편, 종교가 사회주의 사회에 적응하도록 적극적으로 유도해야 한다"고 규정하고 있다.[43*] 또한 탈극단화조례는 국가가 '전체 사회적' 접근법을 채택하여, 삶의 어떤 영역에서든 '극단주의'로 (즉, 이슬람적인 것으로) 간주되는 것이라면 무엇이든 박멸할 것을 요구하고 있다. 제12조는 "연구 사업, 사회 조사, 학술 포럼 등을 통해 극단화를 촉진"한다고 해석될 수 있는 것이라면 무엇이든 그에 대한 학술적 연구를 범죄로 규정하고 있다.[44**] 이하 조문들도 마찬가지로, 상업, 공중보건, 교육, 통신, 미디어, 교통, 노동조합, 그리고 상상할 수 있는 사실상 모든 통치와 사회의 영역에서 어떻게 극단주의의 발현을 제거하고 '탈극단

---

* 去極端化應當堅持黨的宗教工作基本方針, 堅持宗教中國化, 法治化方向, 積極引導宗教與社會主義社會相適應.

** 去極端化應當堅持正確的政治方向和與論導向, 弘揚主旋律, 傳播正能量; 加强意識形態領域反滲透, 反分裂鬪爭, 禁止利用各種媒介宣揚極端化, 擾亂社會秩序. 禁止任何機構和個人借課題研究, 社會調查, 學術論壇等傳播, 宣揚極端化.

화'를 촉진할 것인지를 개략적으로 설명하고 있다. 이런 의미에서, 사회의 모든 영역과 모든 부문에서 모든 위구르족에 대한 감시가 이 새로운 '탈극단화' 활동에 포함된다는 점은 분명했다. 또한 탈극단화 조례는 대부분 종교에 초점을 맞추고 있지만, 이를 확대하여 적용하면 위구르 문화 자체는 물론, 특히 아동들을 종교적 사상에 접촉하게 하거나 위구르적 특성을 키워주는 양육 행위까지도 범죄로 규정하는 데 이용될 수 있다는 점에 주목할 필요가 있다.

하지만 가장 꺼림직한 부분은 대규모 인원을 구금한 상태에서 '재교육'하는 시스템이 조만간 정착될 수 있도록 기반을 놓은 제14조일 것이다. 이 제14조는 "탈극단화를 위해서는 교육전화敎育轉化(교육을 통한 개조) 공작을 잘해야 한다. 개별 교육과 집단 교육의 결합, 법치 교육과 멘토링의 결합, 사상 교육·심리 지도·행동 교정과 기능 훈련의 결합, 교육을 통한 개조와 인간적 배려의 결합을 실행함으로써 교육전화 공작의 효과를 증강"할 것을 규정하고 있다.[45]* 위구르 지역의 집단수용소 건설을 처음으로 폭로한 젠즈는 탈극단화조례에서도 특히 이 제14조가 이들 집단수용소를 건립하는 출발점이 되었다고 지적한다.

따라서 2017년 3월, 위구르 지역 전역에 세워질 집단수용소 중심의 건설 사업을 위해 1년 기한의 긴급 국가 조달 절차가 개시되었다.[46] 젠즈는 2016년 봄에서 2018년까지 높은 담장, 철조망, 감시 시스템 및 경비실 등 상당한 수준의 보안 기능을 갖춘 감옥 비슷한 획

---

* 去極端化應當作好教育轉化工作, 實行個別教育與集中教育相結合, 法治教育與幫教活動相結合, 思想教育, 心理輔導, 行爲矯正與技能培訓相結合, 教育轉化與人文關懷相結合, 增强教育轉化成效.

일적인 구조물들이 이 지역에 대규모로 건설되는 현상을 추적 연구했다.[47] 대규모 집단수용소를 건설하기로 한 중국공산당의 결정은 위구르족의 의식을 개조하기 위해 2014년부터 다양한 시도를 해왔던 이전의 소규모 '재교육' 프로그램의 경험에 기반한 것일 가능성이 높다. 젠즈는 2014년에서 2016년까지 '극단주의'에 대항하기 위해 실시했던 '재교육' 사업에 대해 지역 당이 주도하여 연구한 사례를 소개하는데, 지역 내 모든 시와 현에 '교육훈련센터를 통한 중앙집중적 변화'을 확립할 것을 권고한다는 것이 이 연구의 결론이었다.[48] 지역 당의 '재교육' 사업 연구의 결론으로 권고된 사항은 천취안궈의 지방정부가 2017년 중반까지는 하기로 결정했던 것과 정확히 일치하는데, 문화적 민족 말살의 공정工程(혹은 '과정', '절차')을 개시하는 것을 본질로 하는 이 권고 사항은 이후 위구르 지역의 상황을 극적으로 변화시키게 된다.

이후 중국은 이 지역 다른 토착 무슬림들의 그것과 함께 위구르족의 정체성을 파괴하고 이들을 강제로 한족 주도의 문화로 흡수·통합하기 위한 체계적인 캠페인에 착수했다. 민족 정체성에 대한 이 체계적인 공격에서 헤드라인을 장식하는 부분은 대규모 집단수용소의 네트워크로, 이는 과거의 민족 말살 사례들을 연상시키지만 문화적 파괴를 촉진하는 각종 정책과 조치의 복합체에서는 일부분일 뿐이다. '재교육'을 위한 집단수용소 외에도 지역 주민들을 감시하고 평가하는 종합적인 시스템은 물론 문제 있는 주민들을 투옥하는 다양한 방식들이 이 흡수·통합 캠페인을 위한 각종 정책과 조치에 포함되는 것이다. 이러한 제도들이 서로 결합하여 위구르족 공동체의 사회적 자본을 해체하고 위구르족 개개인의 정신을 파괴하면서 공포와 연좌제가 이들을 완전히 지배하는 환경을 조성한다. 정신의 파괴와 공포를 조장하는 제도들이 서로 결합한 이 시스템이 위구르족들의 모든 형태의 저항을 무력화시키는 가운데, 중국은 위구르족의 언어와 공동체를 파괴하고 문화적 기념물과 전통을 말살하는 과정을 통해 위구르 지역에서 위구르족 특유의 문화적 특성을 지워 나가는 작업도 꾸준히 하고 있다. 그리고 지워지고 있는 이들 위구르 문화의 흔적을 대신하여, 중국은 문화적으로나 외견상으로나 중국적 색채가 뚜렷이 드러나도록 지역의 외관과 분위기를 조성하고 있다. 이와 동시에 위구르족이라는 집단적 정체성을 깨뜨리는 것을 목표로 강제적인 동화 정책, 합숙시설 격리 아래에 강제노동, 그리고 다른 민족과의 강압적 통혼을 정책적으로 밀어붙이고 있다. 요컨대, 정신을 파괴하고 공포를 심어주는 제도들이 결합한 이 시스템은 위구르족의 문화와 정체성을 지우고 이를 한족이 중심이 되는 중국 문화와 정체성으로 대체하는 과정을 촉진하고 있는 것이다.

집단수용소와 감옥

언론 보도나 연구에 따르면, 위구르 지역에서 위구르족과 다른 토착 무슬림들을 대규모로 집단수용소에 구금하기 시작한 시점은 탈극단화조례가 발표된 직후인 2017년 4월에서 5월이다.[49] 하지만 구금 프로그램이 단순한 구금을 넘어서는 광범위한 분야를 다루고 있음을 인지한 외신은 '테러와의 전쟁'이 개시된 지 16년이 지난 2017년, 9·11 테러가 일어난 그 주에야 보도했다. 특히 종교적 성향이 강한 시골 지역의 몇몇 위구르족이나 받던 '재교육' 처분이 대규모 주민 집단에도 적용될 수 있는 거대 현상mass phenomenon으로 변화했음을 알려주는 보도가 『글로브 앤드 메일Globe and Mail』, 휴먼라이츠워치, 자유아시아방송을 통해 3일 연속으로 나왔다.[50]

휴먼라이츠워치는 '대테러훈련센터反恐訓練中心'부터 '교육훈련센터教育培訓中心'까지 다양한 명칭을 가진 '재교육' 목적의 수용소가 위구르 지역 전역에서 우후죽순처럼 생겨났다고 전하며, 자신의 친척이 수감된 이유와 석방 일시에 대한 정보도 없이 몇 개월간 실종 상태에 있다고 이 단체에 제보한 위구르족 가족들의 사연을 보도했다.[51] 또한 이러한 훈련센터들은 용도를 변경한 기존의 공공건물에 새로운 건축물을 덧붙인 것이라고 했다.[52] 시골의 당기관 및 공안과 접촉하는 데 성공한 휴먼라이츠워치는 이들 훈련센터에 들어오는 이들의 규모가 시골임을 감안하면 상당한 수준이라고 지적했다.[53] 이 단체의 취재에 응한 아크토의 한 여성 공안원에 따르면, "휴대폰 유심칩을 버리거나 등록한 후 휴대폰을 사용하지 않은 사람들, 수감된 전력이 있는 사람들, 블랙리스트에 오른 사람들, 종교적으로 근본주의적 성향을 가진 것으로 '의심되는 사람들', 그리고 해외에 친척이 있는 사람들 등 다섯 가지 유형에 해당하는 이들이 훈련 캠프로 보내진다"고 한다.[54]

이 대규모 집단수용소 구금 프로그램이 시작된 2017년 봄부터 이 소식이 외신을 탄 9월까지의 몇 개월 동안 이들 시설의 개보수 및 신축을 위해 조달된 재원은, 젠즈에 따르면 최소한 8억 6천만 위안 또는 1억 2600만 달러에 달하는 것으로 추정하고 있다.[55] 2018년 봄에는 캐나다에서 법학을 전공하는 한족 출신 중국인 유학생이 구글 어스의 위성사진을 이용하여 위구르 지역 전역에 재교육을 위한 새로운 집단수용소 94개소가 건설되었음을 밝히고, 그 명단을 정리했다.[56] 젠즈가 계산한 바에 따르면 2018년 봄까지 이들 집단수용소에 구금된 인원은 약 100만 명에 달하는데, 이는 위구르 지역에 거주하는 20세에서 79세 사이의 위구르족 및 카자흐인 11.5퍼센트와 맞먹는 규모라 한다.[57] 이 수치가 정확하다면 이 지역의 위구르족 및 다른 토착 무슬림 주민들에 대한 대규모 구금은 역사적으로 특정 인종 혹은 민족을 대상으로 단기간에 자행된 가장 큰 규모의 초법적인 구금 사례 중 하나가 되는 것이다.

이들 집단수용소가 해외에 노출되고 있던 2018년 내내 중국은 그 존재를 계속 부정했다.[58] 하지만 특히 이 프로그램을 위해 신축한 거의 100개에 달하는 거대한 감옥 같은 구조물까지 감안한다면, 특정한 민족 집단을 대상으로 취한 그 정도로 대대적인 규모의 조치를 비밀에 부치는 것은 불가능한 일이었다. 또한 2018년 5월, AP통신은 집단수용소에 수감되었다가 갖은 방법을 통해 카자흐스탄으로 탈출한 위구르족 및 카자흐인 몇몇과 인터뷰할 수 있었다.[59] 이 인터뷰는 집단수용소 내부의 생활상을 직접 경험한 이들이 들려준 최초의 목격담으로, 그 내용은 매우 충격적이었다. 이처럼 관련 증거가 쌓여가는 가운데, 2018년 10월 중국 정부는 결국 집단수용소의 존재를 인정했지만 이 시설들은 소위 '극단주의자들'을 재활시키기 위해 선의로 설치한 '직업훈련센터'*라 주장했다.[60] 중국은 2017년부터 이들

---

* 실제로 중국 당국은 집단수용소를 공식적으로 '職業技能教育培訓中心'이라 지칭한다.

집단수용소에 억류 중인 수련생과 직원 들에게 해외 언론 매체 및 학자 들에게 공개적으로 발언할 기회를 주고 있다. 하지만 집단수용소 생활에 대한 그들의 진술은 이러한 시설들이 선의로 만들어진 직업학교가 아니라 민족을 기준으로 프로파일링된 주민들을 대상으로 하는 대규모 집단수용소이며, 구금된 위구르족 및 다른 토착 무슬림들의 민족적 정체성을 제거하려는 목적으로 세워진 것임을 시사한다.

집단수용소 생활

이들 집단수용소에 구금되는 대상자나 내부의 여건은 수용소마다 제각각으로 균일하지 않으며, 이를 뒷받침하는 증거도 있다. 특히, 목록상의 분류 기준만으로 사람들을 집단수용소에 보내는 것이 아니라는 점은 여러 차례 보도되었으며, 집단수용소로 보내야 할 할당량이 정해져 각 지방정부에 내려간다는 확고한 증거가 있다. 예를 들어, 굴자 인근의 한 마을을 담당하는 관리는 2018년 3월 자유아시아방송과의 인터뷰에서 그가 속한 지방정부는 '재교육' 캠프로 보낼 인원으로 지역 주민의 최소 10퍼센트를 확보하라는 임무가 내려왔음을 확인해주었다.[61] 즉, 당 간부들은 정해져 내려온 할당량에 맞추어 자신의 업무 현장에서 소위 '극단주의자'를 뽑아내야 하므로 누군가를 구금 대상으로 분류하는 기준은 지역에 따라 달랐다. '극단주의적 행위'에 대한 개념 정의가 매우 포괄적인 점을 감안한다면, 누구를 집단수용소로 보낼 것인지 결정하는 데에 상당한 재량이 관료들에게 주어져 있는 것이다. 『포린 폴리시*Foreign Policy*』는 별별 터무니없는 이유로 위구르족들이 집단수용소로 보내지고 있음을 부각하기 위해 2018년 「중국의 강제수용소로 끌려가는 48가지 방법」이라는 기사를 게재했다. 기사에 따르면, 텐트를 소유하거나 욕설을 하지 말라고 타인에게 말하거나 흡연이나 음주를 거부하는 행위 같은 '수상한 행동'도 이 황당한 수용소행의 이유가 되고 있다.[62] 구금되는 이유가 각기 다르듯이, 여러 집단수용소의 여건 역시 각양각색이다. 어떤 곳은 새로 지은 건물인 반면에 기존 건물을 용도를 바꾸어 이용하는 곳도 있고, 수용 인원 적체가 심각한 곳이 있는가 하면 그렇지 않은 곳들도 있을 것이다. 하지만 어떤 집단수용소에서도 그렇듯이, 내부의 여건을 결정하는 가장 중요한 요소는 그 책임자와 직원들의 성향이다. 중국이 대외 홍보를 위해 선전용으로 꾸며 놓은 수용소들을 선별적으로 허용하는 시찰 외에는 이들 집단수용소에 대한 외부인의 접근이 현실적으로 불가능하므로, 어떤 수용소가 가장 억압적인지 등 세세한 사항들은 아직 밝혀지지 않고 있다.

하지만 구금되어 있는 인원들이 하는 활동 측면에서 본다면 전체적으로 어느 정도 균일성이 있는 것으로 보인다. 집단수용소 생활에 대해 증언한 이들 대부분은 집중적인 중국어 훈련 및 몇 시간에 걸친 '정치 교육'이 포함되어 있는 교육체계를 공통적으로 언급하고 있다.[63] 물론, 얼핏 보아도 알 수 있겠지만, 이 두 개 과목을 커리큘럼에 집어넣은 의도에 어떤 선의 혹은 그 비슷한 것이 깔려 있지는 않다. 예를 들어, 중국어 교사들의 진술은 그들의 수업이 교육적 효과보다는 권력이나 위협적 효과에 더 관심을 둔 것임을 시사한다.[64] 한 교사는 자신은 학생들과 분리되어 철창 뒤에서 수업을 했으며 학생들은 4시간 수업 내내 똑바로 앉아 전심전력을 다해 집중해야 했다고 말한다.[65] 만약 학생들이 움직이거나 졸거나 몸을 배배 꼬면 도처에 설치된 CCTV 카메라가 그 움직임을 포착하고, CCTV로 수업을 감시하는 직원은 확성기를 통해 집중해서 바르게 앉아 있으라는 경고 방송을 한다. 지시를 따르지 않은 학생은 남은 수업 시간 내내 서 있거나 교실에서 쫓겨나 훨씬 더 심한 처벌을 받게 된다. 게다가 이 교사에 따르면 수업을 듣는 학생들의 중국어 수준은 천차만별로, 교사보다 나은 학생이 있는가 하면 중국어를 전혀 배운 적이 없는 학생도 섞여 있다고 한다. 이와 같은 점은 집단수용소의 중국어 수업에는 교육을 위한 목적보다는, 중국어가 위구르어보다 우월하다는 사고를 강력하게 주입하려는 의도가 있음을 암시한다.

중국어 수업 이상은 아니더라도 최소한 그만큼 괴로운 것이 정치 학습이다. 중국공산당의 위대함을 선전하는 영상물과 강의에 몇 시간을 시달린 후 수용자들은 자아비판에 참여하도록 강요받는다. 집단수용소에 구금된 채 중국어를 가르치기도 했던 카자흐계 중국인 사이라굴 사위트바이*는 "학생들은 자신의 죄가 무엇인지 생각해야 했다. 종교적 관습을 지키는 것, 중국어 혹은 중국 문화에 대해 무지한 것에서부터 부도덕한 행위에 이르기까지 거의 모든 것이 죄로 간주될 수 있었다. 충분히 심각한 죄목을 떠올리지 못하거나 내놓지 않은 사람들은 처벌을 받았다"고 증언했다.[67] 카자흐스탄으로 탈출한 또 다른 집단수용소 경험자 오마르 베칼리는 반복적으로 선전 구호를 외치도록 하는 이 수업은 시간이 지날수록 심리적 고문 비슷하게 흘러간다고 지적한다.[68]

중국어 수업과 정치 학습이 심리적으로 고통을 주는 정도라면, 교

---

* 집단수용소에 수감된 카자흐인들에게 중국어를 가르치며 수용자들이 학대 당하는 것을 목격했다. 2018년 중국을 탈출하여 해외 미디어에 위구르 지역에 있는 집단수용소의 존재를 알렸다. 카자흐스탄을 거쳐 2019년 6월 스웨덴으로 망명했다.

실 밖 생활은 훨씬 더 심각하게 정신을 파괴하는 경험이었다. 구금된 수용자들은 모국어로 말하는 것뿐만 아니라, 교실 밖에서 서로 교류하거나 말을 거는 것조차 허용되지 않는다. 특히 규모가 큰 집단수용소의 교도관이었다는 사람의 증언에 따르면, 수용자들은 그곳에 머무는 내내 어떤 감정을 드러내는 것도 허용되지 않았다고 한다.[69] 이러한 가혹한 규칙을 실행하기 위해 도처에 설치된 CCTV 카메라가 전방위적으로 감시를 한다. 화장실은 숙소 방에 개방된 형태로 설치되어 있다고 하는데, 숙소 방에 있는 화장실 대신 양동이를 사용해야 했다고 증언한 이들도 몇 있다.[70] 이들이 배급받는 식량은 최소한의 분량으로, 운 좋게 석방된 이들 대부분이 수척한 모습인 이유를 설명하는 부분이다. 이러한 여건 아래에서 자살 사고가 만연하여, 수용자들은 친척들을 통해 '자살 방지' 복장을 구해서 입으라는 요구를 종종 받기도 한다.[71]

집단수용소 생활을 경험한 이들 대부분의 목격담에서 발견되는 더 수수께끼 같은 이야기들 중 하나는 수용자들이 의무적으로 약물을 투여받고 있다는 것이다. 한 전직 교도관은 청년층부터 중년층까지 모든 수용자가 독감과 다른 질병을 예방한다는 명목으로 매달 알 수 없는 주사를 강제로 맞고 있다고 언급하고 있다.[72] 이러한 관행적 접종에 대해 증언한 수용자들 중에서 이 접종의 목적에 대한 당국의 설명을 믿는 이는 아무도 없다. 수용자들에게 투여되는 약물이 모두 같은 것인지, 아니면 각기 다른 약물인지는 분명치 않다. 몇몇 여성 수용자는 이 약물로 인해 월경이 중단되더니 결국 불임이 되었다고 말했다.[73] 그 약물 때문에 인지 능력을 잃었다고 하는 이들도 있었다.

누구나 예상할 수 있듯이, 집단수용소에서 벌어지는 일들과 관련하여 가장 충격적인 이야기는 고문과 학대에 대한 것들이다. 정도의 차이가 있기는 하지만 구금된 적이 있는 이들이 증언하는 이야기의 대부분은 자신이 경험했거나 목격한 고문에 대한 것이다. 많은 이들이 자신이 수용되었던 집단수용소에 전용 고문실이 있었다고 증언하는데, 손목과 발목을 고정시키는 '호랑이 의자'를 가지고 다양한 방식의 고문을 한다는 이야기가 숱하게 전해지고 있다.[74] 미흐리굴 투르순* 같은 이들은 여러 차례 전기 고문을 당했다고 증언하고 있다.[75] 전체적으로 보면 고문은 이들 집단수용소 어디에서나 횡행했던 것으로 보이지만, 그 잔혹성의 수위는 수용소에 따라 달랐던 것 같다. 최근에는 여성 수용자들도 나서서 교도관들로부터 성적 학대나 강간당한 끔찍한 이야기들을 들려주고 있다.[76] 이러한 성적 학대를 국가가 알고도 용납했을 가능성은 별로 없어 보이지만, 최소한 일부 교도관들은 암묵적으로 허용하는 것으로 보인다. 이들 집단수용소의 규모와 교도관들에게 확실하게 주어진 권한을 감안한다면, 그런 사건들은 고질적으로 일어나는 것일 가능성이 높다.

집단수용소를 경험한 이들의 진술에서 공통되는 것 중 하나는 그 안에서 그들은 자신의 정체성과 민족성으로 인하여 의도적으로 표적이 되었다고 느낀다는 점이다. 집단수용소 안에서 받는 재교육의

---

* 이집트 유학 중 결혼하여 자녀를 낳고 이집트에 정착했던 위구르족 여성이다. 2015년 고향을 방문한 뒤 집단수용소에 구금되었는데, 풀려났다가 2017년과 2018년 다시 구금되었다. 2018년 9월 미국으로 이민을 갔으며, 같은 해 11월 미국 의회(하원)와 내셔널프레스클럽에서 집단수용소에서 겪은 고문과 인권유린 실태를 폭로했다.

내용과 심리적 고문 및 육체적 굴욕은 수용자들을 그러한 상태로 몰아가게 된다. 이러한 점은 중국어에 대한 사전 지식이 별로 없이 8개월 동안 집단수용소에 수감된 한 카자흐스탄인도 분명하게 느꼈던 것이다. 그는 재교육의 내용 중 많은 부분을 이해하지 못한 점을 인정하면서도, "내가 그 수업을 통해 얻은 것은, 그들이 원하는 것은 우리에게서 민족성과 정체성을 지워서 중국인으로 만드는 것이라는 점이다"라고 지적한다.[77]

집단수용소의 직원으로 근무하는 이들 중 위구르족이나 다른 토착 무슬림 집단 출신이 다수 있다는 점은 그러한 맥락에서 주목할 만하다. 집단수용소에서 교사로 일했던 이들은 자신의 직무 자체가 일종의 처벌로 여겨졌다고 진술한다. 사위트바이는 자신은 강제로 거기에 보내진 것이라 주장하고, 집단수용소에서 교사로 일했던 또 다른 사람은 자신이 재직하던 학교의 책임자가 업무 성과가 떨어지는 교사들은 집단수용소에서 근무하도록 조치하겠다고 위협했다고 증언했다. 하지만 집단수용소에서 근무하던 위구르족 및 다른 무슬림 교도관들과 CCTV 감시원의 대부분은 자신의 자유의지로 직업을 택했으며 후한 보수를 받았을 것이다. 토착 주민 출신 직원들 중 일부는 자신이 휘두르는 권력을 가학적으로 즐기는 부류일 가능성이 높은데, 진위 여부가 검증되지는 않았지만 카자흐인 CCTV 감시원이 보낸 것으로 추정되는 편지 한 통이 빛을 보면서 그곳에서의 업무가 거의 모든 근무자까지는 아니더라도 많은 이들에게 정신적으로 고통을 주고 있다는 점이 드러났다.[78] 그는 혐오감에 치를 떨며 편지에 자신이 목격한 성적 학대와 강간의 충격적인 증거를 적어 놓았고, 어떤 실수를 하거나 재소자의 규정 위반에 대한 보고를 거부

할 경우 그 자신도 구금될 수 있다는 위협을 빈번하게 받았다고 언급했다.[79]

수용소 구금에서 강제 노역으로

최근 연구에 따르면, 중국이 '재교육' 캠프라고 주장하는 집단 수용소와 새로 구축된 강제노역센터를 통합하려는 시도는 늦어도 2018년에는 시작된 것으로 보인다. 이러한 움직임은 시골의 위구르족 농부와 카자흐인 목부牧夫들을 단기간의 '재교육'을 거쳐 공장 노동자로 전환한다는 내용의 또 다른 국가 주도 프로그램과도 관련되어 있다. 이들 프로그램은 위구르족의 정체성과 위구르 지역, 특히 여전히 위구르족이 다수를 차지하는 위구르 남부 지역을 개조하는 보다 전체적인 계획은 물론, 2017년 이후 대규모 집단수용소로 보내진 이들 중 일부를 사회에 복귀시키기 위한 중국 정부의 계획을 이해하는 데에도 통찰력을 줄 수 있을 것이다.

젠즈의 조사에 따르면 2019년부터 다수의 집단수용소에서 자신의 구역 안에 공장 부지를 마련하고 기업들, 특히 섬유업계 기업들이 공장을 지어서 운영할 수 있도록 허용했다. 이들 기업은 수용자들을 노동자로 고용하는 대가로 국가의 다양한 보조 혜택을 받는다. 공장 부지 임대료의 경우 2년 동안은 무료이며 그 이후는 시장가격의 절반만 내면 되고, 과거 수용자였다가 풀려난 이들을 노동자로 채용할 경우 이들의 임금을 국가보조금으로 받으며 그 외 다양한 특혜를 받는다.[80] 이 공장에서 일하는 노동자들은 재교육 캠프의 '졸업생'으로, 유창한 중국어 실력과 정치적 교양이 철저하게 구비되어 있다고 판정받은 이들일 것으로 추정된다. 이들 노동자 중 일부는 주말에는 귀가할 수 있고, 나중에 고향 인근의 '위성공장衛星工場'*으로 옮기는 것도 허용된다.[81] 이것이 중국이 '재교육' 시스템을 통해 구축하려는 최종 단계일 수도 있겠지만, 재교육 시스템이 장기적으로 지속될 수 있도록 하는 것이자 충분히 '재교육된' 위구르족 및 토착 무슬림에게 맞춤형 저임금 일자리를 제공함으로써 재교육 시스템을 정착형 식민 지배에 통합시키는 수단이기도 하다. 한편, 집단수용소에서 석방된 이들과 위구르 남부 지역의 위구르족 청년들이 주요 다국적기업들에 납품하는 부품이나 상품을 생산하는 중국 본토의 공장으로 보내지고 있다는 증거를 담은 보고서들이 이 책을 집필하고 있는 중에도 나오고 있다. 이와 같은 정책은 위구르 남부 지역의 토착 주민들을 감소시킴으로써 중국이 추진하는 정착형 식민 지배 강화에 직접적으로 영향을 주는 것이다.[82]

'재교육' 캠프, 다시 말해 집단수용소와 강제노역센터를 통합한 이 시스템은 위구르족을 대상으로 한 대규모 구금을 비판하는 국제사회의 여론에 대항하는 선전 도구로도 활용된다. 예를 들어 앞에서 언급된 몇몇 집단수용소의 경우 2019년에 들어서, 최종적으로는 수용자들을 집단수용소 인근의 공장이나 위구르 지역 내의 다른 곳, 심지어는 중국 본토의 공장에서 필요로 하는 노동 기술을 가르치는

---

* 중국은 소수민족, 특히 중국 본토로 보내기 어려운 농촌의 여성 인력을 현지에서 활용함으로써 '1가구 1취업'을 실현하고, 빈곤을 퇴치한다는 명목으로 '중심공장-위성공장'이라는 경영관리 모델을 만들었다. 방직·의류 등 노동집약적 산업을 대상으로 하는데, 중심공장은 노동자 교육, 표준의 통일, 원료의 일괄 배송, 완제품의 일괄 회수 및 가공비 지불을 담당하고, 시골 및 지역사회에 있는 위성공장은 배송받은 원료로 완제품을 제조했다. 대만에서는 수평 분업 모델이라 하여 자사는 핵심 부품만 개발하고 생산은 타사에 위탁하는 방식인데, 생산을 담당하는 공장이 위성공장에 해당된다.

것으로 그 설립 목적과 교육과정이 변경된 듯하다. 2019년 여름 수용자들이 공장 일을 하고 직업훈련을 받는 모습을 여러 해외 언론을 통해 선전했던 '모델' 수용소들이 아마도 그러한 경우일 것이다.[83] 또한 젠즈의 지적대로, 이들 공장 중 일부는 수용자와 일반인이 함께 일하는 생산 단위로 운영되어 대규모 구금이 시행되는 모습을 은폐하는 데 도움이 되는 것이다.

젠즈와 다른 연구자들은 '잉여 농촌 인력'을 공장에 공급하는 내용의 다른 관련 프로그램도 몇 개 찾아냈는데, 이들 프로그램은 앞의 것과 비슷하거나 어쩌면 훨씬 더 충격적일 수도 있다. 그중 하나는 전직 농부들을 대상으로, 원래의 '재교육' 프로그램 수업 외에, 공장 노동을 위한 기술을 훈련시켜 위구르 지역 곳곳의 집단수용소 인근 및 산업단지 내에 건설되고 있는 새로운 공장에 배치한다는 것이다.[84] 훈련이 실시되는 양태는 지역마다 다르겠지만, 카슈가르의 경우 중국어 및 정치 학습에 중점을 두고 국가가 주관하는 최소 1개월 이상의 중앙집중식 훈련 과정이 포함된다.[85] 여러 측면에서 이 프로그램은 '유사類似 재교육' 정도의 것으로 볼 수 있는데, 이 프로그램을 거친 이들은 공장에 배치받아 집단수용소에서 풀려난 이들과 섞여서 일하게 된다. 중국은 이들 프로그램을 '산업화 기반을 통한 빈곤 구제'라 묘사하지만, 젠즈가 지적하는 바와 같이, 실제로는 중국어 사용을 강요받고 한족 감독관들의 지시를 따라야 하는 공장으로 다수의 시골 주민을 몰아넣어 격리하는 기능을 효과적으로 수행하는 것이다.[86]

2020년 3월 오스트레일리아에서 발간된 보고서에는 2017년부터 시행되어온 것으로 확인된 강제노동 관련 프로그램이 소개되어 있는데, 나이키와 애플 등 유수의 다국적기업들에 상품과 부품을 공급하는 중국 본토의 대형 공장으로 집단수용소에서 풀려난 이들과 위구르족 청년들을 보내, 격리된 작업 단위에서 삼엄한 감시 아래에 근무시키는 것이다. 이 보고서에 따르면 대부분 위구르 남부 지역의 시골 출신인 최소한 8만 명의 위구르족 청년이 2017년부터 이 프로그램을 통해 중국 본토로 보내졌는데 이들은 근무 시간이 끝난 후에도 몇 시간에 걸쳐 '재교육'을 받으며 이동에도 제한을 받는다. 이 책이 인쇄되는 시점에도 이 프로그램은 계속 확대되어 위구르족의 대규모 이향離鄕을 조장하고 있을 것이다.[87]

또 다른 프로그램은 시골 지역에 앞서 잠깐 언급한 소규모 '위성공장'을 건설하는 것인데, 이러한 공장들은 대개 한두 개 정도 마을을 대상으로 노동자를 구한다.[88] 이 프로그램은 이런 기회가 없다면 집에서 아이를 키워야 하므로 봉급 받는 일자리를 꺼렸을 수도 있을 여성을 주된 대상으로 삼아서, 한족과 중국어가 일상을 주도하는 공장 노동의 환경으로 이들을 흡수하고자 하는 것이다. 공장에 나가는 여성의 자녀들을 돌보기 위해 이들 '위성공장'은 자체적으로 탁아소를 운영하는데, 이 탁아소를 통한 육아는 아동들을 중국 사회에 맞추어 사회화시키는 한편 전업주부의 육아를 통해 이루어지는 문화적 관습의 세대 간 전달을 파괴한다.

위구르 지역과 중국 본토에서 이들 '잉여 농촌 인력' 프로그램 참여자를 어떻게 모집하는지는 알려져 있지 않지만, 위구르 지역의 현재 상황을 감안한다면 그러한 프로그램의 참여가 자발적인 것으로는 보이지 않는다. 가령, 이러한 노동 프로그램에 참여하라는 요구를 거부하는 행위는 집단수용소나 감옥으로 가는 편도 승차권을 우선적으로 받을 수 있는 잠재적인 이유가 될 것이라 추정할 수 있다.

젠즈가 지적한 바와 같이, 풀려난 수용자와 잉여 농촌 인력 및 전업주부들을 대상으로 하는 이와 같은 프로그램들은 정치적 성격을 공공연히 드러내면서 '빈곤 구제'라는 프레임으로 굳어지던 개발의 목표를 '안정의 유지' 및 '테러리즘 대응'이라는 목표와 결합시킨다. "위성공장은 직업훈련센터(즉, 재교육수용소) 안에 세워질 것이다. 테러리즘과 극단적 사고에 감염된 사람들이 이곳에서 국가의 공통 언어를 배우고 법을 공부하여 옳고 그름을 이해할 수 있게 될 것이다. 또한 기술을 배울 수 있으며 일을 할 수 있고 수입도 늘릴 수 있다"는 위구르 지역의 정치협상회의政治協商會議* 부주석의 발언은 이 점을 잘 보여주고 있다.[89] 위구르족 노동력을 중국 본토로 이전시키는 프로그램의 경우 '재교육' 과정을 포함하고 있다는 점에서 그 목적은 비슷하지만, 위구르 지역의 인구학적 구성의 변화를 촉진시킨다는 점에서 한족 정착민에 의한 식민화를 직접적으로 지원하는 성격을 띤다. 이러한 강압적 노동과 '재교육'을 위한 인프라의 상당한 부분이 늦어도 2010년부터는 이 지역의 개발과 식민화를 추동해온 '자매결연 프로그램'을 통해 들어오고 있다는 점을 감안한다면, 이들 프로그램 모두 국가사업에서 높은 우선순위에 있을 것이다. 이들 프로그램은 이런 방식으로 '대테러' 명목의 문화적 민족 말살에서 '민관 협력'을 통한 정착형 식민 지배로 일종의 전환이 이루어지고 있음을 보

---

* 공산당과 그 외 정당, 각 단체, 각 정계의 대표로 구성되는 중국의 정책 자문기구로 전국위원회와 지방위원회가 있다. 1954년 헌법에 따라 전국인민대표대회로 기능이 이관될 때까지 사실상 의회의 역할을 했으며, 1954년 이후 헌법에는 공식적으로 포함되지 않았으나 역할과 권한을 그대로 유지하고 있다.

여준다.

이러한 강압적인 노동 프로그램이 대규모 집단수용소와 자연스럽게 연결되는 양태는 위구르족을 대상으로 자행되는 대규모 구금과 투옥이 현재 진행 중인 위구르족 정체성의 파괴에서 실제로 수행하는 역할을 보여준다. 집단수용소에서 수용자들을 세뇌시키는 것이 진실로 위구르 문화를 강압적으로 근절하는 것 같지는 않지만, 구금 혹은 투옥될지 모른다는 두려움은 집단수용소 밖의 사람들이 중국이 위구르족을 흡수·통합하기 위해 설계한 각종 정책과 제도에 순응하도록 하는 데 상당한 동기를 부여하는 것이다. 시골에 사는 위구르족들을 대상으로 하는 공장 노동 프로그램과 관련하여 앞에서 언급했듯이, 흡수·통합을 위한 프로그램에 참여하기를 거부할 경우 국가로부터 '극단주의적' 성향을 지닌 것으로 의심받아 구금될 수도 있다는 암묵적인 위협이 언제 어디서나 존재한다는 점은 그러한 여러 프로그램에 '자발적으로' 참여하지 않으려는 위구르족들에게 강압적인 동기를 부여하는 것이다.

투옥

집단수용소 생활에 대한 이야기들이 끔직하기는 하지만 시설에 수용된 이들은 2017년 이후 사회에서 추방된 이들의 일부에 불과하며, 감옥에서 훨씬 더 잔인한 상황에 직면해 있는 다른 많은 위구르족도 있음을 주목해야 한다. 2017년 한 해 동안 위구르 지역에서는 8만 7천 명이 범죄 혐의로 유죄판결을 받았는데 이는 2016년에 비해 10배 증가한 수치이며, 2017년부터 2018년 사이에 이 지역에서 유죄판결을 받은 사람은 23만 명에 달한다.[90] 유죄판결을 받은 이들 모두가 위구르족이나 무슬림은 아니었고 이들 모두가 징역형을 받은 것도 아니었지만, 판결에 따라 투옥된 이들 중 가장 많은 사람들이 위구르족과 토착 무슬림일 것이다.

예를 들어, 대부분의 종교계 인사들은 물론 교수, 작가 및 음악가 등 위구르족 문화계 인사의 대부분이 '재교육' 처분보다는 실제로 징역형을 받은 것으로 보인다. 이들의 경우 위구르족의 문화와 정체성을 생산하고 유지하는 데 너무나 핵심적인 역할을 하므로 '재교육'에 투입할 경우 교육 환경 및 다른 수용자들에게 부정적 영향을 미칠 위험을 우려하지 않을 수 없는 부류로 간주되었을 것이다. 이에 더하여, 타인에게 영향을 미치는 행위도 대부분 범죄로 규정하는 2017년에 발표된 탈극단화조례의 논리를 따른다면, 문화계 및 종교계 인사들은 대부분의 위구르족들에게 부정적 영향을 미치는 주요 용의자가 될 것이다. 이러한 고위급 문화계·종교계 인사들 외에도, 지방정부 당국이 특히 '일탈적'이라 판정한 다른 많은 이들도 초법적으로 집단수용소에 구금되기보다는 체포된 후 장기의 징역형을 선고받을 가능성이 높다. 실제로 누군가를 감옥에 투옥할 것인지 아니면 집단수용소에 구금할 것인지를 구분하는 기준은 이들을 체포할 수 있는 국가의 능력과 그 지역에 있는 감옥의 물리적 공간에 따라 결정될 것이다.

'재교육'을 목적으로 하는 집단수용소 구금 처분과 징역형이 상호 배타적이지 않다는 증거도 있다. 집단수용소 내에서도 품행이 불량한 수용자들은 체포되어 감옥으로 보내질 수 있고, 형기를 마친 죄수가 '재교육'을 받기 위해 집단수용소로 보내질 수도 있다. 또한 중국이 위구르 지역에서의 대규모 구금을 은폐하기 위해 집단수용소로 보내는 구금과 투옥을 구분하는 기준이 모호한 점을 이용하고 있다는 증거도 있다. 이 지역에서 중국 본토의 감옥으로 많은 사람들이 이송되고 있다는 보도가 2018년 10월부터 이어지고 있다.[91] 이러한 보도의 대부분은 '재교육'을 위한 집단수용소에서 위구르 지역 밖의 감옥으로 이송되는 것에 대해 언급하는데, 이는 단지 위구르 지역 감옥이 과밀해서 이송하는 것이거나 점진적으로 주민들을 지역 밖으로 이동시키려는 좀 더 음험한 목적일 가능성 모두 있다.

집단수용소에 구금되는 것과 감옥에 수감되는 것 사이에 상당한 차이가 있을 수 있겠지만, 이 두 가지 형태의 처벌 중 하나라도 겪은 위구르족의 수는 천문학적이다. 이와 같은 사정은 그러한 운명을 겪지 않은 모든 이를 두려움에 떨게 했다. 가난한 농부부터 정부의 관료까지 위구르족 전체가 두려움을 느끼는 전례 없는 공포의 환경이 조성된 것이다. '잘못된' 말을 하거나 글을 쓰는 행위, 문제 있는 사람과 말을 섞는 행위, 문제의 소지가 있는 책을 소지하는 행위, 또는 문제 있는 가족의 일원이라는 사실은 누구든 집단수용소나 감옥으로 끌려갈 수 있는 이유가 된다. 그 결과, 행형行刑시설에 갇히지 않은 사람들은 당국의 환심을 사기 위해 할 수 있는 모든 일을 하게 된다. 집단수용소에 구금되거나 감옥에 투옥될 수 있다는 위협이 특히 위구르 지역 전역에서 시행되고 있는 광범위한 감시 및 평가 시스템과 결합되면 집단수용소 밖에서도 위구르족의 정체성을 파괴하는 가장 효과적인 도구가 될 수 있음이 이렇게 입증되었다.

집단수용소 밖의 감시 시스템과 '극단주의' 알고리듬

 앞에서 말한 바와 같이, 당국의 임의대로 구금되거나 투옥될 수 있다는 위협은 2017년 이후 행형시설 밖에 있는 사람들에게 공포의 분위기를 조성했다. 2018년 여름 현장 연구를 위해 위구르 지역을 방문한 필자의 동료들은 현지의 친구들과 '감시받지 않는 장소'에서 짧은 시간 환담할 수 있었고, 그 외에 잘 알지 못하는 이들과는 누구와도 실질적인 관계를 맺을 수 없음을 알게 되었다. 그 지역의 사람 모두가 상시적인 자기 검열 상태에 있던 것이다. 이러한 지속적인 공포감은 천취안궈가 성공적으로 이 지역 전역으로 확장해 놓은 정교한 감시 및 평가 시스템을 통해 더욱 강화된다. 도처에 깔린 이 감시 시스템은 버튼 하나로 모든 위구르족의 이동, 통신 내역, 생체 정보 및 이력을 추적할 수 있는 '야외의 원형감옥panopticon'*을 만들어 냈다. 2017년 봄 『가디언』에 보도된 것처럼, 위구르 지역은 '완벽한 경찰국가' 상태인 것이다.[92]

 집단수용소 밖 일상적인 외부 환경에서의 감시 시스템에서 가장 두드러지는 부분은 디스토피아적 공상과학소설에서 묘사하는 미래상이 연상되는 첨단 기술들이다. 지역의 전자 감시 네트워크에 사용

---

* 원형감옥은 제러미 벤담이 창안한 감옥의 건축양식으로, 원형 건축물 둘레에 감방을 배치하고 중앙에는 어두운 감시탑을 세워 간수는 수감자들을 쉽게 감시할 수 있지만 수감자들은 간수가 자신을 감시하는지 알 수 없다. 보이지 않는 곳에서 항상 자신을 감시하고 있을 시선을 내면화한 수감자들은 스스로를 감시하게 됨으로써 최소한의 비용으로 효율적이고도 지속적인 감시 통제가 가능하다. 최소 비용 최대 효과를 주장하는 공리주의자 벤담은 이러한 방식이 이상적인 사회의 모델이며, 이는 감옥뿐만 아니라 병원·학교·공장 등으로 확대될 수 있다고 보았다.

되는 정교한 장치들도 놀랍지만, 이 전자 감시 네트워크의 진정한 위력은 그 네트워크가 연합작전통합플랫폼과 통합됨으로써 발휘된다. 네트워크를 통해 수집된 정보는 연합작전통합플랫폼을 통해서 자동적으로, 감시 대상이 되는 개인이 국가가 '극단주의'로 간주하는 요인들에 노출된 정도를 평가하는 알고리듬algorithm*으로 입력된다.[93] 연합작전통합플랫폼을 통해 개인의 프로필을 여러 차례 검사받는 것은 2017년 이후로 위구르 지역 도시의 일상생활이 되었다. 공공장소 도처에 깔린 검문소에서는 신분증, 휴대전화, 홍채 인식, 안면 인식, 또는 이러한 방식들을 결합한 방식 중 어떤 형태로든 신분 확인을 요구한다. 확인해서 의심스러운 점이 발견되면 검문소의 공안에게 즉시 통지된다. 예를 들어, 2020년에 유출된 정부 문서에는 집단 수용소에 수감된 카라카슈 출신 311명에 대한 신상 정보가 상세히 기재되어 있는데, 그중 38명이 연합작전통합플랫폼에 의해 적발된 것으로 확인된다.[94] 검문소에 근무하는 공안에게는 개인의 휴대전화 내용을 확인할 수 있는 스캐너가 지급되므로 검문소에서는 연합작전통합플랫폼에 입력할 데이터를 추가적으로 더 수집할 수 있다. 최첨단 인공지능과 안면 인식 기술이 탑재된 CCTV 카메라는 거리에서 수상한 행동을 하는 이들을 식별함으로써 검문소에서 거두는 성과와 비등할 정도의 개가를 올리고 있다. 주방용품과 농기구 등 무기로 쓰일 수 있는 물품이라면 어떤 것에든 그 소유자에게 등록된 QR 코드가 새겨져 있으며, 이 QR 코드를 통해 연합작전통합플랫폼에 그 소유자의 프로필을 확인할 수 있다.

---

* 어떠한 문제를 해결하기 위해 정해진 일련의 단계적 절차나 방법, 처리 과정의 순서.

한마디로, 위구르족 개개인의 생활과 충성도가 상시적인 감시와 평가를 받는 것이다. 위구르 지역 도심의 거리를 감시하는 범위는 대규모 집단수용소에서의 그것과 거의 비슷한 정도로 광범위하다. 하지만 이와 같은 지속적인 감시를 그처럼 공포스럽게 만드는 것은 집단수용소에 구금되거나 체포될 수 있다는 위협이다. 2017년에서 2018년까지의 기간 대부분을 이 지역에서 지냈던 한 위구르족은 그러한 두려움 때문에 누구에게도 의례적인 환담이나 인사 외에 다른 말은 할 수 없었다고 증언한다. 항상 두려움에 떨며 살면서도 그들은 누구와도 이 문제에 대해 말할 수 없고 주변의 의심을 사지 않도록 다른 사람들과 함께 있을 때는 이 문제 때문에 격앙되거나 동요하는 모습을 보이지 않으려고 노력해야 한다. 마을의 주민위원회*에서 나온 이들이 빈번하게 방문하여 생활 습관에 대한 정보를 묻는 설문을 작성해달라고 요구하며 직장에서도 지속적으로 평가받는다는 증언이 나온다. 집단수용소로 끌고 가려고 기관원들이 들이닥칠까봐 매일 밤 두려움에 떨며 밤을 새우기도 한다. 그러한 두려움으로 인해 해외에 가족을 둔 이들 대부분은 2017년에 자신과 모든 연락을 끊으라고 하고, 해외의 가족과 연락을 유지하는 이들의 경우 날씨 이야기를 하면서도 다른 사람들의 안부를 알려주는 일종의 정교한 암호 체계를 사용한다.

시골에는 이러한 첨단 기술을 이용한 감시체계가 도시에 비해 덜 퍼져 있는데, 지역 주민들의 행적을 추적하는 수단으로서의 필요성

---

* 중국의 말단 주민 자치 조직으로, 도시 지역은 거민위원회(居民委員會), 비도시 지역은 촌민위원회(村民委員會)라 한다.

도 덜할 수 있기 때문이다. 2013년부터 농촌 지역, 특히 위구르 남부 지역으로 파견된 당 간부들이 각 가정을 직접 조사하여 행태를 보고하고 극단주의자 혹은 테러리스트가 될 가능성을 평가하고 있기 때문이다. 이 가정 조사 임무를 수행했던 한족 간부와 조사를 받았던 위구르족들을 모두 인터뷰한 바일러에 따르면, 이러한 유형의 상호작용(가정 조사)은 '당의 주민 생활 지원'이라는 프레임에도 불구하고, 실시하는 이나 받는 이 모두가 매우 긴장되는 것이었다고 한다.[95] 신장TV 보도에 따르면, 파견된 당 간부들은 2016년에서 2018년 사이에 위구르 농촌 지역 24만 가구를 방문하여 총 33만 건의 인터뷰를 진행했다고 한다.[96] 이 프로그램은 지역 치안기관에 요긴한 데이터를 제공했는데, 2018년 지방정부는 이 사업을 확대하여 100만 명 이상의 당 인력을 투입하고 이들이 장기간, 때로는 매달 1주일 정도는 조사 대상으로 할당받은 가정에서 함께 지내도록 했다.[97] 이 사업에 투입된 당 간부들은 할당받은 가정에게 스스로를 '친척'이라 칭하지만, 그 관계에 내재되어 있는 권력관계는 가부장적인 것에 훨씬 더 가깝다.

이 당 간부들은 선전 및 자료 수집을 같이 수행하는데, 가족의 습관과 성향에 대한 정보를 수집하는 동시에 그들에게 '올바른' 행동과 양육 방식도 지도한다. 이러한 측면에서, 이 가정 조사 프로그램은 감시 시스템의 일부이자 위구르 지역을 흡수·통합하려는 중국공산당의 의도를 노골적으로 드러내는 캠페인이다. 도처에 존재하는 비인격적인impersonal 전자적 감시로 인해 도시 지역의 위구르족들이 느끼는 공포감보다 더하지는 않더라도, 당 간부와 가정에서 함께 지내야 하는 데서 느끼는 두려움도 그에 못지는 않을 것이다. 그러한 가정 조사를 무수히 겪은 한 위구르족 청년과 인터뷰한 바일러의 말처럼, 잘못된 방식으로 행동하거나 잘못된 것을 말하는 행위가 집단수용소행이 될 수 있다는 상시적인 두려움이 깔려 있는 것이다. 따라서 이들 간부의 지시를 따르고 중국과 동화되려는 모습을 의식적으로라도 보여주는 것이 필수적인 태도가 되는 것이다.

위구르 지역의 도시와 마을 전역에 널리 퍼져 있는 이 감시체계의 힘은, 특히 집단수용소에 수용될 수 있다는 두려움과 결합할 경우 그 위력이 배가된다. 첫 번째로, 위구르족들에게 효과적으로 주입시켜 놓은 두려움은 이 민족 공동체 내부에서 불신을 싹트게 하고 그들의 정체성을 구성하는 데 중심을 차지하는 사회적 자본을 파괴한다. 생애 주기적 의식이든, 휴일 기념행사든 혹은 다른 사회적 모임이든 위구르 문화의 실체를 구성하는 사회적 집단행동에 자유롭게 참여하는 기회를 없애는 것이다. 두 번째로, 그 두려움은 지역 내 모든 위구르족이 흡수·통합을 목적으로 중국공산당이 주도하는 캠페인에 저항할 수 없게 만든다. 참여하지 않을 경우 당국의 이목을 끌 것이고 결국 집단수용소나 감옥행이 될 수 있기 때문에, 당이 추진하거나 추천하는 어떤 것이든 그것에 대한 참여는 본질적으로 자발적일 수가 없는 것이다.

단단히 결속된 석류 씨앗처럼: 위구르족 정체성의 말살과 대체

이러한 맥락에서, 중국은 우리에게 알려진 위구르 문화를 해체하기 위한 노골적인 흡수·통합 정책을 구애받지 않고 마음껏 실시했다고 할 수 있다. 이러한 정책의 대부분은 집단수용소로 대표되는 폭력적이고도 강제적인 조치나 주민들의 일상생활 깊숙이까지 감시·평가하는 시스템에 비해 교묘하고 포착하기가 더 어렵지만, 집단수용소와 감시 시스템이라는 더욱 무자비한 조치로부터 야기되는 위협이 이러한 정책들의 힘을 뒷받침한다. 흡수·통합 정책과 집단수용소 및 감시 시스템이 결합하여, 위구르족의 정체성을 파괴하고 이를 국가의 구미에 맞고 한족이 지배하는 사회와 조화를 이룰 수 있는 다른 것으로 대체하기 위한 체계적인 활동을 구성하는 것이다. 위구르 문화 자체에 소위 '극단주의'의 근원이 존재한다는 결론을 국가적 차원에서 처음으로 내린 2014년 이래로, 이러한 흡수·통합의 전략은 위구르 지역에서의 '대테러 정책 혹은 활동'을 위한 국가적 노력에 있어서 중국공산당의 우선순위에 있었다. 제2차 신장공작좌담회에서 시진핑이 말했듯이, '테러리즘'을 물리치기 위해서 당은 이 지역의 여러 민족 집단이 "석류 씨앗들처럼 서로 단단히 결속된像石榴籽那样緊緊抱" 한 덩어리가 되도록 상호 '왕래, 교류, 융합'을 촉진할 필요가 있었던 것이다.[98]

위구르족을 흡수·통합하겠다는 이 은유적 표현은 이후 당의 선전 선동에서 두드러지게 부각되었으나, 2017년까지 대부분의 위구르족은 그러한 석류 씨앗 뭉치의 일부로 흡수되는 것에 저항하고 있었다. 하지만 2017년 이후, 광범위한 감시망과 집단수용소 구금 조치의 위협 속에 저항은 소용없게 되었다. 위구르족을 흡수·통합하려는 이 강력한 캠페인은 실존하는 위협 요인으로부터 사회를 지키기 위한 '대테러 정책'이라는 프레임으로 포장되어 있으며, 이를 실행해 갈수록 철저한, 그리고 아마도 최종적인 단계의 정착형 식민 지배에 더 가까워지고 있다. 위구르 지역의 겉모습과 위구르족의 인적 지형 human terrain* 모두를 개조하는 것은 그러한 식민지화에 필연적으로 수반되는 작업이다.

위구르 지역의 외관 개조

경제성장을 촉진하기 위한 중국의 지역개발 정책은 수십 년 동안 위구르 지역의 겉모습을 계속 변화시켜왔어도, 위구르족이 고향에 자기 흔적을 남길 수 있는 공간은 항상 어느 정도 허용되었다. 하지만 2017년에 이르러서는 그러한 허용의 여지가 급격히 줄어들었으며 앞으로는 더 이상 용인되지 않을 것으로 보인다. 이 지역을 '일대일로' 프로젝트의 상업 중심지로 육성하려는 계획 때문이겠지만, '위구르적인 것Uyghurness'의 마지막 흔적까지도 없애야 할 긴요한 필요성이 있기 때문일 것이다. 종교적 유적 철거, 묘지 파괴, 위구르의 전통적 주택 구조와 전혀 무관한 새로운 주거지 건축 기준을 강제하는 것 등이 이러한 위구르 흔적 지우기에 해당한다.

이러한 정책의 대부분은 이슬람의 흔적을 제거하는 내용도 빠지지 않는데, 이는 위구르족의 정체성을 구성하는 종교적 영향 전반에 대한 중국의 공격과 궤를 같이하는 것이다. 이러한 위구르 흔적 지우기는 모스크 첨탑의 초승달 상징을 제거하는 것부터 시작하여 모스크의 용도를 바꾸더니, 결국은 대부분의 모스크를 파괴하는 것으로 끝이 났다. 『가디언』과 『벨링캣Bellingcat』이 위성사진을 이용해 공동

---

* 저자는 민족적 정체성을 구성하는 문화와 정신세계는 물론, 민족의 혈통까지도 파괴하여 위구르족 특유의 것을 말살시키려는 중국의 정책 지향을 '인적 지형의 개조'라 하고 있다.

으로 수행한 탐사 보도에 따르면 2016년 이후 최소한 31개의 모스크와 두 개의 이슬람 성지聖地가 일부 혹은 전부 파괴된 것으로 나타난다.[99] 하지만 위구르인권프로젝트가 최근에 내놓은 보고서에 따르면 같은 기간 동안에 부분적 혹은 전부 파괴된 성지의 수는 100개가 넘는다.[100] 보고서에 언급된 모스크와 성지 다수가 위성사진으로는 찾아내기 어려운 지역공동체의 소규모 건축물들이지만, 탐사 보도와 이 보고서는 오랜 역사를 가진 카길리크와 케리야의 주요 모스크들이 철거되었다는 것을 알려준다. 이들 모스크는 위구르족에게 종교적으로 중요하고 그들의 문화사文化史 일부로 여겨지며 그 도시나 마을의 위구르적 성격을 상징하는 것들이었다.

하지만 역사적으로 중요한 이런 모스크들을 파괴한 것보다 훨씬 더 우려스러운 것은 중국이 위구르족에게 각별한 의미를 가지는 수피즘 성인聖人들의 사당이 있는 중요한 순례지를 파괴했다는 보도다. 종교적 중요성 외에도, 주민들이 몰리는 중심지 외곽에 있는 이 순례지들은 위구르족의 정체성 및 그들과 지역을 묶어주는 연고 의식에 있어서 상당히 중요한 의미가 있기 때문이다. 이들 순례지가 위구르족에게 가지는 문화적 의미를 이해하기 위해서는 최소한 2017년부터는 집단수용소에 구금 혹은 투옥된 것으로 추정되는 위구르족 인류학자 라힐라 다우트Rahilä Dawut의 다음과 같은 평가를 참고할 만하다. "만약 누군가가 이들 사원을 없앤다면 위구르족은 그 지역과 자신이 연결되어 있다는 연고 의식을 상실할 것이다. 위구르족은 개인적·문화적, 그리고 정신적인 역사를 더 이상 갖지 못하게 되는 것이다. 그렇게 몇 년만 지나면 우리가 왜 여기에 사는 것인지 혹은 우리가 어디에 살고 있는지에 대한 기억을 잃어버릴 것이다."[101]

지방정부가 수피즘 성인들의 무덤을 훼손하는 것은 물론, 시신을 재매장하지도 않고 공동묘지 전체를 인정사정없이 통째로 들어내고 있다는 보도도 나오고 있다. 한 조사 보고서에 따르면 위구르 지역에서 완전히 파헤쳐진 위구르족 묘지가 30여 곳에 달하며 이들 장소에는 새로운 건설계획이 예정되어 있다. 이러한 당국의 활동은 위구르족 가족 구성원들의 기억을 훼손하는 것 외에도, 이 지역의 중국공산당이 위구르족과 이 지역을 연결하는 연고 의식을 끊어내는 또 다른 방식을 보여주는 것이다.

종교에 대한 통제를 넘어서, 시골 지역 특히 위구르 남부 지역의 위구르족 촌락들의 구조와 외관을 개조하는 데 이 지역의 공산당 집행부가 적극적으로 관여하고 있다는 증거도 있다. 현재 진행 중인 그로스의 연구는 지역 당 차원의 이러한 관여가 '새로운 기풍의 제창倡導新風尙', '새로운 분위기의 조성樹立新氣象', 그리고 '새로운 질서의 수립建立新秩序'을 내용으로 하는 '신장 3대 신활동新疆三新活動'을 활성화함으로써 위구르 마을을 개조하고자 하는 더 거시적인 정책의 일부분임을 보여준다.[102] 이 프로그램의 많은 부분이 농촌 지역의 위구르족들을 이념적으로 개조하는 데 초점을 맞추지만, '새로운 분위기의 조성' 부분은 위구르족 마을의 외관과 주거를 의식적으로 변화시켜 나가는 데 중점을 두고 있다. 그로스에 따르면, 위구르족의 주거에서 전통적인 위구르 건축 요소를 제거하고 이를 한족의 생활방식에서 차용한 소위 '현대적' 속성으로 대체하는 개조 작업이 이 '새로운 분위기의 조성'에 해당한다.[103] 이를 위해 주거에 가하는 다양한 변화 중에서도, 위구르족 가옥의 대부분에 설치된 마흐랍mahrab*을 제거하고 전통적인 구조물인 수파supa**를 철거하며, 전통 가구들, 특히 식탁을 '현대식'으로 교체하는 것이 정책적으로 강조되고 있다.[104] 전통 주거 개조에 관한 대부분은 외견상 정책 당국의 선의에 의한 양보일 수도 있겠으나, 건축양식의 변화는 주거 공간과 관련한 전통적 사고방식을 구성하게 한 위구르족의 의례 행위ritual behavior에 실질적이고도 직접적인 영향을 미치게 된다. '잉여 농촌 인력'을 공장으로 투입하는 프로그램과 연계하여 시행되는 이 정책은 위구르 시골 지역을 완전히 개조하려는 시도를 보여주는 사례다.

위구르족의 인적 지형 개조

눈에 보이는 위구르 지역의 물리적 외관을 개조하는 캠페인이 그 지역에서 종교적 색채를 지우고 위구르족과 지역을 묶는 연고 의식을 끊으려 하는 것이라면, 위구르족의 정체성을 구성하는 인적 지형을 바꾸는 것은 민족 자체를 개조하려는 훨씬 더 극단적인 정책이다. 여러 측면에서 볼 때 이러한 개조는 국가가 수행하는 문화적 민족 말살의 중심적인 목표이며, 중국 전역에 걸쳐서 민족문화적 특성을 지워버린다는 '제2세대 민족 정책'의 더 상위의 목표와도 조응하는 것이다. 강제적인 흡수·통합의 몇몇 측면은 앞에서 언급했는데, 대규모 집단수용소에서 벌어지는 위구르족의 민족의식에 대한 강압적인 개조 및 집단 감시 시스템을 통해 위구르족들이 자신의 문화적 특성

---

* 무슬림이 기도할 때 향하는 메카의 방향을 표시하기 위해 벽면을 오목하게 파내서 설치한 벽감(壁龕).
** 위구르 전통 가옥에 흙이나 나무로 바닥보다 40~50센티미터 높게 별도로 설치하여 양탄자 등으로 장식한 일종의 구들이다. 식사와 취침, 손님 접대와 같은 일상생활을 하며 할례나 신생아의 명명식 같은 종교적 의식도 치른다.

에 대해 암묵적으로 자기 검열하게 만드는 것이 그러한 사례다. 그러나 위구르족의 인적 지형을 바꾸려는 강력한 정책적 노력이 위구르족의 '현대화'라는 프레임을 쓰고 '빈곤 구제'를 내세우는 다른 여러 국가적 캠페인에서도 공공연하게 추진되고 있다. 앞서 언급했던 농촌 지역 위구르족들을 대상으로 한 다양한 노동 프로그램은 그런 국가적 캠페인의 여러 사례 중 하나다. 하지만 당국은 '자발적'인 것이라 주장하지만 위구르족들은 참여를 거부할 경우 최소한 집단수용소로 보내질 수 있다는 위협을 느끼며 '강제적'인 것으로 받아들이는 몇몇 사례도 소개할 필요가 있겠다.

종교에 대해 비난을 가하고 중국의 문화와 가치를 진흥하는 행사가 그런 사례 중 하나로, 앞서 언급한 '신장 3대 신활동' 캠페인과 관련된다. 이러한 행사에 강제로 참여케 함으로써 시골 지역공동체의 전통적인 사고방식은 물론 공동체의 행태도 변화시키고자 하는 것이다. 애국적인 노래를 기념하는 행사, 국기 게양식 및 중국 명절을 축하하는 행사 등이 이러한 활동의 일환으로 추진되며, '친척'을 칭하며 마을 공동체에 들어가 위구르족의 가정에서 함께 생활하는 당 간부들이 직접 지원하고 있다. 그러한 활동에 대해 외부로 알려진 정보는 얼마 되지 않지만, 휴일로까지 지정된 '국가안전교육일全民國家安全教育日'을 포함하여 '국가안전교육'이라는 이름으로 널리 시행되며 때로는 지역 차원에서 조정도 이루어지고 있는 것으로 보인다. 예를 들어 위구르 지역 전역에서 1만 2천 개가 넘는 공동체의 1천만 명 이상의 주민이 참여한 2018년도 '국가안전교육일' 국기게양식에서는 법을 준수하고 '수상한 행동'을 보고하도록 독려하는 연설이 수반되었다.[105] 이러한 정책 활동에는 주민들에 대한 당국의 선의를 과시하는 성격도 있겠지만, 시골 지역의 위구르족들에게는 새로운 사회적 환경을 형성해주는 것이며 이 새로운 환경은 전통적인 사회관계를 점차 대체해갈 것이다. 게다가 이러한 활동 중 일부는 무슬림의 규율을 명백히 위반하는 내용이 포함된다. 함께 생활하는 당 간부 '친척'이 음주나 흡연을 함께하도록 권유한 사례, 그리고 2019년 중국 춘절春節 행사에서, 바일러가 언급한 바와 같이, '돼지해亥年'을 기념한다는 명목으로 돼지고기를 먹도록 강요한 사례 등이 이에 해당한다.[106] 두 사례 모두 이에 대한 거부는 당국이 바로 '극단주의' 성향의 징표라 판정할 수 있는 구실이 된다.

위구르 지역의 교육 시스템과 연계하여 위구르족의 인적 지형을 바꾸려 하는 국가적 캠페인은 더 충격적이다. 중국어로만 수업하는 학교가 이 지역에 설립된 것은 2000년대 초부터였지만, 2017년의 변화는 가장 똑똑한 소수의 위구르족에게 중국의 일부로 동화되는 교육 경로를 마련해주는 동시에 다수의 나머지 위구르족에게는 국가와 사회의 주변부로 소외시켰다. 중국의 모든 학생과 마찬가지로, 위구르족도 고등교육 경로를 밟을 것인지 직업훈련 경로를 밟은 것인지는 8학년과 고등학교 입학 사이에 전국 단위로 치러지는 자격시험 성적에 따라 결정된다. 합격자는 표준적인 고등학교 교육을 받고 불합격자는 직업학교로 보내진다. 위구르족에게도 중국어로만 가르치도록 교육 방침이 전환됨에 따라 이미 위구르족 학생들도 중국어로 시험을 치르고 중국어로 가르치는 고등학교나 직업학교에 진학하도록 되어 있기는 하지만, 위구르족의 중국 사회로의 통합을 장려하는 소수민족 우대정책 덕분에 오랫동안 위구르족 학생들은 자신의 시험점수에 50점을 가산점으로 받아왔다. 그런데 2017년 들어 이

가산점은 15점으로 줄었고, 이로 인해 고등학교에 진학하는 위구르족의 학생 수가 극적으로 감소했다.[107]

그 결과, 위구르 지역의 고등학교에서 한족 학생의 비중이 훨씬 더 높아지고, 입학이 허용된 위구르족 학생들은 중국에 동화되는 과정을 훨씬 더 강하게 경험하게 된다. 게다가 그러한 고등학교의 대부분이 도시에 있으므로 입학 허가를 받은 시골 지역의 위구르족 학생들은 기숙학교에서 공부해야 하며, 이는 자신의 문화와 언어로부터 더욱 분리되는 결과를 가져왔다.[108] 고등학교에 진학하지 못한 학생들은 대개 '잉여 농촌 인력' 프로그램 및 '유사 재교육'을 통해서 집단수용소와 연계된 새로운 강제노동 시스템으로 보내지거나, 중국 본토의 공장으로 가서 일하며 재교육을 받는 신세가 된다. 따라서 어떤 경로를 따르건 이러한 시스템 아래에서 위구르족 학생의 미래에는 그들의 부모에 비해 위구르 문화의 영향이 훨씬 덜할 것이라 상정할 수 있는 것이다.

하지만 집단수용소나 감옥에 있는 부모를 둔 위구르족 아동들의 상황은 훨씬 더 비참하고, 그들의 운명과 관련하여 국가가 시행하고 있는 사업은 훨씬 더 충격적이다. 부모가 갇혀 있는 자녀들이 직면하게 되는 비자발적 세대 분리intergenerational separation라는 환경은 정착형 식민 지배와 문화적 민족 말살의 전형적 특징으로 오랜 세월 관찰되어왔던 것이다. 부모 모두가 '재교육' 캠프(집단수용소)에 수감된 아동들에게서 특히 그러한 특징이 더욱 강하게 드러난다. 다른 가족의 보살핌을 받을 수 있었던 경우도 일부 있겠지만, 이들 아동의 대부분이 아주 어릴 때부터 국가가 운영하는 시설에서 양육되고 있다는 증거도 상당히 많다.

이 주제로 획기적인 연구를 수행한 젠즈는 천취안궈의 지방정부가 집단수용소를 건설하기 전부터 강제적인 세대 분리를 대대적으로 시행하기 위한 계획이 있었을 것이라고 보고 있다. 그에 따르면, 천취안궈는 위구르 지역의 아동 모두를 대상으로 하는 유치원을 1년 안에 설립하는 계획을 2016년 취임한 지 한 달 만에 수립해 놓았다고 한다.[109] 따라서 이 계획이 실제로 실행된 시점이 위구르족에 대한 대규모 구금 조치가 시행된 2017년과 같다는 점은 놀랄 만한 일이 아니다. 2017년 2월 말, 지방정부는 신입생 56만 2,900명을 수용하기 위해 2017~2018학년도 개학 전에 완료하는 것을 목표로 특히 위구르 남부 지역에 4,387개 유치원을 건설하기 시작했다.[110] 이 목표 자체가 상당히 도전적인 것으로 보였으나, 2017~2018학년도 기간 중 유치원에 등록한 아동 수가 이 목표치를 훨씬 더 웃돈다는 사실이 더욱 주목할 만하다. 2017년 가을 이 지역 유치원들의 수용 목표는 총 100만 명이었지만, 실제 등록된 인원은 140만 명에 가까운 것이다.[111] 이에 더하여, 젠즈는 이들 새로운 유치원생 중 상당수가 아주 어린 나이의 아동도 수용할 수 있는 기숙시설에 다니는 것으로 보인다고 지적한다.

이 상당수의 아동이 집단수용소나 감옥에 감금된 부모의 자녀임을 결정적으로 증명할 방법은 아직 없지만, 이 많은 등록 아동 수치를 설명할 수 있는 다른 합리적인 이유를 찾기도 어렵다. 이런 경우, 부모가 '재교육' 과정을 '졸업'하더라도 국가가 아동을 부모에게 돌려주지 않는 한 이들 아동의 보호자는 사실상 국가가 된다. 훗날 자신을 낳아준 부모와 다시 결합하게 될 것인지와 상관없이, 국가가 돌보는 동안 이들 아동은 국가로부터 공인받은 한족의 양육 방식을 표준으로 하는 중국어 환경에서 표면적으로는 한족 아동으로 성장한다. 중국 당국은 이러한 정책에 대해 부모가 '재교육'을 받는 동안 이들의 자녀에게 국가와 당의 양육을 받을 수 있는 기회를 주는 것이라 스스로 높이 평가한다. 예를 들어, 젠즈가 인용하는 정부 보고서는 호탄의 집단수용소 근처에 있는 유치원에 대해 언급하고 있는데, 그 보고서에 따르면 이 유치원은 부모가 '걱정 없이 학습'에 열중하는 동안 그 자녀들이 학교에서 '먹고살' 수 있도록 해준다는 것이다.

전체적으로 볼 때, 2017년 이후 위구르 지역의 교육 시스템은 정착형 식민 지배를 더 집중적으로 추진하는 단계를 준비함에 따라 점차 다음 세대의 위구르족들을 재설계re-engineering하는 방향으로 구축되어가는 것으로 보인다. 집단수용소 구금을 통한 부모와 자녀의 분리, 자녀를 국영 탁아소에 맡기도록 하고 여성들을 위성공장에 고용하는 것, 그리고 모든 단계의 교육과정에서 기숙학교를 확대하도록 하는 것 등이 교육 시스템의 변화 방향을 상징적으로 보여주는 것이다. 또한 이러한 변화 방향은 아메리카 대륙과 오스트레일리아에서의 과거 식민 지배 사례와 유사하다.

위구르족의 인적 지형을 개조하기 위한 중국의 정책에 있어서 반드시 언급해야 할 최종적인 단계는 이 지역에서 강제로 이루어지고 있는 타민족과의 통혼이다. 이 캠페인은 공식적으로는 타민족과의 혼인에 인센티브를 제공하는 방식으로 추진된다. 제공되는 인센티브 중 다수는 2014년 시진핑이 처음으로 민족 간 '융합'과 '석류씨 같은 결속'을 제창한 이후 만들어졌는데, 타민족 간의 결혼에는 금전적 지원 외에도 다양한 혜택이 주어졌다.[112] 2017년에는 고등학교 입학 여부를 가리는 자격시험에서 위구르족 학생에게 주어지는 15점보다 높은 20점의 가산점을 이들 통혼 부부의 자녀들에게 주었다.[113] 이에 더하여, 중국 전체적으로는 한 자녀 정책으로 인해 한족 여성이 크게 부족한 반면 위구르 지역에서는 집단수용소 구금이나 투옥 등으로 위구르족 남성이 부족하기 때문에, 현재 위구르 지역의 결혼 시장은 한족 남성과 위구르족 여성의 결혼이 장려되는 것으로 자연스럽게 흘러가고 있다. 위구르족 여성과의 결혼에 대한 한족 남성들의 높은 관심이 다양한 혜택 때문이라고 일부 설명할 수도 있겠지만, 두 민족 사이의 오랜 적대감을 감안한다면 그 반대, 즉 한족 남성과의 결혼에 위구르족 여성들이 관심을 가진다는 명제는 대개의 경우 사실이 아니다.

하지만 표면적으로는 '자발적' 혹은 '장려'라는 명목으로 위구르족이 참여하게 되는 다른 흡수·통합 정책과 마찬가지로, 2017년 이후 위구르족이 한족과의 통혼에 응하게 된 것은 강압에 의한 것이다. 이 통혼 문제에 있어서 강압적인 측면이 특히 강하게 드러난다. 먼저, 중국은 위구르 지역에서의 민족 간 통혼을 장려하는 데 많은 투자를 하고 있는데, 위구르족 여성의 이국적인 아름다움과 자상한 성품을 부각시키며 한족 남성들을 이 지역으로 끌어들이는 캠페인까지 벌이고 있다.[114] 다음으로, 더 중요한 부분인데, 현재와 같은 상황에서 한족 남성과의 결혼을 거부할 경우 위구르족 여성 본인, 특히 그 부모에게 심각한 결과를 가져올 수 있다는 점이다. 예를 들어, 대규모 집단 구금과 투옥의 사유를 종합적으로 정리해 놓은 2015년의 탈극단화조례는 자신이 속한 민족 집단이 아니거나 신앙을 벗어난 집단과의 결혼을 막는 행위를 '극단주의'의 발로라 명시적으로 규정하고 있다. 따라서 위구르족이 자신의 딸을 한족 남성의 신부감으로 내주는 것을 거부하는 행위는 거의 자동적으로 집단수용소나 감옥으로 가는 것이다. 위구르족 여성이 한족 남성의 청혼을 거절할 경우에는 본인과 본인의 부모까지 구금 혹은 투옥되게 된다. 바일러와 인터뷰한 위구르족 여성이 털어놓았듯이, 현재 많은 위구르족 여성은 그러한 상황에 처하는 시점을 가능한 한 늦추려 할 뿐, 한족 남성과 결혼하는 것 자체는 운명이라 여기고 체념하고 있는 것이다.

뿌리까지 파괴하라

오늘날 중국이 위구르 지역에 시행하고 있는 정책은 이들 민족의 집단적 정체성과 문화적 특성을 파괴하기 위한 각종 시도를 체계화한 것이라 할 수 있다. 이 체계화된 시도는 폭력적이고 계산되어 있으며 보기 불편하고 충격적일 정도로 노골적이다. 중국은 자국의 활동이 위구르족 주민 내부에 존재하는 '테러리즘 위협'을 근절하려는 시도라는 주장을 끊임없이 반복하고 있지만, 그것이 진정한 목표가 아니라는 점은 고통스러울 정도로 명백하다. 위구르 지역에서 위구르족들이 주도한 폭력 사태는 지금까지 설명한 위구르족의 정체성 자체를 말살하는 중국의 국가적 캠페인이 시작되기 전인 2016년에 들어서 이미 현저하게 감소했고 그 이후로는 이 지역 주민들의 생활에서 사실상 사라졌다. 이 점을 감안한다면 국가 주도의 위구르족 문화 말살을 정당화하기 위해 사용되는 '대테러 정책'이라는 구호는 오늘날 이 지역에 살고 있는 위구르족의 대부분에게 잔인한 말

장난으로밖에 들릴 수 없을 것이다. 중국에서 위구르족을 겨냥하여 자행되고 있는 문화적 민족 말살은 과거 세계 각지에서의 정착형 식민 지배 역사에서 찾아볼 수 있는 다른 사례들과 매우 유사하다. 과거 다른 곳의 식민 지배에서 찾아볼 수 있는 많은 사례에서처럼, 이 문화적 민족 말살의 중심에는 대규모 집단수용소의 네트워크가 있다. 이러한 집단수용소를 설치한 의도는, 지방정부의 어느 한족 관료가 했던 말을 빌리자면, "혈통을 단절시키고, 뿌리를 파괴하며, 혈연 관계를 끊고, 민족의 기원을 없애버리는 것"이다.[115] 집단수용소만으로 이러한 목적을 달성할 수 있다고 단언할 수는 없다. 하지만 이번 장에서 소개한 다른 많은 정책과 함께 종합적으로 본다면, 위구르족과 위구르 지역을 대상으로 체계적으로 시행되고 있는 중국의 다양한 정책들이 궁극적으로 지향하는 목표가 바로 그것이라는 점은 확실하다. 그리고 안타깝게도 이 궁극적인 목표를 향한 중국의 거대한 공정은 현재로서는 성공적으로 진행되고 있는 것으로 보인다.

오늘날 중국 내 위구르족에게 벌어지고 있는 일들은 노골적인 문화적 민족 말살이자 인도주의적 비극이다. 중국에서 벌어지고 있는 그러한 일들이 인류 역사에 처음으로 나타난 것은 아니며, 21세기 들어 벌어진 인도주의적 비극으로서 최악의 수준도 아닐 것이다. 하지만 전 세계가 함께 대응해야 할 비극이라는 점은 분명하다. 식민 지배와 '대테러 정책'이 결합하면서 결국은 중국이라는 국가가 위구르족을 겨냥하여 벌이는 전면전이 되어버렸다는 것이 이 책의 결론인데, 필자는 앞으로 이 비극이 어떻게 전개될 것인가와 관련하여 다음 세 가지 질문에 답을 하고자 한다. 먼저, 위구르족에 대한 문화적 민족 말살이 필연적으로 불러올 결과는 무엇인가? 다음으로, 이 비극적인 상황이 향후 '테러와의 전쟁'의 진행에 던지는 함의는 무엇인가? 마지막으로, 현재 위구르 지역에서 벌어지고 있는 비극적 상황을 종식시키기 위해 무엇을 할 수 있는가?

문화적 민족 말살의 필연적 결과

가장 중요한 것은 중국이 위구르족을 겨냥한 문화적 민족 말살을 진행하면서 설정해 놓은 '최종 단계'가 무엇인지 생각해보는 것이다. 중국이 그러한 정책을 고수하는 동기는 여러 가지가 있을 것이다. 먼저, 골치 아픈 복잡한 문제들, 여기서는 중국이 '테러리즘'이라 주장하는 것들을 효과적이고 강력하게 해결할 수 있는 공산당의 능력을 보여줌으로써 도처에 존재하는 다른 반대 세력들에게 경고의 메시지를 보내는 것이다. 다른 한편으로, 자국의 주권이 미치는 영역의 완전성 혹은 영토의 보전領土完整에 예민할 수밖에 없는 중국으로서는 민족적 정체성에 관해서도 국가적 필요에 따라 새로이 그 개념을 설정하려 할 수 있을 것이다. 하지만 중국이 국가적 차원에서 문화적 민족 말살을 밀어붙이는 가장 중요한 동인動因은 외부 정착민의 유입을 통한 위구르 지역의 식민지화라는 것이 필자의 생각이다. 중국이 원하는 것은 위구르 지역을 완전하게 흡수하여 다른 지역과 차별화되지 않는 중국의 일부로 통합하고, 국가가 원하는 방향으로 자유롭게 개발할 수 있도록 만드는 것이다.

이것이 최소한 1990년대 후반 이래, 특히 2000년대 초반 이후로 이 지역에 대한 중국공산당의 정책 목표였음이 틀림없으며, 중국이 이 지역의 개발을 위해 엄청난 돈을 쏟아 붓는 이유이기도 하다. 흡수·통합 정책과 한족 이주민의 유입, 그리고 점점 수위를 높여가는 치안 강화를 통해 밀어붙이는 중국의 개발 정책에 대한 위구르족들의 저항은 산발적이지만, 때로는 폭력 사태로 비화하기도 했다. 하지만 2013~2015년 사이에 위구르족들의 저항에서 폭력적 양상이 강하게 나타나면서 중국은 이 지역을 중국의 일부로서 방해받지 않고 개발하기 위해서 이들을 말살해버리는 과감한 조치가 필요하다는 결정을 하게 되었다.

'테러리즘 위협'을 근절하는 것이 이 지역에 대한 중국의 정책을 결정하는 진정한 동기가 되었던 적은 없었으나, '테러리즘 위협'이 위구르족 내부에 존재하고 있다는 서사는 문화적 민족 말살을 실행하는 명분의 핵심이었다. 이 지역에서 일어나는 폭력 사태는 분별없는 '극단주의자'와 국제적 '테러리즘 위협'으로부터 야기되는 것이라 규정함으로써 위구르족들의 어떠한 저항에 대해서도 폭력적인, 그리고 생명정치라는 레짐에 따른 대응을 고수하는 자국의 행태를 정당화하는 데 이용하는 것이다. 따라서 오늘날 위구르 지역에서 벌어지고 있는 문화적 민족 말살을 실행하고 지지하는 많은 이들은 자신이 하고 있거나 지지하는 국가의 활동이 위구르족과 그들의 문화를 감염시킨 '극단주의' 바이러스로 인해 야기된, 실존하는 '테러리즘 위협'에 대응하기 위한 것이라 믿고 있다. 즉, 중국이 생각하는 최종 단계나 정책의 진정한 동기는 '테러리즘'과는 거의 혹은 전혀 관계가 없는 것이다. 중국의 목표는 이 지역에서 위구르적 특성을 제거함으로써 더 크고 통합된 중국의 일부로서 이 지역을 개발할 수 있게 만드는 것이다.

이러한 맥락에서 볼 때, 현 상황에서는 위구르족과 중국 양쪽 모두 한 발씩 물러나자고 호소하는 식의 타협적인 노선을 상정하는 것은 극히 어려운 일이다. 1940년대 말 잠시 이 지역을 통치했던 동투르키스탄 제2공화국의 연립정부처럼 위구르족과 한족의 공동통치에서 위구르족에게 일정한 지분을 주거나, 더 나아가서 1980년대처럼 문화적·종교적 자유를 허용하는 방안은 오늘날과 같은 상황에서는 거의 상상할 수 없을 것이다. 현재 집단수용소에 구금되어 있는 위구르족들을 일시에 전부 석방하는 방안도 마찬가지로 전혀 현실성이 없는데, 이 지역에서 폭력 사태가 최고조에 이르렀던 2014~2015년과 비교하더라도 더 이상 잃을 것이 없는 분노에 찬 무리들을 대책 없이 사회에 풀어놓는 것이기 때문이다. 최근 보도에 따르면 2019년 여름부터 지역의 상황이 일부 유화적으로 흘러갔다고 하지만, 중국이 위구르족들과 타협했다거나 문화적 민족 말살이라는 정책 기조를 포기했다는 의미로 해석할 정도는 아니다.

2019년 8월 중국은 해외 언론에 집단수용소들 중 일부를 공개하고 이 시설들을 '졸업한' 몇몇 엄선된 사람과 인터뷰를 허용했으나, 이들 언론인이 목격한 것은 다른 집단수용소들이 여전히 존재하고 있다는 사실과 인터뷰가 허용된 '졸업생들'은 말실수라도 할까봐 두려워하는 기색이 역력했다는 것이다.[1] 2020년 초에는 당국이 집단수용소 폐쇄 외에도, 도시에서는 공공연하게 눈에 띄는 치안 조치들을 최소화하려고 노력한다는 보도가 나왔다. 그중 하나에 따르면, 도심 지역에서 다수의 검문소가 철거되고 몇몇 '편민경무참'이 폐쇄되었으며 거리에 위구르족이 더 많이 눈에 띄었다고 한다.[2] 하지만 감시 시스템은 여전히 활발하게 운용되고 있으며 거리를 돌아다니는 누구도 집단수용소에 대해서는 말하려 하지 않으며, (이슬람 관습에 따른) 수염 기른 남자들과 터번, 그리고 히잡은 사실상 볼 수 없었다고 한다.

2017년을 기점으로 확립된 완전한 경찰국가 상태가 보다 유화적으로 변화해가는 양상은 아마도 새로운 정상 상태new normal가 조성되고 있음을 보여주는 징후일 것이다. 그리고 여기서의 '새로운 정상 상태'란 토착 주민에게는 과거와 동일한 수준의 억압이 가해지고 있으나, 외부에서 들어온 관광객의 눈에는 띄지 않도록 더 잘 숨겨지고 이들의 구미에 맞는 모습만 보여지는 그런 상태를 말하는 것이다. 상당한 규모의 위구르족을 자의적으로 구금하던 기존의 방식이 '재교육' 대상이 되거나 투옥 처분을 받을 수 있다는 지속적인 협박으로 주민들을 통제하고 지역을 평정하는 방식으로 점차 대체되는 양상을 이러한 맥락에서 이해할 수도 있을 것이다. 고유한 문화를 지워버리는 세뇌 작업과 계획적인 흡수·통합 정책, 그리고 스스로를 주변화시키도록 하는 압박에 굴복하기 거부하는 이들은 정해진 기약 없이 감금된 상태에서 벗어날 수 없을 것이다. 다른 한편으로, 집단수용소나 감옥 밖에서 살아도 된다고 허락받은 이들은 자신의 땅에 대한 중국의 식민 지배와 위구르 문화의 파괴에 암묵적으로나마 동의하는 사람일 것이다. 이 지역에 대한 중국의 계획에 저항하려는 조짐을 보이면, 이들 역시 집단수용소나 감옥에 구금 혹은 투옥될 것이다. 아마도 무기한 지속될 수 있을 그러한 통제 체제 아래에서는 문화적 민족 말살을 위한 국가적 노력이 중단될 이유가 없으며, 중국이라는 국가의 지배층이 완전히 제거되고 그간의 정책이 잘못이었음을 위구르족에게 인정하는 일이 일어나지 않는 한 기존 정책을 멈추게 할 수 있을 만한 것도 거의 없다.

현재 중국 정부가 취하고 있는 각종 조치와 외부로부터 정착민을 들여와 식민 지배를 해왔던 경험을 감안한다면 이 문화적 민족 말살의 결과가 어떠할지 충분히 상상해볼 수 있다. 이 지역은 더 이상 '신장위구르자치구'가 아니라 단지 '신장' 지역으로 존재하게 될 것이며,

주민 구성에서도 한족이 압도적으로 다수를 차지하게 될 것이다. 카슈가르 같은 전통적인 위구르의 도시에는 한족이 주류를 이루어 거주하고 관광객을 끌어들이려는 목적 외에는 역사적으로 위구르족이 거주해왔음을 알려주는 흔적이 거의 제거되어, 중국의 다른 지역들에서도 쉽게 찾아볼 수 있는 여느 일반적인 도심 공간들과 전혀 구별할 수 없게 변해갈 것이다. 소수의 위구르족은 심각한 정신적 내상을 입고도 살아남겠지만, 역사와 문화, 그리고 언어를 박탈당한 채 자신들의 고향에서도 주변부로 밀려난 채로 목숨을 부지하는 신세가 될 것이다. 아마도 인근 '위성공장'의 열악한 환경에서 저임금 노동자들이 모이는 침체된 지역사회로 밀려나거나, 결국에는 '보호구역'으로 격리되는 것이 그들에게 예정된 미래인 것이다. 이 중에서도 교육과 인내로써 한족이 대다수를 차지하는 중산층, 심지어는 엘리트 계층으로까지 진출하는 이들이 나오겠지만, 그러한 기회는 한족의 문화에 스스로를 완전히 동화하고 나서야 주어지는 것이다. 이들을 제외한 나머지 대부분은 민족 자체가 하층계급으로 분류되는 그런 집단의 일부가 되어버릴 것이다. 그러한 최종 단계는 얼마든지 상상할 수 있고 현실화될 수 있지만, 중국이 실제로 그러한 상태를 달성하려면 현재와 같은 수준을 웃도는 국가적 폭력을 더 오랜 기간 가하는 동시에 외부의 비판을 잠재우기 위해 온갖 노력을 기울여야 할 것이다.

중국에 거주하고 있는 위구르족들에게는 불행한 일이지만, 그러한 미래에 대해 그들이 저항할 수 있는 방법이 현재로서는 거의 없다. 하지만 해외의 위구르족들이 자신들의 문화와 정체성을 지워버리려는 중국의 계획을 보다 버겁고 어렵게 만들 수는 있을 것이다. 2009

년 이후 중국을 탈출해 세계 각지에 정착하는 위구르족이 크게 늘고 있으며, 이들 대부분은 중국에 남은 가족들이 구금 혹은 투옥되는 일을 겪으면서 정치적으로 각성되고 있다. 이제 이들은 자신의 고향에서 벌어지고 있는 문화적 민족 말살에 저항하는 현지 위구르족들의 소식을 제공할 수 있는 유일한 정보원으로 활동하고 있다. 중국 밖에 거주함에도 불구하고, 이들이 중국의 방해 공작 목표물이 되었던 것도 이러한 이유에서다.[3] 하지만 중국을 벗어나 있는 이들의 입을 완전히 다물게 하지는 못할 것이다.

가장 많은 위구르족 디아스포라가 거주하는 국가는 중앙아시아의 카자흐스탄과 키르기스스탄이지만, 중국과 국경을 접하고 있는 이들 국가는 경제적으로도 중국에 상당히 의존하고 있으므로 이들 국가에서 위구르족 디아스포라들의 활동은 거의 불가능했다. 하지만 카자흐스탄에는 중국에서 넘어온 카자흐인들이 상당수 거주하고 있는데, 이들은 아타주르트Ata-Jurt*라는 단체를 결성하여 위구르 지역의 상황을 알리기 위한 각종 활동을 매우 활발하게 추진하고 있다. 아타주르트는 중국을 방문하던 중에 집단수용소에 감금된 적이 있는 사람들의, 대부분이 카자흐스탄 시민권자들이지만, 이야기를 국제적인 대중매체에 올리는 활동을 지원해왔다. 카자흐스탄 정부가 아타주르트의 입을 막기 위해 그 지도자를 체포하여 물러나도록 강요했지만, 아타주르트를 완전히 없애버리려는 정부의 정책에 반대하는 카자흐인 민족주의자들의 도움으로 계속 운영되고 있다. 위구르 지

---

* 위구르 문제에 개입한 인권 단체로, 카자흐스탄의 인권 변호사 세릭잔 빌라시가 위구르 지역의 수용소에 갇힌 카자흐인들을 돕기 위해 2017년부터 구명 활동을 벌였다.

역과 접한 국경 지대의 인권 단체로서 아타주르트는 중국 내의 위구르족들과 카자흐인들에게 벌어지고 있는 일들에 대한 결정적인 정보를 제공하는 활동가 역할을 계속할 것이다. 더 나아가, 아타주르트의 존재가 카자흐스탄 정부로 하여금 인접한 중국과 관련한 사안들에 대해 우려를 표하도록 할 수도 있을 것이다.

튀르키예에 거주하는 위구르족 디아스포라들은 비록 그 규모가 중앙아시아 국가들에 거주하는 이들보다 적지만 2012년 이래로 상당히 증가했다. 하지만 이들 중 다수가 이곳에서 안정적인 신분을 확보하지 못하고 있어 위구르족 관련 문제를 제기하고 옹호할 만한 역량은 제한되어 있다. 게다가 튀르키예와 중국의 경제적 연계성이 점점 더 긴밀해지고 있다는 점은 위구르족 디아스포라들이 목소리를 높이는 것을 방해하고, 중국이 위구르족들에 대한 자국의 처우와 관련하여 퍼뜨리는 허위 정보의 증가는 더 많은 튀르키예 국민의 지지를 확보하려는 위구르족 디아스포라들의 노력에 최소한 어느 정도라도 부정적인 영향을 미칠 것이다.[4] 그럼에도 튀르키예의 위구르족 디아스포라들 중 시민권을 취득한 이들은 이 나라에서 강력한 정치적 자산을 보유하고 있는데, 특히 튀르키예의 민족주의자들과 범튀르크주의자들*의 지지는 튀르키예 정부가 위구르족 망명자들의 입을 완전히 틀어막는 것을 곤란하게 하고 있다. 이를 통해서 튀르키예의 위구르족 디아스포라들은 이슬람 세계가 위구르족들이 겪는 곤경에 대해 계속 주목하도록 하는 결정적인 역할을 할 수 있다.

---

* 범튀르크주의(Pan-Turkism)는 19세기 후반 아제르바이잔과 오스만제국의 지식인들이 일으킨 운동으로, 튀르크 계통의 언어를 사용하는 이들의 정치적·문화적·민족적 공통성을 전제로, 이들 전체를 문화적·정치적으로 통합하고자 하는 운동이다.

미국, 캐나다 및 오스트레일리아에 거주하는 위구르족 디아스포라의 규모는 앞서 언급한 국가들에 비해 훨씬 작지만, 위구르족들이 처한 상황을 자유민주주의와 관련된 의제로 삼아 서구의 대중매체를 통해 외부로 알리는 데 특히 활발히 활동하고 있다. 이들 역시 중국의 위협을 받기는 하지만, 이들 국가에서 중국이 협박을 통해 위구르족들의 입을 다물게 하는 것은 앞서 언급한 국가들에 비해 더 어려운 일이다. 이러한 환경 덕분에 이들 국가에서의 위구르족 공동체 활동은 두드러지게 확대되었는데, 미국과 유럽에서 성장하여 서구 국가의 여론을 동원하는 방법을 잘 알고 있는 청년 세대들 사이에서 특히 그러하다. 대개 이들의 활동은 구심점 없이 개별적으로 이루어지지만 위구르족들의 운명에 대해 대중들이 더욱 관심을 가지도록 할 뿐만 아니라, 일반 시민들이 주도하는 위구르족 권리 신장 운동에 박차를 가하여 중국을 압박하는 데 도움이 될 수 있다.

세계 각지의 위구르족 디아스포라 집단 중 가장 예측하기 어려운 부류는 투르키스탄이슬람당이다. 투르키스탄이슬람당은 여전히 활동하고 있으며 지난 수십 년의 존속 기간 중 어느 때보다도 현재 많은 전투원을 보유하고 있는데, 이 단체에 관한 많은 부분, 특히 자금원과 후원 세력에 대한 정보는 여전히 베일에 싸여 있다. 투르키스탄이슬람당이 최근에 제작한 영상물에 따르면, 서로를 동일시하는 듯이 보임에도, 시리아의 투르키스탄이슬람당 지부와 아프가니스탄 지부는 별개의 단체로 갈라졌다. 이 점은 해외에서 활동 중인 이슬람 색채에 민족주의적인 성격이 가미된 위구르족 무장 세력 사이에 후원 세력과 목적이 다른 두 개의 구심점이 있다는 의미일 수도 있다.

여전히 투르키스탄이슬람당의 수장으로 식별되는 압둘 하크는

2019년 제작된 영상물에서 자기 조직이 본거지를 와지리스탄에서 아프가니스탄의 바다흐샨*으로 추정되는 곳으로 옮겼다고 했는데, 그 어느 때보다도 아프가니스탄-중국 국경 가까이로 이동한 것이다.[5] 영상물에서 그는 위구르 지역의 현재 상황에 대해 언급하면서, 위구르족들에게 벌어지고 있는 일들에 대한 정치적 해결 방안을 항의 시위나 위구르족들에 대한 공개적인 지지 활동에서 찾으려는 시도는 잘못된 것이라고 지적했다. 대신, 위구르족들에 대한 중국의 침략에 맞서 싸우는 유일한 방법은 무장투쟁이라 주장한다. 흥미로운 점은 그가 이끄는 조직이 지하드의 검은 깃발을 버리고 동투르키스탄 제1공화국 국기이자 동투르키스탄이슬람운동 지도자 하산 마흐숨이 사용했던 쾨크바이라크Kök Bayraq(하늘색 깃발)를 다시 사용하겠다고 선언한 것인데, 이는 국제 지하드 운동과의 연계성은 줄이고 더 강한 민족주의적 노선으로 가겠다는 의미일 수 있다. 투르키스탄이슬람당의 영상물을 제작하는 이슬람 아와지의 로고에서도 투르키스탄이슬람당 시리아 지부가 제작했음을 드러내는 지하드의 검은 깃발이 삭제되었다. 압둘 하크의 마지막 영상 메시지와 깃발의 교체는 이 조직이 중국 내부에서 반란을 일으키겠다는, 보다 더 민족주의적인 하산 마흐숨의 비전을 되살리려는 것일 수 있다는 점을 시사한다. 하지만 오늘날처럼 위구르 지역이 완전히 통제되고 있으며 중국 내 다른 곳에서도 위구르족의 소재가 쉽게 파악되는 상황에서는 어떤 단체도 그러한 개가를 올릴 수 있으리라고 기대하기가 어렵다. 게다가 아프

---

* 파미르고원 서쪽 아무다리야강 상류에 펼쳐진 고산지대로, 아프가니스탄 북동부의 주다. 중국, 파키스탄, 타지키스탄과 국경을 접하고 있다.

가니스탄에 있는 투르키스탄이슬람당의 역량은 아무리 대단하게 보아도 변변치 않은 수준이며 실제로는 중국에 아무런 행동도 하지 못한 채 말로만 위협한 지도 오래다. 따라서 이 단체의 미래, 그리고 이 단체가 현재 상황에 미칠 수 있는 역량이 어느 정도인지에 대해서는 의문의 여지가 있다.

투르키스탄이슬람당 시리아 지부의 미래도 마찬가지로, 현재로서는 불확실하다. 새로운 웹사이트에 세계 각국의 사건들을 자체적으로 해석한 주간 뉴스를 올리는 투르키스탄이슬람당 시리아 지부는 시리아 반군의 마지막 근거지인 이들리브에서 아사드 정권과 러시아에 맞서 싸우는 몇 안 되는 단체들 중 하나다. 오늘날 투르키스탄이슬람당 시리아 지부가 제작하는 영상물에서는 스스로를 투르키스탄이슬람당 샴 지부Turkistan Islam Partisi Sham Shûbisi라 지칭하고 지하드의 검은 깃발과 기존의 비디오 로고를 계속 사용하면서, 압둘 하크의 아프가니스탄 지부와 명확하게 구분 짓고 있다. 시리아 지부는 아프가니스탄 지부에 비해 가용한 자원이 훨씬 많지만 투르키스탄이슬람당 시리아 지부가 누구에게 충성을 하는지와 어느 세력의 후원을 받는지는, 그 후원 세력이 중국을 대하는 태도와 마찬가지로, 알려져 있지 않다. 결국 투르키스탄이슬람당 시리아 지부가 이들리브에서 아사드 정권에 최후의 저항을 하다가 결국은 와해되어버릴지, 그 구성원들이 튀르키예로 도망할 것인지, 또는 현재 투르키스탄이슬람당 시리아 지부를 후원하는 세력에 의해 다른 전장에 투입되어 또 다른 대리전의 수단으로 이용당하는 신세가 될 것인지는 분명하지 않다.

하지만 이 중 어느 한 군데라도 살아남는 것이 위구르 지역에서 중국이 벌이고 있는 일들에 대해 군사적으로 대응하는 데 반드시 필요한 조건은 아니다. 필자는 시리아에서 쌓은 전투 경험을 중국과의 투쟁에서 활용하기 원하는 위구르족 몇몇과 인터뷰를 한 적이 있었는데, 이들은 중국을 공격하기 위한 실현 가능한 계획을 가지고 적절한 단체를 조직해줄 만한 인물을 기다리고 있다고 했다. 중국과 같은 강한 국가와 싸우다가 죽을 수 있다는 것이 겁나지 않느냐는 필자의 질문에는, 고향에 있던 가족들이 전부 집단수용소나 감옥으로 끌려가 사라져버렸으므로 삶을 이어가야 할 이유가 더 이상 없다는 답이 돌아왔다. 필자가 보기에 이와 같은 사람의 수는 무시할 만한 수준이 아니며 앞으로 그들이 새로운 무장 단체를 결성하더라도 놀랄 만한 일은 아닐 것이다. 현재와 같은 여건에서는 중국으로 돌아갈 것 같지 않은 이들 전사는 지금처럼 해외에서 활동하며 세계 곳곳에서 점점 커져가고 있는 중국의 국익에 훼손을 가할 수 있을 것이다. 하지만 진정한 문제점은 해외에서 중국의 국익에 손상을 가하는 활동이 중국 내부에서 고통받고 있는 위구르족들에게 어떤 도움이 될 것인가 하는 점이다. 그러한 활동은 위구르족들로 인하여 야기되는 '테러리즘 위협' 때문에 절박한 상황에 처해 있다는 중국의 주장에 힘을 실어주어 대테러 정책을 명분으로 자행하는 문화적 민족 말살을 정당화하는 데 이용되고, 따라서 실제적으로는 상황을 더욱 악화시킬 뿐이기 때문이다.

현재와 같은 위기 상황은 외부 정착민의 유입을 통해 위구르 지역에 대한 중국의 식민 지배를 완전하게 확립한다는 목표를 향해 흘러가고 있는 것으로 보이지만, 그럼에도 위구르족들이 극히 강한 회복력을 지니고 있다는 점을 지적할 필요가 있겠다. 사실, 이 점이 중국이 위구르족의 민족정신을 파괴하기 위해서 어떤 수단과 방법도 서슴지 않았던 여러 이유 중 하나이기도 하다. 그들이 과거에 이처럼 체계적인 문화적 민족 말살을 경험한 적이 없지만, 오늘날 처해 있는 극단적인 상황에서도, 필자는 그들이 이를 견뎌낼 수 없을 것이라는 의견에는 전적으로 동의하지 않는다. 현재 위구르 지역에서 벌어지고 있는 일들로 인하여 해외의 위구르족들과 카자흐인들이 결집하고 있는 최근의 동향을 보면, 이들 해외 망명자들이 최소한 중국이 이 지역에서 벌이려는 가장 극단적인 계획을 저지하는 역할 정도는 할 수 있을 것으로 보인다. 따라서 위구르 지역에서 벌어지고 있는 문화적 민족 말살이 앞으로 어떠한 궤적을 따라 진행될 것인지를 현재 시점에서 예측한다면 매우 암울한 것이겠지만, 중국의 문화적 민족 말살이 미치는 충격파를 약화시키고 위구르 문화에 대한 폭압적인 말살을 저지할 수 있다는 희망은 미약하나마 여전히 존재한다고 할 수 있다.

위구르족의 비극이 '테러와의 전쟁'의 미래에 던지는 함의

이 책에서 필자가 일관되게 제시하는 주장은 위구르족에 대한 문화적 민족 말살은 실제로 위구르족에게서 '테러리즘 위협'이 발생해서 혹은 발생한다고 인식되었기 때문에 나온 대응이 아니라, 그러한 위협이 존재한다는 서사 덕분에 중국의 문화적 민족 말살이 가능해지고 촉진되었다는 것이다. 하지만 "'테러와의 전쟁'이 선포되지 않았더라도 오늘날 중국이 위구르족의 정체성을 완전히 해체하는 작업이 벌어지고 있었을 것인가?"라는, 실제 사실에 반하는 가정적 질문을 여기서 던져볼 만하다. 어쨌든, 오늘날 위구르족을 겨냥하여 자행하고 있는 문화적 민족 말살은 '테러리즘'과의 관련성 때문이라기보다는 위구르 지역에 대한 중국의 식민 통치를 위한 것이다. 그렇기는 하지만, 중국이 위구르족에게 '테러리스트'라는 낙인을 찍고 위구르 문화가 '극단주의'에 감염되었다는 프레임을 씌우지 않았더라면 작금에 보여지는 극단적인 민족 말살적 사태로까지 상황이 곧바로 악화되지는 않았을 것이라는 것이 필자의 생각이다. 위구르족에게서 '테러리즘 위협'이 야기된다는 주장은 중국이 자국에 대한 국제적인 비판 여론을 회피하는 데 크게 도움이 되었으며, 국제사회의 처벌이나 불이익을 받지 않고 문화적 민족 말살을 실행하는 방법을 다른 국가들에 알려주는 역할도 했다.

2019년 10월, 유엔 총회는 영국이 제출하고 23개국이 지지한, 구속력은 없지만 위구르 지역에서 중국이 자행하는 활동들은 인권에 대한 중대한 침해라 비난하는 내용의 성명을 검토했다.[6] 이에 대한 즉각적인 대응으로, 벨라루스는 중국이 위구르 지역에서 하는 활동은 위험한 이슬람 '극단주의'와 '테러리즘' 위협에 대응하는 적절하고도 인도적이라고까지 할 수 있는 접근 방식이라 옹호하는 내용의 성명을 내놓았고, 54개국이 이를 지지했다.[7] 이들 54개국 중에 그 성명의 내용에 진실로 동의하는 국가가 있더라도 얼마나 될지 회의적인데, 이들 국가는 자국의 여러 이해관계 때문에 중국을 지지한 것뿐이었다. 하지만 '테러와의 전쟁'이라는 서사, 그리고 그 서사에 깔려 있는 "'테러리즘'과 맞서 싸우는 과정에서 수반되는 인권 침해는 정당화된다"는 암묵적인 전제가 없었더라면 이들 국가가 국제 무대에서 공개적으로 중국을 지지하는 선택을 하기는 훨씬 더 어려웠을 것이다.

또한 '테러와의 전쟁'에 내포되어 있는 생명정치의 논리는 중국이 문화적 민족 말살을 실행하는 데 여러 측면에서 영향을 미쳐왔다. '테러와의 전쟁'이라는 논리는 중국이 위구르족으로부터 야기되는 '테러리즘 위협'에 직면해 있다는 주장을 가능케 함으로써, 이 민족 집단 전체를 인권적 처우를 유보해도 되는 '테러리스트' 용의자로 취급하도록 허용했다. 더욱이 '테러와의 전쟁'은 종교적 '극단주의'라는 모호한 이념을 위협 요인으로 삼을 수 있는 토대를 구축하는 수단으로도 이용되었고, 중국은 이를 통해 위구르 문화 자체를, 특히 '극단주의'의 영향을 받았다고 주장하는 그들의 종교를 범죄시할 수 있게 되었다.

'테러와의 전쟁'은 중국으로 하여금 외부로부터 정착민들을 투입하여 식민 지배를 하는 보다 점진적인 접근 방식보다는 노골적으로 인종 말살적 경로를 따르도록 이끌어왔다. 시장 주도의 경제 논리로 위구르 지역에 한족 이주민들을 대거 유입시켜 결국에는 위구르족을 압도하고 주변화시키는 이 점진적인 접근 방식은 1990년대 말과 2000년대 초 이 지역에 대한 중국의 개입 정책이 지향하는 방향이었다. 그리고 만약 중국이 '테러와의 전쟁'을 지탱하는 인간성 말살의 논리, 그리고 민족 말살의 전략과 태생적으로 찰떡궁합인 문화적·민족적 특성을 기준으로 한 프로파일링의 논리에 현혹되지 않았더라면 여전히 그 방향성이 변치 않고 유지되었을 수도 있었다. 따라서 중국은 '테러와의 전쟁'이 벌어지건 아니건 위구르 지역에 대한 식민 지배를 추진해 나갔겠지만, '테러와의 전쟁'이 '테러리즘'이라는 라벨에 맞추어 창조해낸 서사의 도움이 없었다면 이처럼 급격하고도 폭압적으로 진행될 수 있었을 것이라 보기는 어렵다.

이러한 맥락에서, 중국의 위구르족이 오늘날 직면해 있는 위기는 시간과 공간을 초월하여 퍼져 나갔던 '테러와의 전쟁'이 낳은 돌연변이의 주요 사례라 할 수 있다. '테러와의 전쟁'이 정말로 '테러리즘'을 겨냥했던 적은 결코 없었으며, 언제나 추구하는 다른 이익을 가리고 정당화하는 근거를 찾는 데 이용되어왔다. 이 전쟁이 그동안 밟아온 경로를 보자면, 아프가니스탄과 이라크에서의 정권 교체를 정당화했었고, 시리아와 예멘의 내전 혹은 러시아, 중앙아시아 국가들, 에티오피아, 그리고 이집트의 권위주의 정권 등 많은 국가에서 내부의 정치적 저항을 불법화하고 폭력적으로 진압하는 수단으로 이용되어왔다. 눈에 보이는 적 없이 거의 20년을 끌어오며, '테러와의 전쟁'이라는 서사는 이제 정착민 투입을 통한 식민 지배, 인종 청소, 그리고 문화적 민족 말살에도 사용할 만한 검증된 새로운 도구로 진화해가고 있다. 미얀마의 로힝야족 사례와 중국의 위구르족 사례가 이에 해당되고, 인도의 카슈미르인 사례도 이러한 방향으로 전개될 수 있다. 이들 사례만 보더라도 적이 누구인지도 제대로 규정되지 않은 채 끈질기게 이어온 이 전쟁이 종식되어야 하는 이유를 깨달을 수 있을 것이다.

이 전쟁을 끝내는 유일한 방법은 국제사회가 '테러리즘'의 개념을 다시 설정하는 것이다. 이를 위해서는 '테러리즘'의 의미를 어떻게 정하고 그 현상을 어떻게 식별할 것인가에 대해 국제적으로 인정되는 객관적인 정의를 채택해야 할 것이다. 이렇게 함으로써 그 용어를 특정한 수단으로 악용하는 것을 막고, 비국가 전투원이 활동하는 미래의 전쟁에 개입하는 데 필요한 규칙들을 만들어낼 수 있을 것이다. 개인적인 생각으로는 그러한 객관적 개념 정의가 어떠해야 할지를 논의하는 데 이 책의 도입부에서 소개한 가노르의 잠정적 정의가 출발점이 될 것으로 보인다. 무엇이 '테러리즘'이라는 개념을 구성할 것인지에 대한 국제적인 합의를 도출하는 작업은 오늘날과 같은 국제 질서에서 불가능하다는 점만 드러내고 말 위험성도 분명히 있지만, 그렇다고 이 이슈에 대해 침묵한다면 이는 '테러와의 전쟁'이 인류에 대한 잔학 행위를 계속하는 '영원한 전쟁'이 되도록 방조하는 것이나 마찬가지일 것이다.

더 큰 비극을 막기 위해서는

'테러와의 전쟁'을 끝내는 것이 오늘날 위구르족이 직면한 것과 같은 비극이 향후에도 일어나는 것을 방지하는 데는 크게 도움이 될 수 있겠으나, 현재 위구르 지역에서 벌어지고 있는 문화적 민족 말살에 대해서는 거의 영향을 미치지 못할 것이다. 이 문화적 민족 말살이라는 거센 파도를 막아내기 위해서는 국제사회가 단합하여 중국을 지속적으로 압박해야 할 것이다. 하지만 대부분의 국가는 위구르족에 대한 중국의 처우를 공공연히 비판하는 데 소극적이다. 그리고 간간이 나왔던 공개적인 비판도 국제적인 호응을 얻는 데 별다른 성과를 거두지 못했다. 이렇게 된 데에는 오늘날 중국의 세계적인 경제적 영향력에 기인하는 부분이 크다. 예를 들어, 중국 내 위구르족들에게 벌어지고 있는 상황에 대해 공식적으로 우려를 표하는 이슬람권 국가는 없다. 자국 국민은 물론, 중국 내의 동족들이 집단수용소로 끌려갔다는 보도가 여러 차례 나왔던 카자흐스탄과 키르기스스탄마저 이 문제에 침묵했다. 튀르키예의 경우 이 문제에 대해 비판적인 성명을 내놓은 관료들이 종종 있기는 했지만, 정부 차원에서 어떤 실질적인 조치를 취하거나 외교 경로를 통한 공식적 메시지를 보낸 적은 없다. 더욱이, 앞서 언급했던 2019년 10월의 유엔 총회 표결에서 볼 수 있듯이, 유엔과 그 회원국들은 이 문제에 대한 진지한 논의를 제대로 시작조차 못 했다. 중국이 유엔의 의사 결정 절차에 점점 익숙해지면서 이를 자국의 정책과 각종 조치에 대한 국제사회의 비판을 틀어막는 데 이용하고 있다는 점을 감안한다면, 유엔 차원의 노력이 성공적이지 못했다는 점은 특히 현실적인 지적이다.

중국 내의 위구르족이 처한 상황에 대해 공개적으로 지적하는 것은 자유민주주의 체제의 국가들뿐이다. 미국, 여러 유럽 국가들, 오스트레일리아, 일본, 그리고 그 외 몇몇 자유민주주의 국가가 위구르 지역에서 진행되고 있는 상황에 대하여 우려의 목소리를 높여왔다. 하지만 이들 국가 역시 위구르 문제와 관련해서는 다음과 같은 여러 이유 때문에 중국에 제대로 압력을 가할 수 없는 것도 현실이다. 첫째로, '테러와의 전쟁'에 초기부터 개입했던 이들 국가 역시 '대테러' 활동 중에 일어난 각종 인권 침해 논란에서 자유로울 수 없기 때문이다. 테러리스트와 극단주의자로 의심되는 이들에 대한 처우를 들어 중국이 '그쪽이야말로'라고 반격하기 쉬운 상대인 미국의 경우 더욱 그러하다. 관타나모 수용소도 초법적인 시설이었고, 국가안보국 NSA(National Security Agency) 역시 민족을 기준으로 한 프로파일링을 통해 지역사회를 분석하고 침투적인 감시 활동을 실시했으며, 드론을 이용하여 '테러리스트' 용의자들을 제거한 것은 '재교육'보다도 더 비인도적인 처사인 것이다. 이러한 맥락에서, 미국 및 '테러와의 전쟁'에 동참한 동맹국들에게는 '테러리즘'의 혐의가 있는 것들은 모두 근절하겠다는 중국의 극단적인 접근 방식을 비판할 만한 도덕적 권위가 거의 없다고 볼 수밖에 없다. 이들 국가도 비난받을 만한 자국의 행위들을 '대테러 정책'이라는 명목으로 정당화해왔으며 그렇게 해도 된다는 선례를 만들었기 때문이다. 둘째, 특히 개발도상국들 사이에서 미국과 유럽 국가의 소프트 파워가 약해지고, 중국과 중국의 경제력으로 인하여 그 영향력이 빛을 잃고 있기 때문이다. 그 결과, 자유민주주의 진영의 국가들이 세계경제와 국제정치적 정당성의 영역에서 더 이상 중국을 배제할 수 없게 된 것이다. 마지막으로, 자유민주주의 진영의 국가들은 자국이 중국에 대해 가지고 있는 유일한 레버리지인 경제적 협력 관계를 위구르 문제를 해결하는 데 희생하는 것을 원치 않는다는 점으로, 중국과의 경제적 협력이 단절되면 자국도 그만큼 피해를 입을 수밖에 없기 때문이다.

이와 같은 상황을 감안한다면, 국민들이 자국 정부에 그렇게 하도록 압박을 가하지 않는 한, 다른 국가들이 위구르 지역에 대한 중국의 정책을 바꾸도록 압력을 가할 수 있다거나 기꺼이 그렇게 하리라 기대할 수 없을 것이다. 따라서 현시점에서 중국에 의미 있는 수준의 압력을 가할 수 있도록 각국을 움직이는 실천적인 행동은 일반 시민들이 주도해야 하며, 그 행동은 실질적인 수단을 창출할 수 있는 유일한 방식으로, 다시 말해서 경제적 수단으로 중국을 겨냥하는 것이어야 한다. 그러한 실천적인 행동의 선례는 1980년대 남아프리카공화국의 인종차별 정책에 대한 반대 운동에서 찾아볼 수 있다. 남아프리카공화국의 인종차별 정책에 반대하는 일반 시민들이 세계 곳곳에서 단합하여, 대학과 연기금으로 하여금 남아프리카공화국에서 투자금을 회수하고 다국적기업들이 사업을 철수하도록 압박했던 것이다. 전 세계적으로 연결되어 있고 중국이 생산한 상품들을 중심으로 구축되어 있는 오늘날의 세계경제에서 중국 상품을 전적으로 보이콧하기는 어렵지만, 그렇게 하려는 시도 자체가 성과를 창출하는 출발점일 수 있다. 세계 유수의 펀드나 기관투자자들이 중국 증시에 투자한 자금을 회수하도록 압박을 가하는 방안도 세계적인 규모로 추진한다면 중국에 영향력을 미칠 수 있을 것이다. 중국에서 사업을 하는 다국적기업들, 특히 위구르 지역에서 사업을 하거나 강제 동원된 위구르족 노동력을 사용하는 기업들을 대상으로도 그러한 노력을 기울일 수 있다. 마지막으로, 위구르 문제에 대한 일반 시민들의 실천적 행동이 비단 위구르족들의 운명만을 위한 것이 아니라는 점을 일반 대중들이 자각하도록 하는 것이 중요하다. 오늘날 위구르족에게 가해지는 문화적 민족 말살은 인권과 프라이버시, 그리고 다양성이라는 가치가 공격받는 세계가 도래할 경우 그 세계에서 자신들의 운명 또한 어떤 모습이 될 것인지 미리 보여주는 선례이기도 하기 때문이다.

맺음말: 위구르는 시작일 뿐이다

중국 내의 위구르족이 처한 상황에 대해 세계의 언론계와 연구자 등 많은 이들이 주목하는 이유는 지금 위구르족을 겨냥하여 벌어지고 있는 문화적 민족 말살이 세계는 물론 그 안에서 살아가는 개개인에 대해서도 그 미래를 암시하는 전조前兆가 될 수 있기 때문이다. 이러한 일이 세계에서 두 번째로 큰 경제 규모를 가진, 그리고 국력과 국제사회에서의 영향력이 커지고 있는 중국에서 벌어지고 있다는 사실은 위구르 문제가 국제적인 관심사가 되는 이유다. 하지만 위구르족의 운명이 던지는 경고의 메시지는 권위주의적이고, 인권에 대한 존중이 없으며, 비인도적인 잔학 행위도 능히 저지를 수 있는 중국이라는 신흥 강대국을 경계해야 할 필요성 이상의 것이다. 국가의 힘이 점점 더 절대적으로 변해가는데 이 보편적 가치들은 점점 설 곳을 잃어가는, 개인의 프라이버시가 상품으로 취급되는, 그리고 다름 혹은 다양성에 대한 관용이 사라지는 탈자유주의 세계post-liberal world가 오고 있음을 경고하는 것이다. 그러한 경고가 곧 위구르족들이 경험하고 있는, 조지 오웰의 소설과 같은 전체주의적인 악몽Orwellian nightmare을 조만간 우리 모두가 겪게 될 것이라는 의미는 아니지만, 문화적 민족 말살이라는 영감을 불어넣고 이를 위구르족들에게 실행할 수 있도록 한 것과 동일한 힘이 우리의 삶에 영향을 미칠 위험성을 시사하고 있다. 현재 전 세계적으로 관측되고 있는 다음의 세 가지 추세는 그러한 힘이 무엇인지 설명할 수 있는 요소로, 다양성과 인권 및 프라이버시라는 가치와는 충돌할 수밖에 없는 성질의 것들이다.

이들 세 가지 추세 중에서도 가장 절박하게 다가오는 것은 '탈프라이버시 세계post-privacy world'다. 위구르족에 대한 문화적 민족 말살에 사용되는 빅데이터 수집 및 분석에 기반한 각종 기술들은, 우리가 인식을 하건 그렇지 않건, 전 세계 사람들의 삶 모든 측면에서 빼놓을 수 없는 일부가 되었다. 집단수용소에서 '재교육'하고 세뇌시킬 대상일지, 또는 그냥 감옥에 보낼 대상인지 식별하는 수단으로 활용되는 중국의 연합작전통합플랫폼은 오늘날 세계 도처에서 하이테크 경제를 선도하는 구글, 페이스북 같은 유수의 기업이 채택하고 있는 '감시자본주의Surveillance Capitalism'와 동일한 원칙 아래에 운영되고 있다.[8] 전 세계 사람들이 소셜 미디어를 이용하거나 인터넷에서 검색을 하며 매일 접촉하게 되는 이들 기업이 사실은 위구르족을 억압하기 위한 기반시설을 구축한 중국 기업들과 협력하는 업체들이다. 이러한 점에서 본다면, 오늘날 세계 대부분의 국가들, 특히 강력한 개인 보호 기술을 가진 기업들과 협력하고 있는 국가들은 현재 중국이 위구르족들에게 하고 있는 일을 그대로 복제할 수 있는 능력을 보유하고 있는 것이다. 아직까지 그러한 능력을 보유하지 못한 국가들도 중국의 기업들로부터 필요한 기술을 사들이거나 '스마트 시티'의 편리함을 찬양하면서 개발 프로그램을 통해 무료로 관련 기술을 확보하면서 신속하게 구비해가고 있다. 이와 같은 상황을 본다면, 위구르족이 빅데이터를 이용한 국가 폭력과 말살 정책을 경험하는 마지막 대상이 될 것 같지는 않다.

하지만 위구르족에 대한 문화적 민족 말살을 가능케 하는 요소가 첨단 기술만은 아니다. '탈인권주의 세계post-rights world'라는 보다 세계적인 흐름도 중국의 문화적 민족 말살 정책에 힘을 실어주었다. '테러와의 전쟁'이 시작된 이후 인권 존중에 대한 관심은 세계적으로 꾸준히 감소했다. 이러한 현상에 대해서는, 세계 각국이 자국의 안보 이익을 추구하는 과정에서 인권을 부정하는 행태를 옹호하기 위해 '테러리즘'의 위험이 실제로 존재한다는 주장을 해왔던 점에서 부분적으로나마 그 이유를 찾을 수 있다. '테러와의 전쟁' 초기에 국제적 인권 레짐에 가장 치명적인 타격을 가한 국가는, 아마도 전 세계의 인권을 수호한다고 자처해온 미국이었을 것이다. 미국은 고문을 통해 테러리스트 혐의자들을 심문하기 위해 독재 정권들과 동맹을 맺고, '테러리스트'를 색출하기 위해 자국민을 대상으로 광범위한 감시 프로그램을 운영했으며, 드론을 이용하여 '테러리스트'로 의심되는 이들을 초법적으로 제거했던 것이다. 세계 인권의 '수호자'를 자처하는 국가가 자행한 이러한 행위들은 보편적 인권이라는 가치와 '규범에 기반한 국제 질서'라는 이상에 대한 냉소적인 정서가 세계 전반으로 퍼져 나가는 데 일조했다. 하지만 '탈인권주의 세계'의 등장은 지정학적 역학 관계 변동의 산물이기도 하다. 자국의 헤게모니가 쇠퇴하고 있음을 인정하게 되면서 미국은 민주주의와 인권이라는 이상을 전 세계에 고양하는 역할에서도 물러나게 되었는데, 유엔에서 그러한 후퇴가 특히 두드러지게 나타났다. 이와 동시에, 인권 문제에 대한 국제적 담론에서 중국과 러시아가 더 목소리를 높이면서 미국이 고립주의를 강화하며 생긴 공백을 메우려 하고 있다. 하지만 국제적으로 확립된 인권이라는 개념을 자국의 주권을 침해하는 것으로 인식하고 있는 중국과 러시아는 그러한 담론에 참여하더라도 보편적 인권에 기반을 둔 국제 여론과 충돌하는 주장을 내놓는 경우가 대부분으로, 인권을 주관적인 개념이자 적용 국가에 따라 달라질 수 있는 개념으로 간주하는 국제 질서를, 특히 유엔을 통하여 구축하려는 의도라고 보아야 할 것이다.

마지막으로, 위구르족에 대한 문화적 민족 말살은 다양성 혹은 다름에 대한 불관용과 편협한 민족주의가 힘을 얻으면서 민족국가의 경계 안에서는 정착민 투입을 통한 식민 지배라는 인종주의적 논리가 재등장하는 더 거시적인 세계적 추세를 반영한다는 주장도 가능할 것이다. 이와 관련하여, 국가가 자국의 경계 안에서 정착민 투입을 통한 식민 지배를 공격적으로 추진해온 사례를 최근 몇 년 동안에도 최소한 네 건은 볼 수 있다. 브라질의 자이르 보우소나르 대통령은 토착 원주민들에게 그들이 거주하는 지역의 토지에 대해서는 특정한 권리와 자치권을 인정해주던 아마존 열대우림 지역을 개발하는 사업에 착수했다. 인도의 나렌드라 모디 총리는, 인접 국가와의 분쟁 지역으로, 그동안 자치권을 인정해주던 카슈미르 지역에 대한 권리를 재차 주장하고 있다. 이스라엘의 베냐민 네탄냐후 총리는 미국 트럼프 행정부의 지원 아래 팔레스타인 지역에 대한 통제권을 다시금 주장하고 있어, 기존의 두 국가 해법*을 폐기할 가능성도 배제할 수 없다. 그리고 중국에서는 국가가 주도하는 위구르 지역에 대한 문화적 민족 말살 과정에서 외부인들의 정착과 식민지화가 활발히 진행되고 있다. 이들 사례보다 덜 폭압적이기는 하지만, 미국에서 트럼프의 집권이나 영국의 브렉시트Brexit, 또는 헝가리 오르반 빅토르 총리의 집권에서 볼 수 있듯이 서구 민주주의 국가들 곳곳에서 외국인혐오증과 포퓰리즘적 민족주의가 발흥하는 것도 그러한 추세를 보여주는 징표라 할 수 있다.

이와 같은 측면에서 본다면, 위구르족에 대한 문화적 민족 말살은 눈에 띄는 예외적인 사례가 아닐 것이며 세계적으로 널리 퍼져 있는 보다 커다란 문제를 보여주는 하나의 징후다. 이러한 관점에서, 후

---

* 제3차 중동전쟁(1967) 이전의 국경선을 기준으로 이스라엘과 팔레스타인이 각각 독립된 국가로 공존하자는 구상으로, 1974년 UN 결의안으로 기본 틀이 나왔고 1993년 오슬로 협정을 통해 확립되었다. 이 구상에 따르면 이스라엘은 제3차 중동전쟁에서 얻은 골란고원과 가자지구에서 물러나도록 되어 있다.

대의 역사가들은 세계 모든 인류의 인권, 개인의 프라이버시, 그리고 인간의 존엄성이라는 원칙을 지키기 위해 구축된 '규범에 기반한 국제 질서'라는 이상에 종지부를 찍는 가장 확실한 결정타 중 하나로, 2017년 이래로 위구르족이 처해 있는 상황을 떠올릴 수도 있을 것이다. 물론 이는 유엔이 이 규범에 기반한 시스템을 제대로 구축하고 그 취지대로 운영해왔다고 주장하려는 것이 아니다. 그래도 이 위구르 사태가 불거지기 이전에는 어떤 인도에 반한 죄가 노골적으로 자행되고 있는 경우 과연 그런 상태로 내버려두는 것이 정당한지, 최소한 유엔이라는 무대에서 활발하게 논의되기를 기대할 수라도 있었다는 점을 지적하고자 하는 것이다. 위구르 사례에서 주목할 만한 점은 대부분의 국가가 이 문제에 대해서 귀가 먹었나 싶을 정도로 침묵을 지키고 있다는 점이다. 이는 국가가 주도하는 노골적이고도 폭력적인 문화적 민족 말살이 세계 도처에서 새로운 시대적 일상을 구성하는 장면 중 하나가 될 것이라는 암울한 예측을 가능케 하는 징표인가? 머지않아 우리는 보편적 인권과 과거에 자행된 잔학상에 대한 반성, 그리고 인간으로서의 권리를 박탈당하고 주변부로 밀려난 이들을 보호해야 한다는 점에 대해서는 최소한 겉으로라도 국제적인 합의를 공유하는 모습을 보였던 20세기 말 그 시절을 애틋하게 돌아보며 과거의 향수를 느끼는 신세가 될 것인가? 만약 그렇다고 한다면 미국의 쇠퇴와 중국의 부상은 그와 같은 세계 질서의 변화를 상징적으로 보여주는 핵심적인 사건이라 지목하는 이들도 있을 것이다. 하지만 필자가 이 책에서 지적하고자 하는 바는, 위구르족들이 겪고 있는 문화적 민족 말살은 (세계 질서의 변화라기보다는) 우리가 현재 목도하고 있는 '규범에 기반한 국제 질서'의 불완전성을 보여주는 증상 중 하나에 불과하며 그 불완전한 질서는 '테러와의 전쟁' 선포로 시작된 일련의 과정들을 통해서 더욱 쇠퇴하고 있다는 것이다.

앞에서 언급한 전 세계적 규모로 진행 중인 세 가지 추세와 이들 추세가 미치는 파장은 위구르 지역에서 벌어지고 있는 폭압적인 문화적 민족 말살을 막기 위한 행동이 시급하다는 것을 더욱 부각시킨다. 오늘날 위구르족에게 벌어지고 있는 일들에 대해 목소리를 높이고 이를 멈추도록 중국에 압력을 가하지 않는다면, 대중을 탄압하고 민족을 기준으로 특정 집단을 선별하여 통제를 가하는 행태를 국가 주권의 불가침성을 이유로 국가의 정당한 권리라 인정하는 매우 위험한 선례를 남기게 될 것이다. 오늘날 위구르족에게 벌어지고 있는 일들이 제대로 다루어지지 않고 넘어간다면, 지금 침묵했던 많은 이들은 앞으로 비슷한 상황에 처하고 나서야 '처음에 그런 비극이 위구르족들에게 닥쳤을 때 …' 그때 무엇이든 해봤어야 했다는 후회를 하게 될 것이다.

| 연구방법론 |

이 책은 비교적 최근의 역사이지만 여러 측면에서 역사적 서술처럼 읽힐 것이다. 2001년부터 중국은 자국이 위구르족이 야기하는 '테러리즘 위협'에 오랜 세월 직면해왔다는 주장을 집요하게 이어가고 있는데, 제1장에서 위구르족과 근대 중국의 첫 250년 동안의 식민 지배적 관계를 개괄하고 나서 최근 90여 년 동안 양자 관계의 역사를 훑어나간 것은 중국의 그러한 주장이 이후에 어떤 영향을 미쳤는지 이해하기 위한 작업이다. 이러한 역사적 관점은 현재 위구르 지역에서 벌어지고 있는 문화적 민족 말살의 비극이 어떤 맥락에서 일어난 것인지, 그리고 현재 중국이 위구르족에게 시행하는 정책들이 어떤 과정을 거쳐서 그처럼 극단적인 특성을 발현하도록 진화해왔는지 알아보기 위한 것이기도 하다. 이 책의 전반적인 내용이 역사적인 것이라 하더라도, 인류학자로서 필자의 분석은 필연적으로 지난 25년 동안 위구르족들을 접했던 현장 연구를 통해 갖추게 된 문화기술지ethnography*라는 렌즈를 거쳐서 나온 것이다. 특히, 문화기술지적 시각을 견지함으로써 국가정책에 관한 것뿐만 아니라 국가정책에 대한 위구르족의 대응 및 국가와 위구르족 사이의 근본적인 단절성에 대한 이야기도 할 수 있었다.

하지만 위구르족을 직접 살펴보는 현장 연구에는 태생적으로 방법론적 측면의 어려움이 있다. 위구르 지역 내에서 수행하는 문화기술지적 조사에는 언제나 정치적 민감성이 수반된다. 외부의 연구자들은 오랜 기간 지역과 사람들을 추적 관찰해왔는데, 특히 우루무치 밖을 여행하는 경우 어떤 것이든 현지 정보원들과 예민한 주제를 두고 인터뷰를 하는 행위는 그들을 위험에 빠뜨릴 수 있다. 대화나 인터뷰를 기록하거나 녹음한 증거물이 있다면 더욱 그렇다. 게다가 외부의 연구자가 위구르족이 밀집한 시골에서 이들 가정과 장기간 생활하는 것은 사실상 불가능했으므로, 도시적 환경 밖에서 장기간 참여 관찰하는 방식을 적용할 수 없었다.

필자가 학위논문을 준비하던 1990년대 중·후반에는 카자흐스탄의 위구르족 공동체에서 한 위구르족 가정과 함께 생활하면서 이러한 문제들을 해결했다. 그곳에서 필자는 위구르족 지역공동체에 대한 참여 관찰을 자유롭게 할 수 있었고, 친척을 방문하거나 무역을 하기 위해 카자흐스탄으로 넘어오는 중국 거주 위구르족들과 인터뷰도 진행하며 기록할 수 있었다. 같은 기간 중 필자는 현장 연구를 위해서 여러 번에 걸쳐 위구르 지역을 몇 달 동안 여행하기도 했지

---

* 어떤 민족의 사회조직이나 생활양식 전반에 관한 내용을 현지 조사하여 체계적으로 기술한 자료.

만, 필자와 대화를 나눈 이들을 위험에 빠뜨릴 수 있기 때문에 인터뷰를 기록하거나 녹음하는 일은 자제하곤 했다. 이러한 과정을 통해 카자흐스탄에 거주하는 위구르족들과 중국에 거주하는 위구르족들 사이의 관계를 다룬 학위논문을 작성하는 데 필요한 자료들을 상당 부분 수집할 수 있었지만, 논문을 끝낸 이후로 필자의 개인적인 현장 연구를 방해하는 도전 요인들은 훨씬 더 버거워지게 되었다.

학위논문을 마무리하던 중 필자는 위구르족과 그들의 고토를 다룬 『신장: 중국의 무슬림 변경 지역Xinjiang: China's Muslim Borderland』이라는 책의 집필에 참여했는데, 이 책은 중국의 격렬한 반발을 불러일으켰다.[1] 이 책에서 필자가 집필을 맡은 부분은 위구르 지역과 관련된 여러 이슈를 전체적으로 개관하는 장으로, 신장 지역의 역사는 물론 위구르족과 근대 이후 중국 사이에 오랜 긴장 관계가 이어져 내려온 결과인 현재 상황까지 포괄하는 내용이다. 미국에서 위구르족과 이 지역을 연구하는 최고 수준의 학자들이 집필한 이 학술서적이 출간되자 중국 당국은 위구르족들의 '분리주의'를 조장하기 위한 미국 정부의 프로젝트라고 반발했다.[2] 그 일로 집필진에게는 '신장 13인방'이라는 달갑지 않은 별명이 붙었으며, 중국은 이들에 대해서 여행과 연구 목적의 비자를 일관되게 거부하고 있다. 그 결과, 학위논문을 완성하기 위해 미국에 들어가기 직전에 방문한 2000년 여름을 마지막으로 필자는 위구르 지역에서 현장 연구를 수행하지 못하고 있다. 이 지역에 들어가볼 수 없다는 점이 필자의 연구에서 가장 심각한 제약 조건이지만 이는 개인적으로 어떻게 할 수가 없는 부분이다.

여기서 분명히 밝히건대, 그 이후로 필자는 더는 중국 비자를 신청하지 않았다. 실질적인 연구의 가능성은 논외로 하더라도 중국에 입국하는 것 자체를 위해서 동료들이 온갖 노력을 기울이는 것을 지켜보면서 필자는 더 거시적으로 중앙아시아 연구에 집중하기로 했고, 위구르족 공동체에 대한 연구의 초점은 역사적으로 여러 시기에 위구르 지역을 떠나 다른 국가에 정착한 다양한 위구르족 공동체로 이동했다. 2001~2006년 동안에는 카자흐스탄과 키르기스스탄에 머물면서 이들 국가의 위구르족 지역공동체에 대한 연구를 이어나갈 수 있었는데, 중국에서 온 위구르족들도 연구 대상에 포함되었다. 지난 12년 동안에는 여름이면 몇 개월씩 튀르키예에 머물면서 2000년대 전체적으로, 특히 2009년 이후로 이 나라에서 성장해온 위구르족 난민 공동체에 대해 연구하고 있다. 한편, 미국과 유럽의 위구르족 난민들과도 정기적으로 교류하고 있다.

이러한 경험들을 통해서 필자는 위구르족들과의 인터뷰 자료를 상당한 정도로 확보할 수 있었다. 인터뷰에 응한 이들 중에는 2016년까지 위구르 지역에서 살던 사람들이 다수 포함되어 있다. 인터뷰가 중국 밖에서 이루어졌기 때문에 이들은 특히 자신의 경험을 솔직하게 말할 수 있었다. 하지만 위구르 지역은 말할 것도 없고 현재 세계 도처에서 위구르족들이 궁지에 몰려 있는 민감한 상황을 감안하여, 이 책에서는 필자와 인터뷰한 인물들의 이름이나 개인을 특정할 만한 세부 사항은 담지 않았다. 다만, 잘 알려져 있고 정치적으로 활발하게 활동하고 있는 공적 인물의 경우만 예외로 했다.

필자는 2000년 이후로 위구르 지역에 직접 가보지는 못했으나 그 이후 고향을 떠난 위구르족 난민들을 찾아다니며 그러한 공백을 메워나갔으며, 이를 통해 위구르 고토에서 보냈던 그들의 삶에서 중요한 측면들을 시대별로 이야기할 수 있게 되었다. 또한 이 책에서 제시한 분석의 상당 부분은 위구르 지역과의 접촉을 계속 유지해온 연구자들의 연구 성과와 이들과의 개인적 교류 덕분에 가능한 일이었다. 필자가 위구르 지역에 갈 수 있던 때와 대략 비슷한 시기에 장기간에 걸친 문화기술지적 연구를 수행했던 조앤 스미스핀리Joanne Smith-Finley와 레이첼 해리스는 지난 20년 동안에도 그 지역을 방문할 수 있었다. 라이언 툼, 데이비드 토빈, 데이비드 브로피, 샌드린 캐트리스, 엘리스 마리 앤더슨, 세라 타이넨Sarah Tynen, 대런 바일러, 그리고 티모시 그로스 등 주목받는 소장 학자들이 2000년대 전반에 걸쳐 위구르 지역에서 각종 현장 연구를 수행했다.

위구르 지역에 접근할 수 없었던 필자로서는 망명 중인 위구르족들과의 인터뷰 및 다른 학자들의 연구에 참여하는 것이 지난 20년 동안 위구르족들이 자신의 땅에서 겪었던 경험의 단편들을 짜맞추는 데 도움이 되었지만, 그간 '테러리스트'로 인식되던 중국 외부의 위구르족 무장 단체에 대한 연구는 다음과 같은 점에서 특히 쉽지 않은 도전이었다. 첫 번째, 이들 단체에 대한 2차 자료들*을 보면 그 내용이 추측에 근거하는 듯한 경향이 있고, 위구르족의 문화나 역사에 대한 전문성을 갖추고 있지 못하며 그들의 언어로 말하거나 읽을 수도 없는 이들이 작성한 경우가 거의 대부분이라는 점이다. 두 번째, 아프가니스탄, 와지리스탄 또는 시리아에 근거지를 두고 있는 위

---

* 사회·문화 현상을 연구하는 데 이용하는 자료는 그 원천에 따라 1차 자료와 2차 자료로 나뉜다. 1차 자료는 조사자가 직접 수집하거나 작성한 것이며, 2차 자료는 1차 자료를 수정·가공한 것이다. 각종 통계 자료, 정부의 공식 문건, 텔레비전·신문 및 잡지 등 매체에서 제공하는 정보, 연구 보고서, 학술 서적, 논문 등이 2차 자료다.

구르족 무장 단체들을 대상으로 문화기술지적 연구를 하는 것은 거의 불가능하거나, 최소한 극히 위험하다는 점이다.

운 좋게도 필자는 이들 지역에 근거를 둔 무장 단체에서 활동한 경험이 있는 몇몇 위구르족과 인터뷰할 기회가 있었는데, 이를 통해 그들이 무장 단체로 들어간 이유와 이들 단체가 처해 있는 여건, 그리고 실제 수행한 활동 등 그들이 겪은 이야기를 들을 수 있었다. 필자는 이들과의 인터뷰 외에도, 2008년 이래로 활동 중인 가장 중요한 위구르족 무장 단체이자 중국이 위구르족들로부터 '테러리즘 위협'을 받고 있다고 주장하는 주요 근거로 내세우는 투르키스탄이슬람당에서 제작한 수백 건의 위구르어 영상물도 참고했다. 이들 자료를 충분히 분석할 수 있는 언어 능력을 갖추지 못한 경우가 거의 대부분인 '테러리즘 전문가들'은 통상 이들 영상물을 지도부의 인적 교체에 대한 암시, 더 세력이 큰 지하디스트 단체들과의 연합, 또는 특정한 공격 행위에 대한 책임 측면에서 살펴보지만, 필자는 이 조직의 성격과 역사는 물론 구성원들의 일상적인 생활과 열망을 이해하기 위한 수단으로 영상물들을 시청했다. 이러한 측면에서 특히 유용한 것이 순교자들을 찬양하는 영상물로, 여기에는 중국에서 경험했던 탄압, 출생지와 받았던 교육 등 투르키스탄이슬람당에 가담한 이들의 인적사항이 구체적으로 나와 있기 때문이다. 2008년 이후로 이 단체가 제작한 영상물이 상당히 많이 나오고 있는데, 이들 영상 자료를 시청하는 것은 이 단체의 역사를 주제로 한 문화기술지 자료를 연대별로 제공받는 것과 같다.

이 책은 이러한 방법론을 따른 연구의 결과물이다. 1998년 이후 출현한 종교적이고도 민족주의적인 성격이 가미된 호전적인 위구르족 무장 단체들을 각종 문헌과 영상물, 그리고 인터뷰 자료를 토대로 분석한 가장 독창적인 연구 성과인 이 책은 위구르족으로 인하여 '테러리즘 위협'에 직면해 있다는 중국 쪽 주장의 신화와 실제에 대한 새로운 시각을 제공할 것이다.

| 감사의 말 |

책을 저술하는 행위를 여행에 빗대는 것은 꽤나 상투적이지만, 이번에 책을 쓰면서 왜 이러한 진부한 비유를 하는지 이해할 수 있었다. 필자의 첫 저서인 이 책에는 위구르족을 연구해온 지난 30년의 세월이 오롯이 담겨 있다고 솔직하게 말할 수 있다. 이 책에서 제공하는 내용은 가장 최근으로는 2019년 여름 튀르키예에서의 현장 연구뿐만 아니라, 학위논문을 작성하기 위해 1990년대에 카자흐스탄과 중국에서 수행했던 현장 연구, 그리고 그사이에도 계속해왔던 연구를 통해 얻은 것들이다.

간접적인 방식의 연구가 주종을 이루었다는 점을 부인하기 어려우나, 이 책이 지난 30년의 위구르 연구를 담은 산물임을 감안한다면 필자의 연구와 저술을 가능케 했던 모든 이에게 감사하지 않을 수 없다. 가장 먼저, 필자가 서던캘리포니아대학교에서 학위를 준비할 당시 위구르 연구에 대한 필자의 열정을 기꺼이 받아주었던 대학원 동료들에게 감사해야 할 것이다. 최근에 작고한 유진 쿠퍼Eugene Cooper는 그 지혜와 유머 감각으로 필자를 이끌어주었으며, 아자드 아이셰 롤리히Azade-Ayşe Rorlich는 튀르크어 자료 해독의 중요성을 일깨워주고 역사학적 소양을 함양하도록 도와주었다. 1994년부터 2000년까지 카자흐스탄에서 연구할 당시 필자를 자신들이 생활에 기꺼이 받아들여주었던 위구르족 공동체에도 감사를 전한다. 특히 그곳 공동체에서 필자의 '아버지'가 되어주었던 사붓 몰로도프Savut Mollaudov(Yärliq)와 압바스 알리예프Abbas Aliyev(Kitäiliq)에게 깊은 사의를 전하고자 한다.* 두 분 모두 생전에 이 책을 볼 수 있었다면 좋았겠지만, 다른 한편으로는 오늘날 자신의 고향에서 위구르 문화가 파괴되고 있는 참상을 보지 못하는 것이 오히려 다행일지도 모르겠다. 이분들에 더하여, 카자흐스탄에서의 현장 연구에 크나큰 도움을 주었던 '자매' 사이누르 다우토바Saynur Dautova(Yärliq)와 딜랴누르 카시모바Dilyanur Kasymova(Kitäiliq)에게도 필자는 많은 빚을 지고 있다.

필자의 연구를 꾸준하게 지원해준 엘리엇 국제문제대학원Elliot School of International Affairs의 동료들에게도 감사한다. 필자의 연구 프로젝트를 지원하고 이를 완결하기까지 인내심을 가지고 기다려준 마이클 브라운Michael Brown과 후임 학장인 루번 브리게티Reuben Brigety에게 감사의 인사를 보낸다. 또한 시구르아시아연구센터Sigur Center for Asian Studies와 유럽·러시아·유라시아연구소IERES(Institute

---

* 카자흐스탄에서는 위구르족을 두 부류로 나눈다. 'local'을 의미하는 Yärliq은 1880년대에 이 지역으로 넘어와 자신들을 소련 또는 카자흐스탄 사회의 일원으로 생각하는 집단을 이르며, 'from China'를 의미하는 Kitäiliq은 비교적 최근에 넘어온 위구르족이다.

for European, Russian, and Eurasian Studies)의 연구 지원에도 감사드린 다. 시구르아시아연구센터는 필자가 이 연구 프로젝트를 시작했을 당 시 한 학기 동안 연구조교를 지원하는 한편, 이 책을 완성하기 위해 2019년 여름 튀르키예에서 마지막 연구를 할 수 있도록 재정적으로 도움을 주었다. 유럽·러시아·유라시아연구소 역시 지난 2년 동안 두 학기에 걸쳐 연구조교를 지원하여 필자의 연구 프로젝트 완성에 결정적으로 기여했고, 위구르 관련 행사와 학술 토론회를 개최할 때 마다 항상 함께해주었다. '유라시아 연구와 안보를 위한 새로운 접근 프로그램PONARS(Program on New Approaches to Research and Security on Eurasia)'의 동료들은 수년 동안 필자에게 끊임없는 지적 자극과 연구 성과에 대한 피드백을 해주었다. 필자는 2012년 이 프로그램에서 진 행하는 워크숍에서 처음으로 이 책의 집필을 구상했고, 이들의 격려 로 연구 프로젝트를 수행했다. 마지막으로, 자료 수집과 인터뷰 기록 및 필자의 아이디어에 대한 비판적인 검토를 통해 지난 몇 년 동안 필자를 도와주었던 연구조교들에게 감사한다. 시린 아르슬란Shirin Arslan, 앨리슨 쿼트리니Allison Quartrini, 그리고 특히 베크잣 오텝키지 Bekzat Otep-Qizy의 도움이 없었다면 필자는 프로젝트를 마무리할 수 없었을 것이다. 이들 모두 각자 수행 중인 연구의 완성을 볼 수 있기 를 바란다.

　　여러 부분에서 필자의 연구를 친절하게 도와주었던 미국, 유럽, 튀 르키예의 많은 위구르족에게도 감사의 뜻을 전한다. 이들은 기꺼이 필자를 만나고 위구르족 공동체에 소개시켜주었으며 항상 호의를 베풀어주었다. 신원 보호를 위해 많은 이들을 익명으로 처리해야 했 지만, 공공연히 알려진 공적 인물로 볼 수 있는 이들도 몇몇 있다. 압두왈리 아윱Abduwali Ayup, 타히르 이민Tahir Imin, 라비야 카디르, 오메르 카나트, 알림 세이토프Alim Seytoff, 그리고 세이트 톰투르크Seyit Tumturk가 바로 그들이다. 이들은 물론 익명으로 처리된 다른 이들 모두 기꺼이 자신의 시간을 내고 도움을 주었다. 위구르족 공동체의 구성원은 아니지만 감사해야 할 또 다른 인물은 테러 관련 조사와 컨설팅을 하는 인텔센터의 벤 벤즈케 대표로, 그는 자신의 회사가 보유하고 있는 투르키스탄이슬람당의 귀중한 영상 자료들을 볼 수 있게 도와주었으며 그 자료들은 투르키스탄이슬람당의 역사를 이해하는 데 결정적이었다.

날로 성장하고 있는 위구르 연구자들의 국제적 커뮤니티에도 감사한다. 필자가 이 책에서 언급한 연구 성과들을 내놓은 연구자들의 놀라운 식견을 통해 많은 것을 얻을 수 있었는데, 특히 필자의 초고를 읽고 유용한 조언을 해준 데이비드 브로피, 조안 스미스핀리, 제임스 밀워드, 그리고 라이언 툼에게 특별히 감사의 마음을 전한다. 또한 연구 프로젝트를 맡도록 격려해준 제임스 레이볼드는 물론, 이 책에서 필자가 제시한 아이디어들의 바탕이 되었던 다른 자료들을 읽고 피드백을 해주었던 마이클 클라크와 대런 바일러에게도 감사의 말씀을 전한다. 필자의 초고를 읽고 나서 신속하고도 꼼꼼한 후기와 상당히 도움이 된 권고 사항들을 보내주었던 위구르 연구자 커뮤니티의 익명의 회원들에게도 각별한 감사를 전한다. 위구르 문화와 역사에 대해 장시간 토론했던 이 커뮤니티의 많은 이들에게서 얻은 통찰과 연구 성과, 그리고 우정에 감사한다. 이곳만큼 따뜻하고 수평적인 학술 커뮤니티는 찾기 어려울 것이라 생각한다.

책을 쓴다는 것은 막대한 개인 시간을 바쳐야 하는 것이니만큼,

필자가 원고를 쓰는 동안 인내심을 가지고 기다려준 나의 가족에게 정말 고맙다는 것은 따로 말할 필요가 없을 것이다. 하지만 원고를 완성할 수 있도록, 특히 출간을 앞둔 마지막 몇 주간 몰두할 수 있도록 배려해준 아내 애셀과 삶에 대한 열정으로 필자의 작업에 영감을 주는 딸 에이딘에게 감사하며 이들에게 이 책을 바치고자 한다.

최종적으로 완성된 원고를 보기 전이지만, 출간을 준비하는 맨체스터대학교 출판부와 프린스턴대학교 출판부에도 감사의 말을 전하고 싶다. 특히, 이 프로젝트를 시작할 때부터 참여하여 늦어지는 원고 마감에도 인내심을 가지고 기다려주었던 조너선 드 파이어와 이 프로젝트에 대한 열정과 신뢰를 보내주었던 프레드 에펠에게 특히 감사한다.

마지막으로, 카자흐스탄, 키르기스탄, 튀르키예, 유럽, 그리고 미국에서 인터뷰에 응해주었던 많은 위구르족 인사에게 다시금 감사의 뜻을 표한다. 공개된 이력을 가지고 있는 몇몇을 제외하고는 익명성과 안전을 보장하기 위해 이들의 이름을 언급하거나 개인을 특정할 수 있는 정보를 흘리지 않도록 주의를 기울였다. 하지만 필자와 소통하려는 그들의 의지가 없었다면 이 책은 나올 수 없었다. 과거부터 겪고 있는 비극을 극복하고 회복해 나가는 이들에게 경의를 표하며, 그들과 모든 위구르족에게 지금보다는 훨씬 더 밝은 미래가 펼쳐지기를 기원한다.

보편적 가치의 선별적 소비, 그리고 중국몽의 오래된 미래

***

세상에 쏟아져 나오는 수많은 책은 제각기 나름의 존재 의의를 가지고 있겠지만, 최소한 다음 세 가지 물음에는 답할 수 있어야 한다는 것이 개인적인 생각이다. "왜 이 주제인가?", "왜 이 책인가?", "그래서 무엇을 말하고자 하는가?" 일단 어떤 텍스트가 나오면 그것이 사회에 던지는 의미나 파장은 그 텍스트의 생산에 관여한 사람들이 의도했던 바와 다르거나 오히려 이를 넘어설 수도 있다. 하지만 외신 보도에서나 간간이 접하는, 누군가의 말을 빌리자면 '지구 반대편에 우리와 아무 관계도 없는' 민족에게 벌어지고 있는 일들을 다룬 책을 굳이 한국에 소개하는 이유가 단지 개인적 호기심이나 자기만족에 있다면 이는 그간의 작업을 시간과 노력의 공연한 낭비로 치부하는 것인 동시에 독자에 대한 모독이 될 것이다. 이 책을 소개하려 했던 이유, 이 책이 한국 사회에 던지는 의미에 대한 개인적 소회를 간단히 정리해두고자 한다.

***

국제사회든 우리나라든 위구르 문제에 대한 담론은 통상 인권 침해 또는 민족 갈등에 초점을 맞추어서 접근하고 있지만, 한국적 현실에서는 그 이상의 의미 혹은 시사점을 던지는 사안이라 할 수 있다. 위구르 문제가 한국의 현실에서 가지는 의미와 중요성에 대한 논의에 앞서 그 전제이자 배경으로서 역사, 현재의 한·중 관계, 그리고 변화하는 국제 질서 등 한국이 처해 있는 지정학적 현실을 살펴볼 필요가 있다.

먼저, 한국의 역사적 경험과 오늘날 위구르족들이 처한 상황의 유사성이 눈에 들어올 수 있다. 거슬러 올라가면 삼국 통일 과정에서 멸망한 고구려와 백제의 유민들이 중국 각지로 분산되어 결국 중국의 일부로 흡수되고 말았던 역사를, 가까이는 일제 강점기의 민족 말살 정책 아래에서 역사와 언어를 빼앗겼던 경험을 들 수 있다. 강대국이 다양한 방식으로 약소국 혹은 피지배 민족을 흡수·통합하려는 행태는 한국도 역사적으로 이미, 심지어는 얼마 전까지도 경험했던 것이다. 물론, 무력을 앞세워 식민지 확보에 열을 올리던 제국주의 시대는 오래전에 끝났고 오늘날 위구르 지역의 상황을 지난 과거와 연결하여 한국의 현실로까지 투사하는 것은 지나친 비약이라고 볼 수도 있다. 특히 과거와는 비교가 안 될 정도의 국가적 역량과 위상을 자랑하며 강력한 한·미 동맹으로 뒷받침되는 지금의 한국을 생각한다면 말이다. 그런데 오늘날 한국이라는 국가가 처해 있는 상황을 다른 측면에서 바라본다면 자신 있게 그러한 반론을 내놓을 수 있을까?

중국과 단절되어 그 영향력으로부터 상대적으로 자유로웠던 냉전이라는, 한국의 역사에서 극히 예외적이었던 시기는 이미 한 세대 전에 끝나버렸다. 수교 이후 비약적으로 확대되어온 인적·물적 교류로 인하여 심화된 상호의존성이라는 바탕 위에 결코 메워질 수 없는 양국 사이의 근본적인 간극을 외면한 '희망적 사고wishful thinking'가 지난 30여 년 동안 누적된 결과, 이제는 정치적 상황에 따른 정도의 차이는 있을지언정, 국가정책과 국정 운영의 자율성이 비대칭적으로 제약받는 양상이 공기처럼 자연스러운 일상이 되어가고 있다. 이에 더하여 남중국해 문제에 가려져 있지만 계속되고 있는 우리 영공·영해에 대한 지속적이고도 고의적인 침범은 물론, 타국과의 관계에서는 찾아보기 어려울 정도로 외교적 관례를 무시하는 내정간섭적 행태, 그리고 최근 이슈가 되었던 비밀경찰서 의혹과 공자학원 논란까지. 이제 한국은 개혁개방 이후 축적해온 정치적·경제적 역량을 거리낌 없이 휘두르며 역대 중화제국의 수직적 국제 질서를 재건하려는 거인의 근육 자랑에 적나라하게 노출되어 있다고 보아도 무방하다.

이에 더하여, 냉전 종식 후 미국 모델의 자유민주주의 및 자유무역에 기반을 둔 시장경제가 소위 글로벌스탠더드로 한 세대를 풍미한 후 변화하고 있는 국제사회의 '공기'도 생각해보지 않을 수 없다. "탈냉전 시대는 확실히 끝났다"는 미국 바이든 행정부 국가안보전략NSS(National Security Strategy)의 평가가 보여주듯이 인류 역사의 극히 예외적인 시기는 종언을 고했으며, 미국 '없이는' 아무것도 되는 게 없는 시대에서 미국 '만으로는' 아무것도 되는 게 없는 시대로 나아가고 있다. 21세기 들어 부각되고 있는 중국의 존재감은 이러한 추세를 상징적으로 보여주는 현상 중 하나로, 인권이나 정치적 자유와 같은 '보편적 가치'와 관련한 문제 제기에 대해 국가 주권을 내세우며 '내정간섭'이라 강변하고 힘에 의한 일방적인 현상 변경도 배제하지 않는 중국의 행태가 국제사회의 제대로 된 비판이나 제재의 대상이 되기는커녕 오히려 은근히 적지 않은 호응을 얻기도 하는 모습은 그러한 큰 흐름을 보여주는 풍경들 중 하나다. 원하든 원치 않든 이런 국가를 바로 옆에 두고 살아갈 수밖에 없는 한국의 지정학적 숙명을 감안한다면 위구르 문제에 대한 중국의 접근 방식과 국제 질서의 변화는 대한민국이 대한민국이기 위해서라면 반드시 지켜야 할 정체성과 가치에 대해서도 간단치 않은 도전 요인이 될 수밖에 없다.

***

어떤 현상을 평가하고 그에 대한 나름의 입장을 정립하기 위해서는 정보와 지식이 필요하다. 정보의 양과 질은 물론 그 편향성에 대한 인식도 중요한데, 굳이 이 책을 소개하는 이유와 연결되는 부분이다. 위구르족에 대한 저자의 다소 온정적 시각이나 분석에 동의하는지 여부와 관계없이 이 책이 국내에 소개될 가치가 있다고 판단했던 이유는 다음과 같다. 먼저, 단편적 외신 보도를 넘어서 문제의 역사적 맥락과 현재 상황을 알기 쉽게 정리해 놓은 자료로서 의미가 있다. 다음으로, 현상을 균형감 있게 이해하기 위해서 필요한 정보와 함께 새로운 관점이 있다. 현재 위구르 지역에서 무슨 일이 벌어지고 있는지, 역사적인 맥락이 어떠한 것인지 어느 정도는 알려져 있다. 하지만 "왜 유혈 사태가 발생하는가?", "위구르족 단체들이 실제 가지고 있는 역량은 어느 정도인가?", "왜 중국은 그들이 테러리스트라 주장하는가?", "그들이 실제로 벌이는 활동이 우리가 생각하는 '테러리즘'에 부합하는가?", "서구 국가들은 왜 최근에야 이 문제를 두고 중국을 비판하는가?" 등 쟁점이 되는 부분에 대해서는 접할 수 있는 정보나 지식의 출처가 중국의 공식 입장과 서구의 안보 분야 전문가들에 한정되어 있다. 이에 비해, 반대편 당사자인 위구르족, 특히 무장투쟁 (혹은 테러 단체 활동) 경험자들이 자신이 겪은 일들과 생각을 직접 증언한 내용은 국내에 거의 소개되어 있지 않다. 저자도 지적하듯이, 언어 문제가 이들과의 직접적인 소통과 심층적 연구를 가로막는 장벽인 것이다. 따라서 언어적 능력과 인류학적 연구방법론을 바탕으로 현장 연구, 각종 인터뷰 및 1차 자료를 분석한 결과를 종합한 지역 전문가의 연구 성과는 새로운 정보와 함께 현상을 바라보는 새로운 시각을 제시할 수 있을 것이라 생각한다. 현재와 같은 상황이 조성된 역사적 과정과 그 이면에서 작동하는 국제적 역학 관계에 대한 친절한 설명, 기존과 차별화된 연구방법론과 새로운 관점은 오늘날의 위구르 문제를 입체적으로 이해하는 데 도움이 될 것이다.

***

어떤 텍스트를 소개한다는 것이 곧 저자의 주장에 전적으로 동조함을 의미하는 것은 아니다. 안중근 의사가 일본인에게는 '테러리스트'로 간주*될 수 있듯이 테러리즘이라는 용어에는 본질적으로 정

---

* 2014년 1월 중국에 안중근기념관이 개관하자, 당시 일본의 관방장관이던 스가 요시히데(菅義偉)는 "우리나라의 초대 총리를 살해해 사형 판결을 받은 테러리스트"라 언급했다.

치적 성격이 내포되어 있으므로 보편적으로 받아들여질 객관적인 개념 정의가 가능할 것 같지도 않다. 또한 현재의 상황이 문제인지, 문제라면 그러한 현실을 타개하기 위한 방법이 무엇인지에 대해서도 여러 생각이 있을 수밖에 없다. 결국 오늘날 위구르 지역의 상황과 중국의 지배에 저항하는 위구르족들의 활동에 대한 평가는 각자의 몫이며, 따라서 위구르 문제가 한국의 현실과 미래에 던지는 함의를 끄집어내는 것도 각자의 몫일 것이다. 하지만 개인적으로는 위구르족이 겪고 있는 일들은 '중국몽中國夢'의 민낯이자, 지금과 같은 삶을 당연하게 여기는 평범한 소시민이라면 상상조차 해보지 않았겠으나 인류의 오랜 역사에서는 늘 일어났던 일들이 우리의 미래에 닥칠 수도 있음을 경고하는 의미가 될 수 있겠다고 생각한다. 위구르 문제가 한국 사회에 던지는 메시지가 무엇인지, 굳이 이 책을 국내에 소개하는 이유를 묻는다면, 인도주의적 참상을 선정적으로 부각시키거나 단지 국내외로 번지는 반중 정서에 기름을 더 부어보자는 것이 아니라, 그러한 경고의 측면에서 찾고자 한다. 더 구체적으로 말하자면 다음과 같다.

먼저, '중화민족의 위대한 부흥'을 표방하는 중국몽의 이면에는 '중화', 혹은 '석류 씨앗' 뭉치로 단단히 엮여 들어가기를 거부하는 이들을 강압적으로 흡수·통합해왔던 역사적 경로의존성이 존재한다는 점이다. 새삼스러울 것은 없지만 "한국은 실질적으로 중국의 일부분으로 존재해왔다"*는 시진핑 주석의 노골적인 발언으로 다시금 드러난 중국공산당의 역사 인식과 동일한 선상에서 한국이 가장 주목해야 할 부분이다. 그의 역사 인식이 개인적 소신에 머무는 것이 아니라, 소수민족이 주인으로 거주해왔던 소위 변강 지역에 대해서도 한족이 역사적인 연고를 가지고 있다는 주장을 뒷받침하려는 목적으로 국가와 당 차원에서 주도한 역사 공정 사업을 통해 정리된 공식적인 입장일 것이라는 점을 감안한다면 더욱 그렇다. 지금도 강역 내 소수민족의 고유 언어와 문화를 지워내고 한족화漢族化하는 작업은 극단적인 모습으로 나타난 위구르족과 티베트인 외에도 몽골족과 조선족에 대해서도 꾸준히 진행 중이다. 그 과정에서 반대 세력의 발흥이나 저항을 감시·통제하기 위해 동원되는 첨단 정보통신기술과 인공지능 및 빅데이터 기술 등 그 말초적 수단이 진화되었을 뿐, 정책의 본질은 주변의 이민족들을 흡수하며 외연을 확대해왔던 중국 역사의 지속 혹은 연장인 것이다.

다음으로, 위구르 문제는 보편적 가치가 국가 주권 혹은 전체주의와 충돌하며 기존의 국제 질서를 잠식하는 사안인 동시에 다른 국가들에 대해서는 그 안의 시민사회를 위협하는 수단으로도 악용될 수 있다는 점이다. 위구르 문제를 '중국 대 (미국을 비롯한) 서구 국가'의 갈등에 초점을 맞추어본다면 인권과 개인의 자유, 민족자결 등 보편적 가치에 대한 존중을 전제로 한 규범에 기반한 국제 질서를 위협하는 사안으로 그 의미가 한정된다. 하지만 밖으로는 미국 등 서구 국가들과 국제기구를 영리하게 활용하여 국제사회의 압박을 최

---

* "He(Xi) then went into the history of China and Korea. Not North Korea, Korea. And you know, you're talking about thousands of years … and many wars. And Korea actually used to be a part of China. And after listening for 10 minutes, I realized that it's not so easy." (트럼프 대통령이 『월스트리트저널』 (2017년 4월 12일 자)과 인터뷰한 내용이다) https://www.washingtonpost.com/news/fact-checker/wp/2017/04/19/trumps-claim-that-korea-actually-used-to-be-a-part-of-china/

소화하면서 안으로는 첨단 기술과 무력을 동원하여 주민들을 감시·통제하며 궁극적으로는 민족 자체를 지워나가는 중국의 위구르 문제 해법이 다른 국가들에게도 훌륭한 벤치마킹 사례로 작용할 개연성은 충분하다. 더욱이, 평상시에는 용인되기 어려운 정책이나 초법적 조치까지 '대테러 정책'의 명목으로 강행한다는 비판과 관련해서는 중국을 비판하는 미국도 마냥 자유롭기 어려운데 이는 중국의 경험이 다른 국가들의 국내 정치로 침투하는 데 일종의 정치적 장벽을 낮추는 방향으로 작용할 수 있다는 점에서 더욱 우려스러운 부분이다. 적당한 명분과 자의적 입법을 통해 법적 근거라는 외관을 구비해 놓고 다양한 수단으로 여론을 호도·압박함으로써 개인의 권리보호와 인권·법치 같은 본질적 가치를 형해화하는 전략이, 중국과 마찬가지로, 자유로운 개인으로 구성되는 시민사회나 자유주의적 요소라고는 흔적 비슷한 것도 찾아보기 어려운 강한 국가의 오랜 전통을 이어받은 한국에는 먹혀들지 않는다면 그것이 오히려 더 이상하지 않을까.

마지막으로, 위구르 문제의 정략적 성격과 관련 국가들의 행태는 인권이나 민족자결 같은 보편적 가치라는 것이 실제로 국제사회에서는 어떻게 소비되거나 외면받는지, 규범에 기반한 국제 질서에서도 결국 개별 국가를 움직이는 근본적 동기가 무엇인지 생생하게 보여주는 또 다른 사례라는 점이다. 미국을 비롯한 서구 국가들이 보여주는 위구르 문제에 대한 태도는, '테러와의 전쟁'이든 중국에 대한 견제든 결국 자국의 필요에 좌우되는 것이 본질이다. 제1차 세계대전부터 최근의 '테러와의 전쟁' 및 '이슬람국가ıs'와의 전쟁에 이르기까지 이용당하고 버림받는 역사를 반복하고 있는 쿠르드족의 경우와 크게 다르지 않다. 언어와 민족적으로 친연성이 있다는 튀르키예를 포함한 이슬람권 국가들의 행태*는 물론이고 탈레반을 포함한 소위 지하디스트 단체들의 위구르족에 대한 태도, 그리고 시리아나 인도네시아같이 머나먼 국가들로까지 흘러들어간 위구르족 난민들의 운명도 단지 종교나 이념의 프리즘으로 위구르 문제를 바라보는 외부 관찰자들의 피상적인 통념과는 거리가 있을 것이다. 어디에 있든 오늘날의 위구르족 개개인에게는 각자의 삶이라는 현실이 있을 것이고, 보다 거시적으로는 복잡다단했던 지난 세기 한국 독립운동의 역사처럼, 현실에의 순응과 독립 추구라는 양극단의 스펙트럼 사이에 다양한 노선과 방법론이 존재할 것이다. 하지만 피지배 민족이 버거운 현실을 타파하기 위해서는 스스로의 의지에 더하여 외부적으로도 '기회의 창'이 열려야 한다. 어쩌면 이것이 20세기 중반에 독립의 기회를 얻었던 한국과 오늘날 위구르족들의 운명을 갈랐던 결정적 요인이 아니었을까 하는 생각을 해본다.

---

* 예를 들어, 2022년 10월 6일 위구르 지역의 인권 상황을 논의하기 위한 특별 토론 개최 여부를 묻는 유엔 인권 이사회 표결이 있었다. 47개 이사국 가운데 한국을 비롯한 17개국이 찬성했지만, 19개국의 반대와 11개국의 기권으로 특별 토론은 무산되었다. 이사국에 포함된 이슬람 국가 중 찬성한 국가는 튀르키예와 소말리아뿐이었으며, 인도네시아·파키스탄·카타르·수단·아랍에미리트·리비아·말레이시아 등 이슬람 국가들은 반대하거나 기권했다. 한국의 경우 민주화 운동 이력과 인권 등 진보적 가치를 정치적 자산으로 삼은 세력이 집권한 시기에는 위구르족 인권이나 홍콩 문제 같은 중국이나 북한과 관련되는 인도주의적 이슈에 사실상 침묵으로 일관했던 점, 그리고 보편적 가치를 강조하는 현 정부가 2022년 10월 인권 이사회의 특별 토론 개최에는 찬성하면서 같은 달 유엔 총회에서의 '중국 신장위구르 인권 침해 규탄 성명'에는 불참한 점도 흥미로운 부분이다.

***

이 책을 소개하는 이유, 한국의 현실에서 이 문제에 대한 논의가 가지는 의미가 무엇인지 개인적인 생각을 정리해보았다. 눈 밝은 분들에게 보일 번역상의 문제는 역자의 역량이 부족함에 기인하는 것으로 양해를 구한다. 분명 의미가 있다고 생각해서 한 작업이기는 하지만, 당장 피부에 와 닿는 인생의 우선순위는 제쳐놓은 채 생각 없이 시간을 쏟아부었던 가장 원초적인 동기는 궁금한 세계를 알아가는 데서 느끼는 중독성 있는 즐거움이었다. 이제 많은 부분이 가물가물해졌지만 튀르크어, 그리고 그 광대한 세계에 대한 관심을 불어넣어주었던 서울대학교 이용성 박사님의 가르침이 작업에 많은 힘이 되었음을 밝히며, 지금까지도 인상적으로 기억되는 박사님의 학문적 열정에 경의를 표한다. 마지막으로, 대중성을 기대하기 어려운 책임에도 빛을 볼 기회를 주신 도서출판 산처럼에 감사드린다.

옮긴이 장성준
2023년 2월 5일

미 주

한국어판 머리말

1. Victims of Communism(VOC), *Xinjiang Police Files*, May 2022 (https://www.xinjiangpolicefiles.org) (최종 확인 2022년 6월 3일); The Rights Practice, *Criminal Law and Deprivation of Liberty: Xinjiang Uyghur Autonomous Region (Working Paper)*, June 2021; Gene Bunin, "The Elephant in the XUAR: I. Entire families sentenced" (9 December 2020), "The Elephant in the XUAR: II. Brand new prisons, expanding old prisons, and hundreds of thousands of new inmates" (4 January 2021), "The Elephant in the XUAR: III. 'In accordance with the law'" (19 April 2021), *Art of Life in Chinese Central Asia* (www.livingotherwise.org).

2. The Rights Practice, *Criminal Law and Deprivation of Liberty*, pp. 21~23.

3. 같은 곳.

4. Amnesty International, "'Like We Were Enemies in a War': China's Mass Internment, Torture, and Persecution of Muslims in Xinjiang", 2021.

5. 같은 곳, pp. 112~113.

6. Matthew Hill, David Campanale, and Joel Gunter, "'Their goal is to destroy everyone': Uighur camp detainees allege systematic rape", *BBC*, 2 February 2021.

7. *Secretary Chen Quanguo's Speech During a Video Management Meeting of the Autonomous Region Stability Maintenance Headquarters*, 28 May 2017 (from VOC, *Xinjiang police Files*. https://www.xinjiangpolicefiles.org/wp-content/uploads/2022/05/Secretary-Chen-Quanguos-Speech-Duringa-Video-Management-Meeting-of-the-Autonomous-Region-Stability-Maintenance-Headquarters.pdf) (최종 확인 2022년 6월 4일).

8. David Tobin, *"The Xinjiang Papers": How Xi Jinping Commands Policy in the People's Republic of China*, University of Sheffield, 2022.

9. John Sudworth, "'If the others go I'll go': Inside China's scheme to transfer Uighurs into work", BBC, 2 March 2021.

10. 다음을 참조할 것. Adrian Zenz, *Sterilizations, IUDs, and Mandatory Birth Control: The CCP's Campaign to Suppress Uyghur Birthrates in Xinjiang*, Jamestown Foundation, June 2020; Adrian Zenz, "'End the Dominance of the Uyghur Ethnic Group': An Analysis of Beijing's Population Optimization Strategy in Southern Xinjiang", *Central Asian Survey*, 2021.

11. 徐仲成·範萬棟, 「新形勢下我國反恐戰略的幾點思考」, *Journal of Shandong Police College* (03), 2014, p. 46. 다음 자료에서 인용. Adrian Zenz, *Sterilizations, IUDs, and Mandatory Birth Control*, 2021, p. 5.

12. 李曉霞, 「新疆的人口問題及人口政策分析」, *Journal of the Central Institute of Socialism* (02), 2017, p. 68. Zenz에서 인용(2021), p. 7.

13. 같은 곳.

14. Adrian Zenz, *Sterilizations, IUDs, and Mandatory Birth Control*, 2021, p. 8.

15. 같은 곳, pp. 2~3.

16. 같은 곳, pp. 14~15.

17. 다음을 참조할 것. Sophia Yan, "What I discovered on my nine-day trip covering China's repression in Xinjiang Region", *The Telegraph*, 15 June 2021; Yan, "Xinjiang 2.0: Is China's persecution of millions of Muslim Uyghurs entering a new sinister stage?", *The Telegraph*, 13 June 2021; Thomas Peter and Cate Cadell, "WIDER IMAGE in China's New Xinjiang: patriotic tourism, riot police and minders", *Associated Press*, 17 June 2021.

18. 같은 곳.

19. Simon Leplatre, "Au Xinjiang, un ramadan sous etroitcontrole pour les Ouigours", *Le Monde*, 15 May 2021; Georg Fahrion, "In the Sinister Disneyland of Xinjiang, China's Ongoing Oppression of Uyghurs", *Der Spiegel International*, 27 May 2021.

20. Yan, "Hilton hotel to be built in Xinjiang after China bulldozes mosque", *The Telegraph*, 12 June 2021.

21. 같은 곳; Georg Fahrion, "In the Sinister Disneyland of Xinjiang."

22. Tom Cheshire, "Paving Over the Dead", *Sky News*, 22 June 2021.

23. 다음을 참조할 것. Yan, "What I discovered on my nine-day trip covering China's repression in Xinjiang Region"; Fahrion, "In the Sinister Disneyland of Xinjiang"; Peter and Cadell, "WIDER IMAGE in China's New

Xinjiang."

24. 다음을 참조할 것. Xin Ping, "MIMAC behind the Xinjiang narrative", *CGTN*, 21 June 2021.

25. 이러한 목적으로 중국이 미국의 소셜 미디어를 이용하는 행태에 대해 더 상세히 알고 싶으면 다음 기사를 참조할 것. Jeff Kao, Raymond Zhong, Paul Mozur, Aliza Aufrichtig, Nailah Morgan, and Aaron Krolik, "'We are Very Free': How China Spreads its Propaganda Version of Life in Xinjiang", *New York Times*, 22 June 2021.

26. 다음을 참조할 것. Liu Xin, "More than 90 countries express support to China amid rampant anti-China campaign at UN human rights body", *Global Times*, 22 June 2021.

27. *Statement by UN High Commissioner for Human Rights Michelle Bachelet after official visit to China*, 28 May 2022. (https://www.ohchr.org/en/statements/2022/05/statement-un-high-commissioner-human-rights-michelle-bachelet-after-official) (최종 확인 2022년 6월 3일).

28. Jake Epstein and Azmi Haroun, "US Says Russia has forced thousands of Ukrainians from their homes into so-called 'filtration camps'", *Business Insider*, 12 May 2022.

29. 다음을 참조할 것. Victor Ordonez and Conor Finnegan, "After 13 tons of human hair products seized, US warns about importing from Xinjiang, China", *ABC News*, 4 July 2020; Lisa Du, "U. S. Blocked Uniqlo Shirts on Xinjiang Forced Labor Concerns", *Bloomberg*, 19 May 2021. 위구르 지역의 강제노동 문제에 대응하는 풀뿌리 시민운동에 대해서는 다음 연합체의 소개 자료를 참조할 것. "Coalition to End Uyghur Forced Labor" (https://enduyghurforcedlabour.org) (최종 확인 2021년 6월 23일).

30. 위구르 지역에서 대규모로 자행된 인권 침해의 증거를 수집하기 위한 여러 활동 중 주목할 만한 것은 다음과 같다. *Xinjiang Victims Database* (https://shahit.biz/eng/) (최종 확인 2021년 6월 23일); *Xinjiang Documentation Project* (https://xinjiang.sppga.ubc.ca) (최종 확인 2021년 6월 23일).

서장

1. Emily Feng, "China Targets Muslim Uyghurs Studying Abroad", *Financial*

Times (1 August 2017).

2. Adrian Zenz and James Leibold, "Xinjiang's Rapidly Evolving Security State", *Jamestown Foundation China Brief* (14 March 2017); Magha Rajagopalan, "This is What a 21st Century Police State Really Looks Like", *Buzzfeed News* (17 October 2017).

3. Adrian Zenz and James Leibold, "Chen Quangguo: The Strongman Behind Beijing's Securitization Strategy in Tibet and Xinjinang", *Jamestown Foundation China Brief* (21 September 2017).

4. Nathan VanderKlippe, "Frontier Injustice: Inside China's Campaign to 'Re-educate' Uyghurs", *The Globe and Mail* (9 September 2017); Human Rights Watch, "China: Free Xinjiang 'Political Education' Detainees" (10 September 2017); Eset Sulaiman, "China Runs Region-wide Re-education Camps in Xinjiang for Uyghurs and Other Muslims", *Radio Free Asia* (11 September 2017).

5. Alexia Fernandez Campbell, "China's Reeducation Camps are Beginning to Look Like Concentration Camps", *Vox* (24 October 2018).

6. "Inside the Camps Where China Tries to Brainwash Muslims Until They Love the Party and Hate Their Own Culture", *Associated Press* (17 May 2018); David Stavrou, "A Million People Are Jailed at China's Gulags. I Managed to Escape. Here's What Really Goes on Inside", *Haaretz* (17 October 2019).

7. Amie Ferris-Rotman, "Abortions, IUDs and Sexual Humiliation: Muslim Women who Fled China for Kazakhstan Recount Ordeals", *Washington Post* (5 October 2019); Eli Meixler, "'I Begged Them to Kill Me.' Uighur Woman Tells Congress of Torture in Chinese Internment Camps", *TIME* (30 November 2018); Ben Mauk, "Untold Stories from China's Gulag State", *The Believer* (1 October 2019).

8. Shoret Hoshur "Nearly Half of Uyghurs in Xinjinag's Hotan Targetted for Re-education Camps", *Radio Free Asia* (9 October 2017).

9. Sean R. Roberts, "Fear and Loathing in Xinjiang: Ethnic Cleansing in the 21st Century", *Fair Observer* (17 December 2018).

10. Adrian Zenz and James Leibold, "Xinjiang's Rapidly Evolving Security

State."

11. Sean R. Roberts, "Fear and Loathing in Xinjiang."

12. Darren Byler, "China's Nightmare Homestay", *Foreign Policy* (26 October 2018); Steven Jiang, "Chinese Uyghurs Forced to Welcome Communist Party into Their Homes", *CNN* (14 May 2018).

13. James Leibold, "Surveillance in China's Xinjiang Region: Ethnic Sorting, Coercion, and Inducement", *Journal of Contemporary China* (2019).

14. Darren Byler, "Xinjiang Education Reform and The Eradication of Uyghur Language Books", *SupChina* (2 October 2019); Lily Kuo, "Revealed: New Evidence of China's Mission to Raze the Mosques of Xinjiang", *The Guardian* (6 May 2019); Bahram Sintash and UHRP, "Demolishing Faith: The Destruction and Desecration of Uyghur Mosques and Shrines" (28 October 2019); Sui-Lee Wee and Paul Mozur, "China uses DNA to Map Faces with Help from the West", *The New York Times* (3 December 2019).

15. Adrian Zenz, "Beyond the Camps: Beijing's Grand Scheme of Forced Labor, Poverty Alleviation and Social Control in Xinjiang", *SocArxiv Papers* (12 July 2019).

16. Darren Byler, "Uyghur Love in a Time of Interethnic Marriage", *SupChina* (7 August 2019); Adrian Zenz, "Break Their Roots: Evidence for China's Parent-Child Separation Campaign in Xinjiang", *The Journal of Political Risk*, 7:7 (July 2019).

17. Chris Buckley and Austin Ramzy, "Facing Criticism Over Muslim Camps, China Says: What's the Problem?", *The New York Times* (9 December 2019).

18. Statistical Bureau of Xinjiang Uygur Autonomous Region, "National Population by Region, State, City and County" (15 March 2017).

19. 중앙아시아의 유목 문화와 정착 문화의 차이점에 대해 더 자세히 알고 싶으면 다음 자료를 참조할 것. Elizabeth Bacon, *Central Asians Under Russian Rule: A Study in Culture Change* (Ithaca, NY: Cornell University Press, 1980).

20. 위구르족의 이슬람적 전통에 대해 더 자세히 알고 싶으면 다음 자료를 참조할 것. Rian Thum, *The Sacred Routes of Uyghur History* (Cambridge, MA: Harvard University Press, 2014); Ildiko Beller-Hann, *Community Matters*

in Xinjiang, 1880–1949: Towards a Historical Anthropology of the Uyghur (Leiden: Brill, 2008).

21. 고대 위구르 제국에 대해 더 자세히 알고 싶으면 다음 자료를 참조할 것. Colin Mackerras, *The Uighur Empire According to T'ang Dynastic Histories: A Study in Sino-Uighur Relations, 744–840* (Columbia, SC: University of South Carolina Press, 1973).

22. James Millward, *Eurasian Crossroads: A History of Xinjiang* (New York: Columbia University Press, 2007), pp. 1~77. (제임스 A. 밀워드, 김찬영·이광태 옮김, 『신장의 역사: 유라시아의 교차로』, 사계절, 2013.)

23. Laura Newby, "'Us and Them' in 18th and 19th Century Xinjiang", in I. Beller-Hann, M. Cesàro, and J. Finley (eds), *Situating the Uyghurs Between China and Central Asia* (Hampshire, UK: Ashgate, 2007); Beller Hann, *Community Matters in Xinjiang*; Thum, *The Sacred Routes of Uyghur History*.

24. UN Permanent Forum on Indigenous Issues, "Indigenous Peoples, Indigenous Voices: Who are Indigenous Peoples?", *United Nations* (2006).

25. 신장위구르자치구와 위구르족의 역사에 대한 정부의 공식적인 기록은 다음과 같다. State Council Information Office of the PRC (SCIOPRC), *Full Text of White Paper on History and Development of Xinjiang* (26 May 2003); *White Paper: Historical Matters Concerning Xinjiang* (22 July 2019).

26. 위구르 지역에 4년 동안 머무르며 현장 연구를 수행한 위구르족의 민족 음악 및 중앙아시아 전문가 엘리스 마리 앤더슨(Elise Marie Anderson)이 2019년 필자에게 알려준 내용이다.

27. Walter Laqueur, *Terrorism* (London: Weidenfeld and Nicolson, 1977), p. 179.

28. Gerald Seymour, *Harry's Game: A Thriller* (New York: Random House, 1975).

29. Boaz Garnor, "Defining Terrorism: Is One Man's Terrorist Another Man's Freedom Fighter?", *Policy Practice and Research*, 3:4 (2002), p. 288.

30. 같은 곳, pp. 294~296.

31. United States Department of State, *Patterns of Global Terrorism*, 2003, April 2004, p. xii.

32. Slavoj Zizek, *Welcome to the Desert of the Real* (London: Verso, 2002), p. 93.

슬라보예 지젝, 이현우·김희진 옮김, 『실재의 사막에 오신 것을 환영합니다: 9·11테러 이후의 세계』, 자음과모음, 2018.)

33. 같은 곳, p. 93. 강조 표시는 원문대로다.

34. Michel Foucault, *'Society Must Be Defended': Lectures at the College De France, 1975-76* (London: Picador, 1997), p. 32. (미셸 푸코, 김상운 옮김, 『사회를 보호해야 한다: 콜레주드프랑스 강의 1975~76년』, 난장, 2015.)

35. 같은 곳, p. 256.

36. 호모 사케르(homo sacer)의 개념에 대해 더 자세히 알고 싶으면 다음 자료를 참조할 것. Giorgio Agamben, *Homo Sacer: Sovereign Power and Bare Life* (Stanford: Stanford University Press, 1998). (조르조 아감벤, 박진우 옮김, 『호모 사케르: 주권 권력과 벌거벗은 생명』, 새물결, 2008.)

37. Slavoj Zizek, *Welcome to the Desert of the Real*, p. 93. (슬라보예 지젝, 『실재의 사막에 오신 것을 환영합니다』.)

38. Stuart Elden, "Terror and Territory", *Antipode: A Radical Journal of Geography* 39:5 (2007), 781-955.

39. Kumar Ramakrishna, "The Rise of Trump and Its Global Implications: 'Radical Islamic Terrorism': What's in a Name?", *RSIS Commentaries*, No. 23 (Singapore: Nanyang Technological University, 2017); Hilal Evar, "Racializing Islam Before and After 9/11: From Melting Pot to Islamophobia", *Transnational Law and Contemporary Problems*, 21:119 (2012), 119-174.

제1장 식민 지배, 1759~2001년

1. James Millward, *Beyond the Pass: Economy, Ethnicity, and Empire in Qing Central Asia, 1759-1864* (Stanford: Stanford University Press, 1998), p. 17.

2. Justin M. Jacobs, *Xinjiang and the Modern Chinese State (Studies on Ethnic Groups in China)* (Seattle, WA: University of Washington Press, 2016), pp. 10~11.

3. Rian Thum, et al., "The Rise of Xinjiang Studies: A New Author Forum", *The Journal of Asian Studies*, 77:1 (2018), 7-18.

4. Max Oidtmann, *Forging the Golden Urn: The Qing Empire and the Politics of Reincarnation in Tibet* (New York: Columbia University Press, 2018).

5. Dibyesh Anand, "Colonization with Chinese Characteristics: Politics of (In) security in Xinjiang and Tibet", *Central Asian Survey*, 38:1 (2019) 129-147, p. 130.

6. 같은 곳, pp. 131~133.

7. Partha Chatterjee, *The Nation and Its Fragments* (Princeton, NJ: Princeton University Press, 1993), pp. 16~18.

8. Lorenzo Veracini, "Understanding Colonialism and Settler Colonialism as Distinct Formations", *Interventions*, 16:5 (2014), 615-633.

9. 같은 곳, p. 623.

10. 신장위구르자치구와 위구르족의 역사에 대한 정부의 공식적인 기록은 다음과 같다. State Council Information Office of the PRC (SCIOPRC), *Full Text of White Paper on History and Development of Xinjiang* (26 May 2003); *White Paper: Historical Matters Concerning Xinjiang* (22 July 2019).

11. James Millward, *Eurasian Crossroads*, p. 92. (제임스 A. 밀워드, 『신장의 역사』.)

12. 같은 곳, p. 92.

13. Lazar I. Duman, "Feodal'nyi institut iantsii v. Vostochnom Turkestane v XVIII veke", *Zapiski Instituta Vostokovedenia Akademii Nauk SSSR* (Moscow, 1935) (Russian), p. 90; Duman, "Agrarnaia Politika Tsinskogo (Manchzhurskogo) Pravitel'stva v Sin'tsziane v Kontse XVIII Veka", *Izd-vo Akademii nauk SSSR* (Moscow, 1936) (Russian), p. 156; Vasily V. Radlov, *Narechiya Tyurkskikh Plemen, Zhivushchikh v Yuzhnoi Siberii I Dzhungarskoi Stepi* (St Petersburg: Tipografiy Imperatorskoi Akademii Nauk, 1866) (Russian), p. 15.

14. Rian Thum, "The Uyghurs in Modern China", *Oxford Encyclopedia of Asian History* (Oxford: Oxford University Press, 2018), p. 4.

15. James Millward, *Beyond the Pass*, p. 35.

16. 야쿱 벡의 국가와 지역 무슬림들 사이의 모호한 관계에 대해 더 자세히 알고 싶으면 다음 자료를 참조할 것. Eric Schluessel, "An Uyghur History of Turn-of-the-Century Chinese Central Asia", *Maydan* (10 July 2019).

17. James Millward, *Beyond the Pass*; S. C. M. Paine, *Imperial Rivals: China, Russia, and Their Disputed Frontiers* (Armonk, NY: M. E. Sharpe, 1996).

18. B. Gurevich, *Mezhdunarodnye Otnoshenija v Central'noi Azii v XVII-pervoi*

polovine XIX v. (Moscow: Izdatel'stvo Nauka Glavnaia Redakciia Vostocnoi Literatury, 1983) (Russian).

19. Malik Kabirov, *Pereselenie Iliiskikh Uigur v Semirech'e* (Alma-Ata: Izdat. AN Kaz. SSR, 1951) (Russian).

20. James Millward, *Eurasian Crossroads*, p. 136. (제임스 A. 밀워드, 『신장의 역사』.)

21. 같은 곳, pp. 140~141.

22. 다음 자료에서 인용했음. 같은 곳, p. 142.

23. 같은 곳, pp. 144~145.

24. 근대적 방식(*usul-i-jadid*)의 교육 시스템에 대해서는 다음 자료를 참조할 것. Adeeb Khalid, *The Politics of Muslim Cultural Reform: Jadidism in Central Asia* (Berkeley, CA: University of California Press, 1999).

25. Justin M. Jacobs, *Xinjiang and the Modern Chinese State*, p. 9.

26. 다음 자료들을 참조할 것. Andrew Forbes, *Warlords and Muslims in Chinese Central Asia: A Political History of Republican Sinkiang, 1911-1949* (Cambridge: Cambridge University Press, 1986), pp. 13~33; Lars-Erik Nyman, *Great Britain and Chinese, Russian and Japanese interests in Sinkiang, 1918-1934* (Stockholm: Esselte Studium, 1977), pp. 19~26; Justin M. Jacobs, *Xinjiang and the Modern Chinese State*, pp. 17~75.

27. 다음 자료에서 인용했음. Justin M. Jacobs, *Xinjiang and the Modern Chinese State*, p. 7.

28. David Brophy, *Uyghur Nation: Reform and Revolution on the Russia-China Frontier* (Cambridge, MA: Harvard University Press, 2016).

29. 다음 자료들을 참조할 것. James Millward, *Eurasian Crossroads*(제임스 A. 밀워드, 『신장의 역사』.); Laura Newby, "Us and Them' in 18th and 19th Century Xinjiang"; Ildiko Beller-Hann, *Community Matters in Xinjiang*; Rian Thum, *The Sacred Routes of Uyghur History*.

30. David Brophy, *Uyghur Nation*.

31. Sean R. Roberts, "Imagining Uyghurstan: Re-evaluating the Birth of the Modern Uyghur Nation", *Central Asian Survey*, 28:4, pp. 361~381 (2009).

32. David Brophy, *Uyghur Nation*, pp. 217~219.

33. Justin M. Jacobs, *Xinjiang and the Modern Chinese State*, pp. 27~29.

34. 같은 곳, pp. 75~78.

35. Andrew Forbes, *Warlords and Muslims in Chinese Central Asia*, pp. 40~41.

36. 같은 곳, p. 39.

37. 다음 자료들을 참조할 것. 같은 곳, p. 42; Justin M. Jacobs, *Xinjiang and the Modern Chinese State*, pp. 79~82.

38. Andrew Forbes, *Warlords and Muslims in Chinese Central Asia*, pp. 44~46.

39. Justin M. Jacobs, *Xinjiang and the Modern Chinese State*, p. 86.

40. David Brophy, *Uyghur Nation*, pp. 242~243.

41. 같은 곳, p. 247.

42. 동투르키스탄 제1공화국의 성격에 대해 전적으로 이슬람적이라 보는 예전의 연구에서는 이 국가를 동투르키스탄이슬람공화국(The Islamic Republic of East Turkistan)으로 지칭한다. Andrew Forbes, *Warlords and Muslims in Chinese Central Asia*; Linda Benson, *The Ili Rebellion: The Moslem Challenge to Chinese Authority in Xinjiang, 1944-1949* (New York, M. E. Sharpe, 1990). 그러나, 밀워드는 동투르키스탄 제1공화국 헌법은 국가명을 동투르키스탄공화국(the Eastern Turkistan Republic)으로 정했다고 지적한다. Millward, *Eurasian Crossroads*, p. 204. (제임스 A. 밀워드, 『신장의 역사』.)

43. Justin M. Jacobs, *Xinjiang and the Modern Chinese State*, p. 86.

44. Andrew Forbes, *Warlords and Muslims in Chinese Central Asia*, pp. 121~123.

45. Allen S. Whiting, *Sinkiang: Pawn or Pivot?* (East Lansing, MI: Michigan State University Press, 1958), pp. 21~45; Andrew Forbes, *Warlords and Muslims in Chinese Central Asia*, pp. 128~158.

46. Justin M. Jacobs, *Xinjiang and the Modern Chinese State*, pp. 103~110.

47. David Brophy, *Uyghur Nation*, pp. 254~255.

48. V. A. Barmin, *Sinziyan v Sovetsko-Kitayskikh Otnosheniyakh 1941-1949 gg* (Barnaul, Russia: Barnaul'skii Gosudarstvenniy Pedagogicheskii Universitet, 1999) (Russian), p. 144.

49. 소련의 코레니자치야(korenizatsiia. 현지화) 정책에 대해 더 자세히 알고 싶으면 다음 자료를 참조할 것. George Liber, "Korenizatsiia: Restructuring Soviet Nationality Policy in the 1920s", *Ethnic and Racial Studies*, 14:1 (1991), 15-23.

50. David Brophy, *Uyghur Nation*, pp. 256~257.

51. Andrew Forbes, *Warlords and Muslims in Chinese Central Asia*, p. 139; David Brophy, *Uyghur Nation*, p. 261.

52. Andrew Forbes, *Warlords and Muslims in Chinese Central Asia*, pp. 140~142.

53. David Brophy, *Uyghur Nation*, pp. 263~264.

54. 같은 곳, p. 254.

55. Andrew Forbes, *Warlords and Muslims in Chinese Central Asia*, pp. 157~158.

56. 다음 자료들을 참조할 것. 같은 곳, pp. 158~159; V. A. Barmin, *Sinziyan v Sovetsko-Kitayskikh Otnosheniyakh 1941-1949 gg*, p. 21.

57. V. A. Barmin, *Sinziyan v Sovetsko-Kitayskikh Otnosheniyakh 1941-1949 gg*, pp. 20~23.

58. 같은 곳, p. 71. 이와 동시에 소련의 요원들이 신장 지역에 잠입하여 봉기를 일으킬 만한 지방의 저항 세력을 찾아다녔다는 증거도 있다. "1943년 5월 4일 이래로 소련 공산당 중앙위원회가 부여했던 신장 지역에서의 임무를 완수한 내무군(MVD) 및 국가보안위원회(KGB) 요원 몇몇이 1946년에 포상을 받았던 기록이 있다." (같은 곳, p. 75).

59. Justin M. Jacobs, *Xinjiang and the Modern Chinese State*, pp. 133~135.

60. Linda Benson, *The Ili Rebellion*, p. 3.

61. 같은 곳, p. 52.

62. *Shinjang Uch Villyät Inqilabi* (Ürümchi: Shinjang Güz.l Säniät-Foto Sürät Näshriyati, 1994).

63. 다음의 저널들을 참조할 것. *Kuräsh* (Ghulja, 1945-1948) and *Itifaq* (Ghulja, 1948-1949).

64. Linda Benson, "Uygur Politicians of the 1940s: Mehmet Emin Bugra, Isa Yusuf Alptekin, and Mesut Sabri", *Central Asian Survey*, 10:4 (1991), 87-113.

65. Linda Benson, *The Ili Rebellion*.

66. 같은 곳, pp. 97~98.

67. 같은 곳, pp. 100~103.

68. 같은 곳, p. 109.

69. V. A. Barmin, *Sinziyan v Sovetsko-Kitayskikh Otnosheniyakh 1941-1949 gg*, p. 180.

70. Linda Benson, *The Ili Rebellion*, pp. 175~176; V. A. Barmin, *Sinziyan v Sovetsko-Kitayskikh Otnosheniyakh 1941-1949 gg*, p. 180.

71. Donald H. McMillan, *Chinese Communist Power and Policy in Xinjiang, 1949-1977* (Boulder, CO: Westview Press, 1979), pp. 8~9.

72. 같은 곳, pp. 46~47.

73. 다음 자료에서 인용했음. J. T. Dreyer, *China's Forty Millions: Minority Nationalities and National Integration in the People's Republic of China* (Cambridge, MA: Harvard University Press, 1976), p. 94.

74. Rian Thum, "The Uyghurs in Modern China", p. 11.

75. Rasma Silde-Karklins, "The Uighurs Between China and the USSR", *Canadian Slavonic Papers*, 17:2-3 (1975), pp. 354~355.

76. Donald H. McMillan, *Chinese Communist Power and Policy in Xinjiang, 1949-1977*, p. 92.

77. James Millward, *Eurasian Crossroads*, p. 258. (제임스 A. 밀워드, 『신장의 역사』.)

78. 같은 곳, pp. 251~252.

79. 같은 곳, p. 252.

80. 같은 곳, p. 253.

81. Rian Thum, "The Uyghurs in Modern China", p. 12.

82. Linda Benson and Ingvar Svanberg, *China's Last Nomads: History and Culture of China's Kazaks: History and Culture of China's Kazaks* (New York: M. E. Sharpe, 1998), p. 136; James Millward, *Eurasian Crossroads*, p. 261. (제임스 A. 밀워드, 『신장의 역사』.)

83. James Millward and Nabijan Tursun, "Political History and Strategies of Control, 1884-1978", in S. F. Starr (ed.), *Xinjiang: China's Muslim Borderland* (New York: M. E. Sharpe, 2004), p. 94.

84. Sean R. Roberts, "The Uyghurs of the Kazakhstan Borderlands: Migration and the Nation", *Nationalities Papers*, 26:3 (1998), pp. 513~514.

85. J. T. Dreyer, "Ethnic Minorities in the Sino-Soviet Dispute", in William McCagg and Brian D. Silver (eds), *Soviet Asian Ethnic Frontiers* (New York:

Pergamon Press, 1979), pp. 195~226, p. 209; Malik Sadirov, "Beguna Tokulgän Qanlar", *Yengi Hayat* (4 June 1994).

86. 다음 자료들을 참조할 것. J. T. Dreyer, "Ethnic Minorities in the Sino-Soviet Dispute", pp. 208~209; Sadirov, "Beguna Tokulgän Qanlar"; Shämsidin Abdurehim-Ughli, "Yeqin Otmushning Qanliq Khatirsi", *Yengi Hayat* (28 May 1994).

87. Abdurehim-Ughli, "Yeqin Otmushning Qanliq Khatirsi."

88. James Millward, *Eurasian Crossroads*, pp. 264~265. (제임스 A. 밀워드, 『신장의 역사』.)

89. 다음 자료들을 참조할 것. Donald H. McMillan, *Chinese Communist Power and Policy in Xinjiang, 1949-1977*, pp. 181~252; James Millward and Nabijan Tursun, "Political History and Strategies of Control, 1884-1978", pp. 96~98.

90. Donald H. McMillan, *Chinese Communist Power and Policy in Xinjiang, 1949-1977*, p. 196.

91. James Millward and Nabijan Tursun, "Political History and Strategies of Control, 1884-1978", p. 97.

92. Sandrine E. Catris, *The Cultural Revolution from The Edge: Violence and Revolutionary Spirit in Xinjiang, 1966-1976* (Bloomington, IN: Indiana University; Ann Arbor, MI: ProQuest, UMI Dissertations Publishing, 2015).

93. 같은 곳, pp. 115~118.

94. Sabit Uyghuri, *Uyghur Namä* (Almaty: Nash Mir, 2005), pp. 5~6.

95. Sandrine E. Catris, *The Cultural Revolution from The Edge*, p. 181.

96. 같은 곳; Uyghuri, *Uyghur Namä*, p. 6.

97. 1967년 당시 지역 내의 한인(漢人) 규모 추정치에 대해서는 다음 자료를 참조할 것. Rasma Silde-Karklins, "The Uighurs Between China and the USSR." 1953에서 1982년까지 공식적인 데이터는 다음 자료를 참조할 것. Stanley Toops, "The Population Landscape of Xinjiang/East Turkestan", *Inner Asia*, 2:2 (2000), 155-170.

98. Sean R. Roberts, "Development with Chinese Characteristics in Xinjiang: A Solution to Ethnic Tension or Part of the Problem?" in M. Clarke and D. Smith (eds), *China's Frontier Regions: Ethnicity, Economic Integration and*

Foreign Relations (London: I. B. Tauris, 2016).

99. Gardner Bovingdon, *The Uyghurs: Strangers in Their Own Land* (New York: Colombia University Press, 2010), pp. 52~53.

100. Abdurehim Tileshüp Ötkür, *Iz* (Ürümchi: Xinjiang Khälq Näshriyati, 1985); Turghun Almas, *Uyghurlar* (Ürümchi: Xinjiang Yashlar-Ösmürluar Näshriyati, 1989).

101. James Millward, *Eurasian Crossroads*, pp. 327~328. (제임스 A. 밀워드, 『신장의 역사』.)

102. 같은 곳, pp. 325~327. 이러한 입장을 지지하는 몇몇 보도에 따르면 상당한 규모의 폭격이 이루어지고 나서야 사태가 마무리되었다고도 한다. 다음 자료를 참조할 것. Marika Vicziany, "State Responses to Islamic Terrorism in Western China and their Impact on South Asia", *Contemporary South Asia*, 12:2 (2003), 243-262, p. 249.

103. John Kohut, "Xinjiang Separatist Organization's Extent Examined", *South China Sunday Morning Post* (23 February 1992).

104. James Millward, *Eurasian Crossroads*, p. 328. (제임스 A. 밀워드, 『신장의 역사』.)

105. Gardner Bovingdon, *The Uyghurs*, p. 56.

106. "Record of the Meeting of the Standing Committee of the Political Bureau of the Chinese Communist Party concerning the maintenance of Stability in Xinjiang (Document No. 7)" (1996).

107. 같은 곳.

108. 같은 곳.

109. 같은 곳.

110. Sean R. Roberts, "Locality, Islam, and National Culture in a Changing Borderlands: The Revival of the Mäshräp Ritual Among Young Uighur Men in the Ili Valley", *Central Asian Survey*, 17:4 (1998), pp. 673~700; J. Dautcher, *Down a Narrow Road: Identity and Masculinity in a Uyghur Community in Xinjiang China* (Boston, MA: Harvard University Asia Center, 2009).

111. James Millward, *Eurasian Crossroads*, p. 333. (제임스 A. 밀워드, 『신장의 역사』.)

112. 같은 곳, p. 333.

113. Amnesty International, *People's Republic of China: Gross Human Rights Violations in the Xinjiang Uighur Autonomous Region* (1999), pp. 127~129.

114. Sean R. Roberts, "Toasting the Nation: Negotiating Stateless Nationalism in Transnational Ritual Space", *The Journal of Ritual Studies*, 18:2 (2004), 86-105.

115. Joanne Smith-Finley, *The Art of Symbolic Resistance: Uyghur Identities and Uyghur-Han Relations in Contemporary Xinjiang* (Leiden: Brill, 2013).

116. 같은 곳, pp. 235~293.

117. Gardner Bovingdon, *The Uyghurs*, pp. 184~188.

118. Stanley Toops, *Demographics and Development in Xinjiang after 1949*, p. 20.

119. Joanne Smith-Finley, *The Art of Symbolic Resistance*.

제2장 '테러리스트'가 되어버린 위구르족들

1. George W. Bush, "Address to a Joint Session of Congress (20 September 2001)", *Our Mission and Our Moment: Speeches Since the Attacks of September 11* (Washington: White House), p. 11.

2. 같은 곳, p. 10.

3. "President Delivers State of the Union Address", *WhiteHouse.gov* (29 January 2002).

4. UN Office of Drugs and Crime, "Introduction to International Terrorism (Module 1)", *University Module Series: Counter-Terrorism* (2018), p. 10.

5. Lee Jarvis and Tim Legrand (2018), "The Proscription or Listing of Terrorist Organisations: Understanding, Assessment, and International Comparisons", *Terrorism and Political Violence*, 30:2 (2018), 199-215, p. 201.

6. 같은 곳.

7. H. Zhao, "Security Building in Central Asia and the Shanghai Cooperation Organization", in A. Iwashita and Sh. Tabata (eds), *Slavic Eurasia's Integration into the World Economy and Community* (Sapporo: Slavic Research Center, Hokkaido University, 2004), p. 283.

8. Akihiro Iwashita, "The Shanghai Cooperation Organization and Its

Implications for Eurasian Security: A New Dimension of 'Partnership' after the Post-Cold War Period", in Iwashita and Tabata (eds), *Slavic Eurasia's Integration into the World Economy and Community*, p. 264.

9. "The Shanghai Convention on Combating Terrorism, Separatism and Extremism", *SCO Secretariat* (2001).

10. Bates Gill, "Shanghai Five: An Attempt to Counter US Influence in Asia?", *Newsweek Korea* (4 May 2001).

11. "China Pledges to Battle Internal 'Terrorism'", *Agence France-Press* (11 November 2001).

12. Ministry of Foreign Affairs of PRC, "Spokesperson on East Turkistan National Conference's Seminar Held on EP's premises" (19 October 2001).

13. "No Double Standards in Anti-terror Fight, Says China of Domestic Unrest", *Agence France-Press* (11 October 2001).

14. Permanent Mission of the PRC to the United Nations (PMPRCUN), "Statement by H. E. Mr. Tang Jiaxuan, Minister of Foreign Affairs and Head of Delegation of The People's Republic of China, At the 56th Session of the UN General Assembly" (11 November 2001).

15. 2001년 11월 29일이라는 날짜가 눈에 띄는 이 문서는 주(駐)유엔 중국대표부 홈페이지와 위구르족 테러리스트의 위협을 저널리즘적으로 설명한 서적 (J. Todd Reed and D. Raschke, *The ETIM: China's Islamic Militants and the Global Terrorist Threat* (Santa Barbara, CA: Praeger Publishers, 2010))에 수록되어 있다. 두 곳 모두 이 문서의 출처는 밝히고 있지 않지만, 주(駐)유엔 중국대표부 홈페이지에 이 문서가 올라와 있다는 것은 출처가 중국대표부라는 것을 짐작케 한다. 하지만 중국 외교부나 국무원 신문판공실에서 흘러나왔을 가능성도 있다.

16. PMPRCUN, *Terrorist Activities Perpetrated by 'Eastern Turkistan' Organizations and Their Links with Osama bin Laden and the Taliban* (29 November 2001).

17. 같은 곳.

18. 같은 곳.

19. 같은 곳.

20. 같은 곳.

21. 중국 외교부 홈페이지에 올라온 2001년 9월 11일 이후 2개월 동안의 국제 테러리즘과 관련하여 개최한 회의와 발표한 성명들의 인상적인 횟수는 위 구르족들이 국제적인 '테러 위협'으로 인정되도록 중국이 했던 활동의 증거가 된다. "China Opposes Terrorism" (2015), www.fmprc.gov.cn/mfa_eng/topics_665678/3712_665976/ (최종 확인 2020년 2월 19일).

22. SCIOPRC, *"East Turkistan' Terrorist Forces Cannot Get Away With Impunity"* (January 2002).

23. 같은 곳; SCIOPRC, *White Paper: The Fight Against Terrorism and Extremism and Human Rights Protection in Xinjiang* (18 March 2019).

24. SCIOPRC, *'East Turkistan' Terrorist Forces Cannot Get Away With Impunity*.

25. 같은 곳.

26. 우루무치에서 일어난 두 건의 버스 폭발 사건 사상자들이 이 문건에 언급된 모든 폭탄 테러 사건에서 나온 사상자의 대부분을 차지한다. 우루무치에서 일어난 이들 사건으로 인한 사망자는 모두 12명이고, 다른 폭발 사건은 통틀어 사망자가 세 명에 불과하다.

27. SCIOPRC, *'East Turkistan' Terrorist Forces Cannot Get Away With Impunity*.

28. 2002년에 파키스탄 및 아프가니스탄에서 관타나모 수용소로 이송된 위구르족 22명은 대부분이 2001년 말부터 구금된 상태였다. Richard Bernstein, "When China Convinced the US That Uighurs Were Waging Jihad", *The Atlantic* (19 March 2019).

29. Shirley Kan, "US-China Counter-Terrorism Cooperation: Issues for US Policy", *Report for Congress, RS21995, Congressional Research Service* (Washington, DC: The Library of Congress, 2004), p. 2.

30. Qiang Chen and Qian Hu, "Chinese Practice in International Law: 2001", *Chinese Journal of International Law* (2002), 328–386, p. 334.

31. Dewardric L. McNeal and Kerry Dumbaugh, "China's Relations with Central Asian States and Problems with Terrorism", *Report for Congress, RL31213, Congressional Research Service* (Washington, DC: The Library of Congress, 2002), p. 5.

32. Shirley Kan, "US-China Counter-Terrorism Cooperation", p. 4.

33. US Department of State Country Report on Human Rights Practices

2001-China (Includes Hong Kong and Macau), *DOS* (4 March 2002).

34. Richard Bernstein, "When China Convinced the US That Uighurs Were Waging Jihad."

35. "Determination Pursuant to Section 1(b) of Executive Order 13224 Relating to the Eastern Turkistan Islamic Movement (ETIM)" (FR Doc. 02-22737), *Federal Register*, 63:173 (19 August 2002), p. 57054.

36. Philipp Pan, "US Warns of Plot by Group in W. China", *Washington Post* (29 August 2002).

37. 같은 곳.

38. 같은 곳.

39. 같은 곳.

40. Gardner Bovingdon, *The Uyghurs*, p. 136.

41. J. A. Kelly, "US-East Asia Policy: Three Aspects, 2002 East Asian and Pacific Affairs Remarks, Testimony, and Speeches", *US Department of State Archive* (11 December 2002).

42. House Committee on Foreign Affairs, "Exploring the Nature of Uighur Nationalism: Freedom Fighters or Terrorists?", 111th Congress, 1st Session, GPO Document Source: CHRG-111hhrg50504 (16 June 2009), pp. 20~22.

43. "The Guantanamo Docket: A History of the Detainee Population", *The New York Times* (기사 최종 수정 2018년 5월 2일).

44. Philipp Pan, "US Warns of Plot by Group in W. China."

45. "President Delivers State of the Union Address", and Jason M. Breslow, "Colin Powell: U. N. Speech 'Was a Great Intelligence Failure'", *PBS* (17 May 2016).

46. Erik Eckholm, "US Labeling of Group in China as Terrorist is Criticized", *The New York Times* (13 September 2002); James Dao, "Threats and Responses: Diplomacy; Closer Ties With China May Help US on Iraq", *The New York Times* (4 October 2002); Karen DeYoung, "US and China Ask UN to List Separatists as Terror Group", *Washington Post* (11 September 2002).

47. Philip T. Reeker, "Designation of the Eastern Turkistan Islamic Movement

Under UNSC Resolutions 1267 and 1390", *Homeland Security Digital Library* (11 September 2002).

48. "Press Statement on the UN Designation of the Eastern Turkistan Islamic Movement", *US Department of the Treasury* (11 September 2002).

49. "China Seeks Cooperation Worldwide to Fight 'East Turkistan' Terrorists", *Xinhua* (15 December 2003).

50. "Interpol Lifts Wanted Alert for Exiled Uygur Leader, Angering China", *Reuters* (24 February 2018).

51. Robert Malley and Jon Finer, "The Long Shadow of 9/11: How Counter-terrorism Warps US Foreign Policy", *Foreign Affairs*, 97 (2018), p. 58.

52. 2010년 미국 의회조사국(CRS)이 제출한 보고서(S. Kan, "US-China Counterterrorism Cooperation: Issues for US Policy", RL33001, Congressional Research Service (Washington, DC: The Library of Congress, 15 July 2010)에서는 러시아의 한 신문에서 2000년에 이미 동투르키스탄이슬람운동에 관한 기사를 게재한 바 있다고 주장한다. 하지만 필자가 그 신문기사(Хашим Ибрагимов, "Пугающий лик экстремизма(극단주의의 무서운 얼굴)", *Независимая газета* (2000. 2. 3))를 직접 검토한 바로는, 사우디아라비아에 거주하는 한 부유한 위구르족이 우즈베키스탄이슬람운동(Islamic Movement of Uzbekistan)이라는 단체에 재정적인 지원을 하면서 그 지원금 중 일부를 아프가니스탄의 위구르족 전투원들과 나누어야 한다는 조건을 달았다는 내용이다. 기사 어디에서도 동투르키스탄이슬람운동이라는 단체명을 언급하지 않았다. 기사 원문에 대해서는 다음 링크를 참조할 것. https://www.ng.ru/cis/2000-02-03/5_lik.html

53. Council on Foreign Relations, *East Turkestan Islamic Movement (ETIM)* (24 September 2001); Center for Defense Information, *In the Spotlight: East Turkestan Islamic Movement (ETIM)* (9 December 2002).

54. Center for Defense Information, *In the Spotlight.*

55. McNeal and Dumbaugh, "China's Relations with Central Asian States and Problems with Terrorism", p. 8.

56. 구나라트나는 특히 2001~2002년 사이에 다른 '테러리스트' 위협 요인들을 분석하는 과정에서 여러 차례 논란에 휘말린 바 있다. 특히 자료를 수집·선별하는 데 갖추어야 할 주의의무(due diligence) 소홀과 근거 없는 추측으로

비판을 받아왔다. 이와 관련해서는 다음을 참조할 것. "Rohan Gunaratna", *SourceWatch: Your Guide to the Names Behind the News*, www.sourcewatch. org/index.php?title=Rohan_Gunaratna (최종 확인 2019년 8월 21일).

57. Rohan Gunaratna, *Inside Al Qaeda: Global Network of Terror* (New York: Columbia University Press, 2002), p. 173.

58. 같은 곳.

59. 구나라트나가 인용한 두 개의 정보 출처는 *Jane's Intelligence Review* (Rahul Bedi, "The Chinese Connection", *Jane's Intelligence Review*, 14:2 (February 2002))와 중동연구소(the Middle East Institute)에서 작성했다는 보고서다. 이 중동연구소의 보고서를 실제로는 찾아볼 수 없는데, 아마도 다음 자료의 좀 더 긴 버전일 것으로 추정된다. Julie Sirrs, "The Taliban's International Ambitions", *Middle East Quarterly*, 8:3 (2001), 61-71. 하지만 이들 출처를 살펴보면, 한 줌밖에 안되는 아프가니스탄의 위구르족 전투원들에 대해 극히 미미한 정보만이 실린 이들 자료를 근거로 어떻게 그러한 결론에 도달했는지 이해하기 어렵다.

60. J. Wang, "Eastern Turkistan Islamic Movement: A Case Study of a New Terrorist Organization in China", *International Journal of Offender Therapy and Comparative Criminology*, 47:5 (2003), 568-584, p. 569.

61. James Millward, *Violent Separatism in Xinjiang: A Critical Assessment (Policy Studies No. 6)* (Washington, DC: East-West Center, 2004).

62. Yitzhak Shichor, "Blow Up: Internal and External Challenges of Uyghur Separatism and Islamic Radicalism to Chinese rule in Xinjiang", *Asian Affairs*, 32:2 (2005), 119-136; Davide Giglio, "Separatism and the War on Terror in China's Xinjiang Uighur Autonomous Region" (PhD Thesis, United Nations Institute for Peace Support Operations, 2004).

63. Joshua Kurlantzick, "Unnecessary Evil: China's Muslims Aren't Terrorists. So Why Did the Bush Administration Give Beijing the Green Light to Oppress Them?", *Washington Quarterly*, 34:12 (2002), 26-32; Dru Gladney, "Xinjiang: China's Future West Bank?", *Current History* 101 (2002), 267-270; Denny Roy, "China and the War on Terrorism", *Orbis*, 46:3 (2002), 511-521; Michael Dillon, "We Have Terrorists Too", *The World Today*, 58:1 (2002), 25-27.

64. Adam Wolfe, "China's Uyghurs Trapped in Guantanamo", *Asia Times* (4 November 2004).

65. "Chinese Militant 'Shot Dead'", *BBC* (23 December 2003).

66. Council on Foreign Relations, "Background Q&A: Eastern Turkestan Islamic Movement (China, Separatists)" (2005).

67. "Albania takes Guantanamo Uighurs", *BBC* (6 May 2006).

68. TIP, *Islam Yolvasi: Häsän Mäkhsum* (Arabic) (21 May 2004).

69. 같은 곳; TIP *Jihad Lands: Turkestan* (9 August 2004).

70. Turkistan, *A Message of Incitement to Jihad from a Mujahid to the Muslims of East Turkestan* (Arabic) (2006).

71. N. Swanstrom (ed.), "Special Issue: Terrorism", *The China and Eurasia Forum Quarterly*, 4:2 (May 2006).

72. 다음 논문들을 비교해볼 것. Yitzhak Shichor, "Fact and Fiction: A Chinese Documentary on Eastern Turkestan, Terrorism", *The China and Eurasia Forum Quarterly*, 4:2 (May 2006), 89-108; C. P. Chung, "Confronting Terrorism and Other Evils in China: All Quiet on the Western Front?", 75-88; G. Pan, "East Turkestan Terrorism and the Terrorist Arc: China's Post-9/11 Anti-Terror Strategy", 19-24; Rohan Gunaratna and Kenneth Pereire, "An Al-Qaeda Associate Group Operating in China?", pp. 55~62. 이들 네 건의 논문들은 모두 다음 자료에 수록되어 있다. Swanstrom (ed.), "Special Issue: Terrorism", *The China and Eurasia Forum Quarterly*, 4:2 (May 2006).

73. Gunaratna and Pereire, "An Al-Qaeda Associate Group Operating in China?", p. 61.

74. Kenneth Pereire, "Jihad in China? Rise of the East Turkestan Islamic Movement (ETIM)", *RSIS Commentary* (Singapore: Nanyang Technological University, 2006).

75. Liza Steele and Raymond Kuo, "Terrorism in Xinjiang?", *Ethnopolitics*, 6:1 (2007), 1-19, p. 17.

76. Martin Wayne, *China's War on Terrorism: Counter-Insurgency, Politics and Internal Security* (London: Routledge, 2008).

77. 같은 곳, pp. 31~54.

78. 같은 곳, p. 41.

79. TIP, (제목 없는 영상물) (Abdul Häq's statement on the Olympics) (1 March 2008).

80. Jake Hooker and Jim Yardley, "China Says Plane and Olympic Plots Halted", *The New York Times* (10 March 2008).

81. W. G. Cheng, "Terror Arrests in China Draw Concern About Crackdown on Dissent", *Bloomberg* (14 March 2008).

82. Elizabeth Van Wie Davis, "Terrorism and the Beijing Olympics: Uyghur Discontent", *Jamestown Foundation China Brief*, 8:8 (2008).

83. 같은 곳.

84. *StratFor Series*: "China: Shining a Spotlight on ETIM", "China: The Evolution of ETIM" and "China: ETIM and the Olympic Games" (May 2008).

85. *StratFor*, "China: ETIM and the Olympic Games."

86. TIP, *Yunandiki Mubarak Jihadimiz* (23 July 2008); TIP, *Duniya Musulmanlargha Umumi Murajät* (August 2008).

87. Andrew Jacobs "Ambush in China Raises Concerns as Olympics Near", *The New York Times* (5 August 2008); Jonathan Watts, "Eight Dead After Bombings in Western China Mars Olympic Opening Weekend", *The Guardian* (10 August 2008).

88. Thomas Joscelyn, "The Uighurs in Their Own Words", *The Long War Journal* (21 April 2009); Thomas Joscelyn "Obama's Uighur Problem", *Washington Examiner* (21 April 2009); Thomas Joscelyn, "Rep. Rohrabacher is Wrong About the Uighurs at Gitmo", *Washington Examiner* (18 June 2009).

89. "China Identifies Alleged 'Eastern Turkistan' Terrorists", *Xinhua* (21 October 2008).

90. Shaykh Bashir, "Why Are We Fighting China?", *The NEFA Foundation* (July 2008); "The Chinese and Pakistani Media are Full of Lies and Accusations", *NEFA* (1 May 2009); "On the Occasion of the Communists' Massacre of Our Muslim Nation in China and in Urumqi (East Turkistan)" *NEFA* (9 July 2009); "The History of the Movement and its Development (interview with Abdul Häq)", *NEFA* (14 March 2009); IntelCenter, "TIP-

Threat Awareness Wall Chart" (2008).

91. US Treasury, "Treasury Targets Leader of Group Tied to Al Qaida" (20 April 2009).

92. Andrew McGregor, "Will Xinjiang's Turkistani Islamic Party Survive the Drone Missile Death of its Leader?", *Jamestown Foundation Terrorism Monitor*, 8:10 (11 March 2010), 7-10.

93. TIP, *Turkistan-al Islamiyyah* (Arabic) (2008); Kirk H. Sowell, "The Turkistani Islamic Party in Arabic Jihadist Media", *Sky News* (1 August 2010), 1-23. 『스카이 뉴스(*Sky News*)』의 의뢰로 이 잡지의 내용과 대중성을 조사한 보고서에서 소웰(Sowell)은, 이 잡지는 주로 중국으로부터의 위구르 독립이라는 대의에 대한 관심을 모으고 그 대의를 실현하기 위한 자금을 모으는 방향으로 발전해왔지만 이 두 가지 목적 중 그 어떤 것에도 그다지 성공적이지 않았다고 지적한다. 제이콥 젠(Jacob Zenn)도 비슷한 결론을 내리고 있다. "Jihad in China? Marketing the Turkistan Islamic Party", *Jamestown Foundation Terrorism Monitor* (17 March 2011).

94. IntelCenter, "Turkistan Islamic Party (TIP) Dramatically Steps Up Messaging Efforts" (1 July 2013).

95. Karolina Wojtasik, "How and Why Do Terrorist Organizations Use the Internet?", *Polish Political Science Yearbook*, 46:2 (2017), 105-117.

96. Tania Branigan, "Al-Qaida Threatens to Target Chinese over Muslim Deaths in Urumqi", *The Guardian* (14 July 2009), Chris Zambelis, "Uighur Dissent and Militancy in China's Xinjiang Province", *CTC Sentinel*, 3:1 (2010), 16-19.

97. "Urumqi Riots: Weapons Prepared Beforehand, Division of Tasks Clear", *Xinhua* (21 July 2009).

98. Raffaello Pantucci, "Turkistan Islamic Party Video Attempts to Explain Uyghur Militancy to Chinese", *Jamestown Foundation Terrorism Monitor*, 9:25 (23 June 2010); Peter Nesser and Brynjar Lia, "Lessons Learned from the July 2010 Norwegian Terrorist Plot", *CTC Sentinel*, 3:8 (2010).

99. Reed and Raschke, *The ETIM*.

100. R. Gunaratna, A. Acharya, and P. Wang, *Ethnic Identity and National Conflict in China* (New York: Palgrave Macmillan, 2010).

101. 같은 곳.

102. 지역학 전문가들의 입장에 대해서는 다음 자료들을 참조할 것. Chris Cunningham, "Counterterrorism in Xinjiang: The ETIM, China, and the Uyghurs", *International Journal on World Peace*, 29:3 (2012), 7-50; Michael Clarke, "Widening the Net: China's Anti-terror Laws and Human Rights in the Xinjiang Uyghur Autonomous Region", *International Journal of Human Rights*, 14:4 (2010), 542-558.

103. David Kerr and Laura Swinton, "Xinjiang, and the Transnational Security of Central Asia", *Critical Asian Studies*, 40:1 (2008), 89-112; Bhavna Singh, "Ethnicity, Separatism and Terrorism in Xinjiang China's Triple Conundrum", *Institute of Peace and Conflict Studies Special Report*, No. 96 (2010); Philip B. K. Potter, "Terrorism in China: Growing Threats with Global Implications", *Strategic Studies Quarterly*, 7:4 (2013), 70-92. 이들 논문 모두 동투르키스탄이슬람운동/투르키스탄이슬람당의 발전에 대해 완전히 다르게 설명하고 있는데, 이는 기존의 자료에서 이들 단체의 역사를 설명한 내용들을 취사선택했기 때문이다.

제3장 '위구르족 테러리즘 위협'의 신화와 진실

1. UN Security Council, "UN Consolidated List of Terrorist Individuals and Entities, res. 1267/1989/2253" (2019).

2. US State Department, "Terrorist Exclusion List" (2004).

3. 하산 마흐숨(Häsän Mäkhsum)과의 인터뷰 녹취(오메르 카나트(Omär Kanat), 2001년 1월).

4. 이러한 주장에 대해 구체적으로 살펴보려면 다음 자료들을 참조할 것. Gunaratna, *Inside Al Qaeda*; Gunaratna, Acharya, and Wang, *Ethnic Identity and National Conflict in China*; Martin Wayne, "Inside China's war on terrorism", *Journal of Contemporary China*, 18:59 (2009), 249-261. 중국이 무자히딘에 합류할 위구르족들을 훈련시켰다는 주장을 가장 널리 퍼뜨린 것은 존 쿨리(John Cooley)의 *Unholy Wars: Afghanistan, America, and International Terrorism* (London: Pluto Press, 2002)이지만, 저자는 그러한 주장에 대한 출처를 밝히지 않고 있다. 알카에다를 다룬 구나라트나의 2002년도 저서에서는 2002년도 *Jane's Intelligence Review*에 게재된 간략한 보고서

(Bedi, "The Chinese Connection")를 참고하여 같은 주장을 반복하고 있지만, 이 보고서에서도 그 주장의 출처나 근거를 언급하지 않았다.

5. 다음 자료를 참조할 것. TIP, *Jihad Lands*. 여기서 지적할 점은, 하산 마흐숨이 투르키스탄이슬람당의 초창기 문건에서 그 '운동(movement)'의 창시자로 지목했던 압둘하킴하지 마흐숨으로부터 감화(inspiration)받았다는 것이 와전됨으로써 많은 자료에서 동투르키스탄이슬람운동은 1940년대에 압둘하킴하지 마흐숨이 만들었다고 잘못 기술되는 결과를 가져왔다는 것이다. 다음 자료는 그 사례 중 하나다. Reed and Raschke, *The ETIM*, p. 47.

6. 당시 신장위구르자치구에서 일어났던 더 광범위한 개혁 운동 및 이와 자디드 전통의 연계에 대해서는 다음 자료를 참조할 것. Edmund Waite, "The Emergence of Muslim Reformism in Contemporary Xinjiang: Implications for the Uyghurs' Positioning Between a Central Asian and Chinese Context", in I. Beller-Hann, M. Cesàro, and J. Finley (eds), *Situating the Uyghurs Between China and Central Asia* (Hampshire, UK: Ashgate, 2007).

7. 중앙아시아의 자디드 전통에 대한 더 상세한 내용에 대해서는 다음 자료를 참조할 것. Khalid, *The Politics of Muslim Cultural Reform*.

8. TIP, *Jihad Lands*.

9. 같은 곳.

10. 하산 마흐숨과의 인터뷰 녹취(오메르 카나트, 2001년 1월); "Uyghur Separatist Denies Links to Taliban, Al-Qaeda", *RFA* (27 January 2002).

11. TIP, *Jihad Lands*.

12. 같은 곳.

13. 같은 곳.

14. 같은 곳.

15. 이와 같은 상세한 내용들은 오메르 카나트가 실시한 거의 10시간 분량의 카라하지와의 인터뷰에서 나온 것들이다. 카나트는 『월스트리트 저널(*The Wall Street Journal*)』의 데이비드 클라우드(David Cloud)가 카라하지와 만나 인터뷰를 할 당시 통역을 맡았었다. 인터뷰 기사는 다음과 같다. David Cloud and Ian Johnson, "In Post-9/11 World, Chinese Dissidents Pose US Dilemma", *The Wall Street Journal* (3 Aug 2004).

16. 같은 곳.

17. 같은 곳.

18. "Uyghur Separatist Denies Links to Taliban, Al-Qaeda", *RFA*.

19. Cloud and Johnson, "In Post-9/11 World, Chinese Dissidents Pose US Dilemma."

20. 같은 곳.

21. TIP, *Turkistan Mujahidliri Arkhipliridin 36* (October 2017).

22. TIP, *Biz vä Jihad Hazirlighi* (2009); TIP, *Jännät Ashiqliri 5* (2010).

23. TIP, "The Structure of the Turkistan Islamic Party" (10 August 2004).

24. Cloud and Johnson, "In Post-9/11 World, Chinese Dissidents Pose US Dilemma." 여기서 지적할 점은 『월스트리트 저널』의 기사에서는 그들이 오사마 빈 라덴을 만나려는 목적을 가지고 칸다하르로 갔다고 되어 있지만, 통역을 했던 카나트는 인터뷰 내용을 다르게 기억하고 있다. 그에 따르면, 하산 마흐숨 일행은 많은 단체가 참가하는 대규모 회합에 참석한 것이고 오사마 빈 라덴은 거기서 발언한 이들 중 하나였다고 한다.

25. 오메르 카나트가 2019년 8월 필자에게 알려준 내용이다.

26. 대규모 연회로 보이는 장소에서 하산 마흐숨이 오사마 빈 라덴과 함께 앉아 있는 짧은 비디오 영상 한 토막이 있는데, 이 장면은 마흐숨의 위상을 강조하기 위해 투르키스탄이슬람당이 제작한 다수의 영상물에 재활용되어온 것이다. 그 장면은 앞서 언급한 칸다하르 회합에서 촬영되었을 것으로 보인다.

27. 카자흐스탄이 다양한 이슈에서 중국의 양보를 얻어내기 위해 사용한 '위구르 카드'에 대해서는 다음 자료를 참조할 것. Sean R. Roberts, "A Land of Borderlands: Implications of Xinjiang's Trans-Border Interactions", in S. Frederick Starr, ed, *Xinjiang: China's Muslim Borderlands* (Armonk, NY: M. E. Sharpe, 2004), pp. 232~234.

28. Ahmed Rashid, "Taliban Temptation", *Far Eastern Economic Review* (11 March 1999).

29. Kariyatil Krishnadas, "Chinese Telecom Company Accused of Aiding Taliban", *EE Times* (12 December 2001).

30. Andrew Small, "China's Man in the Taliban", *Foreign Policy* (3 August 2015).

31. Charles Hutzler, "Attack On America: China Engages Taliban While Others Turn Away", *The Wall Street Journal* (2001); Rashid, "Taliban Temptation."

32. Small, "China's Man in the Taliban."

33. 오메르 카나트가 2019년 8월 필자에게 알려준 내용이다.

34. 같은 곳.

35. Guantanamo Docket, GTMO Detainee Reports: "Arkin Mahmud ISN103", "Ahmed Tourson ISN 201", "Adel Noori ISN 584", "Abdul Razak ISN 219", *The New York Times* (2005).

36. "Summary of Unsworn Detainee Statement, Ahmed Tourson, ISN 201", p. 4.

37. 몇몇 수감자는 하산 마흐숨과 압둘 하크가 자신들이 머물렀던 잘랄라바드의 '캠프'와 관계되어 있음을 인정했다. 이에 대해서는 다음 자료들을 참조할 것. "Summary of Administrative Review Board Proceedings for Bahtiyar Mahnut ISN 277", pp. 3~4; "Summary of Unsworn Detainee Statement, Abdul Ghappar Abdul Rahman ISN 281", p. 4; "Summary of Unsworn Detainee Statement, Ahmad Muhamman Yaqub ISN 328", pp. 7~8.

38. 호스트로 옮겨가기 전에 마흐숨의 공동체가 원래 있던 장소를 재건하기 위해 이들 위구르족을 이곳에 보냈을 가능성도 있다.

39. "Summary of Unsworn Detainee Statement, Akhdar Qasem Basit ISN 276", p. 3.

40. Sean R. Roberts, "The Uyghurs of the Kazakstan Borderlands: Migration and the Nation", *Nationalities Papers*, 26:3 (1998), 511-530.

41. TIP, *Jännät Ashiqliri 5* (2010).

42. TIP, *Turkistan Mujahidliri Arkhipliridin 36* (October 2017).

43. 하산 마흐숨과의 인터뷰 녹취(오메르 카나트, 2001년 1월).

44. 오메르 카나트가 2019년 8월 필자에게 알려준 내용이다.

45. 같은 내용.

46. "Death of a Militant: Boon for Beijing?", *StratFor* (2003); "Chinese Militant 'Shot Dead'", *BBC* (23 December 2003).

47. TIP, *Jihad Lands*.

48. "Uyghur Separatist Denies Links to Taliban, Al-Qaeda", *RFA*.

49. TIP, *Islam Yolvasi* (2004).

50. Turkistan, *A Message of Incitement to Jihad from a Mujahid to the Muslims of East Turkestan* (Arabic) (2006).

51. 2003년 작성되었다는 그 수상적은 문건(TIP, *Häsän Mäkhsumning Shahadit*

Munasiviti Bilän, 2003)은 2010년 웹사이트에서 나온 것으로, 투르키스탄 이슬람당 스스로는 이 문건이 지하디스트가 되려는 위구르족들을 잡아내기 위해 중국 정부가 설치한 '피싱(phising. 믿을 만한 사람이나 기업이 보낸 전자문서나 메신저 등으로 가장하여 개인 정보나 기밀을 요하는 정보를 부정하게 얻으려는 수법)' 트랩일 것이라 주장한다(TIP, *Barliq Tor Ziyarätchiliri Sämigä*, 2010).

52. 그의 이름을 포함하여 압둘 하크의 생애에 대한 중국 정부가 작성한 공식적인 기록은 다음 자료를 참조할 것. "China Identifies Alleged 'Eastern Turkistan' Terrorists", *Xinhua* (2008). 중국 공안부가 2003년 공개한 테러리스트 명단에 대해서는 다음 자료를 참조할 것. "China Seeks Cooperation Worldwide to Fight 'East Turkistan' Terrorists", *Xinhua* (2003).

53. TIP, "Sheykh Abdul Haq: 'The History of the Movement and its Development'", *Islamic Turkistan* (번역: 9·11테러대응재단) (2009).

54. 같은 곳. 압둘 하크가 살라피즘과의 연계성을 내세웠던 것은 그의 아랍어 잡지를 읽을 것이 분명한 아랍 살라피스트들(원리주의자)을 의식한 것일 가능성도 있다.

55. 같은 곳.

56. US Treasury, "Treasury Targets Leader of Group Tied to Al Qaida."

57. Waliullah Rahmani, "Has al-Qaeda Picked a Leader for Operations in China?", *Jamestown Foundation Terrorism Focus*, 5:41 (2008), 8-9.

58. TIP, *Jännät Ashiqlri 13* (September 2014). 이 영상물에는 사후(死後)에 정리된 압두슈쿠르의 전기(傳記)가 포함되어 있다.

59. 같은 곳. 압두슈쿠르를 찬양하는 내용의 이 영상물에서 압둘라 만수르는 1994년에 그와 함께 아프가니스탄에 들어왔다고 말했다.

60. TIP, *Jännät Ashiqliri 8* (2012).

61. Jacob Zenn, "The Turkistan Islamic Party in Double-Exile: Geographic and Organizational Divisions in Uighur Jihadism", *Jamestown Foundation Terrorism Monitor*, 16:17 (2018), 8-11.

62. TIP, *Imani Burch vä Nursrät* (June 2009) and TIP, *Biz vä Jihad Hazirligi* (2009).

63. TIP, *Zalim Qankhur Khitay Komunistlirining Ilip Barghan Qanliq Qirgichiliq Munasiviti Bilän, 2009-Yili, 7-Ayning, 8-Kuni* (July 2009).

64. TIP, *Imani Burch vä Nursrät* (June 2009); TIP, *Khitay Täshviqäti-Zähärlik Täshviqat: Abdullah Mansur Söbät Bilän* (September 2009).

65. TIP, "Barbaric Massacres of China Will Not Go Unanswered" (Arabic) (31 July 2009).

66. Raffaello Pantucci and Edward Schwarck, "Transition in Afghanistan: Filling the Security Vacuum-The Expansion of Uighur Extremism?", *CIDOB Policy Research Project*, Barcelona Center for International Affairs (2014), p. 11.

67. 압둘아지즈라는 이름은 2012년 중국의 테러리스트 명단에서 가장 위에 올라 있던 인물의 이름을 차용한 것으로 보이며, 그의 본명은 압둘쿠윰 쿠르반 (Abdulkuyum Kurban)이다. 이와 관련해서는 다음 기사를 참조할 것. "Police Names 6 Wanted Terrorists", *Xinhua* (6 April 2012). 그는 2012년 드론 공습으로 사망했다고 알려져 있다. 이에 대해서는 다음 자료를 참조할 것. TIP, *Muminlärning Sayahiti 8* (September 2013).

68. TIP, *Muhim Mäsililär Ustidä* (June 2011); TIP, *Ämir Mäiruf Abduläzizning Talanma Dävätliridin 1-4* (2011); TIP, *Firayliq Toghrisida* (2011); TIP, *Jamaät Bolup Uyushush vä Yalghuz Jihad Qilishning Hökmi* (March 2012); TIP, *Muminlärning Sayahiti 3* (February 2012); TIP, *Jamaät, Hijrät, vä Jihad Häqqidä Qisqichä Chushänchä* (June 2012).

69. 그가 언급한 튀르키예인 전사들에 대해서는 다음 자료들을 참조할 것. TIP, *Tükiye'deki Müsülman Kardeshlerimizde Nashihat* (Turkish) (July 2012); TIP, *Savasin Aslanlari* (Turkish) (December 2012); TIP, *Horasan'da Kurban Bayrami Cihad Meydanlarinda* (Turkish) (November 2012). 캅카스 출신 전사들에 대해서는 다음 자료들을 참조할 것. TIP, *Nasha Obitel' Khorasan 1-2* (Russian) (2012); TIP, *Kavkaz Mujahidlirighä Mäktub* (2012).

70. TIP, *Jännät Ashiqliri 4* (2010).

71. 글로벌 지하드에서 이들 민족이 집단적으로 공유하는 장소의 명칭으로 호라산을 사용하는 것이 지니는 중요성에 대해서는 다음 기사를 참조할 것. Adam Taylor, "The Strange Story Behind the 'Khorasan' Group's Name", *Washington Post* (25 September 2014).

72. TIP, *Äziz Vätän Turkistan* (May 2012); TIP, *Turkistan Oghlanliri* (2012).

73. TIP, *Yeqinda Khotän vä Qäshqärdä Elip Berilghan Jihad Härikätlär*

Munasiviti Bilän (7 September 2011).

74. "Türkistan Islam Çemaati Mücahidi Sehit Muhammed Türkistanin'in Hayati" (Turkish) *Dogu Türkistan Bulteni* (31 March 2016).

75. TIP, *Muminlärning Sayahiti 1* (3 October 2011).

76. TIP, *Turkistan Mujahidliridin Khitay Khälqigä Khät* (May 2011).

77. Raffaello Pantucci and Edward Schwarck, "Transition in Afghanistan", p. 10.

78. Peter Nesser and Brynjar Lia, "Lessons Learned from the July 2010 Norwegian Terrorist Plot."

79. Raffaelo Pantucci, "Uyghurs Convicted in East Turkestan Islamic Movement Plot in Dubai", *Jamestown Foundation Terrorism Monitor*, 8:29 (2010), 5-6.

80. TIP, *Shähid Bulsam* (December 2012); TIP, Berding (27 April 2012); TIP, *Shärqi Turkistan Musulman Qerindashlirimizgha Näsihät* (August 2012); TIP, *Äziz Vätän Turkistan* (21 April 2012).

81. TIP, *Jännät Ashiqliri 13* (2014).

82. TIP, *Jännät Ashiqliri 8* (2012).

제4장 식민 지배와 대테러 정책의 결합, 2002~2012년

1. Amnesty International, "China's Anti-terrorism Legislation and Repression in the Xinjiang Uyghur Autonomous Region", *Amnesty International* (2002), 1-34.

2. 같은 곳, pp. 19~22. 각종 비공식 보고서들을 참조하여 국제사면위원회에서 내놓은 이 보고서에는, 2001년 9월에서 11월 사이에 100명 이상의 위구르족 이 테러리즘 혐의로 형사재판 선고가 있었으며 그중 최소한 아홉 명이 사형선 고를 받았다고 기록되어 있다. 하지만 이 보고서에는 같은 기간 동안 구금된 3천 명가량의 위구르족 중 20명이 처형되고 그 외 다수가 금고형을 받았다는 위구르족 망명자들의 증언과 자료도 언급되어 있다.

3. 같은 곳, pp. 14~15.

4. 같은 곳, p. 16.

5. UHRP, "Prosecution of Uyghurs in the Era of the 'War on Terror'" (16 October 2007), pp. 6~7.

6. Stanley Toops, *Demographics and Development in Xinjiang after 1949 (Policy Studies, No. 1)* (Washington, DC: East-West Center, 2004), p. 20.

7. Joanne Smith-Finley, *The Art of Symbolic Resistance*, pp. 393~394. 회의적인 시각도 없지 않지만, 저자는 2000년대 초반 위구르학 관련 국제학계를 지배했던 이러한 추세를 지적하고 있다.

8. Stanley Toops, *Demographics and Development in Xinjiang after 1949.*

9. 같은 곳, p. 20.

10. Doris Ma and Tim Summers, "Is China's Growth Moving Inland? A Decade of 'Develop the West'", *Asia Programme Paper: ASP PP 2009/02* (London: Chatham House, 2009), p. 5.

11. Scott Radnitz and Sean R. Roberts, "Why the Carrot Isn't Working, Either", *Foreign Policy* (13 November 2013); Sean R. Roberts, "Development with Chinese Characteristics in Xinjiang."

12. 「공산당선언」에 대해 월트 화이트먼 로스토(Walt Whitman Rostow)가 자본주의적 입장에서 반박하는 과정에서 이와 같이 주장한 것이 널리 알려진 바 있다. (*The Stages of Economic Growth: A Non-Communist Manifesto* (Cambridge: Cambridge University Press, 1960)), 로스토가 따랐던 근대화의 논리는 경제성장이 가져온 새로운 경제적 관계가 문화적 차이를 없애는 방향으로 작용할 것이라는 내용으로, 마르크스가 이용한 근대화 논리와 동일한 것이었다.

13. Nicolas Bequelin, "Staged Development in Xinjiang", *The China Quarterly*, 178 (June 2004), 358–378, pp. 364~365.

14. 같은 곳, p. 370.

15. 같은 곳, p. 359.

16. 국제사회의 반응에 대해서는 다음 자료를 참조할 것. UNESCO Mission to The Chinese Silk Road as World Cultural Heritage Route, "Mission Report: A Systematic Approach to Identification and Nomination", *UNESCO* (2003), p. 25; Ross Perlin, "The Silk Road Unravels", *Open Democracy: Free Thinking for the World* (29 July 2009).

17. UHRP, "Living on the Margins: The Chinese State's Demolition of Uyghur Communities" (30 March 2012), p. 37.

18. *The Erdaoqiao Bazaar of Urumqi Guide*, www.itourbeijing.com (www.

itourbeijing.com/china-travel/the-silk-road-guide/the-erdaoqiao-bazaar-of-urumqi.htm), (최종 확인 2014년 11월 10일).

19. Ildiko Beller-Hann, "The Bulldozer State: Chinese Socialist Development in Xinjiang", in M. Reeves, J. Rasanayagam, and J. Beyer (eds), *Ethnographies of the State in Central Asia: Performing Politics* (Bloomington, IN: Indiana University Press, 2014), pp. 173~197.

20. UHRP, "Uyghur Language Under Attack: The Myth of 'Bilingual' Education in the Republic of China" (24 July 2007).

21. 같은 곳.

22. Arienne Dwyer, *The Xinjiang Conflict: Uyghur Identity, Language Policy, and Political Discourse (Policy Studies No. 15)* (Washington, DC: East-West Center, 2005), pp. 37~41.

23. 같은 곳, pp. 46~50.

24. 이들 12개의 4년제 학교는 티베트인을 대상으로 훨씬 이전부터 운영하고 있던 교육기관을 모델로 만들어졌으며, 처음에는 매년 1천 명의 위구르족 학생을 등록시키되 2007년까지는 매년 5천 명을 안정적으로 등록시킬 수 있는 것을 목표로 했다. 자세한 내용은 다음 자료를 참조할 것. Yan and Song, "Difficulties Encountered by Students During Cross-cultural Studies Pertaining to the Ethnic Minority Education Model of Running Schools in 'Other Places' and Countermeasures", *Chinese Education and Society*, 43:3 (2010), 10-21.

25. UHRP, "Uyghur Language Under Attack", p. 6.

26. Timothy Grose, "(Re)Embracing Islam in Neidi: the 'Xinjiang Class' and the Dynamics of Uyghur Ethno-national Identity", *Journal of Contemporary China*, 24:91 (2015), 101-118.

27. 같은 곳, pp. 110~111.

28. 같은 곳.

29. UHRP, "Deception, Pressure, and Threats: The Transfer of Young Uyghur Women to Eastern China" (8 February 2008).

30. 같은 곳.

31. 같은 곳, p. 3.

32. 우루무치에서 중국식 교육을 받은 위구르족 청년들에 대해 연구한 제니퍼 테

이먼(Jennifer Tayman)에 따르면 그들은 자신과 같은 위구르족 집단 안에서 소외감을 느끼지만 "신장 지역의 민카오한(民考漢)*들은, 위구르족 공동체의 다른 이들과 마찬가지로, 이 지역에 한족들이 정착하는 것을 지지하지 않는" 입장이라고 한다. Jennifer Taynen, "Interpreters, Arbiters or Outsiders: The Role of the Min Kao Han in Xinjiang Society", *Journal of Muslim Minority Affairs*, 26:1 (2006), 46.

33. Justin Hastings, "Charting the Course of Uyghur Unrest", *The China Quarterly*, 208 (2011), 893–912.

34. Gardner Bovingdon, *The Uyghurs: Strangers in their Own Land*.

35. Simon Elegant, "China's Curious Olympic Terror Threat", *TIME* (10 March 2008).

36. Justin Hastings, "Charting the Course of Uyghur Unrest."

37. TIP, (제목 없는 영상물) (Abdul Häq's statement on the Olympics) (1 March 2008).

38. Simon Elegant, "China's Curious Olympic Terror Threat."

39. Justin Hastings, "Charting the Course of Uyghur Unrest", p. 910.

40. Simon Elegant, "China's Curious Olympic Terror Threat."

41. Justin Hastings, "Charting the Course of Uyghur Unrest", p. 911.

42. Wang Zhengua, "3 Killed, 12 Injured in Shanghai Bus Explosions", *China Daily* (5 May 2008); Gordon Fairclough, "Bus Blasts Kill Two in China", *Wall Street Journal* (21 July 2008); TIP, *Yunandiki Mubarak Jihadimiz* (2008).

43. 이 폭발 사건들과 위구르족의 관련성을 부인하는 중국의 공식적 입장을 더 상세하게 파악하려면 다음 보도를 참조할 것. "China Dismisses Bus Bombs Claim", *BBC* (26 July 2008).

44. Geoffrey York, "Beijing Busy Welcoming the World as it Turns Away its Ethnic Minorities", *The Globe and Mail* (18 July 2008).

---

* 중국 각지에 산재한 신장반(新疆班) 소속 학교에서 중국어로 중국식 교육을 받은 소수민족들을 지칭한다. 중국 사회로 편입하는 것이나 정치적 기회·고용 등에서 동족들보다 우대를 받기는 하지만, 동족들의 공동체에 속하지 못하면서 한족들과의 관계에서는 차별을 받기도 하다.

45. 같은 곳.

46. Justin Hastings, "Charting the Course of Uyghur Unrest", p. 911.

47. Edward Wong, "Doubt Arises in Account of an Attack in China", *The New York Times* (29 September 2008).

48. 같은 곳.

49. Justin Hastings, "Charting the Course of Uyghur Unrest", p. 911.

50. 같은 곳.

51. UHRP, "Deception, Pressure, and Threats", p. 2.

52. 같은 곳, p. 6.

53. UHRP, "Massive Rise in State Security Arrests in East Turkestan in 2008" (6 January 2009), p. 14.

54. Tania Branigan, "Ethnic Violence in China leaves 140 dead", *The Guardian* (6 July 2009).

55. Angel Ryono and Matthew Galway, "Xinjiang Under China: Reflections on the Multiple Dimensions of the 2009 Urumqi Uprising", *Asian Ethnicity*, 16:2 (2015), 235-255, pp. 235~236.

56. "Urumqi Riots: Weapons Prepared Beforehand, Division of Tasks Clear", *Xinhua* (21 July 2009).

57. Jane Macartney, "Hundreds Die in Bloodiest Clashes since Tiananmen Crackdown", *The Times* (7 July 2009).

58. Peter Foster, "Eyewitness: Tensions High on the Streets of Urumqi", *The Telegraph* (7 July 2009); UHRP, "A City Ruled by Fear and Silence: Urumqi, Two Years On" (2011), p. 15.

59. Rian Thum, "The Ethnicization of Discontent in Xinjiang", *The China Beat Blog* (2 October 2009).

60. Thomas Cliff, "The Partnership of Stability in Xinjiang: State-Society Interactions Following the July 2009 Unrest", *The China Journal*, 68 (2012), 79-105.

61. HRW, "Enforced Disappearances in the Wake of Xinjiang's Protests" (20 October 2009).

62. Kathrin Hille, "Xinjiang Widens Crackdown on Uighurs", *Financial Times* (19 July 2009).

63. UHRP, "Can Anyone Hear Us? Voices from the 2009 Unrest in Urumqi" (2010) pp. 42~43.

64. HRW, "Enforced Disappearances in the Wake of Xinjiang's Protests."

65. UHRP, "Can Anyone Hear Us?", p. 19.

66. UHRP, "Sacred Right Defiled: China's Iron-fisted Repression of Uyghur Religious Freedom" (8 March 2013).

67. Shan Wei and Weng Cuifen, "China's New Policy in Xinjiang and its Challenges", *East Asian Policy*, 2:3 (2010), p. 61.

68. Cui Jia, "New Measures to Boost Xinjiang Livelihoods", *China Daily* (28 May 2010).

69. Wei and Cuifen, "China's New Policy in Xinjiang and its Challenges", p. 62.

70. Cui Jia, "Xinjiang Takes a Leaf out of Sichuan's Book", *China Daily* (21 May 2010); Lisa Zeng Sommer, "Xinjiang Enticements", *Energy Tribune* (21 July 2010).

71. Thomas Cliff, "The partnership of stability in Xinjiang", p. 99.

72. Michael Clarke, "China's Integration of Xinjiang with Central Asia: Securing a 'Silk Road' to Great Power Status?", *China and Eurasia Forum Quarterly*, 6:2 (2008), p. 89.

73. UHRP, "Uyghur Homeland; Chinese Frontier: The Xinjiang Work Forum" (27 June 2012), p. 16.

74. Amy Regar, "From Kashgar to Kashi: The Chinese Remaking of Kashgar", *Huffington Post* (17 April 2012).

75. UHRP, "Uyghur Homeland; Chinese Frontier", p. 19.

76. Andrew Jacobs, "Economic Aid Fuels Change of Fortune on Silk Road", *The New York Times* (14 November 2010).

77. Alessandro Rippa and Rune Steenberg, "Development For All? State Schemes, Security, and Marginalization in Kashgar, Xinjiang", *Critical Asian Studies*, 51:2 (2019), 274-295.

78. UHRP, "Uyghur Homeland: Chinese Frontier", pp. 3~6.

79. 같은 곳, p. 17.

80. UHRP, "Living on the Margins", p. 29.

81. UHRP, "Uyghur Homeland; Chinese Frontier", p. 15.

82. Timothy Grose, "(Re)Embracing Islam in Neidi", p. 106.

83. Nicolas Becquelin, "Staged Development in Xinjiang."

84. Thomas Cliff, "The Partnership of Stability in Xinjiang", p 82.

85. James Leibold, "Toward a Second Generation of Ethnic Policies", *Jamestown Foundation China Brief*, 12:13 (6 July 2012).

86. 같은 곳.

87. Jonathan Watts, "China Raises Xinjiang Police Station Death Toll to 18", *The Guardian* (20 July 2011).

88. Gulchehra Hoja, "Uyghurs 'Fenced In' to Neighborhoods in China's Xinjiang Region", *RFA* (19 August 2016).

89. UHRP, "Sacred Right Defiled."

90. 이 시기 및 이후에 폭력 사태 수위가 고조되는 양상을 시간대 별로 알아보려면 다음 자료를 참조할 것. *RFA*, "The Uyghurs: The Fate of a Troubled Minority" (2015). www.rfa.org/english/news/special/uyghurtroubled/home.html (최종 확인 2020년 2월 26일).

91. Jonathan Watts, "China Raises Xinjiang Police Station Death Toll to 18."

92. Choi Chi-yuk, "Ban on Islamic Dress Sparked Uygur Attack", *South China Morning Post* (2011).

93. Jonathan Watts, "China Raises Xinjiang Police Station Death Toll to 18."

94. Michael Dillon, "Death on the Silk Road: Violence in Xinjiang", *BBC* (3 August 2011).

95. Jason Dean and Jeremy Page, "Beijing Points to Pakistan After Ethnic Violence", *The Wall Street Journal* (1 August 2011).

96. TIP, *Yeqinda Khotän vä Qäshqärdä Elip Berilghan Jihadi Härikätlär Munisiviti Bilän* (August 2011).

97. 같은 곳.

98. Jason Dean and Jeremy Page, "Beijing Points to Pakistan After Ethnic Violence."

99. 같은 곳.

100. 같은 곳.

101. "At Least Eight Uyghurs Shot Dead by Chinese Authorities in Xinjiang",

RFA (19 June 2012).

102. UHRP, "Uyghurs Shot to Death in Guma County, Amid Intense State-led Repression" (29 December 2011).

103. "Immigration Tensions Led to Attack", *RFA* (19 February 2012).

104. 같은 곳.

105. "'Hijack Attempt Foiled' in China's Xinjiang", *BBC* (29 June 2012); Alexa Olesen, "Chinese Police Raid Religious School: 12 Kids Hurt", *Associated Press* (6 June 2012).

106. "China Jails 20 on Jihad, Separatism Charges in Restive Xinjiang", *Reuters* (27 March 2013).

107. Qiao Long, "Korla Under Tight Security After Police Confirm Attacks", *RFA* (7 March 2013); Shohret Hoshur, "Suicide Attack on National Day", *RFA* (12 October 2012).

108. "China Official Vows 'Iron Fist' Crackdown in Xinjiang", *BBC* (5 July 2012).

109. Alexander Evans, "China Cracks Down on Ramadan in Xinjiang", *Foreign Policy* (2 August 2012); Kathrin Hille, "China Bans Religious Activities in Xinjiang", *Financial Times* (2 August 2012).

제5장 자기실현적 예언과 '반테러 인민 전쟁', 2013~2016년

1. William Wan, "Chinese Police Say Tiananmen Square Crash Was 'Premeditated, Violent, Terrorist Attack'", *Washington Post* (30 October 2013).

2. Sean R. Roberts, "Tiananmen Crash: Terrorism or Cry of Desperation?", *CNN.com* (31 October 2013).

3. "CNN Disrespects Itself with Terror Sympathy", *Global Times* (4 November 2013); "CNN惡意報道北京'10·28'暴力恐怖襲擊案 中國網友群起反擊" (Chinese) *CCTV* (3 November 2013).

4. Li Qi, "Why 140,000 Chinese People Want to Kick Out CNN", *Washington Post* (8 November 2013).

5. TIP, *Beijing Tiänänmen Mäydanda Elip Berilghan Jihadi Ämäliyät Toghrisida Bayanat* (1 November 2013).

미주 **461**

6. Raffaelo Pantucci, "Tiananmen Attack: Islamist Terror or Chinese Protest?", *Jamestown Foundation China Brief*, 14:1 (2014), 6-8.

7. Robert K. Merton, "The Self-fulfilling Prophecy", *The Antioch Review* (1948), p. 185.

8. 같은 곳, p. 190.

9. Qiao Long,"Korla Under Tight Security After Police Confirm Attacks"; Shohret Hoshur, "Fresh Clashes Hit Kashgar", *RFA* (26 May 2013).

10. "Gasoline Bomb Attack on Police Station in Hotan", *RFA* (12 March 2013); Hai Nan, "Second Clash Reported in Xinjiang", *RFA* (26 April 2013).

11. Chris Buckley, "27 Die in Rioting in Western China", *The New York Times* (26 June 2013).

12. 같은 곳.

13. TIP, *Turpan Lukchundä Elip Berilghan Jihadi Ämiliyät Toghrisida Bayanat* (July 2013).

14. "21 Dead in Xinjiang Terrorist Clashes", CNTV (24 April 2013); "China's Xinjiang Hit by Deadly Clashes", *BBC* (24 April 2013).

15. "Overview of the Maralbeshi Incident on 23 April 2013", *World Uyghur Congress* (May 2013), p. 1.

16. 같은 곳.

17. TIP, *Maralbeshi Seriqboyida Elip Berilghan Jihadi Ämäliyät Toghrisida* (May 2013).

18. Zunyou Zhou, "Chinese Strategy for De-radicalization", *Terrorism and Political Violence*, 31:6 (2017), 1187-1209.

19. Catherine Traywick, "Chinese Officials ask Muslim Women to Unveil in the Name of Beauty", *Foreign Policy* (26 November 2013).

20. 같은 곳.

21. James Leibold, *Surveillance in China's Xinjiang Region: Ethnic Sorting, Coercion, and Inducement*, p. 8.

22. 같은 곳, pp. 8~9.

23. Shohret Hoshur, "At Least 15 Uyghurs Killed in Police Shootout in Xinjiang", *RFA* (25 August 2013) and "Up to 12 Uyghurs Shot Dead in Raid on Xinjiang 'Munitions Center'", *RFA* (17 September 2013).

24. Qiao Long, "Chinese Police Shoot Dead Seven Uyghurs in Kashgar: Group", *RFA* (7 October 2013).

25. TIP, *Shärqi Turkistanda Elip Berilghan Jihadi Ämäliyätlär Toghrisida* (September 2013).

26. Steven Jiang and Katie Hunt, "Five Arrested in Tiananmen Square Incident, Deemed a Terrorist Attack", *CNN* (30 October 2013).

27. "China Says 11 Killed in Attack on Xinjiang Police Station", *Agence France Press* (17 November 2013).

28. Shohret Hoshur, "Six Women Among Uyghurs Shot Dead in Xinjiang Violence", *RFA* (18 December 2013).

29. 같은 곳.

30. Edward Wong, "China Executes 3 Over Deadly Knife Attack at Train Station in 2014", *The New York Times* (15 March 2015).

31. Shohret Hoshur, "China Train Station Attackers May Have Acted 'in Desperation'", *RFA* (3 March 2014).

32. TIP, *Kunmingdiki 2-Qetimliq Jihadi Ämäliyät Munisiviti Bilän: Khitaygha Ochuq Khät* (March 2014).

33. "Train Station Attackers Were Trying to Leave China for Jihad: Official", *VOA News* (5 March 2014).

34. Shohret Hoshur, "China Train Station Attackers May Have Acted 'in Desperation.'"

35. Tania Branigan and Jonathan Kaiman, "Kunming Knife Attack: Xinjiang Separatists Blamed for 'Chinese 9/11'", *The Guardian* (2 March 2014).

36. Hannah Beech, "In China, Deadly Bomb and Knife Attack Rocks Xinjiang Capital", *TIME* (1 May 2014).

37. Austin Ramzy and Chris Buckley, "The Xinjiang Papers: 'Absolutely No Mercy'-Leaked Files Show How China Organized Mass Detentions of Muslims", *The New York Times* (16 November 2019).

38. Li Jing and Adrian Wan, "Security Tightened After Three Killed in Bomb, Knife Attack at Urumqi Train Station", *South China Morning Post* (1 May 2014).

39. 같은 곳.

40. TIP, *Ürümchi Jänubi Vokzalda Elip Berilghan Pidaiyliq Ämäliyiti Toghrisida Bayanat* (1 May 2014).

41. 같은 곳.

42. 같은 곳.

43. Yang Fan, "Uyghur Shot Dead by Police in New Attack in Xinjiang", *RFA* (8 May 2014).

44. Shohret Hoshur, "Over 100 Detained After Xinjiang Police Open Fire on Protesters", *RFA* (23 May 2014).

45. 같은 곳.

46. Simon Denyer, "Terrorist Attack on Market in China's Restive Xinjiang Region Kills More Than 30", *Washington Post* (22 May 2014).

47. Andew Jacobs, "In China's Far West, a City Struggles to Move On", *The New York Times* (24 May 2014).

48. "Urumqi Car and Bomb Attack Kills Dozens", *Associated Press* (22 May 2014); Jacobs, "In China's Far West, a City Struggles to Move On."

49. UHRP, "Legitimizing Repression: China's 'War on Terror' Under Xi Jinping and State Policy in East Turkestan" (3 March 2015), p. 7.

50. "Xinjiang's Party Chief Wages 'People's War' Against Terrorism", *Xinhua* (26 May 2014).

51. Susan Traveskes, "Using Mao to Package Criminal Justice Discourse in 21st-century China", *The China Quarterly*, 226 (2016), 299–318.

52. 같은 곳.

53. Ondrej Kilmeš, "Advancing 'Ethnic Unity' and 'De-extremization': Ideational Governance in Xinjiang under 'New Circumstances' (2012–2017)", *Journal of Chinese Political Science*, 23:3 (2018), 413–436, p. 418; James Leibold, "Xinjiang Forum Marks New Policy of 'Ethnic Mingling'", *Jamestown Foundation China Brief*, 14:12 (2014).

54. "President Xi Jinping Delivers Important Speech and Proposes to Build a Silk Road Economic Belt with Central Asian Countries", *Ministry of Foreign Affairs of the PRC* (7 September 2013).

55. James Leibold, "Xinjiang Forum Marks New Policy of 'Ethnic Mingling.'"

56. 같은 곳.

57. Zunyou Zhou, "Chinese Strategy for De-radicalization", p. 4.

58. 같은 곳.

59. Gisela Grieger, "China: Assimilating or Radicalising Uighurs?", *European Parliament Research Service* (2014); Ishaan Tharoor, "China's War on Ramadan sees Muslim Students Forced to Breakfast", *Washington Post* (11 July 2014); Barbera Demick, "China Imposes Intrusive Rules on Uighurs in Xinjiang", *Los Angeles Times* (5 August 2014).

60. Shannon Tiezzi, "China's 'People's War' Against Terrorism", *The Diplomat* (2 August 2014); Wong Chun Han, "'People's War' on Terrorism in China Turns Lucrative with One Million Yuan Rewards", *The Wall Street Journal* (11 September 2014).

61. "The Colourful Propaganda of Xinjiang", *BBC* (12 January 2015).

62. Shannon Tiezzi, "China's 'People's War' Against Terrorism"; Barbera Demick, "China Imposes Intrusive Rules on Uighurs in Xinjiang."

63. Edward Wong, "To Temper Unrest in Western China, Officials Offer Money for Intermarriage", *The New York Times* (2 September 2014).

64. Isobel Cokerell, "Inside China's Massive Surveillance Operation", *WIRED* (9 May 2019).

65. Ilham Tohti, "Present-day Ethnic Problems in Xinjiang Uighur Autonomous Region: Overview and Recommendations", *ChinaChange.org* (2013), trans., Cindy Carter.

66. Edward Wong, "China Sentences Uighur Scholar to Life", *The New York Times* (24 September 2014).

67. "Counter-Terrorism Law", *China Law Translate* (27 December 2015).

68. 같은 곳.

69. Kavitha Surana, "China Tells Citizens to Inform on Parents who 'Lure' Kids into Religion", *Foreign Policy* (12 October 2016).

70. Julia Famularo, "Chinese Religious Regulations in the Xinjiang Uyghur Autonomous Region: A Veiled Threat to Turkic Muslims?", *Project 2049 Institute* (8 April 2015), 1-16, p. 5.

71. Simon Denyer, "Terrorist Attack on Market in China's Restive Xinjiang Region Kills More Than 30."

72. Tom Phillips, "Beijing Assembles People's Army to Crush China Terrorists With an Iron Fist", *The Telegraph* (20 July 2014); Tania Branigan, "China Detains More than 200 Suspected Separatists in Xinjiang, State Media Says", *The Guardian* (26 May 2014).

73. "Arrests in China's Xinjiang 'Nearly Doubled in 2014'", *Agence France-Press* (23 January 2015).

74. Darren Byler, "Spirit Breaking: Uyghur Dispossession, Culture Work and Terror Capitalism in a Chinese Global City", (PhD Thesis, University of Washington, 2018), p. 124.

75. Shohret Hoshur, "Four Killed in New Violence, Nine Sentenced to Death in Xinjiang", *RFA* (5 June 2014); "Six Killed, Two Injured in Fresh Xinjiang Clashes", *RFA* (11 June 2014); "Five Uyghurs Killed in Connection with Raid on Xinjiang Suspect", *RFA* (7 July 2014); "Police Officer Stabbed to Death, Another Wounded in Xinjiang Attack", *RFA* (25 June 2014).

76. Shohret Hoshur, "Five Police Officers Killed in Attack on Xinjiang Security Checkpoint", *RFA* (22 June 2014).

77. *RFA*, "The Uyghurs: The Fate of a Troubled Minority."

78. Emily Rauhala, "China Now Says Almost 100 Were Killed in Xinjiang Violence", *TIME* (4 August 2014).

79. 다음 자료들을 비교할 것. Emily Rauhala, "China Now Says Almost 100 Were Killed in Xinjiang Violence" and Shohret Hoshur, "At Least 2,000 Uyghurs Killed' in Yarkand Violence: Exile Leader", *RFA* (5 August 2014).

80. Barbera Demick, "Deadly Clash in China: An Ambush by Uighurs or a Government Massacre?", *Los Angeles Times* (7 August 2014).

81. Bob Woodruff and Karson Yiu, "What Happened When I Went to the Alleged ISIS Breeding Ground in China", *ABC News* (29 May 2016).

82. Emily Rauhala, "China Now Says Almost 100 Were Killed in Xinjiang Violence."

83. Shohret Hoshur, "Five Dead After Security Checkpoint Clash in Xinjiang's Hotan Prefecture", *RFA* (30 January 2015); "Uyghur Man Draws Knife, is Shot Dead by Police", *RFA* (19 February 2015); "Hacking, Shooting Incident Leaves 17 Dead in Xinjiang's Aksu Prefecture", *RFA* (20

February 2015); "Chinese Authorities Shoot 'Suspicious' Uyghurs Dead in Xinjiang Restaurant", *RFA* (13 March 2015); "Six Uyghurs Die in Village Police Operation in Xinjiang", *RFA* (1 May 2015); "At Least Eight Uyghurs Shot Dead by Chinese Authorities in Xinjiang", *RFA* (19 June 2015); Lee Sui-Wee, "Police in China Shoot Dead Six in Restive Xinjiang", *Reuters* (12 January 2015); "Chinese Police Shoot Seven Uyghurs Dead Following Fatal Xinjiang Knife Attack", *RFA* (18 March 2015).

84. Shohret Hoshur, "Six Dead, Four Injured in Two Successive Suicide Attacks in China's Xinjiang", *RFA* (13 May 2015); Eset Sulaiman, "Chinese Police Shoot Two Uyghurs Dead in Xinjiang Bomb Attack", *RFA* (28 May 2015); Michael Martina and Ben Blanchard, "At Least 18 Chinese are Dead in China's Western Xinjiang Province after a Ramadan Attack on Police", *Reuters* (23 June 2015).

85. Ben Blanchard, "At Least 50 Reported to Have Died in Attack on Coalmine in Xinjiang in September", *Reuters* (1 October 2015).

86. Michael Forsythe, "Suspect in Xinjiang Mine Attack Spoke of Jihad, Chinese News Reports Say", *The New York Times* (17 December 2015).

87. "Chinese Forces Kill 28 People 'Responsible for Xinjiang Mine Attack'", *BBC* (20 November 2015).

88. Michael Forsythe, "Suspect in Xinjiang Mine Attack Spoke of Jihad, Chinese News Reports Say."

89. "Xinjiang: The Race Card", *Economist* (3 September 2016).

90. Andrew Jacobs, "Xinjiang Seethes Under Chinese Crackdown", *The New York Times* (2 January 2016).

91. Michael Martina, "'Violent Terrorism' in China's Xinjiang Has Dropped: Party Official", *Reuters* (8 March 2016).

92. Darren Byler, "Spirit Breaking", p. 124.

93. 같은 곳, p. 50.

94. UHRP, *UHRP Briefing: Refusal of Passports to Uyghurs and Confiscation of Passports Held by Uyghurs Indicator of Second-Class Citizen Status in China* (7 February 2013).

95. HRW, "China: Passports Arbitrarily Recalled in Xinjiang" (21 November

2016).

96. "Life Sentence for Asylum Seekers", *RFA* (26 January 2012).

97. Kendrick Kuo and Kyle Spriger, "Illegal Uighur Immigration in Southeast Asia", *cogitASIA* (24 April 2014).

98. Parameswaran Ponnudurai, "Malaysia Hit for Deporting Uyghurs", *RFA* (4 February 2013).

99. Catherine Putz, "Thailand Deports 100 Uyghurs to China", *The Diplomat* (11 July 2015).

100. 같은 곳.

101. WUC, "Seeking A Place to Breathe Freely" (2 June 2016).

102. 같은 곳, pp. 18~20.

103. 같은 곳, pp. 8~9.

104. Chelsea Sheasley, "Chinese Official: Train Station Attackers Were Trying to 'Participate in Jihad'", *The Christian Science Monitor* (5 March 2014); Nadia Usaeva, "Chinese Authorities Kill 'Religious Extremist', Detain 21 Others", *RFA* (24 December 2014).

105. "China Claims 109 Uighur Refugees Deported From Thailand Planned 'To Join Jihad'", *VICE News* (12 July 2015).

106. Nodirbek Soliev, "Uyghur Militancy in and Beyond Southeast Asia: An Assessment", *Counter Terrorist Trends and Analyses*, 9:2 (2017), 14–20.

107. "Explaining Indonesia's Silence On The Uyghur Issue", *Institute for Policy Analysis of Conflict* (20 June 2019).

108. "China 'Breaks Turkish-Uighur Passport Plot'", *BBC* (14 January 2014).

109. 같은 곳.

110. Feliz Solomon, "China Orders Everyone in One Province to Hand Their Passports Over to Police", *TIME* (25 November 2016).

111. Qiu Yongzheng and Liu Chang, "Xinjiang Jihad Hits Syria", *Global Times* (29 October 2012).

112. Lin Mellian, "Xinjiang Terrorists Finding Training, Support in Syria, Turkey", *Global Times* (1 July 2013).

113. Jacob Zenn, "China Claims Uyghur Militants Trained in Syria", *Jamestown Foundation Terrorism Monitor*, 11:14 (2013), 1–7.

114. TIP, *Gheriblirgha Jännät Bolsun #1* (May 2014); TIP, *Gheriblirgha Jännät Bolsun #2* (May 2014); TIP, *Nadir Surätlär Albumi #3* (June 2014).

115. TIP, *Jisir Shughur Fäthisi* (April 2015); TIP, *Qarqur Fäthisi* (August 2015), and TIP, *Äbu Zohur Härbiy Ayrodrom Fäthisi* (September 2015).

116. Dima Nassif, "The Syrian Village of Zanbaqi is Closer to China than to Damascus" (Arabic), *Al Mayadeen TV* (3 September 2015); Mohanad Hage Ali, "China's Proxy War in Syria: Revealing the Role of Uighur Fighters", *Al Arabiya* (2 March 2016).

117. "Islamist Group Claims Syria Bombs 'to Avenge Sunnis'", *Al Arabiya* (12 March 2012).

118. Jacob Zenn, "China Claims Uyghur Militants Trained in Syria."

119. TIP, *Jisir Shughur Fäthisi*; TIP, *Qarqur Fäthisi*; TIP, *Äbu Zohur Härbiy Ayrodrom Fäthisi; Sahil Gaptiki Yeqinqi Jänglär* Nos. 1–4 (October 2015).

120. TIP, *Bugun* (July 2015); TIP, *Oyghan* (September 2015); TIP, *Fidayi* (October 2015); TIP, *Ehdimiz* (July 2015); TIP, *Diniga Qayt* (August 2015); TIP, *Hush Mubarak Gheriblar* (June 2015).

121. TIP, *Aslima* (November 2015); TIP, *Bizning Ghayimiz* (November 2015); TIP, *Tosmighin* (February 2015); TIP, *Nadir Suretlar Albomi*, 7–9 (May 2015).

122. TIP, *Bizler Bu Davanin Ordulariyiz* (Turkish) (July 2015); TIP, *Gharip* (Kazakh) (May 2015); TIP, *Jenhisttin Sebepteri* (Kyrgyz) (2015).

123. Gerry Shih, "AP Exclusive: China's Uighurs Grapple With pull of Extremism", *Associated Press* (29 December 2017).

124. 같은 곳.

125. Dima Nassif, "The Syrian Village of Zanbaqi is Closer to China than to Damascus"; Christina Lin, "Will Turkey's Invasion of Syria Draw China into the War?", *Times of Israel* (4 July 2015).

126. Emrullah Ulus, "Jihadist Highway to Jihadist Haven: Turkey's Jihadi Policies and Western Security", *Studies in Conflict and Terrorism*, 39:9 (2016), 781–802.

127. Colin P. Clarke and Paul Rexton Kan, "Uighur Foreign Fighters: An Underexamined Jihadist Challenge", *The International Centre for*

CounterTerrorism − The Hague, 8:5 (2017), p. 3.

128. Itamar Eichner, "Israeli Report: Thousands of Chinese Jihadists are Fighting in Syria", *YNet News* (27 March 2017).

129. Mohanad Hage Ali, "A Different Type of Jihadi", *Carnegie Middle East Center* (30 August 2017).

130. 같은 곳.

131. 그 학교들은 필요한 것이 잘 갖추져 있는 것처럼 보였는데, 그곳에서 쓰이는 다양한 교과서들에 대해 알아보고 싶으면 투르키스탄이슬람당의 홈페이지를 참조할 것. www.muhsinlar.net/ug/muslim_php.php?muslim_kitap_tur=15&bat=1. (최종 확인 2020년 2월 26일)

132. Sheena Chestnut Greitens, Myunghee Lee and Emir Yazici, "Counter-terrorism and Preventive Repression: China's Changing Strategy in Xinjiang", *International Security* 44:3 (2020).

제6장 문화적 민족 말살, 2017~2020년

1. Raphael Lemkin, *Axis Rule in Occupied Europe: Laws of Occupation, Analysis of Government, Proposals for Redress* (New York: Columbia University Press, 1944), p. 79.

2. 같은 곳.

3. 같은 곳.

4. Leora Bilsky and Rachel Klagburn, "The Return of Cultural Genocide?", *European Journal of International Law*, 29:2 (2018), 373-396; Robert Van Krieken (2004), "Rethinking Cultural Genocide: Aboriginal Child Removal and Settler-Colonial State Formation", *Oceania*, 75:2 (2004), 125-151; Damien Short, "Cultural Genocide and Indigenous Peoples: A Sociological Approach", *International Journal of Human Rights*, 14:6 (2010), 833-848; Lindsey Kingston, "The Destruction of Identity: Cultural Genocide and Indigenous Peoples", *Journal of Human Rights*, 14:1 (2015), 63-83.

5. Shai Oster, "China Tries Its Hand at Pre-crime", *Bloomberg Businessweek* (3 March 2016).

6. Adrian Zenz, "'Thoroughly Reforming Them Towards a Healthy Heart

Attitude': China's Political Re-education Campaign in Xinjiang", *Central Asian Survey*, 38:1 (2019), 102–128, p. 105.

7. 같은 곳, pp. 113~114.

8. 같은 곳, pp. 114~115.

9. 같은 곳.

10. 같은 곳, p. 115.

11. Adrain Zenz and James Leibold, "Chen Quanguo: The Strongman Behind Beijing's Securitization Strategy in Tibet and Xinjiang", *Jamestown Foundation Chine Brief*, 17:12 (2017) 16–24.

12. 같은 곳.

13. Wu Qiang, "Urban Grid Management and Police State in China: A Brief Overview", *ChinaChange.org* (12 August 2014).

14. Ivan Nechepurenko, "Suicide Bomber Attacks Chinese Embassy in Kyrgyzstan", *The New York Times* (31 August 2016).

15. Olga Dzyubenko, "Kyrgyzstan Says Uighur Militant Groups Behind Attack on China's Embassy", *Reuters* (6 September 2016).

16. "Kyrgyzstan: Chinese Embassy Attack Still Mired in Mystery", *Eurasianet* (5 October 2016).

17. Te-Ping Chen, "China Vows to Strike Back Over Embassy Attack in Neighboring Kyrgyzstan", *The Wall Street Journal* (7 September 2016).

18. Adrian Zenz and James Leibold, "Securitizing Xinjiang: Police Recruitment, Informal Policing and Ethnic Minority Co-optation", *The China Quarterly* (12 July 2019), p. 10.

19. 같은 곳, p. 11.

20. James Leibold, "Surveillance in China's Xinjiang Region: Ethnic Sorting, Coercion, and Inducement", *Journal of Contemporary China* (2019), p. 5.

21. Daren Byler, "Ghost World", *LOGIC*, No. 7 (1 May 2019).

22. 같은 곳.

23. Edward Wong, "Xinjiang, Tense Chinese Region, Adopts Strict Internet Controls", *The New York Times* (10 December 2016).

24. Oiwan Lam, "Leaked Xinjiang Police Report Describes Circumvention Tools as 'Terrorist Software'", *Global Voices* (29 October 2016).

25. HRW, "China: Big Data Fuels Crackdown in Minority Region" (26 February 2018).

26. 같은 곳.

27. James Leibold, "Surveillance in China's Xinjiang Region", p. 2.

28. 같은 곳.

29. "Xinjiang Attack: Four 'Terrorists' and One Bystander Killed, Says China", *Reuters* (28 December 2016).

30. "Chinese Police Kill Attackers After Xinjiang Explosion", *Reuters/Agence France-Press* (29 December 2016).

31. Stephen Chen, "Chinese Police Out in Full Force After Xinjiang Terror Attack", *The Star* (15 February 2017).

32. 같은 곳.

33. Nectar Gan, "Censure of Officials Sheds Light on Sweeping Surveillance Measures in China's Restive Xinjiang", *South China Morning Post* (7 April 2017).

34. "Xinjiang's 'Open Letter' Drive Forces Uighurs to put Loyalty to China in Writing", *RFA* (2017).

35. Philip Wen, "Fellow Uighurs Should Beware of 'Two-Faced' People in Separatism Fight, Official Says", *Reuters* (10 April 2017).

36. Eva Li, "Show of Force in Xinjiang Sends Hardline Message", *South China Morning Post* (3 January 2017).

37. 같은 곳.

38. Philip Wen, "China Holds 'Anti-Terrorism' Mass Rally in Xinjiang's Uighur Heartland", *Reuters* (17 February 2017).

39. Tom Phillips, "In China's Far West the 'Perfect Police State' is Emerging", *The Guardian* (22 June 2017).

40. 같은 곳.

41. "Xinjiang Uyghur Autonomous Region Regulation on De-extremification", *China Law Translate* (30 March 2017). 원문은 다음 사이트를 참조할 것. https://china.huanqiu.com/article/9CaKrnK1DnO?ivk_sa=1024320u

42. 같은 곳.

43. 같은 곳. 강조 표시는 추가했다.

44. 같은 곳.

45. 같은 곳.

46. Adrian Zenz, "'Thoroughly Reforming Them Towards a Healthy Heart Attitude'", pp. 106~112.

47. 같은 곳, p. 117.

48. 같은 곳, p. 116.

49. 다음 자료들을 비교할 것. Adrian Zenz, "'Thoroughly Reforming Them Towards a Healthy Heart Attitude'"; Megha Rajagopalan, "This is What A 21st-Century Police State Really Looks Like", *Buzzfeed News* (17 October 2017); Tom Phillips, "China 'Holding at least 120,000 Uighurs in Re-education Camps'", *The Guardian* (25 January 2018).

50. Nathan VanderKlippe, "Frontier Injustice: Inside China's Campaign to 'Re-educate' Uyghurs", *The Globe and Mail* (9 September 2017); HRW, "China: Free Xinjiang 'Political Education' Detainees"; Eset Sulaiman, "China Runs Region-wide Re-education Camps in Xinjiang for Uyghurs And Other Muslims", *RFA* (11 September 2017).

51. HRW, "China: Free Xinjiang 'Political Education' Detainees."

52. 같은 곳.

53. Eset Sulaiman, "China Runs Region-wide Re-education Camps in Xinjiang for Uyghurs And Other Muslims."

54. 같은 곳.

55. Adrian Zenz, "'Thoroughly Reforming Them Towards a Healthy Heart Attitude'", p. 118.

56. Shawn Zhang, "List of Re-education Camps in Xinjiang", *Medium* (20 May 2018).

57. Adrian Zenz, "'Thoroughly Reforming Them Towards a Healthy Heart Attitude'", p. 122.

58. Nick Cumming-Bruce, "'No Such Thing': China Denies U.N. Reports of Uighur Detention Camps", *The New York Times* (13 August 2018).

59. "Inside the Camps Where China Tries to Brainwash Muslims Until They Love the Party and Hate Their Own Culture."

60. Nectar Gan, "Xinjiang Camps: Top Chinese Official in First Detailed

Admission of 'Training and Boarding' Centres", *South China Morning Post* (16 October 2018).

61. Shohret Hoshur, "Xinjiang Authorities Up Detentions in Uyghur Majority Areas of Ghulja City", *RFA* (19 March 2018).

62. Tenner Greer, "48 Ways to Get Sent to a Chinese Concentration Camp", *Foreign Policy* (13 September 2018).

63. 다음 자료들을 비교할 것. "Inside the Camps Where China Tries to Brainwash Muslims Until They Love the Party and Hate Their Own Culture"; David Stavrou, "A Million People Are Jailed at China's Gulags. I Managed to Escape. Here's What Really Goes on Inside", *Haaretz* (17 October 2019); Chang Xin, "Xinjiang Camp Survivor Exposes CCP's Fake News", *BitterWinter* (28 August 2019); Ferris-Rotman, "Abortions, IUDs and Sexual Humiliation"; Eli Meixler, "'I Begged Them to Kill Me.' Uighur Woman Tells Congress of Torture in Chinese Internment Camps", *TIME* (30 November 2018); Ben Mauk, "Untold Stories from China's Gulag State", *The Believer* (1 October 2019).

64. Sean R. Roberts, "Fear and Loathing in Xinjiang"; David Stavrou, "A Million People Are Jailed at China's Gulags."

65. Sean R. Roberts, "Fear and Loathing in Xinjiang."

66. 같은 곳.

67. David Stavrou, "A Million People Are Jailed at China's Gulags."

68. "Inside the camps."

69. Erkin Azat, "A Letter From a Prison Guard in the Newly Built Concentration Camp in Dawanching", *Medium* (18 May 2019).

70. David Stavrou, "A Million People Are Jailed at China's Gulags."

71. Sean R. Roberts, "Fear and Loathing in Xinjiang."

72. Erkin Azat, "A Letter From a Prison Guard."

73. Ferris-Rotman, "Abortions, IUDs and Sexual Humiliation."; Eli Meixler, "'I Begged Them to Kill Me.'"

74. "Inside the Camps Where China Tries to Brainwash Muslims Until They Love the Party and Hate Their Own Culture."; David Stavrou, "A Million People Are Jailed at China's Gulags"; Eli Meixler, "'I Begged Them to Kill

Me.'"; Ben Mauk, "Untold Stories from China's Gulag State."

75. Eli Meixler, "'I Begged Them to Kill Me.'"

76. Ferris-Rotman, "Abortions, IUDs and Sexual Humiliation."

77. Ben Mauk, "Untold Stories from China's Gulag State."

78. Erkin Azat, "A Letter From a Prison Guard."

79. 같은 곳.

80. Adrian Zenz, "Beyond the Camps: Beijing's Grand Scheme of Forced Labor, Poverty Alleviation and Social Control in Xinjiang", *SocArxiv Papers* (12 July 2019), 9–10.

81. 같은 곳, p. 9, p. 11.

82. Vicky Xiuzhong Xu (with Danielle Cave, Dr. James Leibold, Kelsey Munro, and Nathan Raser), "Uyghurs for Sale: 'Re-education', Forced Labour and Surveillance Beyond Xinjiang" (Policy Brief, Report No. 26/2020), *Australian Strategic Policy Institute* (March 2020) and Dake Kang and Yanan Wang, "Gadgets for tech giants made with coerced Uighur labor", *Associated Press* (7 March 2020).

83. "Journalists from 24 countries visit Xinjiang", *Xinhua* (23 July 2019).

84. Adrian Zenz, "Beyond the Camps", p. 12.

85. 같은 곳, p. 12.

86. 같은 곳, p. 3.

87. Adrian Zenz, "Beyond the Camps", pp. 16~18.

88. Xiuzhong Xu, "Uyghurs for Sale."

89. Adrian Zenz, "Beyond the Camps", p. 8.

90. Chris Buckley, "China's Prisons Swell After Deluge of Arrests Engulfs Muslims", *The New York Times* (31 August 2019).

91. Shohret Hoshur, "Xinjiang Authorities Secretly Transferring Uyghur Detainees to Jails Throughout China", *RFA* (2 October 2018); Holly Robertson, "China Reportedly Begins Mass Transfers of Uighur Detainees from Xinjiang to Prisons Nationwide", *ABC News* (9 October 2018).

92. Tom Phillips, "In China's Far West the 'Perfect Police State' is Emerging."

93. 이 시스템에 대한 설명은 다음 기사를 참조할 것. Josh Chin and Clément Bürge, "Twelve Days in Xinjiang: How China's Surveillance State

Overwhelms Daily Life", *The Wall Street Journal* (19 December 2017).

94. "China Uighurs: Detained for Beards, Veils, and Internet Browsing", *BBC* (17 February 2020); Adrian Zenz, "The Karakax List: Dissecting the Anatomy of Beijing's Internment Drive in Xinjiang", *Journal of Political Risk*, 8:2 (February 2020).

95. Darren Byler, "China's Nightmare Homestay", *Foreign Policy* (26 October 2018).

96. Timothy Grose, "'Once Their Mental State is Healthy, They Will Be Able to Live Happily in Society'", *ChinaFile* (2 August 2019).

97. Steven Jiang, "Chinese Uyghurs Forced to Welcome Communist Party into their Homes", *CNN* (14 May 2018).

98. 같은 곳.

99. Lily Kuo, "Revealed: New Evidence of China's Mission to Raze the Mosques of Xinjiang", *The Guardian* (6 May 2019).

100. Bahram Sintash and UHRP, "Demolishing Faith: The Destruction and Desecration of Uyghur Mosques and Shrines" (28 October 2019).

101. Lily Kuo, "Revealed: New Evidence of China's Mission to Raze the Mosques of Xinjiang."

102. Timothy Grose, "'Once Their Mental State is Healthy, They Will Be Able to Live Happily in Society.'"

103. 같은 곳.

104. 같은 곳.

105. "Millions Attend Flag Raising Ceremonies Across Xinjiang", *Global Times* (16 April 2018).

106. Darren Byler, "The Future of Uyghur Cultural —And Halal— Life in The Year of The Pig", *SupChina* (6 February 2019).

107. Darren Byler, "Xinjiang Education Reform and the Eradication Of Uyghur-Language Books."

108. 같은 곳.

109. Adrian Zenz, "Break Their Roots: Evidence for China's Parent-Child Separation Campaign in Xinjiang", *The Journal of Political Risk*, 7:7 (July 2019).

110. 같은 곳.

111. 같은 곳.

112. Edward Wong, "To Temper Unrest in Western China, Officials Offer Money for Intermarriage."

113. Eva Xiao, "China Pushes Inter-ethnic Marriage in Xinjiang Assimilation Drive", *Agence France-Press* (17 May 2019).

114. Darren Byler, "Uyghur Love in a Time of Interethnic Marriage", *SupChina* (7 August 2019).

115. Ben Dooley, "Tear Gas, Tasers and Textbooks: Inside China's Xinjiang Internment Camps", *Agence France-Press* (25 October 2018).

결론

1. Chris Buckey and Stephen Lee Myers, "China Says it Closed Muslim Detention Camps: There is Reason to Doubt that", *The New York Times* (9 August 2019).

2. Eva Dou and Philip Wen, "Admit Your Mistakes, Repent: China Shifts its Campaign to Control Xinjiang's Muslims", *The Wall Street Journal* (7 February 2020).

3. Ellen Halliday, "Uighurs Can't Escape Chinese Repression, Even in Europe", *The Atlantic* (20 August 2019); Ondrej Kilmes, *China's Xinjiang Work in Turkey: The Uyghur factor in Sino-Turkish Relations*, Paper presented at the workshop "Mapping China's footprint in the world Ⅱ", organised by Sinopsis and the Oriental Institute of the Czech Academy of Sciences (2019).

4. Ondrej Kilmes, *China's Xinjiang Work in Turkey*.

5. Turkistan Islamic Party, *Abdulhäq Damollam Bilän Sûhbät* (August 2019).

6. Ben Westcott and Robert Roth, "UN Members Issue Dueling Statements over China's Treatment of Uyghurs in Xinjiang", *CNN* (29 October 2019).

7. 같은 곳.

8. Shoshana Zuboff, *The Age of Surveillance Capitalism: The Fight for a Human Future at the New Frontier of Power* (New York: PublicAffairs, 2019). (쇼샤나 주보프, 김보영 옮김, 『감시 자본주의 시대: 권력의 새로운 개척지에서 벌어

지는 인류의 미래를 위한 투쟁』, 문학사상사, 2021.)

연구방법론

1. S. Frederick Starr (ed.), *Xinjiang: China's Muslim Borderland* (New York: M. E. Sharpe, 2004).
2. Daniel de Vise, "US Scholars Say Their Book on China Led to Travel Ban", *The Washington Post* (20 August 2011).

찾아보기

ㅌ

ㅍ